郢都风华

刘玉堂◎主编

徐文武◎副主编

荆州楚文化研究院◎组编

长江出版传媒

湖北人民出版社

图书在版编目（CIP）数据

郧都风华 / 刘玉堂主编. —— 武汉：湖北人民出版社，2024. 8.
ISBN 978-7-216-10885-0

Ⅰ. K878.3

中国国家版本馆CIP数据核字第2024SM8647号

责任编辑：胡　涛
封面设计：刘舒扬
责任校对：范承勇
责任印制：杨　锁

出版发行：湖北人民出版社　　　　　　　地址：武汉市雄楚大道268号
印刷：武汉鑫兢诚印刷有限公司　　　　　邮编：430070
开本：787毫米×1092毫米　1/16　　　　印张：20.5
字数：344千字　　　　　　　　　　　　插页：3
版次：2024年8月第1版　　　　　　　　 印次：2024年8月第1次印刷
书号：ISBN 978-7-216-10885-0　　　　　定价：82.00元

本社网址：http://www.hbpp.com.cn
本社旗舰店：http://hbrmcbs.tmall.com
读者服务部电话：027-87679656
投诉举报电话：027-87679757
（图书如出现印装质量问题，由本社负责调换 ）

《郢都风华》编委会

主　　编：刘玉堂

副 主 编：徐文武

编写人员：（以姓氏笔画为序）

卢　川（撰写第三章）

孙　继（撰写第一章）

杨　名（撰写第四章）

周家洪（撰写第二章）

徐文武（撰写第五章）

楚郢都纪南城漫笔

楚郢都纪南城是目前发现的我国南方地区面积最大、古城垣保存状况最为完好的楚国都城遗址。春秋战国时期，在长达411年的时间中，楚人以纪南城为都城，成功跻身于"春秋五霸""战国七雄"之列，不仅成就了辉煌的霸业，也创造了可与古希腊文化相媲美的灿烂文明。纪南城遗址以其规模宏大的城垣遗迹、丰富的地下文化遗存，被列入全国重点文物保护单位和全国100处大遗址保护项目。

风烟楚都四百年

公元前11世纪，在黄土高原渭河之滨崛起的周族，一举打败了中原王朝——商朝，取而代之的是一个新的王朝——周朝。周朝立国伊始，即大封天下。周成王念及楚人之祖鬻熊曾为周文王之师，殷勤事周，于是分封鬻熊曾孙熊绎为子爵，始建楚国。楚人建国后，既要在蛮荒的荆山与自然作斗争，筚路蓝缕，以启山林，同时又要应对周朝及其宗亲国的排挤和打压。为了寻求更为广阔的生存空间，楚国先君历经数代，不辞艰辛，举国南迁。春秋早期，楚武王率领国人来到了江汉流域一处名为"渒"的水泽边驻留下来，发展生产，休养生息。随着人口的增长，渒泽边的居住环境越来越拥挤。为了解决人地矛盾，楚武王下令将渒泽之水排干，填土为陆，形成了一片广阔的平地。楚人在这片平地上新造屋舍，建立市肆，很快就在渒泽之上建起了一座小型的城邑，于是楚人因水泽原有之名"渒"，将新建的城邑命名为"郢"。从此以后，楚国君王每迁徙到一个新的城邑，都称所在之地为"郢"，从无更改。后人把楚国的首都称为"郢都"，也是由此而来。

公元前689年，是楚武王之子楚文王继位的第一年。年轻有为的楚文王为楚国找到了一处更为理想的建都之处，决定再次迁都。这次迁都之地因位于纪山之南，后人称之为"纪南城"。纪南城"西通巫巴，东有云梦之饶"（《史记·货殖列传》），襟江带湖，居水陆要冲，地理位置十分重要；西有八岭山，北靠纪山，南濒长江，形成天然的屏障，是一处理想的建都之所。纪南城建于长江之北地势较高的高地上，既有长江水运交通的便利，又无洪水漫城之虞。自楚文王"始都郢"后，在长达411年的时间里，楚国共有20代君王在此建都。

在诸侯争霸的时代，为了保障首都和自身的安全，诸侯国君通常都会大修城池。但楚文王迁都纪南城后，并没有立即着手建设城郭沟池，这其中的原因，一方面是国都初立，楚国尚无实力建造城垣；另一方面是当时的郢都僻居南土，并无来自敌国对国都的直接威胁。直到春秋中期，楚人才开始为纪南城建造城垣。最早的城垣建造，并非为抵御外敌，而是始于一场宫廷的内乱。公元前613年，楚庄王在位时，庄王的太傅斗克和公子燮趁令尹子孔出兵攻打群舒之时，在首都挟持年幼的庄王发动叛乱。因为担心令尹子孔回兵救援，斗克命人在纪南城建造土城垣以为屏障。由于斗克发动叛乱的时间较短，并无充裕的时间大筑城垣，因此斗克所修筑的最多只能算是临时性的军事设施，而不可能是一座完整的城垣。

楚人在纪南城大规模修建城垣始于春秋晚期。这一时期，吴国联晋背楚，采取疲兵战术不断袭扰楚国。为了防止吴军进攻纪南城，楚平王责令令尹囊瓦大举筑城。此次筑城，奠定了纪南城的总体格局。考古工作者曾对纪南城西垣北门遗址和南垣水门遗址进行勘探发掘，考古发掘获得的资料显示，这两处城门的建造年代应该在春秋晚期，与楚平王大规模修筑纪南城的文献记载是完全吻合的。

不幸的是，坚固的城池没能阻挡外敌的进攻。由于内政的动荡，官场的贪腐，此时的楚国已是一个病入膏肓的重症病人。公元前506年，吴国军队在著名军事家孙武和怀抱复仇之恨的楚人伍子胥的率领下，五战入郢，一举攻占纪南城，开创了春秋争霸史上占领大国首都的先例。吴师入郢后，"烧高府之粟，破九龙之钟"（《淮南子·泰族训》），对楚人苦心经营的都城造成了极大的破坏。吴国军队在占领纪南城长达10个月后，因秦国出兵救楚才撤回本国，此时的纪南城已是满目疮痍。复国的楚昭王只得临时以都（今湖北宜城东南）为国都，直到数年后，破损不堪的纪南城得到修复，楚昭王才重新迁回纪南城。

战国时期，楚悼王任用吴起变法，以图富国强兵，再次对纪南城进行了大规模的整修。为了将城池修筑得更为坚固，吴起对筑城技术进行了改革。楚人筑土垣通常采用的是"版筑法"，又称"夯土构筑法"，这是一种以木版为模具，填土夯实构筑城垣的建筑工程工艺。早期的版筑法一般是两版筑城垣，即在内外两块侧板中间夯土筑墙。吴起主持修筑纪南城城垣时，以四版筑城法替代原先的两版垣，在内外两侧模板两端增加两块模板进行夯筑，不仅加快了工效，还提高了所筑墙体的质量，增强了纪南城的整体防御能力。

公元前278年，楚郢都纪南城再度落入敌国之手。这一次的占领者不是来自东土的吴国，而是来自西方的秦国。战国中后期，在与后来居上的秦国的较量中，楚国一再失利，先后将大量山河拱手让与秦国。战国中期，楚国国内"大臣太重，封君太众"（《韩非子·和氏》）。掌握重权的大臣和占有大量封地的贵族们淫逸侈靡，不顾国政，最终导致国都被秦国占领。秦国大将白起攻占纪南城后，对这座当时中国南方最大的都市实施了报复性的破坏，将地面上的一切建筑化为灰烬，只留下断壁残垣和火焚后的废墟。此情此景，每每令后世诗人唏嘘不已，吟诗兴叹。唐代诗人李白、杜甫都曾登临纪南城遗址，写下过"楚王台榭空山丘"（《江上吟》）、"最是楚宫俱泯灭"（《咏怀古迹》）的怀古诗句。

楚襄王在白起拔郢时，带领群臣和百姓仓皇逃离，将首都迁至陈城（今河南淮阳）。楚国诗人屈原在逃离途中，悲愤地写下《哀郢》一诗。诗人写道："皇天之不纯命兮，何百姓之震愆？民离散而相失兮，方仲春而东迁。"真实地记录了当时楚国举国东迁，百姓离散的悲惨情景。

从公元前689年楚文王"始都郢"，至公元前278年白起拔郢，楚人以纪南城为首都长达411年。在此期间，纪南城作为楚国的政治、文化、经济中心，成为当时中国南方的最大都会。也是在此期间，楚国兼并大小数十国，使楚国势力达到了极盛，成为北至黄河，东至大海，西至云贵，南至岭南的泱泱大国。白起拔郢在历史上成为楚国由盛转衰的标志性事件。楚人东迁陈城后，国势日衰，最终在公元前223年被秦国灭国。

城郭沟池守社稷

出荆州古城北门，顺207国道前行5公里，即可到达纪南城。虽然历经2000多年的风霜雨雪，这座具有顽强生命力的古城，其城垣仍然保持着较为完整的基本形态。由于自然的流失和人为的损毁，城垣的高度虽已不见当年初建时的巍峨高耸，但较高处仍然高出地面7米之多，较低处也高出地面将近4米，城垣顶部的宽度有10～14米。站在城垣的高处，瞭望古城内外，仍可想见当年古都的风采，令人喟然而发思古之幽情。

秦将白起的一把火，烧尽了纪南城400年的繁华，曾经的辉煌仿佛在一夜之间全都湮没于历史的风烟之中。今天人们对于这座古代都市的了解，是通过考古学家持续不断的考古发现揭示出来的。

纪南城城垣由泥土夯筑，环周呈长方形，东西长4450米，南北长3588米，总面积约16平方千米。纪南城四周城垣的转角处，除东南角以外，东北角、西北角、西南角都做成了略呈弧形的切角。为何楚人要将城垣相交处做成切角，据分析有多种考量：一是做成切角可以避免观察城外敌情时形成视线上的"死角"；二是认为将城角建成切角，可以充分发挥弓弩之类远射武器的作用。

纪南城东、西、北三面的城垣均为直线，唯南城垣例外。在南城垣的东段呈"U"形向外凸出，这一独特形制是根据地势特点，出于便于筑城和军事防御的目的而采取的变通处理。在纪南城的东南部有一处名为凤凰山的高地，将南城垣向外凸出，正是为了将这一高地纳入城内，使之成为城内军事防御的一处绝佳的制高点。凸出的城垣上现存一座烽火台遗址，高出四周城垣3～5米。烽火台是纪南城的重要军事设施，既可用于登高望远，瞭望敌情，也可用于点燃烟火，传递军情。

纪南城城垣外围有护城河，绕城一周，与城垣一起构成外池内城的防御体系。护城河依地势高低不同，河面宽窄也不一样。地势较低的地方河宽约40米，较高的地方，则只有10～20米宽。护城河除了具有军事防御功能外，还具有多方面的功用，它通过水门与城内的河道相连接，又与城外河湖相通，连通长江，使得城内河道与城外水网形成一个完整的城市水系，这样既便于行船交通，又具有排水和调蓄的功能，还有利于交换水源，改善城内的水质。

有城必有城门。纪南城的四方城垣各建有2座城门，分别是1座陆城门和1座水城门，共计有8座城门。在楚国诗人屈原《哀郢》一诗中，纪南城的城门成了家国情怀的寄托。诗人在秦军入郢时逃离纪南城，"出国门而轸怀兮"，深深地怀念着郢都的城门。当诗人回首眺望时，此时已是"顾龙门而不见"，郢都东门已经茫然无迹。诗人最后写道"孰两东门之可芜"，愤怒地谴责残酷的战争使郢都的两座东门变成了一片荒芜。

考古工作者通过对纪南城的部分城门进行发掘，基本上弄清了纪南城陆城门和水城门的形制。陆城门以西城垣北门为例。这座城门由三个门道组成，中间的门道是行车道，两侧的门道为人行道。三股门道使得人车分流，保障了城门交通的畅通。水城门以南城垣西侧的城门为例。有学者根据考古发掘资料试图复原南城垣水城门，得到的结论是：其形制大致应是3层式建筑，下层为桥梁，中层安放门闸，上层建城楼作为瞭望和守城处所。纪南城的水城门与陆城门一样，同样由三股门道组成，三股门道的宽窄大致相等，可供船只有序进出。

宫室市肆今安在

纪南城内的平面布局既充分利用了城内的自然地理形态，也体现了特定时期的社会文化礼俗。城内有三条古河道，由北穿城而入的朱河和由南穿城而入的新桥河在城中合流后，流入向东穿城而出的龙桥河，将城内分隔成多个自然空间。纪南城的规划很好地利用了河流作为空间的分隔线，将城内空间划分出不同的功能区。城内东南部为楚王的宫殿区，城内东北为贵族居住区。将王宫和贵族居住区分布在城内东部，体现了楚人尚东的礼俗。

宫殿区是国王生活和办公的地方，也是先祖宗庙所在地，这里理所当然是楚国的政治与宗教中心。宫殿区西有新桥河，北有龙桥河，两条河流与东城垣、南城垣合围，形成一道对宫殿区的安全屏障。为了确保王宫的安全，还在宫殿区建有两道防御工程。环绕宫殿建有宫城城垣，在宫城城垣与宫殿之间开有壕沟，形成宫殿区外城内河的双重防御体系。如果再算上外城的城垣与护城河以及城内的河流，从外到内足足有五道防御线护卫着楚王宫。

宫城城垣呈南北向长方形，南北长906米，东西宽802米，占地面积72.6万平方米。这一面积与北京故宫占地72万平方米极其相近。在宫殿区遗址上，已经探明的夯土台基有61座，这些台基井然有序地分布排列着，台基与台基之间有连廊相连，形成各自独立而连成一体的恢宏的建筑群。其中有一组呈正南北向排列的台基，形成一条主轴线。楚国宫殿区的分布总体上是遵循三朝五门、前朝后寝、左祖右社的格局展开的。从夯土台基的数量与分布来看，当年楚王宫的布局严谨，规模宏大，排列有序。高低不同的建筑，建在层层的高台之上，形成层台累榭、错落有致的楚国宫殿建筑特色。楚国诗人屈原在《招魂》一诗中写道："高堂邃宇，槛层轩些。层台累榭，临高山些。网户朱缀，刻方连些。冬有突厦，夏室寒些。"这些诗句是对纪南城宫殿的真实写照。

除王宫之外，纪南城内还分布有贵族居住区和平民居住区。贵族居住在城内东北部，平民居住在城内西北部，南北走向的朱河将贵族与平民的居住区分隔开来，形成泾渭分明的对比。在贵族居住区内已探明的夯土台基有15座，这些台基应属于楚国贵族府邸建筑群，而平民居住区内则不见台基遗迹，这说明平民居住的房屋极为简陋，无须夯筑台基。

按照商周时期"面朝后市"的建筑礼制，商业贸易市场一般会设置在王宫之后，纪南城内的商业区应该分布在龙桥河北岸附近。纪南城是当时中国南方最大的都会，商业呈现一片繁荣景象，达到了"车毂击，民肩摩，市路相排突"的盛况，古人形容纪南城的繁华景象有"朝衣鲜而暮衣敝"之说（桓谭《新论》），市场繁荣程度由此可见一斑。据文献记载，楚有"蒲胥之市""枯鱼之肆""屠羊之肆""刀俎之肆"，等等，都应该在这一区域内。

　　楚国的手工业十分发达，集中在青铜铸造、纺织与刺绣、竹木器制作与
髹漆、玉器雕琢等行业。在纪南城内发现的手工业作坊区，主要集中在朱河
和龙桥河交汇的区域以及新桥河以西的西南部区域。

　　在城内西南部区域发现有铸炉、炼渣以及与冶铸有关的鼓风管、耐火泥
等遗存，说明这一区域是以金属冶铸为主的手工业作坊区。楚国的青铜冶铸
技术在当时首屈一指，楚人不仅熟练地掌握了陶范法、合范法、铸镶法等工
艺流程，而且还最早使用了失蜡法这一当时先进的铸造技术。青铜被加工制
作成各种礼器、兵器以及日常生活用品，成就了楚国青铜文化的辉煌。

　　在手工业作坊区，还有大量从事丝织、髹漆等行业的作坊。楚人在丝织
与刺绣方面所取得的成就达到了当时世界一流的水平，他们生产的丝织品几
乎涵盖了先秦丝织品的全部种类，其中的锦、罗、绦皆属上品，极为珍贵。
彩色提花锦的出现，显示当时已经使用提花织机。楚国的绣女以质地细密的
绢做绣地，采用锁绣的针法，在丝织品上刺绣出绚丽的花纹。纹样的主题多
以龙和凤鸟为主，表现出变化多端、自由浪漫的审美风格。楚国的丝织品当
时已远销至南西伯利亚地区，成为中外文化交流的最早的实例。

　　战国时期，随着锋利的铁制工具的出现，竹木加工技术提高到了一个新
的水平，比青铜器更为轻盈的漆木器开始大量出现，很快得到了楚国贵族的
青睐，成为贵族日常生活中的新宠。楚国工匠们制作的髹漆木器，造型奇
谲，色彩对比强烈，精彩绝艳，每件器物既是日常生活用品，同时也是具有
强烈艺术气息的工艺品。

　　有人作过粗略估算，纪南城内的人口高峰时期应有30万人以上。要满足
一座30多万人口的生活所需，仅凭纪南城内空间有限的手工作坊进行生产显
然是远远不够的，当时在城外还应该分布着为数众多的大小不一的手工
作坊。

　　对于人口密集的城市来说，水是最重要的资源保障。纪南城王宫和居民
的生活用水，以及制陶、冶铸等所需要的生产用水，一部分来自于城内河
流，更多的是通过水井提取地下水。纪南城内外密集分布的水井成为楚国首
都的一道独特风景。考古工作人员在纪南城内现已发掘的水井就达500多口，
仅在龙桥河西段长约1000米、宽约60米的范围内，就集中发现古水井256

口，说明这一地带是人口高度密集区。在纪南城外也发现了大量的水井，如在城南地带就发掘水井达700口。如此密集的水井，说明纪南城内外的人口密度非常大，也从一个侧面反映出这座都城的繁荣程度。纪南城的水井较多的是竹圈井，也有少量的陶圈井和楠木井。

四百年的楚郢都，数不清的人来来往往，出生入死，最后都要归于尘土。无论是王公贵胄，还是平民百姓，墓冢都是他们最后的归宿，他们留下了以纪南城为中心数十公里以内数以千计的墓冢。纪南城北的纪山，城西的八岭山，由于山峦蜿蜒，林木葱郁，风景优美，被楚人视为风水宝地。纪南城周边山林和岗地上古墓密集，都是高等级贵族墓葬，不少楚国君王的墓葬也分布其间。楚王墓冢多占据形胜之地，有大型的封土堆和排成行列的殉葬墓，主冢直径达80~100米，高达数十米，雄踞山头，宛若山峰，与自然山岭融为一体，构成壮丽的景观。低等级贵族和平民墓葬则分布在纪南城周边不远的高岗丘陵地带。邻近纪南城东城垣的雨台山是一片丘陵地带，这里密集分布着为数众多的平民墓葬，形成一个巨大的墓葬群，据测算总数应在10万座以上，考古工作者曾在此发掘过近2000座楚国下层士人和平民墓葬，从中出土为数众多的精美文物，为楚文化的研究提供了珍贵的资料。

历经风霜雪雨的楚都纪南城，如今已是"楚王台榭空山丘"，当年的繁华似锦早已随历史的风烟飘散。尽管如此，爱好探史寻踪的人们，还是愿意徜徉城头，凭吊古冢，追寻历史的踪迹。

徐文武

目录

/MU LU

第一章　重城街肆　　　　　　　1

　第一节　定都纪南　　　　　　1

　第二节　城郭沟池　　　　　　10

　第三节　宫殿朝堂　　　　　　22

　第四节　市井街坊　　　　　　30

　第五节　宫馆苑囿　　　　　　37

　第六节　工商百业　　　　　　44

第二章　青史名流　　　　　　　55

　第一节　赫赫楚王　　　　　　55

　第二节　廉吏能臣　　　　　　93

　第三节　菁菁英才　　　　　　117

第三章　成语掌故　　　　　　　131

　第一节　楚都风尚　　　　　　131

　第二节　楚王遗事　　　　　　141

第三节　名人轶事　　　　　　159

第四节　南楚寓言　　　　　　175

第五节　楚地神话　　　　　　184

第四章　楚风文苑　　　　　　194

第一节　楚风歌谣　　　　　　194

第二节　屈骚宋赋　　　　　　207

第三节　荆艳楚舞　　　　　　251

第五章　文物撷英　　　　　　268

第一节　吉金重器　　　　　　268

第二节　漆光溢彩　　　　　　275

第三节　天机云锦　　　　　　292

第四节　琳琅美玉　　　　　　305

第一章　重城街肆

第一节　定都纪南

　　纪南城，因位于纪山之南而得名。公元前689年，楚文王"始都郢"，将楚国首都迁都于此。至公元前278年白起拔郢，在长达411年的时间中，纪南城一直是楚国政治、经济与文化的中心，同时也是当时我国南方最大的都会。

　　纪南城的遗址是我国目前唯一仅存的一座大型古代土城遗址。1961年，被国务院公布为第一批全国重点文物保护单位。20世纪60年代以来，考古工作者在纪南城及其附近开展了大规模的考古调查、勘探与发掘工作，取得了巨大的收获。

一、楚人南迁

　　我们今天所说的楚人，是由来自中原地区的楚公族和江汉平原及其周边地区的土著融合而成。楚公族的先祖是黄帝之孙颛顼。战国时期楚国爱国诗人屈原在《离骚》中开篇就自豪地吟唱道："帝高阳之苗裔兮，朕皇考曰伯庸。"这里所说的"高阳"就是黄帝之孙颛顼。

　　黄帝部落集团最初生活于渭水流域和陕北地区，后来迁徙到中原地区，与东夷、南蛮杂居。到黄帝之孙颛顼时，黄帝部落已经发展成一个庞大的部落联盟，其活动范围主要集中在黄河中下游地区。颛顼生下了称，称生下了卷章，卷章生下了重黎。重黎被帝喾高辛氏任命为火正，勤奋工作，兢兢业业，为老百姓做了很多好事。为表彰他的无私奉献，帝喾赐予他"祝融"的称号。

祝融部落生活在黄河中游今河南省新郑市附近，后经过不断的繁衍和发展，人口快速增长，产生了新的分支。据《史记·楚世家》记载，吴回生下陆终，而陆终有六个儿子，长子叫昆吾，次子叫参胡，三子叫彭祖，四子叫会人，五子叫曹姓，六子叫季连。季连就是后来楚国王族的祖先。

楚人的祖先季连部落从新郑一带，沿着许昌、叶县、方城、南阳一线逐渐向南迁徙，定居在今豫西南与鄂西北交界地区。商、周之际，楚人在部落首领鬻熊的带领下，迁居于今河南省西南部的淅水与丹水流域。面对商纣王的暴政，鬻熊和其他部落首领一样，投奔了正为反抗商朝积蓄力量的姬昌（即周文王）。因才智过人，鬻熊成了周文王的老师。

由于鬻熊对周朝的建立做出过杰出的贡献，周成王大封天下时，分封了鬻熊的曾孙熊绎，楚人以丹阳为国都，正式立国，列于诸侯之林。楚都丹阳当在今河南省淅川县境丹江与淅水（又称均水）汇流处的丹水之阳（北岸）。楚人初居丹阳时，那里还只是弹丸之地。其后，以此为立足点，向南推进，发展成为雄踞南方的泱泱大国。

熊绎下传四代为熊渠。熊渠是一位既有才识又有进取精神的国君。他整军习武，趁着中原动乱之际，开疆拓土，巩固政权，为楚国的崛起和强大做出了巨大贡献。熊渠先是团结当地各个方国部落，使楚国迅速崛起，成为江汉流域的强国，然后开始向周围扩张。他采取远交近攻的策略，先向西攻打庸国（今湖北竹山境内），巩固了后方，扩大了楚国的威名。然后沿汉水南下攻打长江中游一带的越人，将势力推进至江汉平原。再向东一直攻到鄂（今湖北鄂州一带），夺取该地丰富的铜矿资源，给楚国逐鹿中原提供了有力的保障。

熊渠更是公开自称"蛮夷"，不承认西周王朝对楚的分封，并公然封自己的三个儿子为王。封其大儿子康为句亶王，二儿子红为鄂王，三儿子执疵为越章王。句亶位于湖北江陵，即今湖北荆州；鄂即今湖北鄂州一带；越章即今安徽间地。这些地方都是长江中游的战略要地。后来，熊渠因不想与周王朝兵戎相见，主动撤去了"三王"的封号。

春秋早期，楚君熊通僭号称王，是为楚武王。楚武王继承祖先遗志，励精图治，继续扩张疆域。至此，楚人已牢牢控制住了江汉平原的广阔区域。经过几代人不断的奋斗，历时百年，楚人终于从中原迁徙到江汉平原，为后来楚国的强盛以及纪南城的修筑奠定了基础。

二、设都选址

纪南城的选址和修建，绝非轻率之举，而是楚国君臣经过深思熟虑、多方考证的结果。自新石器时代以来，我国古代先民在近两千多年的大量的城市选址实践中，积累了丰富的选址经验，这种经验的积累为纪南城的选址和城垣的建筑奠定了技术基础。《管子·乘马》云："凡立国都，非于大山之下，必于广川之上，高毋近旱而水用足，下毋近水而沟防省，因天材，就地利。"这是说国都的建设要么在大山的附近，要么离大河、大江很近，若都城地势太高就要考虑水源问题，保证有充足的饮水；若都城的地势太低就要修建沟渠防止洪水。总之，修建都城要充分考虑地理、地形、地貌，依势而为。纪南城的选址和城垣的建筑，就充分考虑了荆江北岸的地理环境和特点，较好地践行了这一建城思想。

第一，城址凭恃险要之地。都城作为统治者长期活动之地以及整个国家运行的中枢，其首要条件是必须保证足够的安全，因而地势的险要，是都城必备的条件。郑樵在《通志》中说："建邦设都，皆凭险阻。山川者，天之险阻也；城池者，人之险阻也。城池必依山川以为固。"在冷兵器时代，由于战争技术有限，高山巨川往往是人们难以逾越的障碍，同时也是有效的防御工具，因而都城要想安全，就要善于利用山川之险构建防御工事。先秦时期，很多著名城市的建设都体现了这种建造思想，如位于关中盆地的秦国都城咸阳，南依秦岭，东被黄河，北有群山。秦人依照山川形势修建了四座关口，即东面的函谷关、东南的武关、西面的大散关以及北面的萧关，控制住这四个关隘，就守住了关中，真可谓是被山带河，易守难攻。

楚国都城纪南城也是在这种思想指导下修建而成的。纪南城北边有纪山，相距仅11千米。纪山虽然不是很高，规模也无法跟秦岭等大的山脉同日而语，但是纪山之南就是广阔的平原，因而纪山就成为纪南城北边的一座高墙，具有一定的军事价值。再往北，有荆山、汉水，是抵抗北方诸侯的重要屏障，春秋战国时期楚国就以此为依凭，进可攻打中原诸侯国，退可有效进行防守。纪南城的西边约4千米处就是八岭山，此为楚王及贵族死后墓葬所在之地。再往西12千米是沮漳河，此河水流湍急，夏季河水暴涨，河面很宽，以此为屏障能很好地阻挡西边的敌人。再往西有连绵群峰的巫山和三峡天险，可阻挡来自西方敌人的进攻。纪南城的南边10千米处便是长江。在军事技术非常有限的古代，长江一直是人们难以逾越的天堑，很多著名的战争就发生在长江之畔，如淝水之战、赤壁之战。因而，对楚人来说，长江既是南边绝佳的屏障，又是他们向南、向东发展的重要通道。纪南城的东面是因长江漫流形成的一望无际的云梦泽，除少数的低矮丘陵外，整个云梦泽地势低下，河道纵横交错，湖泊星罗棋布，其范围很广，周长约450千米，东边一直延伸到今武汉以东的大别山麓。在纪南城的东边还有汉水、大别山，楚人在地势险要之地修建了许多军事关隘，有效地捍卫了都城的安全。在云梦泽、汉水、大别山之间有着广阔的平原，此时江汉平原已得到逐步的开发，每年能生产丰足的粮食。而纪南城所在之地也是一个范围广阔的平原。长江出三峡后，进入地势平缓的江汉平原，泥沙逐渐在此堆积，在今荆州地区形成了肥沃的平原，这些为纪南城的农业生产提供了良好的条件。

第二，城垣依地势而建。众所周知，水是人类生存的基础，人不可一日无水，城市更是如此，人类文明都起源于大河流域。但是，水也会带来洪涝灾害，特别是大江大河泛滥起来，会彻底毁掉一个城市。因而如何有效利用地势，既能利用长江的水资源，又不至于被洪水吞没，一直是先民们面临的重要问题。纪南城所在的长江流域，充沛的雨水在为农作物生长提供有利条件的同时，也带来了凶猛的洪水，尤其是在夏季，暴雨频发，导致江河暴涨，泛滥成灾。因而，对于楚人来说，纪南城必须具有防洪的功能。纪南城的城址，选择在纪山之南的地势较高、无长江洪水威胁之地，其海拔34米左右。其南5千米处为现荆州城所在地，当时建有宫殿和官船码头，是楚都出入长江的门户，史书称之为"渚宫"。荆州城址一般海拔32米左右，比纪南城城址低2米。汉朝以前，荆州城所在地无长江洪水威胁，地势比荆州城址高2米的纪南城城址，当然更不必担心长江洪水。纪南城西边的沮漳河，有八岭山阻隔，也淹不到纪南城。由此可见，楚都纪南城选址是充分考虑了防洪因素的。

同时，纪南城东、西、北三面的城垣均为直线，唯南城垣例外。在南城垣的东段呈"U"形向外凸出，这一独特形制是根据地势特点，出于便于筑城和军事防御的目的而采取的变通处理。在纪南城的东南部有一处名为凤凰山的高地，将南城垣向外凸出，正是为了将这一高地纳入城内，使之成为城内军事防御的一处绝佳的制高点。

第三，便利的交通。古人有居中建城的思想，这是因为在当时交通技术有限的情况下，择中而居有利于政令的上传下达和人员的来往。纪南城偏居南土，远离中原城市群，因而便利的交通是其另一个必备条件。纪南城，离长江古河道很近，逾江而南，可经洞庭湖溯湘水至苍梧，溯江而上可通巴蜀，沿江而下可达吴越。通过长江水系的各条支流，船可以直达楚国各地。除水上交通外，纪南城的陆路交通也非常便利，向北修筑有宽敞的大道，经荆山、鄢、邓、宛可出方城，直抵中原；东有汉水、湖泊及云梦泽，曲折相通。便利的交通条件，为商业的发展创造了条件，同时许多物资，特别是战略物资都通过水陆交通运抵纪南城。

第四，物产丰富。粮食不仅关系到国计民生，是当政者最优先考虑的问题，同时也是王朝向外扩张、争夺资源、发动战争的重要物资，"兵马未动，粮草先行"说的就是这个道理。纪南城所在的荆江平原，虽土壤肥沃，适合农作物的生长，但纪南城人口众多。据考古学家估计，仅城内人口就达30万人之众。东汉桓谭《新论》中说："楚之郢都，车毂击，民肩摩，市路相排突，号为朝衣鲜而暮衣敝也。"在纪南城行走，早上穿的新衣服，晚上就被挤破了，虽有夸张，但人口之众当非虚妄之词。要满足这么多人口的粮食需求，仅靠荆江平原难以供应，这就需要从外地大量运送粮食。当时，纪南城北边的南阳盆地，即今河南省南阳市、湖北省襄阳市等地，由于地形平坦，水源充足，农业发展较好。纪南城与南阳盆地之间有大道连通，可将粮食运往郢都。除此之外，据文献记载，楚庄王时期为转运襄阳到南阳的粮食，命令令尹（宰相）孙叔敖主持修筑了扬口运河。这条运河从扬口（今湖北潜江境内）穿渠西至郢都（今湖北省荆州市）城下，连通江、汉二水，缩短了从南阳盆地到郢都的水运距离，运粮效率大幅提高。

箭竹、犀皮盛产于南方。箭竹是制作箭的主要原料，而犀皮则用来制作士兵们的甲胄，它们都是重要的军事物资。晋文公重耳早年因骊姬之乱被迫流亡楚国，楚王曾用很高的礼节待他。楚王问重耳："公子来日归国将何以为报？"重耳答道："子女玉帛，楚王应有尽有；鸟羽、皮毛、象牙、犀革等均出自楚地，那些流散到晋国的，只不过是楚国看不上的一些残余罢了。我还能用什么来回报呢？"此言虽属外交辞令，但却客观上反映了当时楚国盛产箭竹、犀革等物资的实际。这些产于南方的物资，也是通过便利的交通运往纪南城的。

总之，纪南城的修建，充分利用地势地利，是楚人精心规划的结果，是先民们聪明才智的结晶，体现了他们的卓越智慧。

三、都城营建

随着楚人大规模地向南迁徙以及统治重心的南移，楚国迫切需要在新的活动核心区域建立都城。到公元前689年，楚武王之子即位，年轻有为的楚文王继承其父临终之遗志，为了贯彻向南发展的国策，谋求更好的发展机遇和更广阔的发展空间，做的第一件大事就是将国都从丹阳迁到纪南城。

纪南城，又称纪郢、郢都等，位于今荆州市荆州古城北5千米处。纪南城东西长4.5千米，南北宽3.5千米，城墙周长15.5千米，总面积约为16平方千米，是荆州古城的5倍，足见其规模之宏大，实为先秦时期所罕见。然而，楚文王立都之初，纪南城"城郭未固"，并没有修建城垣。这其中的原因，主要有以下几点。

首先，楚国虽然经过多年的发展，势力已经有所发展，但是大规模修建城垣是一项庞大的工程，即便是在科学技术先进的今天也非易事，更何况在生产工具落后的春秋时期。无论是从设计、筹备，还是到施工完成，都需要大量的人力、物力、财力和时间，同时将百万居民迁徙到新城中，需要强大的组织能力和后勤保障能力。而此时楚国国都初立，尚无实力和能力建造如此大规模的城垣。

其次，纪南城僻居南土，周围都是小的诸侯国和尚未形成统一政权的土著，而位于中原的晋、齐、秦等军事强劲的诸侯国，对此时的南方并无多少兴趣。先秦时期，南方降雨充沛，河流密布，沼泽遍地，气候特点以多雨水、潮湿为主，当时江汉平原上广泛分布着茂密的原始森林，这些都为病毒的滋生创造了条件，对人们的生存造成了巨大的威胁。在这种情况下，北方人来到南方生活非常不易。在古代北方人的观念里，南方的气候容易滋生对人体有害的瘴气，东汉大将军马援率军南征，就有一半士兵死于瘴气。赤壁之战时，曹操之所以大败，也与北方士兵不适应南方气候、痢疾横行有关。直到唐代，北方知识分子依然视荆楚、岭南地区为畏途，生于中原的唐代诗人白居易就为南方湿热、闷热的天气所苦。与此同时，南方多雨的气候造成土壤黏稠，也不适合北方旱作物（小米）的生长。因而，春秋时期北方诸侯国鲜少主动进攻南方诸国，相反，楚、吴等南方国家却频繁向北方扩张，逐鹿中原。

最后，考古发现证明，先秦时期的都城不一定都有城墙，如夏朝的都城二里头、殷商的都城殷墟、西周的都城丰镐都没有发现城墙。这其实与古人的观念有关。春秋时期楚国有位大臣叫沈尹戌，在他看来，天子强大的时候军队守卫应该驻扎在四夷，实力衰落的时候应依靠周围的诸侯来守卫；而诸侯的守卫应该在四方邻国，实力衰落之时防守的关键在于四方边境。只要警惕四方边境，结交四方邻国，百姓在自己的土地上安居乐业，按时劳作，老百姓没有内忧，又没有外患，哪里还需要城墙呢？在楚国，跟他一样持这种观点的贵族不在少数。在这种观念的影响下，楚国将大部分军队驻扎在边境上。楚成王时期，曾派大臣屈完去齐国交涉，他说："楚国以方城当作城墙，把汉水当作护城河。"方城位于今河南南阳市境内，是楚国的北境军事重镇。这句话虽是外交辞令，但却说明了楚国的军事防御重点在于守备边境。楚人认为将军队放在边境，把守好四境，国都就安全了，也就不需要城墙了。

总而言之，楚文王时期，僻居南土的纪南城并无来自敌国的直接威胁，因而也就没有修建城墙之必要。此时，纪南城应该只是一个大型的王室贵族的居住地，只是后来由于外敌入侵，才被迫修建了城墙。

直到春秋中期，楚人才开始为纪南城建造城垣。公元前613年，楚庄王在位时，庄王的太傅斗克和公子燮趁令尹子孔出兵攻打群舒之时，在郢都挟持年幼的庄王发动叛乱。因为担心令尹子孔回兵救援，斗克命人在纪南城建造土城垣，以为屏障。由于斗克发动叛乱的时间较短，并无充裕的时间大规模修筑城垣，因此，斗克所修筑的最多只能算是临时性的军事设施，而不可能是一座完整的城垣。

楚人在纪南城大规模修建城垣要到春秋晚期了。这一时期，位于长江下游的吴国，在晋国的大力扶持下异军突起。吴、楚之间为争夺江、淮地区的控制权展开了激烈的战争。而楚国的扩张也威胁到中原诸侯的利益，于是吴国联合中原诸国，采取疲兵战术不断袭扰楚国。为了防范吴军进攻纪南城，楚平王责令令尹囊瓦大举筑城。囊瓦接到王命后，大兴土木，发动大量人力、物力修建纪南城。此次筑城，奠定了纪南城的总体格局。考古工作者曾对纪南城西垣北门遗址和南垣水门遗址进行勘探发掘，获得的资料显示，这两处城门的建造年代应该在春秋晚期，与楚平王大规模修筑纪南城的文献记载是完全吻合的。

囊瓦是楚国历史上有名的奸臣，当时楚国另一位大臣沈尹戌就曾预言他将造成郢都破灭。果不其然，坚固的纪南城城墙未能阻止吴军的进攻。公元前506年，吴国军队在吴王阖闾和大将伍子胥、孙武的率领下，从吴国出发，翻过大别山关隘，一路势如破竹，即便是楚人重兵把守的汉江防线也未能阻挡敌军的入侵，吴军大破由令尹囊瓦率领的楚军主力。很快，吴军渡过汉江，长驱直入楚境千余里，一举攻占纪南城。狼狈的楚昭王只得带着妹妹和群臣逃出郢都，为摆脱敌军的追击，楚昭王命人在大象尾部系上火把，受惊的象群冲向吴军，终于把他们吓退。

吴师入郢后，吴王放任士兵烧杀抢掠，无恶不作，将储存在都城的粮食付之一炬，毁掉象征权力的"九龙之钟"。而与楚国有世仇的伍子胥，为泄愤竟鞭挞楚平王之墓。不仅如此，他们还对纪南城内的女子施暴，据说阖闾入住楚昭王的宫殿，霸凌了楚昭王的妻子及宫中女子，大臣则抢占楚国大臣之家，并强暴他们的妻子，有人甚至还想娶楚昭王的母亲。可见，吴军进入纪南城后大肆抢掠，对楚人苦心经营的都城造成了极大的破坏，给楚国百姓带来了巨大的灾难。

这种暴行引得楚国人民同仇敌忾，许多老百姓携幼扶老跟随楚昭王出逃，遇到敌军皆团结御敌。在他们的保护下，楚昭王顺利避难随国。吴军的暴行，也引起了中原诸国有识之士的谴责，《穀梁传》定公四年指责吴军与戎狄无异："何以谓之吴也？狄之也。何谓狄之也？君居其君之寝，而妻其君之妻；大夫居其大夫之寝，而妻其大夫之妻；盖有欲妻楚王之母者。不正乘败人之绩而深为利，居人之国，故反其狄道也。"可见，吴军的所作所为已失去民心。

在这种情况下，本已经辞官隐退的楚国大臣申包胥跋山涉水，翻越秦岭，七日赶路千余里，把膝盖都磕破了，终于到达秦国。申包胥到达秦国后，受到秦哀公的接见，当面陈述了吴军灭楚后的利害，请求迅速出兵。虽然秦哀公是楚昭王的舅舅，秦楚两国长期保持良好的关系，但秦王出于自身利益，仍不愿意出兵救楚。申包胥无奈，在秦城墙外哭了七天七夜，滴水不进，最终他的忠诚之心打动了秦王，亲赋《无衣》，发战车五百乘，遣大夫子满、子虎救楚。楚昭王在秦军的帮助和老百姓的拥护下，终于大败吴军，收复失地。归国后的楚昭王见破败的纪南城已难以入住，只得临时以都（今湖北宜城东南）为国都。直到数年后，破损不堪的纪南城得到修复，楚昭王才重新迁回纪南城。

公元前278年，楚郢都纪南城被秦国大将白起攻占。秦军对这座当时中国南方最大的都市实施了报复性的破坏，将地面上的一切建筑化为灰烬，只留下断壁残垣和火焚后的废墟。

从公元前689年楚文王"始都郢"，至公元前278年白起拔郢，楚人以纪南城为首都长达411年。在此期间，纪南城作为楚国的政治、文化、经济中心，成为当时中国南方的最大都会。也是在此期间，楚国兼并大小数十国，势力达到了极盛，成为北至黄河，东至大海，西至云贵，南至岭南的泱泱大国。白起拔郢在历史上成为楚国由盛转衰的标志性事件。楚人东迁陈城后，国势日衰，最终在公元前223年被秦国灭国。

第二节　城郭沟池

城墙作为城市的防御工程，原本与城市没有必然的联系。换言之，城市可以有城墙，也可以无城墙，城墙并不是城市产生的必备条件。但是在中国古代特殊的条件下，城市往往是一个地区的政治、军事中心，为保卫统治者的安全，需要修筑城墙，于是城墙便成了一座城市的标志。城墙作为一种可视化的城市建筑，在正史、方志、图像史料中有大量关于它的描述，显示了古人对城墙的关注及其在人们生活中的重要地位。时至今日，我们依然能在中华大地上看到许多城墙的遗址，但像楚国的都城纪南城这样，虽经历了两千多年的风风雨雨，仍矗立不倒却很罕见。尽管纪南城城内金碧辉煌的宫殿、摩肩接踵的人流早已时过境迁，但人们仍能从那残垣断壁中体悟到这座城市昔日的繁华与辉煌。

一、版筑城垣

纪南城城墙由城垣、护城河、城门等组成。纪南城城垣四周呈长方形，分墙身、内护坡、外护坡三部分。据考古发现，楚人在修建纪南城城垣时，首先选择、清理基址，将松软的淤沙、泥土铲除，再在此基础上挖基础槽，挖至坚硬土为止，最后以灰褐色土或黄土从基础槽由下而上层层夯实。①

墙基设置基础槽这一技术起源甚早。考古发现，早在原始社会时期先民们就已经掌握了这一技术。如郑州西山仰韶文化城址，城墙就采用了方块版筑法，"建筑方法是先在拟建城墙的区段挖筑倒梯形基槽，然后在槽底平面上分段、分层夯筑城墙"②。不仅如此，这种筑墙方式在二里头遗址、郑州商城遗址中也有使用，这说明我国先民很早就掌握了墙基设置基础槽技术。城墙之所以需要设置基础槽，是因为高达几米甚至十几米的城墙如果不深入基础槽，就无法抵挡住外部的冲击力，很容易坍塌。尤其是在水网纵横、洪

---

① 湖北省博物馆：《楚都纪南城的勘查与发掘（上、下）》，《考古学报》1982年第3、4期。

② 曲英杰：《古代城市》，文物出版社2003年版，第15页。

水频繁的长江沿岸，这种技术显得尤为重要。可以说纪南城城墙之所以能历经两千多年的风雨而屹立不倒，与这种筑城工程技术密不可分。

城垣夯筑的泥土也非常讲究，非普通泥土可以使用，必须选择优质的泥土。修建城垣需要选用位于地表之下的生土，这种土壤密度高，颜色均匀，含水量适中，质地纯净，用来制作城垣可有效地防御洪水的侵蚀。[①]纪南城的城垣就是建在生土之上，并用生土夯筑而成。

此外，作为城垣中心的墙身横断面呈梯形，墙壁从底向上略内收。考古人员对墙体作了剖析，发现"墙体和内、外护坡之间的界线十分明显；同时，墙体的夯层也十分清晰，每层厚10厘米左右，而内、外护坡无明显的夯层；再者，墙体所用的土和内外护坡所用的土不完全相同，墙体所用的土更纯净一些；而内坡和外坡所用的土也不一致，内坡所用的土更杂一些。这些都说明当年墙体和内外护坡并非一起修筑，而是先筑好墙体，筑到一定高度再筑外坡，再垒内坡，这样层层往上，直至修完"[②]。外护坡分别附于墙身内壁和外壁，残存底部宽30~40米，上部宽10~14米，内护坡坡度平缓，宽度10米左右，外坡坡度比内坡陡，宽度一般6米。城墙设置护坡，可有效防止雨水、风力、阳光等对主体墙体的侵蚀，从而提高城墙的使用寿命。

纪南城四周城垣的转角处，除东南角以外，东北角、西北角、西南角都做成了略呈弧形的切角。考古勘探表明，纪南城城垣存在拐角11处，部分保存较好。详见下表。[③]

城市拐角统计表

位置	拐角数	拐角形状	夹角	保存情况
西北角	2	向内拐	南151°、北125°	较好
西南角	2	向内拐	南113°、北156°	较好
东北角	2	向内拐	南138°、北137°	破坏严重

① 唐由海：《先秦华夏城市选址研究》，西南交通大学2020年博士学位论文。

② 郭德维：《楚都纪南城复原研究》，文物出版社1999年版，第50—51页。

③ 湖北省博物馆：《楚都纪南城的勘查与发掘（上）》，《考古学报》1982年第3期。

续表

位置	拐角数	拐角形状	夹角	保存情况
东南角	1	向内拐	99°	破坏严重
南垣曲折处	4	东南、西南向内拐，东北、西北向内拐	东南93°、西南89°、东北95°、西北89°	除西北角外，其他保存较好

《管子·乘马》云："凡立国都……因天才，就地利，故城郭不必中规矩，道路不必中准绳。"楚人将城垣相交处做成切角，主要有三个原因：一是做成切角可以避免观察城外敌情时形成视线上的"死角"；二是将城角建成切角，可以充分发挥弓弩之类远射武器的作用；三是为了防洪。纪南城的护城河较为宽阔，据测量有40~100米，"折角形态的城角，能加大护城河的河道曲率，引导水流顺畅过弯，城墙转角不至在洪涝季节垮塌"①。这些体现了楚人"因天时，就地利"的建都思想，是楚人智慧的结晶。

不过，城墙转角设为折角形并非楚人所独创。早在原始社会时期先民们在修筑城垣时就已经采用这种形制，如山东城子崖龙山文化遗址城墙的拐角就是弧形。除黄河流域外，这种设计在长江流域也非常普遍，如今湖北省天门市石家河镇的石家河遗址的城墙就呈圆角长方形；荆州的走马岭遗址城墙也呈圆角四方形。可见，在中国城市起源阶段，城墙大多是不规整的，拐角处往往设为折角。后来，随着西周时期礼制观念的发展，开始影响到城市建设，都城城垣的形制不断地规律化、秩序化，追求"方正居中"。从纪南城的城垣形制来看，并非所有的都城都采用了西周的这种城市规划，而是根据地形、地势实际需要，进行修建和规划。

从筑城方式上来看，纪南城的城垣采用了夯筑与版筑两种技术。夯筑和版筑的出现是人类历史上的一大发明，是人类告别穴居、走向地面居住所必需的技术。夯筑即用杵将土打实，类似于今天用重型机械将土碾压结实。考古发掘中所揭露的楚城垣、宫室基址以及墓葬都可以见到夯层和夯窝。纪南城城垣上夯窝密集，夯窝直径分别为：圆角方形夯窝0.07×0.07米，圆形夯

① 唐由海：《先秦华夏城市选址研究》，西南交通大学2020年博士学位论文。

窝直径0.05米。

所谓版筑，就是筑墙时用两块木板（版）相夹，两板之间的宽度等于墙的厚度，板外用木柱支撑住，然后在两板之间填满泥土，用杵筑（捣）紧，筑毕，拆去木板木柱，即成一堵墙。早期的版筑法一般是两版筑城垣，即在内外两块侧板中间夯土筑墙。战国时期吴起主持维修纪南城城垣时，以"四版筑城法"替代原先的"两版垣"。吴起，卫国人，公元前386年在楚悼王的支持下主持变法，将中原的许多先进技术、政策引进楚国，"四版法"就是其中之一。"四版法"在内外两侧模板两端增加两块模板进行夯筑，不仅加快了工效，还提高了所筑墙体的质量，增强了纪南城的整体防御能力。

二、护城壕河

护城河，又称壕沟、城壕，是人工挖掘的河沟，有些没有水的护城河被称为"城隍"，主要围绕着城墙。和城垣一样，修建护城河主要是为了防御敌人和野兽的进攻。护城河，起源于原始社会时期，应该比城垣还早，这是因为壕沟的工程量比城墙小，而且不需要什么技术含量，更易于建造。距今有6000多年历史的西安半坡新石器时代仰韶文化聚落遗址，居住区外围就有一条人工壕沟，却不见城垣的存在。但是，相对于城墙来说，壕沟的防御效果不佳，这是因为敌人容易架桥通过壕沟，而且进行防守之时自身也会暴露在敌人的打击范围之内。后来，随着筑城技术和生产力的发展，防御效果更好的城墙，逐渐取代壕沟成为主要的防御性建筑。护城河与城墙互相配合，在敌人进攻之时可以起到更有效的防御效果。

春秋战国时期，是我国古代城市发展的重要阶段。由于战争愈发的频繁，各诸侯国纷纷修建城墙和护城河进行自我防卫，因而护城河在规模和形制上得到快速发展。作为当时南方最大城市的纪南城，城垣外围也设有护城河，绕城一周，与城垣一起构成外池内城的防御体系。

纪南城的城垣与护城河相辅相成，表现为一体性的构筑方式，即因筑城工程土方需要开挖护城河，护城河的水系又形成一道军事防御，一举两得。护城河与城垣走向一致，相距10～80米。护城河依地势高低不同，河面宽窄也不一样。地势较低的地方河宽约40米，较高的地方，则只有10～20米。

护城河除了具有军事防御功能外，还具有多方面的功用。它通过水门与城内的河道相连接，又与城外河湖相通，连通长江，使得城内河道与城外水网形成一个完整的城市水系，这样既便于行船交通，又具有排水和调蓄的功能，还有利于交换水源，改善城内的水质。

同时，据考古发现，纪南城城内的古河道共四条，分别是朱河、新桥河、龙桥河及城东部凤凰山西坡古河道。它们相互贯通，呈"ŀ"形。朱河，自南向北流，从南垣进入城内。新桥河，自北向南流，从北垣中部流入城内。两条河流在纪南城西南部汇合后，汇入龙桥河。龙桥河，自西向东从东垣出城，然后注入邓家湖。①护城河与纪南城的河流连通，当下暴雨时，护城河可以调节河流，缓解城内河流的泄洪压力；遇到干旱时，护城河可通过城内河流流入城内，为城市居民生产、生活提供水源。同时，这种有效循环，可以增加护城河里水的流动性，改善水质。

在纪南城遗址，至今仍可以看到遗址外的护城河。护城河原环城为一整体，现由于河道淤积分为四段：第一段，自北垣西门，向西经城西北角，顺西城垣到城西南角入新桥河古河道，再沿南垣西段向东，止于南垣突出部分的西南拐角，全长7660米；第二段，自南垣的东南角，顺南垣外边向东绕过城东南角至东垣南门，全长1800米，宽40米左右；第三段，自东垣南门向北穿过龙会桥，绕城垣东北角折向西，至北垣东段大缺口处止，全长4440米；第四段，自北垣东段大缺口向西穿过朱河，到北垣西门止，全长820米，宽40~80米。②历经两千多年，纪南城护城河仍造福当地百姓，如西垣外的护城河沟渠虽然已经淤积，但当地居民在此基础上修建引水沟渠，为当地生活、农业生产提供水源。有的淤积地段，则被开发成池塘，用来养鱼、虾等，有的则被开发成农田，种上了水稻。

三、水陆城门

有城垣必有城门。通常情况下，在修建城垣时，会提前预留出城门的位

---

① 湖北省博物馆：《楚都纪南城的勘查与发掘(上)》，《考古学报》1982年第3期。
② 湖北省博物馆：《楚都纪南城的勘查与发掘(上)》，《考古学报》1982年第3期。

置，待城垣筑好后再修建城门。有些城市因为有河水流入，因而修建有水门。一般而言，城门的构成要素主要有门道、大门、墩台、水道、门卫房、城内楼等设施。①

有城墙就必有城门，所以城门和城墙一样，都起源于原始社会时期。考古人员在今湖南省常德市澧县城头山遗址中就发现了城门的遗迹，整个城址平面呈近圆形，由护城河（环壕）、夯土城墙、城门及道路等组成。据考古发现，城墙北、东、南、西四面各有一个缺口，西墙缺口经钻探，未发现通道或城门痕迹，故可能不是城门遗迹。东、南二缺口应为城门遗迹，其中东门残宽19米，残长11米；南门残宽20米，残长15米。

纪南城城垣缺口有28处。经考古发掘，可以确认的城门有7座，即北垣（东门、西门）、西垣（南门、北门）、南垣（东门、西门）各2座，东垣（南门）1座。其中，北垣东门和南垣西门为水门，下有古河道贯穿，至今仍通水。

东垣现已发掘的城门只有1座陆门，但据文献记载，纪南城东门应为2座城门。屈原《哀郢》写道"邪两东门之可芜"，明确记载东垣有2座城门。据调查，东垣中部偏北是城内龙桥河流过的缺口，经勘探也有古河道横穿，考古学者据此推测东垣北门为水门。穿越这座水门的河道为龙桥河，流出城垣后汇入龙陂，都与龙有关。屈原《哀郢》中所说的楚郢都"龙门"应该就是指这座城门。

考古工作者对西城垣北门进行了考古发掘，城门遗址中已揭示出两墩式的三股门道及其附属门塾。门墩均系黄色泥土夯筑，体呈长方形。门道东西向，中间宽，两侧窄。陆城门道的体量为面阔30米，中间道宽7.8米、两侧道宽3.8～3.9米，显示主次道的职能。门道上遗存有车辙痕迹。城门三股门道人车分流，按道通行，各行其道，是楚国交通法则的一大创举，对齐国都城、汉代的长安城道路设计都产生过极大的影响。

纪南城西垣北城门采用了长方形门道。这种形制是中国古代最常见的城门门道，具有便于通行的优点，而且建筑工程量比较小，易于建筑，也比较

---

① 缪小荣：《中国早期城市城门研究》，郑州大学2015年硕士学位论文。

美观。但是，这种门道由于通直，缺点也比较明显，就是不利于防守。因而城门往往成为整个城墙防御体系中的薄弱环节，自然是敌人进攻的重点。为此，古人在城门后面建有门卫房，以便于守卫看守。门道中间建有大门，应该为木门，这种木门采用厚重的木材做成，当敌人来犯之时关闭大门进行防守。但随着时间流逝，木门容易腐烂，因而纪南城考古发掘未发现有木门，但从使用痕迹推测应该有。

同时，为了增加大门的防御性能，古人设计了门墩。门墩分为石质和木质，具有良好的固定作用。按纪南城西垣北门门墩的形制推测，各立面应建有相应的木质梁、木柱和木壁。遗址中出土的筒、板瓦和铁斧遗物可证实，门墩上部应承托有门楼的梁架与瓦件。

城楼作为城门的重要部分，起源应比城门晚，但春秋战国时期已经比较普遍了。成书于战国时期的《墨子·备城篇》就说，城的四面和四个角落上建设二重的城楼，士兵住在里面等待敌人，以逸待劳，并根据敌人的状态调整自己的位置。今人张驭寰在研究中国城池史的时候说："不管一个城中有多少城门，每一个城门，必然要建楼。"①尽管说得比较绝对，但城楼应该是春秋战国时期城墙常见的防御建筑。

纪南城的城门上建有两层高的城楼，其主要目的：其一，战争时可以利用城楼较高的优势，士兵站在城楼上就可以观察远方的敌情，以便于及时准备战斗；同时城楼也是守城将领的指挥大本营和标志，守城士兵根据城楼发出的指令进行战斗。城楼在，则城门在；城门在，则城市在。它也是城门极其重要的防御据点，可有效地提升城门的防御能力。其二，和平时期，城楼可以储藏兵器和入住把守城门的士兵，对过往的人员进行核查，以防犯罪分子、敌方奸细的进入。纪南城的门楼建筑形式，可能为双阙并列式的重檐结构。这种结构拥有雄伟壮丽的外观，明显高出其他城墙许多，因而客观上具有标识方位的作用，能使城内、外的居民很快发现城门的所在位置，从而引导他们快速地出城或入城，发挥交通枢纽的功能。

门台是门楼前的空地，是伴随着门楼的产生而形成的建筑，主要特征是

---

① 张驭寰:《中国城池史》,百花文艺出版社2003年版,第334页。

比较宽敞，可以容纳大量的士兵。当敌人进攻城门时，城楼里的士兵在门台上散开，有足够的空间向下射箭、投石等，可提升射箭、投石的频率，达到杀伤敌军的目的。

除陆门外，纪南城还设有水门。水门建在古河道入口处，使城垣与城门体相互连接，可满足河水畅通、运输便利、防守严密的要求，显露出楚国土木建筑工程水平的高超。南垣水门形制大致应是三层式建筑，下层为桥梁，中层安放门闸，上层建城楼作为瞭望和守城处所。纪南城的水城门与陆城门一样，由三股门道组成，三股门道的宽窄大致相等，可供船只有序进出。水门主体以木柱分隔为东、中、西三股门道，并用两侧木柱与城垣有机地结合，便于车马行走。

水城门处的河道畅通，既保障了舟船行驶，为城内外水路物资与兵力运输提供了极为有利的条件。因水城门是交通要道，警卫任务繁重，上部需建与陆城门同样风格的门楼，供士兵们把守。情况紧急时，可随时关闭水门，达到"一夫当关，万夫莫开"的防御效果。

作为一种物理隔断，纪南城厚重的城墙，使城市内部形成一个相对独立的封闭空间。但城市由于空间相对有限，各种生活、生产资料，如粮食、矿产等，都需要依靠城外地区的供应，因而城内外势必会产生密切的联系。而在其中，城门就扮演了重要交通枢纽的角色。《周礼·考工记》云："匠人营国，方九里，旁三门。国中九经九纬，经涂九轨。左祖右社，面朝后市，市朝一夫。"这是说西周时期修建国都，方圆九里，城墙四面墙各开辟三个城门，每个城门都配有大道，将城内交通干线与城门有机联系起来。与此同时，门外也有道路连接，可见城门成为城市内外相互连接的关键点。整个城市方方正正，这是西周人理想城市的规划，通常由于自然条件的限制难以实现，但对我国古代城市建设形成了深远的影响。纪南城城墙虽然有切角，但总体而言比较方正，每面城墙都设有2座城门，与城外进行联系。

尽管城门是城市内外交通的枢纽，但是它也是城墙防御体系中的薄弱点，很容易成为敌人攻城的突破口。至今，纪南城城垣底部仍宽30～40米，上部宽10～14米，最高处7.2米，足见其城墙之高大、坚厚，因而敌军要想大规模入城，必然选择城门作为主攻方向。相对地，城门也就成为城内守军防御的关键。

如上文所分析的那样，楚人为加强城门的防御能力，设计了一系列的配套设施，如门墩、门房、门楼、门台等，"建筑构造进一步合理化……力图利用建筑布局的整体性来弥补其防御上的不足"①。

除了交通、军事功能外，在和平时期，城门还具有检查抓捕罪犯、搜查货物、迎宾的功能。纪南城的城门内设有门房，专门有士兵对城门进行管理，对来往人员、商品进行盘查和征税，可以说城门的设置满足了统治者的统治和管理需要。《周礼·地官·司门》中指出："司门掌管键，以启闭国门，几出入不物者，正其货贿，凡财物犯禁举之，以其财养死政之老与其孤，祭祀之牛牲击焉，监门养之。凡岁时之门，受其余，凡四方之宾客造焉，则以告。"可见，早在西周时期，就设有专门的官员负责按时打开城门、征税等工作。楚国延续了这一制度，也设有专门的官员对纪南城的城门进行管理和把守，《左传》庄公十九年记载了一则这样的故事：公元前676年，巴人趁楚国内乱之际出兵攻楚。次年春天，楚文王亲率大军抵御进犯的巴人，在今湖北枝江市被巴人打败，只得率领残兵败将回到郢都，可是负责看守城门的官员鬻拳，看楚文王打了败仗，不肯打开城门，气急败坏的楚文王只得转而进攻黄国。鬻拳担任的官职叫"大阍"，楚人称之为大伯，专门负责城门。他死后子承父业，世代担任看守城门的职务。鬻拳曾拿刀对准楚文王，兵谏他不杀蔡侯，后来获得楚文王的原谅，这次又将楚文王及其率领的军队挡在门外，这种不臣之举不仅没有被杀，反而受到楚人的尊重。由此来看，鬻拳的身份显然尊贵，非普通之人可比。楚国设有专门的官员看守城门，并任命楚国的贵族来担任守卫城门的长官，体现了楚人对都城城门管理的重视。

此外，在西周的礼仪等级制度中，城门还具有明显的礼仪等级色彩。按照西周的等级制度，天子的都城规模、道路宽度、城门数量都要大于诸侯国，而各诸侯国都城的道路宽度、城隅高度、城门数量、城邑规模、规划形制等，都有严格的等级规定，不得僭越。不过，春秋战国时期，礼崩乐坏，僭越之风盛行，楚国纪南城的都城数量就已经超过了西周礼制的规定。同

---

① 张亮：《中国古代城门功能初探》，《乐山师范学院学报》2009年第6期。

时，不同的城门有着不同的含义，著名的晏子使楚的故事就体现了这一点。齐国的大夫晏子，一直以能言善辩闻名于世。有一次，晏子被齐王派去出使楚国，楚王知道晏子个子矮小，想借此羞辱他，于是就叫人在纪南城的大门外开了一个小洞。晏子千里迢迢来到纪南城，却发现城门紧闭，只有旁边的一个小洞开着，迎宾官员叫他从这个洞里进城。晏子听后明白是楚人想羞辱他，坚持不从，他说："出使到狗国才从狗洞进去，今天我出使到楚国来，不应该从这个洞进去。"言外之意，如果晏子今天从这个小洞进去了，那么楚国就是狗国。迎接宾客的官员只得叫人打开大门，带晏子从大门进去。这个故事告诉我们，纪南城的城门是具有重要的政治含义的，城门是外国使者进入纪南城朝见楚王的必经之径，而不同的门意味着不同的政治含义，显示了楚人对对方的政治态度与两国关系。

四、烽燧高台

烽火台是我国古代一种重要的军事防御设施，在不同时代、史料里有着不同的称谓，又叫墩台、烽燧、烟墩、烽堠。虽称呼不一样，但功能相同，都是指当有敌人入侵时用来点燃烟火的高台。由于古代通信技术有限，最快的信息传递方式是骑马，而军情瞬息万变，骑马传递信息的速度显然不能满足战争的需要，于是人们发明了烽火台来传递军情。白天狼烟比较容易辨认，点燃狼烟，直冲云霄，方圆百里都可以看到，周围的居民和军队可以快速做好准备，而晚上狼烟不容易辨认，于是人们使用火光代之。白昼放烟为"烽"，夜间举火为"燧"，因而早期烽火台叫"烽燧"。

一般而言，烽火台建在国境边，这样可以第一时间发现敌情。为了将边疆的军情快速传递到都城，每隔十里左右会建设一个烽火台。当敌人入侵时，立即于台上燃起烽火，相邻的烽火台可以迅速看到，并点燃烟火传递信息，这样一个传一个，将敌情传到都城。烽火台通常建立在地势较高、易于相互瞭望的高岗、丘阜之上，这样既方便观察敌情、传递信息，又可以以此为据点进行防守。烽火台上，通常还设有守望房屋和燃烟放火的设备，房屋可供士兵居住，战时可作为防御工具使用。

其实，战国时期不仅边境上有烽火台，一些重要的城市也有设置。《墨子·号令》："出候无过十里，居高便所树表，表三人守之。比至城者三表，与城上烽燧相望，昼则举烽，夜则举火。"这是说在守城的时候，守将要及时派出士兵外出侦探敌情，负责侦查的士兵不要出十里之外。同时，要寻找地势较高的地方，在上面树立标记，并派三人把守标记，一直到城里共设立三处标记，与城上的烽火台遥相呼应。

正如《墨子·号令》所记载的那样，楚国都城纪南城也设置有一座烽火台。2011年，湖北省文物考古研究所对纪南城南城垣附近的烽火台遗址进行了初步发掘。烽火台遗址隶属纪南镇松柏村12组，西距城垣30米，南距城垣40米，海拔高度45米。遗址呈高台基状，形状呈不规则方形，高出四周地面约3～5米，台基底宽32米，顶宽18米，现存高度4.45米。在台基上发现了一些文物，如筒瓦、盆、钵、盂、长颈罐、豆柄等。考古人员认为这个台基与纪南城的城垣规划和建造时间应该一致，可能都在战国早期以后。台基和城垣一样，都是从生土之上开始修建，用生土夯筑而成。烽火台和城垣之间有一个凹沟，上面建造了廊道，便于士兵巡逻和雨天排水之用。此外，烽火台上应该还修建了房屋，以供士兵居住。①

烽火台是纪南城的重要军事设施。从地势上看，烽火台在纪南城南部的岗地上，这块岗地是纪南城最高处，因而烽火台就成为全城的制高点。站在烽火台上，纪南城皆收眼底，而其南部城外则一马平川，视线非常开阔。在此瞭望，无论是城内还是城外的一举一动都处在监视之下。因而，烽火台既可用于点燃烟火，传递军情，也可用于登高望远，监视城内，维护城内的治安。由此可见，烽火台在纪南城军事防御和治安管理方面发挥着重要的作用。②

五、汲水深井

纪南城城内的水利设施也比较完善，城内发掘的水井也非常多，分布相

---

① 湖北省文物考古研究所：《荆州纪南城烽火台遗址及其西侧城垣试掘简报》，《江汉考古》2014年第2期。

② 湖北省文物考古研究所：《荆州纪南城烽火台遗址及其西侧城垣试掘简报》，《江汉考古》2014年第2期。

当密集。据统计，已发现的水井有400多口，仅在龙桥河西段新河道长约1000米、宽60米的范围内，就发现了各类水井256口。[①]总的来看，这些水井按井圈的材质可以分为土井、陶圈井、竹圈井、木圈井和瓦圈井，其中陶圈井的数量最多，占60%～68%。楚人在挖井时遇到最大的困难是塌方，纪南城一带为黏性土，一经雨水浸泡就易发生坍塌，楚人为解决这个问题，用竹、陶、木等做成井圈，等井坑挖好之后，将井圈慢慢地由下而上放入井中。从楚水井形制的变化与发展规律看，土井、陶圈井、竹圈井、木圈井和瓦圈井是相递进的。楚人首先是以土井建筑为基础。由于土井井壁易被侵蚀，于是楚人开始制作陶井。后来，在上部为陶井圈的形式上，改下部为竹井圈，与此同时，木井圈、瓦井圈也兴起了。[②]

纪南城高峰人口数在30万左右，这么多的人生活和生产需要大量的水。纪南城虽有三条河流经过，但这些河流都存在枯水期，再加上河流易受到生活垃圾的污染，经常出现供不应求的现象。于是，楚人将目光投向了地下水。纪南城地下水位较高，水资源丰富，这为楚人修建水井提供了优良的自然条件。然而，仅拥有优良的自然条件是不够的，还得有锋利的挖掘工具。纪南城河Ⅰ93号井的木井圈与竹井圈之间的填土内出土了一件铁斧，从发掘者提供的图片来看，这件铁斧至今仍然锋利。优良的自然环境和锋利的挖掘工具使大量修建水井开采地下水成为可能。

就纪南城里水井的作用而言，归纳起来大概有两点：第一，为楚人生活提供清洁卫生的饮用水。从水井的分布来看，水井主要分布在居住区或生活区。如在松柏区30号建筑遗址中就发现了水井12口（J1—12），其中土井1口，陶井11口。就水井中出土的器物来看，水井中遗物主要是瓦片和陶罐等生活用品。以松柏区遗址中的J11为例，J11下深2米为黑黄土，包含有大量器物，如鬲、盂、长颈罐等均可复原。深4.5米以下为黑灰色淤泥土，未掘到底。[③]第二，用于制陶、农业等生产方面。在窑址里发现了大量的水井，

① 湖北省博物馆:《楚都纪南城的勘查与发掘(下)》,《考古学报》1982年第4期。

② 王崇礼:《楚国土木工程研究》,湖北科学技术出版社1995年版,第192页。

③ 湖北省博物馆:《楚都纪南城的勘查与发掘(下)》,《考古学报》1982年第4期。

如纪南城遗址东南部城壕旁，发现了一处制陶作坊遗址，暴露了窑址2座、水井7座，每座窑侧均有配套的水井和泥坑。[1]很明显，这些水井是满足制陶作坊用水需要的。

第三节　宫殿朝堂

一、宫城布局

宫城区是楚王居住、办公的地方，无疑是整个城市中规模最大、装饰最为豪华、空间格局最为复杂、发展最为成熟、技术水平最高的建筑群。纪南城宫城区位于城中部偏东南的位置，包括朝堂和寝宫，朝堂是楚王办公之所，是国家的政治中心；寝宫包括王寝和后寝，是楚王和后妃生活起居的地方。除此之外，宫殿区还是祭祀先祖的宗庙所在地，这里理所当然是楚国的政治与宗教中心。因而，宫城区最重要的就是安全问题。楚人为了保证宫殿区的安全，可谓煞费苦心。宫城区西有新桥河，北有龙桥河，两条河流与东城垣、南城垣合围，形成一道对宫城区的安全屏障。为了确保王宫的安全，还在宫城区建有两道防御工程。环绕宫城建有宫城城垣，在宫城城垣与宫殿之间开有壕沟，形成宫殿区外城内河的双重防御体系。如果再算上外城的城垣与护城河以及城内的河流，从外到内足足有五道防御线护卫着楚王宫。

宫城的环形水沟并非是孤立的，而是通过吴家水沟向西与新桥河相互连通，从而保证了宫城的水沟有源源不断的活水汇入。据考古发现，环形界沟位于宫城区中心，北边距北宫墙230米，东边、西边分别距东、西宫墙135米左右。宫城区的环形壕沟整体呈长方形，东北、西北角为直角，西南角为锐角，东南角为钝角。它规模较大，南北长565~575米、东西宽463~525米，面积约27万平方米，显示了环形壕沟在整个宫殿建筑中的重要位置。[2]

那么，楚人为什么要修建这个环形壕沟呢？对此，考古人员认为有四

---

① 中国考古学会：《中国考古学年鉴1990》，文物出版社1991年版，第276页。

② 闻磊、周国平：《郢路辽远：楚都纪南城宫城区的考古发掘》，《大众考古》2016年第11期。

点："第一，宫城区内夯筑如此多的夯土台基，需要取土，既要节省运输成本和建筑时间，又不能在宫城区挖坑，于是有了界沟。第二，环形界沟最大的功能是将宫城区划分成了宫殿区和护卫区、活动广场，起到了分区的作用。第三，水沟分布在宫城区四周，其深宽都能容纳降水，利于宫城区的排水，保持地面干燥。第四，宫城区内有了一个完整的环形界沟，使得宫城区形成了一个园林式建筑群，沟内普遍种植蒲草和芦苇，也起到了绿化作用。"[1]由此可见，挖建环形界沟是楚人因地制宜的结果，体现了楚人大胆创新的精神。

壕沟外还有宫城的城垣。最新探明的宫城城垣呈南北向长方形，南北长906米，东西宽802米，占地面积72.6万平方米。这一面积与北京故宫占地72万平方米极其相近。城墙北垣有两个城门，与城外相连接。宫城城墙作为一种物理区隔，将平民与统治者区分开来，可以说是王权的象征。

宫城内分布着大量的夯土台基，已经探明的夯土台基有61座，其中一组呈正南北向排列的台基，形成一条主轴线，这些台基沿着这条主轴线对称分布。但这条主轴线并不居于宫城区中部，而是居于宫城区东部。这一安排可能与地势有关，也可能与楚人尚东的礼俗有关。此外，勘探还表明，每一个建筑台基大小有别，互不连续，既有东西向的，也有南北向的。说明各个台基原应是单体的建筑，并有着功用上的区别。正是由这些不同功用的单体建筑的有序排列，才组成了一个完整的大型建筑群。

据《礼记·明堂位》记载：鲁国宫城有三门之制，分别为库门、雉门、路门，各诸侯国因之，楚国纪南城的宫城由外入内宫亦有三门。楚昭王时有"宫门"的记载，宫门对应于鲁国的库门。《韩非子·外储说右上》记载楚庄王时有"茅门之法"的说法。按楚国"茅门之法"的规定，茅门之内为禁区，群臣和公子们到宫廷来朝拜楚王时，要在茅门外停车。如果马的前蹄践踏到茅门外的散水，就要依法砍断车辕，处死车夫。有一次，太子入宫朝见楚庄王，马蹄不小心践踏了茅门外的散水，执法的官员要按照法律执行，太子却强行阻拦，但官员还是严格执行了法律，强行砍断了太子的车辕，处死

---

[1] 闻磊、周国平：《郢路辽远：楚都纪南城宫城区的考古发掘》，《大众考古》2016年第11期。

了太子的车夫。太子非常愤怒,见到父王后哭诉道:"那个官员藐视太子,请父亲斩了他。"楚庄王在了解事情的来龙去脉后,说道:"所谓的法律,是用来敬宗庙、尊社稷的,凡是能制定法律,严格遵守,并且尊敬社稷的人,都是我们国家的栋梁之材,我们又有什么理由杀掉这样的人呢?相反,那些违反法令,不听从大王号令,藐视社稷的人,就是臣子凌驾在君王之上的人。如果臣子凌驾在君王之上,那么君王的权威尽失,那些不忠之臣趁机就会发动叛乱,君王就危险了。权威丧失,王位危险,国家就不保了,我将拿什么留给子孙呢?"太子听闻这席话,自惭形秽,为了反省自身,连续三日在外露宿,朝北面连续磕头,请求父王降罪处死自己。从这个故事可以看到,茅门之法得到严格的执行,宫城内部的禁区是楚君的专有空间,严格禁止外人肆意进出,即便是太子犯法,也决不轻饶。在这里,茅门之内的禁区成了君权的象征,维护了茅门之法,就是维护了君权的权威。"茅门"对应于鲁国的"雉门"。

楚庄王时又有"寝门"。所谓的"寝门",顾名思义就是寝室的门,宫城最内的门,也即楚君住所的门。据《左传》宣公十四年记载,楚庄王派申舟出使齐国,路过宋国,却被宋国所杀,庄王听到这个消息,异常气愤,甩袖而起,迅速向外走去,随从都没反应过来,赶紧追了过去,走到前院才让楚庄王穿上鞋子,到寝宫门外才递上佩剑,到蒲胥街市才坐上车子。由此可见,楚国的宫城有"寝门",对应于鲁国的"路门"。可见,楚王宫殿由外入内有三道门,依次为宫门、茅门、寝门。

其实,宫门、茅门、寝门对应了周礼中的"三朝"之制。所谓"三朝",即外朝、治朝、燕朝。宫门之内为外朝,茅门之内为治朝,路门之内为燕朝。"三朝"的作用分别是:外朝是"大政询万民之朝",就是君王举行国家庆典的地方;治朝是"日听政事所在",即君王与大臣们处理日常行政事务的地方;燕朝是"宗人嘉事行于此",即君王与嫔妃、子女生活的地方。

后来,外朝与治朝合二为一,成为"前朝",这就是文献中的"前朝后寝"之制。在这个制度里,前朝成了君主帝王上朝理政、举行国家大典的地方,因位于整个建筑群的前部,故称"前朝"。后寝是君主帝王、妃子及其子女生活起居的地方,因位于建筑群的后部,称"后寝"。楚国宫殿建筑排列存在着明确的轴线关系，楚国和朝、寝制度也遵循"前朝后寝"之制。有学者认为，纪南城宫殿遗址中，20、21、23 号台基应为王寝之宫，21、23 号台基在轴线对面还应有对应台基，20号台基应为后寝之宫。[1]

　　除了内、外朝，对楚人来说，还有两个建筑是必不可少的，那就是宗庙和社稷。在中国传统的礼制思想中，尊敬祖先的物化形式就是修建宗庙，宗庙不修则国不立。同时土地为人类提供了粮食，每年要按期祭祀土地神，只有这样才能风调雨顺，国泰民安。由此可见，宗庙和社稷两个建筑，具有重要的政治意义，因而历来受到统治者的重视。据成书于战国时期的《考工记》记载，宗庙和社稷两个建筑的布局是"左祖右社"，分别位于王宫左侧和右侧。楚人在纪南城的宫城内也建有宗庙和社稷，其分布也大致遵循了周礼的规定。楚人称宗庙为"祢庙"，如《左传》襄公十三年记楚共王临死时嘱诸大夫"从先君之祢庙"；楚人称历代祖庙为"太室"，楚共王埋璧择嗣即"埋璧于大室之庭"，太室即祖庙。楚国也建有社稷，《左传》昭公七年记楚共王埋璧择嗣"使主社稷"可证。关于楚国宫城中祖庙和社稷的分布，湖北省社会科学院郭德维认为，纪南城宫殿遗址中，在中轴线上的04号台基两侧的05号台基与06号台基对称，应该是"左祖右社"。[2]

　　通过上面的叙述，我们可以总结出纪南城宫城建筑的一些特点：

　　首先，尽管楚国宫殿建筑有一些特殊的地方，但其总体上是尊崇周礼的，换言之宫殿的规划和建设是以周礼的规定为蓝本。不过，楚国也有本国的礼俗，一般会周礼与楚礼兼顾。这表现在多个方面：其一，就都城的形状而言，《周礼·考工记》要求诸侯国的都城应该"方九里"，呈正方形，但春秋战国时期各国的都城都不是方方正正的，如齐国都城临淄"将天然河流、城市防护壕沟和城内排水系统作为一体处理，其大城城址东临淄水西岸，城垣结合河流走势而曲折凹凸"，城垣仅拐角就有14处。[3]相比于其他诸侯国的

① 窦建奇、王扬：《楚"郢都（纪南城）"古城规划与宫殿布局研究》，《古建园林技术》2009年第1期。

② 郭德维：《楚都纪南城复原研究》，文物出版社1991年版，第139页。

③ 唐由海：《先秦华夏城市选址研究》，西南交通大学2020年博士学位论文。

国都而言，楚都纪南城仅南垣有曲折，整个形状接近方正。其二，就宫殿区的位置而言，《周礼》云："古之王者，择天下之中而立国，择国之中立宫。"这是说古人将都城建在整个国家的正中间，然后再选择国都的中心建立宫殿，这样一方面是为了凸显君王乃国之主人的崇高地位，另一方面在有限的交通条件下，居中有助于对整个国家和都城的控制。总体而言，楚国的都城纪南城位于疆域的中间，而宫城又位于都城的中间，符合周礼的"择中而国、择中立宫"的原则。其三，就外朝与寝宫的位置而言，周礼讲究"前朝后寝"，"前朝"是统治阶级商议日常军国政事，举行节日庆典、集会的场所；"后寝"是君王与子女、嫔妃日常起居的地方。这种礼制起源很早，早在原始社会时期就已普遍存在，西安半坡遗址中的1号房，前面是一个大的空间，后面有三个小的房间，可见前面应该是集会、商议事务的场所，而后面应该是供人居住的房间。如前所述，楚都纪南城内的宫城的布局很好地继承了这个传统。

此外，周礼规定的"三朝三门""左祖右社""面朝后市""宫城对称"，等等，都在纪南城宫城的设计中体现出来。由此可见，尽管楚人常常以"南蛮"自居，但到春秋晚期和战国时期，他们已经完全接受了中原的文化，并将其视为日常生活的行为规范。

其次，在方位上，宫殿区以东为尊。楚人有尚东的习俗，其中蕴含着多层含义：一是楚人认为自己是日神的后裔，应朝向日出的东方而坐，显示对东方的尊敬；二是楚人认为自己是火神祝融的后裔，同样也应朝向最初的火神所居的东方。楚宣王时期，秦国派使者出使楚国，由令尹昭奚恤亲自接待，就是让使者"上位东面"，即以东向为尊，在接待贵客时，要让客人就坐东面。从考古发掘资料来看，楚国贵族墓埋葬的方向一般是头部向东，如位于今河南省淅川县东南的下寺春秋楚墓群，是一个楚国令尹家族墓，墓地坐东朝西，布局颇有规律。墓向除少量向西外，大部分都朝向东边。从器物铭文来看，墓主人名倗，即楚康王时期的令尹蒍子冯。在其棺椁的东边发现了一枚牙齿和许多礼器，说明墓向朝东。楚人在设计纪南城宫殿区之时，也遵从了"尚东"的习俗。在纪南城的整体布局中，楚王宫殿区和贵族居住区都在城内偏东位置；在宫城内，"三朝三门"的中轴线也在城内的东部。

再次，从空间上来说，楚国宫殿区的建筑规模高大，屋檐深广，这是楚国宫殿建筑的另一大特点。《楚辞·招魂》云："高堂邃宇，槛层轩些。"诗中所说的"高堂"是指殿堂空间高阔宏大。《大招》所说的"夏屋广大"，也是"高殿峻屋"的意思。"邃宇"是指深广的屋檐。焙烧砖没有大量使用之前，多用土坯砖建房，深屋檐是防雨淋墙的主要措施。有学者依纪南城30号宫殿台基进行建筑复原，发现楚国宫殿建筑"高堂邃宇"的特点非常明显。

最后，从颜色来看，楚纪南城宫殿的建筑以红色为主。楚人"崇火尚赤"，一是因为在五行中，南方属火，而火是红色的；二是与楚人崇拜太阳神有关。楚人崇拜火神祝融，并视其为远祖。纪南城宫殿区的建筑，红色比较多，屈原《招魂》《大招》中有许多"丹镂""朱宫""朱缀"等词汇，用来描写楚宫城建筑的色彩。

总之，楚国宫殿区的建筑是楚人根据周礼的规定以及自身的习俗综合选择的结果，体现了楚人在传统基础上大胆创新的精神。

二、建筑形制

楚国宫殿建筑以数目多、建筑体量大、装饰豪华而闻名，是列国仿效的对象。楚国的宫殿全貌虽未得以保存，但通过考古发掘证实，至迟在春秋战国之际，楚国的宫殿建筑已按其不同的功用分区布局了。楚国宫殿建筑有朝、寝、庭、厢、宗、社、府、室等，建筑分区明确，布局严谨，组成一个庞大豪华的建筑群体。楚国的宫室形制多样，有高堂邃宇、深厦、夏室、台与层台、累榭、洞房、庆、蒲宫、层轩、修幕、曲屋、步檐、南房小坛、阖、寿宫、都房、干栏、地室和地下音乐厅等。

（一）宫殿

纪南城内发现了大量夯土台基，其中唯一经过发掘的就是30号宫殿基址。该台基有先后两次建筑的遗迹，后一次建筑是在前一次建筑的基础上，将原有台基加高、扩大而形成的。现存台基是后一次建筑的台基。台基呈长方形，东西长80米，南北宽54米，残高1.2～1.5米。经复原后，台基长83米、宽42米、高3米左右。郭德维认为这座建筑是两层"四阿"式重檐宫殿建筑，屋面铺瓦，并认为它属于寝宫的一座，很可能是东宫。

（二）楼阁

楼阁是中国古代建筑中的多层建筑物。湖北荆州天星观楚墓出土的漆器纹样上，有一个两层楼的纹样，对了解楚国的楼阁建筑有一定帮助。纪南城内的宫城也有楼阁建筑，这种建筑视野较好，空气清新，深受楚人的喜爱。

（三）台榭

台榭是在夯土台上建造有屋顶、明柱和围栏的建筑，四面空敞，不设门牖，用于登高宴乐。屈原《招魂》中的诗句："高堂邃宇，槛层轩些。层台累榭，临高山些。"描写了楚国王宫中的台榭建筑。从多件战国时期文物上的台榭建筑图案可窥其一斑。上海博物馆藏铜杯刻纹画上的高台建筑，台缘有装饰图案，两侧有可供上下的台阶，台上为平顶宽檐木构建筑。从河南辉县出土铜鉴刻纹画和江苏六合出土残铜器画上可以看到多层结构的"累榭"。

（四）干栏

干栏建筑是我国南方特有的一种建筑形式，其特点为一楼架空，二楼居人，以竹木结构为主。从《楚辞》中可以发现楚国的某些宫廷建筑参照和吸收了干栏式建筑的因素。如《招魂》"槛层轩些"，王逸注云："下有栏楯，上有楼板，形容异制，且鲜明也。"据王逸注，这种建筑的下层似只有明柱和围栏，上层则是木结构居室，具有典型的干栏建筑风格和特征。

《招魂》云："坐堂伏槛，临曲池些。"王逸注："言坐于堂上，前伏栏楯，下临曲水清池，可渔钓也。"这种屋基筑于水上（或半筑于水上）的建筑，可以说是高台建筑与水上干栏的混合型。今湘西常见的吊脚楼即为其遗制。

《九歌·湘夫人》云："筑室兮水中，葺之兮荷盖"，《湘君》云："水周兮堂下"，可见水上干栏在楚国，尤其是沅湘地区非常普遍。纪南城水门建筑也说明楚人完全具有修建大型水上干栏式宫殿的能力。

（五）观阙

观阙是宫廷大门外的建筑。称"观"，是因为人可以站在上面瞭望。《楚辞》中就有"高唐之观"。阙是观式建筑的一种，是因为它一左一右夹住宫殿大门的入口，就像缺（阙）了一样，故因此而名。屈原《九歌·河伯》云："鱼鳞屋兮龙堂，紫贝阙兮朱宫。"《左传》宣公十四年记楚有"窒皇"，杜预注："窒皇，寝门阙。"可知楚王宫寝门有阙，称为"窒皇"。

（六）天井与连廊

天井是楚宫室建筑中的首创，扩大了宫室内的采光空间。潜江龙湾放鹰台遗址上设立有天井，位于回廊的中间，方形，井内满铺瓦片，可减轻天井中的雨水冲击力。

古代不同的建筑体之间有连廊连接，汉枚乘《七发》即用"连廊四注"来形容宫殿里通过长廊四面连接的景象。楚人称"连廊"为"步墉"。《楚辞·大招》云："曲屋步墉"，步墉即步檐，是修有顶棚和檐柱的连廊，也是连接曲屋和台榭、宫寝的通道。连廊的地面用光洁的石块和贝壳铺成，可防止湿滑。

据最新调查发现，纪南城宫殿也使用连廊连接不同的宫殿建筑。纪南城宫殿遗址中，东西向排列的松9和松10、松7和松8，南北向排列的松22和松24以及松25和松62这4组台基之间原有连廊相连。[1]连廊的使用，一方面可以加强两个独立的建筑之间的互相联系。另一方面，连廊具有良好的采光效果和广阔的视野，从而为楚王室带来更好的居住环境。

（七）曲屋

"曲屋"是一群曲折相连的建筑，别称"风阁"，这种建筑群蜿蜒周折，错落有致，给人视觉上带来一种流动、变化的美。《楚辞·大招》："曲屋步墉，宜扰畜只。"说明楚国建有这种建筑。

（八）地室与地下音乐厅

《左传》襄公二十一年载，楚国贵族在宫宅下掘有地室，用于在夏季取冰调节室温。楚王宫内还修建有地下音乐厅，《左传》成公十二年载："子反相，为地室而县焉。" 并在地室演奏音乐，让晋国使臣"惊而出走"。

---

① 闻磊、周国平：《郢路辽远：楚都纪南城宫城区的考古发掘》，《大众考古》2016年第11期。

（九）社稷

楚国重视祭祀社稷神。《包山楚简》上即有祭祀社神的记载。《考工记·匠人》记载，古代诸侯都邑设"国社"。社稷是设坛而祀，按东、南、西、北、中五方，选用青、赤、白、骊、黄五色土以象征五方土地。坛的四周筑有矮墙，形成祭坛。坛的上面并没有房屋建筑，这就是《礼记·郊特牲》所说："天子大社，必受霜露风雨，以达天地之气也。"

（十）殿前广场

最新调查发现，纪南城宫殿遗址多个台基前夯土堆积的缓坡，据称应为宫殿前的广场。这个广场平坦而又宽广，可以同时容纳多人，应该是楚国举行国家重要庆典的地方。楚王站在高高在上的宫城城门上，看台下广场上成千上万的民众一起对他三叩九拜。在这个过程中，君主的权威无疑得到彰显。由此可见，纪南城宫城前的广场作为一种公共空间，具有重要的政治意义，是宫城政治空间向外的一种延展。

第四节　市井街坊

街坊、里巷、市井是城市的基本肌理，是城市在地表的物质体现。楚都纪南城的街坊、里巷的分布和特点，代表了楚国城市街坊制度的最高水平。纪南城内的大小街道、交叉的水路以及所体现出来的不同形制的道路，构成纪南城复杂多样的交通系统。楚国都城内的城市街道布局，在比较成熟的纪南城内十分突出，其规划和设计的理念，基本是遵循《周礼·考工记》的建城总规划，但又有所创新和突破。

一、通衢街道

战国时期的楚国国力强盛，城市发展历程漫长，城市内人口众多，其道路的设计，也充分考虑到了人与人、人与车在城内的关系；楚国都城所在区域，大多分布着河流，一方面作为城市的工业用水，另一方面还作为城市的水路交通。城内居民的饮用水，主要采用地下水。作为有城垣又有河流分布于古城中的楚都郢都而言，城门和河流是决定城市街坊分布、道路走势的重要因素，因为城内通往城外，不管是陆门还是水门，街道和里巷的设置，无一不考虑城市有限空间内城门分布与河道走势的关系，水路交通是纪南城内的重要道路交通元素，最具有特色。

（一）城内主干道

中国古代城市重视防御功能，因而城垣成为城市的外围防御设施。但城垣为进出城带来不便，为方便出入城市，纪南城的陆门、水门成为重要关隘。城内的道路的规划在当时大环境下，也有规定：周朝王城、诸侯封国都城及宗邑之地的城市道路称"国道"，国道又分为"经涂""纬涂"和"环涂"，王城经、纬涂各宽九轨16.632米，环涂宽七轨12.936米；诸侯封国都城内的经、纬涂各宽七轨12.936米，环涂宽五轨9.24米，宗邑之地经、纬涂各宽五轨9.24米，环涂宽三轨5.544米。王城通往诸侯封国的道路称"野涂"，主干道称"国野"，宽五轨9.24米，其余"野涂"宽三轨5.544米。田间道路称"乡野"，又分为"径、畛、涂、道、路"等五级。"径"容牛马，为步行道，宽约五尺1.155米；"畛"容大车，宽约七尺1.671米；"涂"容乘车，一轨1.848米；道容二轨3.796米；"路"容三轨5.544米，与"国野"相通。

从城市学和心理学的角度来看，除整体规划之外，城市内的人们还会自然选择靠近城门和城内主要水系的交通要道，这样才会方便城市内居民的日常生产和生活。因此，纪南城内的大街，最有可能存在于各陆、水城门内所划定的直线上。楚纪南城的布局基本是合乎《考工记》以及《三礼图》中周王都城的规划布局的。纪南城内有两条主要的干道，并为人、车道式，呈现出"井"字形。除宫城所在区域另当别论，其他城门与城门之间，应有大街相通。郭德维先生认为，纪南城与《考工记》所载的城市形制基本吻合。"南垣东门和北垣东门的大道是纪南城的主轴线，这条大道显然是存在的，并应是郢都内最主要的干道"[①]，同时沿着西垣北门与两河交汇处的板桥，向东垣画直线，就正好是东垣上的城门。因此，纪南城内至少有这四条主干

---

① 郭德维：《楚都纪南城复原研究》，文物出版社1999年版，第89页。

道，其中南北方向的大道，也是宫城的中轴线所在。

　　从考古发掘来分析，楚国城市内大街为人、车分流系统。《考工记》："匠人营国，方九里，旁三门，国中九经九纬，经涂九轨。"虽然城市大街肌理为农田所浸，已无可考，但是从考古发掘却可大致知道城市内街道的形制、宽度，"西垣北门有三个门道，门道之间以两垛3.8米的夯土墙分隔开，中门道宽7.8米，两边门道宽3.9米。城门全宽约22.8米"①，从门的宽度，也可推知三条道的宽度，主干道为7.8米，左右人行道为3.9米，为主行道的一半，此为一门三道的建筑形式。进一步考察，楚国都城内的大街，应有左右人行道和中间主干车行道三条大道的街道形制，若非此制，则没必要采用一门三道的城门格局。中间为马车道，两旁为进出所使用的人行道。至于中间马车道是否又可供4马车行走，或未可知。车行道可供4辆马车并排行走。如此分析的话，那纪南城内的主干街道即有左右各一个人行道和中间的一个车行道了。从以上文献中的周代城市来看，可明确地看出每个门有三个门，每个门对应有三条道路。

　　人行道和车道间，应有隔行带。城门全宽约30.4米，远远宽过三道的宽度。推测在车道和人行道中，应如现代城市一样，存在绿色隔带，其宽度与城门垛相当，为3.8米。车、人相隔，一方面是政治的原因，王从中间道行，民从两侧道走。从城市交通的角度讲，还有利于行人的安全和车行的畅通。最后，隔行带内应种植有大量的植物和花卉，也可为城市增添不少亮丽风景。

　　在这些大道上也应有大量架设于河道上的桥梁。目前在考古上很少发现先秦时的桥梁实物。在偃师商城西的一座城门外，护城河底部一条狭窄深沟的两侧，发现对称分布12个柱础遗迹，发掘者推测这些遗迹可能是桥梁和过桥设施，底部有扁平石块，附近也有石块遗存，估计桥的宽度不会小于9米。对于楚国的宽敞的道路而言，配以同宽的桥梁，当是必然。前节已述及楚国的桥梁有水陆两用桥和浮桥，城内还有拱桥，因城内的水系有船只通过，必然有其底高过于船的桥梁。

---

　　① 湖北省博物馆：《楚都纪南城的勘查与发掘（上）》，《考古学报》1982年第3期。

（二）宫城内的道路

宫城内大道由建筑的分布而决定。纪南城内偏东南部分有宫城，宫城有城垣相围，形成"城中城"。根据宫城内的建筑的分布，台基也并非有其规律，但学者研究认为，宫殿中存在着中轴线（参考第二章"宫殿庙堂"），经南门穿宫殿，出北门有主轴线，南边对着纪南城的南门，北边正对纪南城宫城的北门。其分布是东南部61座、东北部15座，西南部6座，西北部2座。东南部靠近凤凰山，比较集中；东北部靠近贵族区，台基规模比较大，考察可能是楚王居住区域，西南、西北部建筑较少。

在宫殿内这些疏密不一的宫殿单体建筑之间，必然有宫内道路相连，也即在城中，存在着宫城小道和主干道两种道路形制。宫城内的大道是连接各宫殿建筑的纽带。潜江龙湾离宫内的宫殿内道路有贝壳路，作为楚王所居住的王宫，道路或许也应有紫贝作为装饰，或者有更高级的材料点缀。

（三）沿河道的道路

楚纪南城内有着"十"字形的水道。这些水道贯穿整个纪南城。朱桥、新桥河和龙桥河贯穿了纪南城的东西南北。按学者研究统计和估算，纪南城内的居民的人数可能达到30万。30万人住在约16平方公里的一块区域内，南郊可能也会有一部分居民。汉代桓谭对纪郢城市情况的记载，也不是完全没有根据。

据此分析，除了河道上不能规划城市用地之外，其他地方都应布满居民建筑。因为我们过多地依赖考古发掘，对城市的想象就会有限制。从城市规划的角度来讲，当土地使用达到饱和，沿河流就会出现"河道—街道—民居""街道—民居—河道—民居—街道"这两种传统的居住格局。此外，为了方便两边居民的互通，又要方便河内的船的行走，河道上也会架起多座拱桥，每隔不远，也应有一个登船码头。这都是江南水乡建筑格局形成的最早源头。

（四）平民区、作坊区内的道路

平民区居所的组织与管理，是按照"里"的规定来进行的，因"里"而成"巷"，这些巷在各里之间四通八达，成为平民区内的重要交通要道。因平民区内道路少有大型车马到达，只有庳车往来，这些小巷大多只供人行走，故而十分狭窄。

纪南城的西南区域为手工作坊区。从考古发掘来看，这一块区域台基较少，与其平民居住区同为纪南城的西城区，道路并非如东城内以宫城中轴线那样有规划地形成居住区域，而是杂处其间，这个区域内的道路，就是人们根据自己的居所和作坊区之间的自然联系所形成的小道。在几百年的纪南城的城市生活演进中，有些道路可能会有扩张和填平，但与宫殿区的道路比起来，实为简陋。但这些道路却更具有实用性和经济性，也具有自然性和艺术性。

（五）马道及城垣上的道路

从考古来看，在北垣西门城门西侧，有两个大型的台基，台基相距约15米，这是两个城门附属建筑。在这两个建筑之间，勘探出一条斜路一直到城内100米处，考古未见此路向城外延伸。此条道路类似于今天荆州古城小东门上城楼的马道。考古所发现的此道，极有可能是当时登上城垣两座建筑的道路遗迹①。两台基则有可能是楚王宴请宾客之处，观赏纪南城的城垣上的高台建筑，或为城楼。此通往城垣上的道路宽约5米，道路不存，但是5米的宽度，至少应有台阶和马道，是楚国城市中比较独特的一条道路。这种道路的形制为后世城垣建造所继承和发扬。

纪南城的城垣上也有一条城墙上的环城道路。纪南城的垣顶为10~14米，如此厚的城垣顶，本身就是一条宽敞的城垣道路，这条道路环城而成，周长为15506米，实为纪南城内比较重要的一条特殊的环形"大道"。这条大道可行兵防御，也可用于登高观景。

（六）城内、外环城大道

《墨子·备水》："城内堑外，周道广八步"，即指古代城内有大道，城外有周道。周道即指外环道。纪南城内通往城外，四面均有陆路，这些道路与外周道相连。这些周道现在考古未能发现，但在已发掘的两座水门上，发现

---

① 湖北省博物馆：《楚都纪南城的勘查与发掘（上）》，《考古学报》1982年第3期。

有类似平台的建筑样式，这个平台看起来是在限制进入郢城船只的高度，但实质上是起到了桥梁的作用，它所连接的就是城垣外的周道。从其实用性来看，一是方便了对船只进行近距离检查，二是作为外环周道的桥梁，或者说本身就是周道的一个部分。这条周道当然是环行道，行走其上，可绕纪南城外一周。

城内也应有内环城道。此道是为方便防御士兵随时登城垣所用。考古来看，"城垣除墙身以外，内外还有护城……内坡比外坡土质杂，且坡度平缓，宽10米左右"[①]，可见内坡一侧也应有环城道路。

总之，随着人口的增加和经济的发展，纪南城城内的街道逐渐复杂，在主干道外又形成了诸多道路。这些道路虽比不上主干道宽敞，但它们的修建方便了人们之间的日常交往，促进了纪南城的发展。

二、里巷阊陌

除了街道外，纪南城内还存着里巷一类的道路。先秦时期，城市居民的聚居组织的基本单位为"里"。《汉书·食货志》："在野曰庐，在邑曰里。"颜师古注曰："庐各在其田中，而里聚居也。""里"在城市中长期存在，有时称作"阊里"或"阊"，一直到秦、汉，仍因袭之。"里"的形制即是用四面围筑院墙的封闭聚居形式，里与里之间有一定的距离，久而久之就会形成四通八达的巷。坊和里是一样的形制，从晋代始，里也开始有坊的称呼，湖北汉口的传统居民"里分"，是对楚人居住形制的一种继承和发展。

纪南城里巷的形制已无可考，不过战国、秦汉时期的城市市制与《周礼》所记无大差异，因而可考察汉代的长安城。汉代私营工商业者的活动，限制在特定的区域——市。汉代长安城内有9个市，每市占6里之地，共占54里，与居民区160里相比，市区占居民区的33.75%，汉代坐市列贩卖者大部分居住在市内。因而，我们可以推断，纪南城的里巷，也大致是一定数量的里，围绕一个市，其经济活动就在此进行。

里巷设有围墙和大门。《管子·八观篇》："里域不可以横通，阊闬不可

---

① 湖北省博物馆：《楚都纪南城的勘查与发掘（上）》，《考古学报》1982年第3期。

以毋阖。""里域"指里巷的界墙,"间闾"是指里巷的门。此处讲界墙不能
横通,里巷的门夜间也要关闭才可保障安全。

纪南城内各阶层的居住区都有闾里。楚国有着严密的闾里制度,二十五
家编为一里,由里尹管理。里与里之间有巷道相隔,里有闾门,晨启昏闭。
《九章·哀郢》:"发郢都而去闾兮",闾即是指的里门。平民居住区所采用的
也是闾里制度,楚民好庳车,此车底很低,到闾里可直接过门槛,楚王为改
车制,使车加高,楚庄王"王必欲高车,臣请教闾里使高其梱"(《史记·
循吏列传》),使闾里的门限增高。庄王时,楚城市王宫内也存在封闭型的
闾里分区制度,到昭王时期,昭王母为避阖闾,"与其保阿闭永巷,不释兵
三旬"(《渚宫旧事》),可见宫城之中,后寝也有里巷的居住布局。

纪南城内的"里"的建筑水平和等级也应有极大的区别。里巷内的居
民,应有相似或相同的身份或阶层。唐人苏鹗《苏氏演义》在论及"坊"的
本义时说,"坊者,方也","方,类也",《周易》云:"方以类聚,居者必求
其类。"里、坊有着不同的名称却有着相同的内涵,也即同住一"里"的居
民,也要按身份类别居住。

纪南城内的人口结构比较复杂,决定了纪南城内的非贵族类里巷也应有
不同的建筑特色。"有贵族、士兵、商贾、工匠、农民、奴隶,含华夏族、
蛮族、越族、巴族和其他少数民族"[①],人口结构不同,民族不同,一是居
民的贫富差距;二是居民的民族特色。因此,楚国城内的里巷也会有不同的
类型。里巷里的民居里,有大有小,有的有庭院,有的则只有单个建筑。文
献记载,"然此女登墙窥臣三年,至今未许也"(宋玉《登徒子好色赋》),
从这段文献可知,里巷内比较富裕的民居建筑,大多有庭院,庭院的院墙并
不太高,一里之中宅第相连;又有楚名士"庄生家负郭,披藜藋到门,居甚
贫"(《史记·越王勾践世家》)[②],从这段文献,或可知里巷内也有单门独
户的贫穷之士的居所。

里与里之间形成巷,巷的形制如何?关于巷制,历史文献有一些关于纪

---

① 马世之:《略论楚郢都城市人口问题》,湖北省楚史研究会1987年论文集。

② 高介华、刘玉堂:《楚国的城市与建筑》,湖北教育出版社1996年版,第121页。

南城里巷的记载："客有歌于郢中者，其始曰下里巴人，国中属而和者数千人。"（宋玉《对楚王问》）可大致推知，纪南城内的巷是四通八达的，且距离都很近，才会有一呼而百应的"和歌"情况的发生。

第五节　宫馆苑囿

楚都纪南城除了宫殿、民居等君王、平民居住的建筑外，还有园林类的建筑，以供君王大臣宴会、游乐。楚国大型园林建于风景名胜之地，小型园林和私家园林则建于宫城和府邸之内，楚国园林有着精致奢华和注重细节的营建风格。楚国园林建筑是楚国建筑体系中最讲求艺术性、规划性和整体性的建筑类型。园林建筑也是主题公园内楚王殿主体建筑的辅助部分。楚国时期，楚王宫内建有园林，离宫和别馆内也有园林。从宫室建筑和园林建筑关系来讲，楚王宫殿建筑群恢宏大气、体量巍峨；园林建筑小巧玲珑、体微思精。两者一大一小，相辅相成；一宏一微，互为映衬。

一、离宫别馆

楚国园林建筑具有多样的建筑形制。从现代建筑学的角度来分析和分类，楚国的园林建筑包括离宫、别馆、苑囿以及贵族宅第。

（一）离宫

离宫为楚王宫在郢都之外的宫殿。因离宫的规模、体量都与正式的王宫有所区别，因而离宫也可视为园林建筑中的第一大类型，离宫的形制和建筑特色可作为园林建筑来进行参考。在楚国的离宫中，最典型的是楚成王时期的渚宫。

（二）别馆

别馆是楚国建造于郢都之外，功能齐全的、供静居颐养的小型建筑群。别馆大多有完备的建筑功能，除楚王居住的宫殿之外，还有其他随从人员的居所。在楚国别馆建筑中，楚庄王时期的钓台是典型的别馆建筑群。另外还有楚庄王时期的匏居台，规模小巧、简朴低调。楚康王时期的五乐台，具有可供乐舞的乐厅，各具特点。

（三）苑囿

苑囿，即为园林，是中国传统园林的雏形。《左传》僖公三十三年，孔疏："囿者，所以养禽兽。……天子曰苑，诸侯曰囿"；许慎《说文解字》："囿，苑有垣也"；《国语·周语中》："囿有林池"；《诗经·灵台》："王在灵囿，麀鹿攸伏"；《诗经·驷铁》注曰："有蕃曰园，有墙曰囿。园囿大同，蕃墙异耳。囿者，域养禽兽之处"；《风俗通》谓："囿者，畜鱼鳖之处也。囿，犹有也。"可见，苑囿是有城垣相围的区域，此区域内有设计规划的园林，还有水池，并圈养有鱼鳖、飞禽和走兽。因苑中养有大量的珍禽异兽，苑囿实际上也成为君王观赏和田猎的场所。苑囿中除了有花木草丛外，还有一些供休憩和娱乐的建筑，集园林和建筑于一体。

楚人的苑囿分宫内苑囿和郊外苑囿两种。商末周文王的苑囿，《孟子·梁惠王下》："文王之囿方七十里"，就是指的天然园林。周文王的苑囿周长70里，合43448米，如以方形计之，边长为8112.2米。战国时期，楚国苑囿形制应更比此面积大。楚国苑囿以强台为代表，强台兼具苑囿和离宫的多重功能。春秋战国时期，楚章华台为楚灵王所筑，是以章华台为主体建筑的楚国王族园林，为多层累榭高台设计，其规模和影响也最为突出。

（四）宅第

楚国贵族的宅第，大多也并非单体的建筑，而是以建筑主体和园林设计为一体的大型建筑群，虽然没有楚王宫那种巍峨的体量，但也是精致小巧，体现了楚人亲近自然的建筑设计理念。

楚国王公贵族的住宅具有很高的建筑艺术水平。《招魂》："高堂邃宇，槛层轩些。层台累榭，临高山些。网户朱缀，刻方连些。冬有突厦，夏室寒些。川谷径复，流潺湲些。"这些住宅不仅房舍高峻轩敞，装饰漂亮，而且还十分注意地理位置和周围环境，建筑艺术相当高超。

荆州有一古迹，传说为宋玉宅，据传是宋玉服官郢都时所居。清代邓裕榛《宋玉宅赋》："有宅焉，径古云深，檐疏月透。篁竹戛戛以金敲，石泉冷冷以玉漱。薜为垣，菩作席。盖想天穿，舆不积尘。栖枝可借，得安巢父之居；爽垲奚更，宛卜晏婴之宅。"其中对宋玉宅注重园林的巧妙布置有所描绘，如古朴的小径，用薜这种植物作为庭落的围墙，利用天然石布置院落，并引水其中。在建筑上，则利用疏透的檐构设计，屋顶为圆形，形成建筑与园林相得益彰、互为映衬的美妙建筑图景。南朝庾信曾入住此宅，更增添了宋玉宅的历史韵味和建筑的生命力。宋玉生平不详，宅在何处并无定说，传说虽无定论，但从中可窥见楚国建筑的艺术特色。

二、台榭陂池

楚国园林内的建筑类型复杂多样，既有高台建筑，又有亭台楼榭，各种建筑之间用别致的道路连接起来，同时为增加园林的观赏性，其内部往往还建有陂池并有观赏植物和动物。

（一）高台建筑

所谓的高台建筑，是指在夯土台上修建的建筑。楚国定都纪南城期间，在风景优美的地方修建了许多高台，以供楚王和贵族们休息、娱乐。

1.渚宫

春秋时期，荆江岸边耸立着一座巍峨的楚式别宫——渚宫，多数学者认为是楚成王所筑，后为楚国官船码头。可由此从长江登岸，由陆地至楚国郢都。楚成王时期，高台筑宫、层台累榭是楚国建筑的特色，故而可知渚宫视野极广，登楼可观长江全景。苏轼词《渚宫》："当时郢人架宫殿，意思绝妙般与倕。飞楼百尺照湖水，上有燕赵千峨眉。"该词对渚宫进行诗意的虚构，飞楼百尺，多层楼台，引带江畔，可观江景，又可作为码头，吸取了北方诸侯传统建筑的风格。苏轼对其建筑形制的文学想象，对复原渚宫的建筑具有一定参考价值和作用。

渚宫建于水泊之中的小洲上，舟行亦可达于江。孤洲在水，清幽洁净。充分巧借以动、静大水面为主的四维宏大景观，扩大的感觉的空间。在建筑整体环境的利用上匠心独运，开水园之先河，楚例居先。

2.强台

楚庄王之前，楚国就有强台，强台的主体建筑为高台宫殿，庄王后到此台说："后世必有以高台陂池亡其国者"，这就是说强台离宫的园林建筑里还有陂池。陂池因模仿自然湖泊，具有小巧、精致的特点，又能包罗自然湖泊之迷人风光。庄王认为在此居住，长此以往，其后果将是玩物丧志，有可能会亡国。从另一侧面反映了强台中陂池的设计十分成功，令人流连忘返。

3.匏居台

楚庄王时期所筑，规模小而简朴。《国语·楚语》："高不过望国氛，大不过容宴豆，木不妨守备，用不妨官府，民不废时务，官不易朝常。"可见其简朴亲民，建造节俭。

4.五仞台

楚庄王时期所筑，台高五仞，以高度而命名。台高五仞，一仞八尺，古周尺每尺0.23米，则台高为9.2米。

5.层台

楚庄王时期所筑，《楚书·右篇》："楚庄王筑层台……国人劳苦罢敝，士有反三日之粮者。"此台为楚庄王时期所规划的最大的离宫，从名称来看，台有多层，必然宏伟壮丽。

6.钓台

楚庄王时期所筑，《水经注·沔水》："陂北有楚庄王钓台，高三丈四尺，南北六丈，东西九丈。"此台为钓台，故设有垂钓之所，庄王的随从也都一应有住所建筑。此台按今天的尺寸，高为10.05米，南北深17.7米，东西广26.6米。

总而言之，楚国的离宫、别苑是楚园林建筑的典型，是楚国建筑的一部分，成就非凡，但其具体的形制，因缺乏全面的考古资料的支撑，故而难以详述。从整体来看，楚国的高台建筑，少有单体建筑，多为园林建筑，其名称是以园林建筑中的主体高台建筑来命名的。

（二）亭台楼榭

台榭建于层台之上，是在夯土台上建造有屋顶、明柱和围栏的建筑，四面空敞，不设门牖，用于登高宴乐。屈原《招魂》中的诗句："高堂邃宇，槛层轩些。层台累榭，临高山些。"《离骚》："望瑶台之偃蹇兮"，《招魂》："离榭修幕"，都是指台。《尚书·泰誓》："惟宫室台榭"，传曰："土高曰台，有木曰榭。"台上可起屋，无室曰榭，有大殿无室，可叫作榭。

台、榭两种建筑类型在楚国建筑体系中关系比较密切。楚国园林中有台榭建筑，从多件战国时期文物上的台榭建筑图案中可窥其一斑。上海博物馆馆藏铜杯刻纹画上的高台建筑，台缘有装饰图案，两侧有可供上下的台阶，台上为平顶宽檐木构建筑。从河南辉县出土的铜鉴刻纹画和江苏六合出土的残铜器画上可以看到多层结构的"累榭"。

此外，关于馆舍的形制，《天问》："女歧缝裳，而馆同爰止。"楚国有公馆和私馆之分。《左传》庄公二十八年："楚令尹子元欲蛊文夫人，为馆于其宫侧，而振万焉。"馆内应设有舞厅和乐厅，是能客居的娱乐场所。

（三）园林内的道路

道路的最基本的功能是供人行走，城与城之间，邑与邑之间的道路，当是最为经济的设计。1973年，长沙马王堆3号汉墓的三幅地图，一幅为地形图，一幅为驻军图，一幅为城邑图，其中的道路非常明确地得到指明。

道路在古代称谓较多。《尔雅·释宫》："一达谓之道路，二达谓之歧旁，三达谓之剧旁，四达谓之衢，五达谓之康，六达谓之庄，七达谓之剧骖，八达谓之崇期，九达谓之逵。"楚国对道路也应有这样的认识。楚国地域，平原较多，土地较山地平坦，平坦的土地故而有更多的道路可供选择。有分叉路、三叉路以及多叉路的形式，而园林设计更会在道路的设计上对"歧旁""剧旁""通衢"的交叉路样式加以利用，更能增加休憩的乐趣。从以上文献分析来看，楚国园林的道路，应有宽、窄道路之分别，凡车和人可行的道都称为路，比较宽的大路则可称为康、庄和逵，所谓康庄大道即是指此意。因此，楚国的道路在园林内有着艺术化的设计是必然的，如弯曲的道路、多交叉的园林道路等。

园林内的道路，因艺术的规划而具有曲径的设计。楚国境内的道路很多，所有的州郡和里邑都有道路相通。园林供休憩之用，其道路的设计，当然与当时的楚国的各类道路有着直接的关系。此外，楚国园林内的建筑供贵族行走，因而有着奢华、装饰的特点。在潜江龙湾1号大型层台宫殿基址的宫内共发现有两条园林式的道路，宽度为1.1米，这个宽度应正好适合行人休憩行走，此路的廊道用银灰色的"紫贝""鱼鳞贝"铺设而成。《湘夫人》：

"筑室兮水中，葺之兮荷盖。荪壁兮紫坛，播芳椒兮成堂"，《河伯》："鱼鳞屋兮龙堂，紫贝阙兮朱宫"，其中就是用紫贝镶嵌作为地面装饰，陆玑云："紫贝，白质如玉，紫点为文。"贝壳作为最基本的道路装饰材料，不是杂乱地铺设，而是贝壳口朝下，并以"人"字形进行排列，形成紫贝径或紫贝路。①这是现在楚国城市考古发掘中发现的最为精致的园林式道路，这种既精巧而又高雅的装饰手段应为楚国所独创。

楚国园林内，还应有对野外便道的建设模仿。《大招》曰："茞兰桂树，郁弥路只"，表现了注重对自然景色的模仿，对水光山色的运用。那便是楚人野外的径、蹊，径又称为间道，是人们抄近道形成的便道，在园林的建筑中也应有所体现。

楚国的大道上，还有馆、亭的建筑形制。馆、亭是用来供往来使者途中歇息的场所，园林建筑中的道路旁，也有供贵族暂时休息的馆、亭。《楚辞·天问》："女歧缝裳，而馆同爰止"，其中的馆就是指的道路旁所设的馆。王逸注《天问》："馆，舍也"，《说文》："馆，客舍也"，《周礼》："五十里有市，市有馆，馆有积，以待朝聘之客。"《周礼·地官·遗人》载："凡国野之道，十里有庐，庐有饮食；三十里有宿，宿有路室"，记载了当时比较普遍的道路旁设置馆的建筑制度。楚国道路旁以及园林设计中的亭，在章华台的遗址中有所考见，即为八角形制的台基，此台基亦有可能是章华台建筑群中供休憩的亭的形制。

（四）陂池

楚国境内，较大的湖泊大概有数千个。《周礼·职方》称荆州"其泽薮曰云梦"，《尔雅·释地》称"云梦"为当时全国的十薮，薮为湖泊。《尚书·禹贡》认为云梦有很多湖泊和湿地，可以从事农田耕种。陂者，自然之湖泊也；池者，人工之水池也。陂和池连呼，可见楚人对自然湖泊之态的模仿已是普遍现象。楚人在大量的自然湖泊的基础上，也人工开凿出水池以供观赏用。

---

① 冀凡：《冀凡楚辞研究文集》，水沫文学社2004年版，第296页。

楚人所建的池，并不是如自然湖泊那样，而是刻意建成"曲池"。《招魂》："坐堂伏槛，临曲池些"，曲池的位置在堂外，坐在槛上，临近美妙的曲池，曲池的形状为不规则的形状，为刻意为之的、仿自然的陂而形成的池。《招魂》："芙蓉始发，杂芰荷些。"池内的植物，以菱、荷为主。

楚人还善于在园林内引水、借水、亲水、用水，达到美化环境的目的。章华台园林建筑内就营建了超大型园林引水工程。以放鹰台为基点，有三条可能的引水渠，一是从其西南夏水引汉水而来，短可为7千米，长可为10千米；第二条是直接从台基北面的汉水引水，长约30千米；第三条是从东荆河引水，长约13千米。总之，园林建筑的风景用水，从自然河道所引而来，注重天然河水的引入。另外，也考虑到水上交通直达园林的方便。

（五）景观植物

从历史地理的地域角度来看，楚国境内的主要树木有很多。《尚书·禹贡》记载："厥贡羽、毛、齿、革，惟金三品，杶、干、栝、柏、砺、砥、砮、丹，惟箘、簵、楛。"其中就记载了楚国境内的树木有椿树、柘树、桧树、柏树以及细长的竹子、楛树，还记载有菁茅。

楚国大受欢迎的树木，多记载在《楚辞》中。包括许多春秋战国时期日常使用的经济植物。其中作为用材的树木类有柏、梧桐、梓、枫、竹、檍（刺叶桂樱）、杨及榆等；果树类有栗（板栗）、榛；粮食（谷类）作物有黍、黄粱、稻、麦、菰；特用植物类有桑、蒲（香蒲）、芰（菱）、柘（甘蔗）、匏瓜、紫（紫草）；野菜类有薇（野豌豆）、萹蓄、荼（苦菜）、荠菜、蒌蒿、水蓼、冬葵、藜、旋花、石龙芮等。[①]

楚国园林内的景观以自然的树木植物为主进行点缀。在园林中的道路两旁植有树，包山2号楚墓漆奁上有车行道，道的两旁植有树木。《国语·周语》载："列树以表道"，可见在道路的两旁种植树木，是为了指明道路所在。园林设计中的道路，也应有大量的树木种植。

楚国园林内应有大量花卉种植其间。屈原的《离骚》中，信手拈来引用

---

① 潘富俊、吕胜由摄：《楚辞植物图鉴》，上海书店出版社2002年版。

的香草香木共计34种，其中有香草22种，包括江离、白芷、泽兰、蕙、茹、留夷、揭车、胡、绳、荪、蘪、蘘荷、石兰、枲、三秀、藁本、芭、射干及撚支等，均为一年生至多年生草本。大部分种类的植物体全部或花、果等部分具有特殊香气。屈原在其文学作品里突出这些花卉的香气，其创作当离不开楚国的大型园林内所种植的大量香花；香木有木兰、椒、桂、薜荔、食茱萸、橘、柚、桂花、桢、甘棠、竹及柏等12种，有些则为木质藤本，有些为灌木及乔木，植物体至少某些部位有香气。

在《楚辞》中用于写景、寄寓心情的植物，包括蘪蕪草、宿莽、菅、青莎等。前二者为水生植物，在华中、华南的水泽地常呈大面积生长；后二者为旱生植物，经常见于平野及山坡地。《楚辞》以此类植物写景，如《招隐士》："青莎杂树兮，蘪草霡靡"，用青莎和杂树描写陆地上的景色，以蘪草描写水景。

以物喻情的植物则有女罗、水藻及荷等。《九歌·山鬼》："被薜荔兮带女罗"。《离骚》："制芰荷以为衣兮，集芙蓉以为裳"，则用荷花自喻品德之高洁，也是以物喻情的例子。

第六节　工商百业

经济基础决定上层建筑。经济实力是军事力量的基础，亦是一个城市的基础。对于个人而言，其日常生活的衣、食、住、行等物品都与经济生产密切相关，而对一个国家而言，经济生产是整个国家运行、稳定的前提条件。"仓廪实而知礼节，衣食足而知荣辱。"当经济发展之后，民众有了更好的物质生活，创造出灿烂的文化，并且反过来维护现有的统治秩序，国家的统治就会愈加稳固。楚人从春秋早期定都纪南城以来，在历代楚王的带领下，辛勤劳作，生生不息，促进了该地区农业、手工业以及商业的发展，创造了辉煌的楚文化。

一、市井商肆

市井是先秦城市规划中的一个部分。《管子》："处商就市井"，尹知章注曰："立市必四方，若造井之制，故曰市井。"汉桓谭《新论》："楚之郢都，车毂击，民肩摩，市路相排突，号为朝衣新而暮衣弊。"此文献为纪南城内的市肆提供了一定的历史信息：第一，楚国的大街布置，应是全面考虑到车、人的分流，故为"车毂相击，人肩相摩"，而非人车混合；第二，大街两旁设有市肆，形成"大街—市肆"的街道系统。市路，为郢市内之东西向与南北向大道，各以四面围墙中部所设市门而相交于市场中央，经商者于市路两侧分肆列货。

到春秋战国时期，随着生产力的集约化发展，楚国的商品经济也得到较大的发展，尤其是楚都纪南城更是如此，呈现城与市结合的趋势，逐渐形成了"多市制"。

所谓"多市制"是相对于"一市制"而言的，指在一个大邑中同时有多个市场存在，这个概念最早是由宋镇豪先生在《中国古代"集中市制"及有关方面的考察》①一文中提出的。《周礼·考工记》记载西周建都"面朝后市"，规定都城建设"一城一市"模式。春秋战国时期，一方面铁器的使用使生产力得到提高，另一方面血缘共同体遭到瓦解，我国城市进入一个快速发展期，"一城一市"的模式被打破，一城二市、三市的现象出现。文献记载齐国存在"宫中七市"和"国之诸市"，齐国玺印、陶器有"中市""右市"等印文，燕国亦有"左市"印文，秦国也有类似的印文，可知战国时期齐、燕、秦等国的都城设有若干市。②纪南城作为楚国的都城也形成了"多市制"，主要表现在"郢市""蒲疏之市"和"郊市"。

（一）郢市

纪南城内的"郢市"相当于《晏子春秋·内篇》中的"公市"，在齐国陶器印文中则被称为"都市""王市""大市"，因设于国君所居住的都城之内又可称为"国市"。古本《竹书纪年》记周显王十五年（前354年），"有一

① 宋镇豪：《中国古代"集中市制"及有关方面的考察》，《文物》1990年第1期.

② 裘锡圭：《战国文字中的市》，《考古学报》1980年第3期；袁仲一：《秦代的市、亭陶文》，《考古与文物》1980年第1期。

鹤三翔于郢市"。"郢市"当是官营的市场，由政府派官员进行直接管理，是楚都集中市制的表现。司马迁在《史记·循吏列传》中记载了楚庄王时的一次货币改革：楚庄王是楚国历史上一个很有作为的国君，有一次他觉得楚国市场上的货币太轻了，老百姓们到市场上买东西，每次要带许多货币，这样非常不方便。于是，在他的主持下，将小的货币换成大的。结果事与愿违，老百姓都觉得新货币太不方便了，纷纷放弃了自己的产业。楚国管理市场的官员叫"市令"，他将此事上报给了当时的令尹孙叔敖，他说："现在市场乱了，老百姓没有安身的地方，到处游荡呀。"孙叔敖问："市场如果继续这样，还需要多久会倒闭？"市令回答道："三个月。"孙叔敖说："好吧，我现在就下命令恢复原来的货币。"五天后，早朝的时候，孙叔敖对大王说："前段时间更换货币，本以为原来的货币太轻。但现在市令跟我报告，更换货币后，市场都乱了，民不聊生，老百姓没有生活的依靠了。所以，我就下令恢复原来的货币，三日后市场就恢复到原来的样子了。"司马迁评论说："孙叔敖一句话就令纪南城的市场恢复。"由此可见，市令是管理郢市的主要官员，是这次货币改革的主要负责人，货币在"郢市"中已普遍使用，以至于继续使用大币会造成郢市"三月倾"的严重后果。

关于郢市的位置，据《考工记》载："匠人营国，方九里，旁三门，国中九经九纬，经涂九轨，左祖右社，面朝后市，市朝一夫。"孙诒让云："'匠人营国，方九里'者，谓营王都也。""面朝后市者，谓路寝之前，北宫之后也。"有的学者认为《周礼》中的"面朝后市"制度"是否反映了先秦时期都城建制的真实情况是颇值得怀疑的"。但从凤翔秦都雍城遗址来看，在马家庄宗庙建筑遗址以北的遗址中出土有秦半两钱以及盖有"咸阳口里"印文的陶器底部残片，当为市场交易活动的遗存，其位置完全符合传统"面朝后市"的模式。临淄齐国故城里市的遗址也证明"面朝后市"制度是可信的。依"面朝后市"，纪南城内的"郢市"应该在宫城之北。纪南城内的考古资料证明了这一推论。1975年至1976年，先后在从板桥向东的龙桥河西段新河道长1000米，宽60米的带形范围内发现水井256座，窑址6座，且集中在此段河道的西部。龙桥河以北的一号和二号水渠线上，也发现一些水井和窑址。1979年龙桥河南岸又发现水井18座，此范围内还发现有大型建筑基址，包括夯土台基，散水、水沟、排水管道、井穴等，附近还有制陶作坊遗址。总之，宫城北垣之北到龙桥河北岸的区域里有着丰富的文化堆积，说明是人口密集的繁华地带，纪南城的郢市就分布在这个区域里。

宫城之北有郢市分布，大概有三个原因：一是郢市南邻宫城和贵族居住区，王室和卿大夫阶层的日常需求形成了一个巨大的消费市场，从而促使郢市的形成与发展，如楚怀王时，就曾派人到郢市上购买耳环五对。二是郢市临近龙桥河，龙桥河向东流入邓家湖与夏水相连，夏水则沟通着汉水和长江两条大动脉。龙桥河、夏水、汉水和长江及其支流俨然构成了一个巨大的水上交通网，全国的物资通过这个交通网运往纪南城，为郢市形成提供了交通条件。三是郢市北邻手工作坊区，正所谓"百工居肆""工贾近市"也，在纪城村广宗寺附近发现有夯土台基、窑址、作坊等遗址，发掘者认为这一带是楚国的官营手工作坊区，作坊区通过郢市获得市场和原料。

郢市的形制如何？《史记·孟尝君列传》载："君不见趋市者乎？明旦，侧肩争门而入，日暮之后，过市朝者掉臂而不顾。"首先是讲市的营业时间固定，其次也反映了先秦时期市的基本格局和特点，即有门、近路、通达。市的四周都筑有围墙，四面设门，其围墙称闤，每面开一门，称作闠。两闤之间有通道相连，称作隧。隧的两侧为列肆（即摊位）。《左传》襄公三十年："郑伯有死于羊肆"，晋杜预注"羊肆，市列"，可见商品分组分类为列肆出售。在纪南城内，列肆还分为专用品市场，有"蒲胥之市"，有出售咸鱼的"枯鱼之肆"（《庄子·外物》），有"屠羊之肆"（《庄子·让王》），有卖浆之家（《庄子·则阳》）等列肆，也有贩生鹿者，贩茅者等。①

关于郢市还有一则材料值得注意，包山楚简95号简："邵无割之州人鼓鼗张佤讼焉之鸣狐（狐）邑人某慭（憭）与其鬲大市米堳人杏。"②根据包山楚简"匹狱"简文例，鬲大市是焉之鸣狐（狐）邑中的一个地方，地位相当于纪南城内的郢市。"米"，熊贤品以为："可通'敉'，意多为安抚、管理，

---

① 刘玉堂：《楚国经济史》，湖北教育出版社1996年版，第279页。

② 刘信芳：《包山楚简解诂》，艺文印书馆2003年版，第90页。

甲骨文中多有'米众',正用此意。"①"塱",似乎类似于《周礼·地官·司市》中的"思次"之"思",为市中管理机构。那么,米塱人是管理鬵大市的官职,否则是管理鬵大市的官吏。由此我们推论,战国时期,郢市也出现了类似于米塱人否这样管理郢市的官吏。

城市的规模决定市的规模。班固《两都赋》:"街衢洞达,闾阎且千。九市开场,货别隧分。人不得顾,车不得旋。"汉代的市井也或多或少反映先秦纪南城内的市井的面貌。作为约30万人口居住的纪南城,其郢市的规模也一定十分壮观和宏大。

(二)蒲胥之市

《左传》宣公十四年记宋国杀楚使臣申舟:"楚子闻之,投袂而起,屦及于窒皇,剑及于寝门之外,车及于蒲胥之市。"《吕氏春秋·行论》也载此事:"庄王方削袂,闻之曰:'嘻!'投袂而起,履及诸庭,剑及诸门,车及之蒲疏之市。""胥"当通"疏"。有学者认为蒲胥就是蒲席,是卖蒲席的专市,此说不确,吕览注云:"蒲胥,地名,而市在其中也,车驾始追及之于此。"蒲胥之市应该是指位于蒲胥的市场。

那么"蒲胥之市"位于何处呢?《左传》中楚子投袂、屦及、剑及、车及是一连串连续的动作,蒲胥之市应该离宫城不远。为解决这个问题,应从"蒲""胥"二字入手。曲英杰先生认为"蒲"是水渎名,指凤凰山西坡古河道,其说可从。"蒲"又称蒲草,是一种生在池沼中,高近两米的草本植物,生命力旺盛,晒干后可用来编席、制扇。《说文》云:"蒲,水草也。可以作席。从艸,浦声。薄胡切。"蒲草在纪南城附近分布较多,至今城内的朱河、新桥河仍长满蒲草,凤凰山西坡的河道在春秋战国时期也长满了蒲草,故简称"蒲"。"胥"通"修",指"修渎",胥古音属于鱼部、心纽,子属于之部、精纽,而修属于幽部、心纽。修可通读"胥",亦可缓读为"子胥",故"胥"指的是"子胥渎"。又《水经注·沔水》记载纪南城:"城西南有赤坂

① 熊贤品:《包山楚简所见战国晚期楚国社会制度研究》,河南大学2011年硕士学位论文。

冈，冈下有渎水，东北流入城，名曰子胥渎。盖吴师入郢所开也。谓之西京湖。又东北出城，西南注于龙陂。"由此可知，子胥渎在城西南流入新桥河后，于东北汇入龙桥河，在宫城东北与南北向的凤凰山西坡河水交汇，所谓"蒲胥之市"即是指设于蒲、胥二渎即凤凰山西坡古河道与龙桥河古河道交汇处，为集散货物而形成的港市。

从《左传》中楚国军队"车及于蒲胥之市"可知，蒲胥之地应该有渡口或渡桥，否则楚军不会选择蒲胥之地过河。渡口文献中称为"津"，《论语·微子》记载："孔子过之，使子路问津焉。"《说文》释津："水渡也。从水，尹声。"《水经注·河水注》："自黄河泛舟而渡者，皆为津也。"1999年在湖北省秭归县发现了渡口性质的商周遗址。无独有偶，1997年海林市也发现了一处渡口遗址。蒲胥之地有渡口，是楚人过河的必经之地，这大概是蒲胥之市形成的又一重要原因。

上述推论得到了考古资料的证实。纪南城共有三条河穿城垣出入，一条是朱河，在北垣中部流入城；一条是新桥河，在南垣流入城内，这两条河在城内中部汇合成龙桥河，折向东流，在龙会桥出城后，注入邓家湖。三条河流呈树枝形，加上西边的冲沟，把纪南城分为四个区域，分别是徐岗、纪城、新桥、松柏。1988年考古工作者对纪南城松柏区进行了发掘，发现了两条古河道，一条是龙桥河古河道，另一条是凤凰山西坡古河道。两河交汇口的河道界线相当规整，似有人工开挖迹象，在河道上部发现了一片含大量陶片和草木灰的堆积。据此，发掘者认为："河口便是东周的一处码头性质的遗址。"[1]交汇口西南约160米处，还发现了三座大型房屋建筑基址，对其中两座基址进行局部发掘，1号房基由建筑台、南平台和北平台、散水三部分组成，2号房基发现部分夯土、两条排水管道、两口井和一段排水沟。这三座大型房屋大概是码头的仓库，用来储存转运的货物。

纪南城水路交通发达，纪南城附近的夏水沟通着汉水和长江两条大动脉。《楚辞·哀郢》："去故乡而就远兮，遵江夏以流亡。"王逸注："江夏，

---

① 杨权喜:《1988年楚都纪南城松柏区的勘查与发掘》,《江汉考古》1991年第4期。

水名也。"应劭曰："沔水自江别至南郡华容为夏水，过郡入江，故曰江夏。"沔水，汉水的古称。江，指长江。楚人从纪南城出发，通过夏水北可到达汉水，逆汉水到达中原，南可进入长江，顺湘江至江南等地，东下吴越，西上巴蜀。江夏、汉水和长江及其支流俨然构成了一个巨大的水上交通网，通过这个交通网可以到达楚国各地。《鄂君启节·舟节》就记述了鄂君启的船队，自鄂出发顺水路可到楚国各地。

楚国许多重要的战略物资主要产于江南，如粮食和木材，《史记·越王勾践世家》载："复雠、庞、长沙，楚之粟也；竟泽陵，楚之材也。"《正义》曰："庞、长沙，出粟之地也；竟泽陵，出材木之地也。"纪南城作为楚国的政治经济文化中心，江南出产的粮食、木材等战略物资自然要运到纪南城，以供贵族和战争之需。相对于陆路运输，水路运输具有运量大、运输成本低、运输方便的特点，楚人就是利用便利的水上交通把这些物资源源不断地运往纪南城。物资运到纪南城需要在码头卸下，然后再转运到城内各地。由此看来，码头的修建是楚人对纪南城便利的水路交通开发利用的结果，码头已成为楚国物资集散的中心。

此外，码头还具有较强的军事功能。春秋时期楚国就已经建设了一支强大的"舟师"。《左传》昭公十七年记载吴、楚两国的舟师在长岸进行了一次大水战，"子鱼先死，楚师继之，大败吴师，获其乘舟余皇"。《左传》昭公十九年还记载："楚子为舟师以伐濮。"从这两则史料中我们可以看出：春秋时期楚、吴等国的水师相当的活跃，在争霸战争中发挥着重要作用。《战国策·燕策二》载："蜀地之甲，轻舟浮于汶（岷），乘夏水而下江，五日而至郢；汉中之甲，乘舟出于巴，乘夏水而下汉，四日而至五渚。"既然有了"舟师"就需要码头为其提供停泊、物资供给等，码头发挥着军事基地的作用。

（三）郊市

郊市是指分布在郊外的市场，就纪南城而言，郊市主要分布在南郊。纪南城南郊在春秋时期就得到了开发，《左传》文公十年载："子西缢而县绝，王使适至，遂止之，使为商公。沿汉溯江，将入郢。王在渚宫，下，见之。"

石泉先生认为"江"并不是长江的专称，也可以指淮水[①]，这种观点是很有见地的。但这里的"江"当指长江，"商"即商密（在今河南淅川西南），因此"沿汉溯江"只能理解为顺汉水而下再逆长江而上，那么，此处的诸宫当在长江流域。《水经注》云："江陵县城，楚船官地也，春秋之渚宫也。"《名胜志》云："渚宫，楚之别宫，梁元帝于渚宫故地修建台榭，宫当在今江陵县治。"又《诗·召南·江有渚》："江有渚，之子归，不我与。"《说文》释渚："从水，者声。"《尔雅》曰："小洲曰渚。"由此可知，春秋时期今荆州城和沙市一带即纪南城南郊有长江流过，并在江中形成了小洲，楚人在洲上修建宫殿以供楚王居住。《列女传》载："楚昭王出游，留夫人渐台之上而去，王闻江水大至，使使者迎夫人……则水大至，台崩，夫人流而死。"这里的台就是洲上的渚宫。

纪南城南郊有夏水经过，《楚辞·九章·哀郢》："去故乡而就远兮，遵江夏以流亡。"洪兴祖《补注》引《水经》："夏水出江，流于江陵县东南。"应劭曰："沔水自江别至南郡华容，为夏水，过郡入江，故曰江夏。"据此知夏水故道从今沙市东南向长江东出，经监利县北，折东北至沔阳县附近入汉水，夏水在纪南城东南。而夏水又是纪南城的水上交通要道，《鄂君启节·舟节》记载鄂君启："逾汉，庚黄，逾夏，内入郢。"[②]那么，鄂君启从封地西鄂顺汉水南下，在今仙桃市境内进入夏水，到达纪南城东南郊。由此看来，南郊郊市是中原货物进出楚都纪南城的必经之地。

在纪南城南垣3～4公里的范围内，分布着大量的夯土台基，在台基之上及其周围都有大量的板瓦、筒瓦和陶器残片的堆积，其性质和城内的夯土台基相似。其中，1970年考古工作者在距纪南城南垣两公里处红光村的一处台基上发现了一批彩绘石磬，南郊可能是楚人的祭祀之地。在南郊拍马山一带发现了大量的水井、陶片、筒瓦等。此外，南郊的墓葬分布最为集中，如荆州砖瓦厂（三红）、傅家台、张家山、西峨山、太晖观、太湖港、李家台以

---

① 石泉：《古文献中的"江"不是长江的专称》，《文史（第六辑）》，中华书局1979年版，第85页。

② 刘和惠：《鄂君启节新探》，《考古与文物》1982年第5期。

及东南部的鸡公山、岳山等。不仅这些，还有许多重要的遗迹遗物都说明南郊人口众多，经济繁荣。

包山简63号简记有"鄎之市里"。"鄎"，原注云："《春秋》襄公七年：'郑伯髡顽如会……卒于鄎。'杜注：'鄎，郑地'。在今河南新郑至鲁山一带。"《说文》："鄎，南阳棘阳乡。"鄎、鄝音通，刘信芳先生引《水经注·清水》，杨守敬疏证认为鄎（棘阳）在新野县附近。①鄎地又见于《鄂君启节·车节》："庚阳丘，庚方城，庚象禾，庚酉焚，庚繁阳，庚高丘，庚下蔡，庚居巢，庚鄝。"巢、鄝音通，居巢就是简文中的鄝。②鄂君启商队所经过的阳丘、方城、酉焚、繁阳、下蔡都是战国时期楚国的商业都会，鄎地的商业应该很发达，否则商队不会经过此地。关于"里"，《国语·齐语》云："四里为连，连为之长；十连为乡，乡有良人焉。"《管子·立政》云："分国以为五乡，乡为之师；分乡以为五州，州为之长；分州以为十里，里为之尉。"又《说文》："乡，国离邑，民所封乡也。"乡是在国都郊区的行政区划，故里作为乡的下属机构也应当在国都的郊区。正如陈伟先生所说："里所见的政区系统仅限于国都（国）或郊区（乡、遂）一带。"以"市"作为里名，表示该里有着大型的市场。那么，我们可以得出结论，鄎地的商业发达，在郊区也有大型的市场存在，纪南城作为楚国都城人口比鄎地更多，商业更发达，此时郊区也应该存在大型的市场，这便是上文论述的郊市。

配合商业的发展，楚国的货币也有进一步的发展，目前出土的楚国金币已达3万余克，其中以"郢爰"的数量最多，所以人们过去一般以"郢爰"作为楚国黄金货币的代称。郢爰的"郢"，即郢都，"爰"是楚国一种计量单位，一爰即楚制一斤，约250克。郢爰一般呈方形，含金量在90%以上，货币上通常有铭文，刻字"郢爰"。1971年3月，纪南城就曾出土了一块郢爰，重17.5克，反映了纪南城商品流通领域的活跃。

除了黄金货币郢爰外，楚国还有一种更为通用的铜制货币，名为"蚁鼻钱"，因其外形像一个鬼脸面具，所以又被称为鬼脸钱。它整体呈椭圆形，

---

① 刘信芳：《包山楚简解诂》，艺文印书馆2003年版，第65页。

② 陈伟：《〈鄂君启节〉之"鄂"地探讨》，《江汉考古》1986年第7期。

正面凸起，上面用阴刻的方式刻有文字，所刻文字可能是古代文字，无法准确地辨识其含义。"蚁鼻"二字有微小之意，而蚁鼻钱的个体较小，更印证了微小的含义，故蚁鼻钱又是一种小钱。上文讲述的楚庄王将小币换成大币，小币应该就是蚁鼻钱。

二、百工作坊

纪南城的手工业也得到长足发展。楚国的手工业十分发达，集中在纺织与刺绣、竹木器制作与髹漆、青铜铸造、玉器雕琢等行业。

在纪南城南部区域发现有铸炉、炼渣以及与冶铸有关的鼓风管、耐火泥等遗存，说明这一区域是以金属冶铸为主的手工业作坊区。楚国的青铜冶铸技术在当时首屈一指，楚人不仅熟练地掌握了陶范法、合范法、铸镶法等工艺流程，而且还最早使用了失蜡法这一当时先进的铸造技术。青铜被加工制作成各种礼器、兵器以及日常生活用品，成就了楚国青铜文化的辉煌。此外，上文提到楚国的黄金货币"郢爰"的金量在90％以上，这说明楚国的冶炼技术已经发展到相当高的水平。

在纪南城内发现的手工业作坊区，主要集中在朱河和龙桥河交汇的区域和新桥河以西的西南部区域。在手工业作坊区，还有大量从事丝织、髹漆等行业的作坊。

楚人在丝织与刺绣方面所取得的成就达到了当时世界一流的水平，他们生产的丝织品几乎涵盖了先秦丝织品的全部种类，其中的锦、罗、绦皆属上品，极为珍贵。1982年在荆州马山1号楚墓中，出土了大批战国时期的丝织品和刺绣品，这批织绣品不仅织造技术精湛，而且数量多，品种全，计有纱、绢（质地细薄的平纹织物）、绨、组（窄带状织物）、罗（绞经组织织物）、绮（平纹地斜纹起花织物）、锦、绦（纬线起花的彩色窄带织物）等八大类，几乎包括了先秦时期丝织品的所有品种，有的丝织物还是首次发现。楚国的刺绣实物，在江陵望山楚墓、九店楚墓以及马山1号楚墓中都有出土，多用作衣、袍、衾的面料。楚国绣品一般以彩色绣线在质地细薄的平纹织物上采用锁绣的针法刺绣而成，题材以龙、凤、虎等珍禽异兽为主，辅以奇花佳卉和其他自然物象，既有浅浮雕般的立体感，又有色彩缤纷的美感。楚墓中大量丝织品和刺绣品的出土，印证了《楚辞·招魂》中关于楚宫景象的描写："翡翠珠被，烂齐光些。蒻阿拂壁，罗帱张些。纂组绮缟，结琦璜些。……被文服纤，丽而不奇些。"马山1号楚墓因此被人们誉为"丝绸宝库"。这批丝织品实物证实，郢都地区的丝织业达到了当时丝织工艺技术的最高水平。

战国时期，随着锋利的铁制工具的出现，竹木加工技术提高到了一个新的水平，比青铜器更为轻盈的漆木器开始大量出现，很快得到了楚国贵族们的青睐，成为贵族日常生活中的新宠。楚国工匠们制作的髹漆木器，造型奇谲，色彩对比强烈，精彩绝艳，每件器物既是日常生活用品，同时也是具有强烈艺术气息的工艺品。郢都地区的楚墓中出土的漆器，数量多，使用范围广，其用途深入社会生活的各个领域。在江陵雨台山楚墓区，从1973年至1976年共发掘558座楚墓，其中出土有漆器的墓葬共224座，约占墓葬总数的40%；出土漆器数量达到近千件，由此可以看到楚国漆器制造水平和普及程度。

郢都地区出土的漆木器，其雕刻艺术达到了极高的水平，出现了许多富有特色的代表性作品，如神奇谲怪的镇墓兽，造型别致的虎座立凤，以及各种样式的木雕座屏等，尤以根雕辟邪和彩绘木雕座屏最具代表性。

纪南城内西南部地区发现了冶炼作坊，主要有陈家台作坊遗址。陈家台作坊遗址夯土建筑台基东西宽80米，南北长50米。台基南边发现散水和水沟，在台基上发现了两排平行的柱洞和一段残墙，在台基的西北边和东边各发现铸炉一座。

第二章　青史名流

春秋战国时期，历代楚王为楚国的崛起与强大做出了巨大的贡献。在楚国定都纪南时，涌现出了励精图治开鸿篇的楚文王、争霸中原谋国强的楚成王、尚武重德成霸业的楚庄王、起衰振隳图中兴的楚昭王、楚惠王，开疆拓土再称雄的楚宣王、楚威王等，他们共同谱写了楚国辉煌的历史篇章。

第一节　赫赫楚王

一、楚文王

楚文王（？—公元前675），名赀，公元前689年—前675年在位。他继位初期贪图享乐，在葆申、鬻拳等大臣的规劝下，改邪归正，逐渐成熟，亲率楚军东征西讨，灭掉一些小国，扩展了国土，在北方边防之地设置申县和息县，带领楚国走上争霸之路；同时带头遵守法律，对楚国法治社会的形成具有定型作用。因此，楚文王对楚国贡献较大。

楚文王即位后做的第一件事就是迁都到郢。由于《史记》《汉书》等文献记载的矛盾，引起历史上是楚武王还是楚文王最先迁都到郢的争论。成书最早的《世本·居篇》有"楚武王徙郢"、杜预《春秋释例·氏族谱》有"楚国武王居郢，今江陵是也"的记载；《史记·楚世家》有"文王熊赀立，始都郢"、《史记·十二诸侯年表》周庄王八年有"楚文王熊赀元年，始都郢"、《汉书·地理志》南郡"江陵"县原注有"故楚郢都，楚文王自丹阳徙此"的记载。这种纷争直到清华简《楚居》相关内容被释读后才结束。清华简《楚居》中有关武王徙都郢的记载如下："至武王酓自宵徙居冗……众不容于冗，乃渭（围）疆浧之波而宇人焉，氐今曰郢。"意思是武王所徙的郢，本名为冗，后因人口众多，冗不能容纳，将附近名叫"疆浧"的沼泽地的大堤掘开，使水流出干涸，成为适合建房子居住之地，开始建房子。这成为郢都建设的开始。因这个地方原名叫"浧"，故新都名字就改成"郢"。这样，从楚武王熊通开始建设新都郢，到楚武王末年，郢就建得差不多了，但还没来得及搬迁，楚武王就去世了。最终完成从丹阳迁都到郢的是楚文王继位初期。这很好地解决了《史记》《汉书》等文献典籍有关楚武王、楚文王迁都到郢时间上的矛盾。

楚王（公）族当初是为了躲避商王朝的讨伐而从北方迁到现在湖北襄阳南漳、保康等地的深山老林中。因此，熊绎于约公元前1027年受封立国时也就把都城地址选在这一带荆山丹水的丹阳。尽管此后都城丹阳不断迁徙，但直到楚国已称霸汉东的楚武王时期，楚国都城丹阳还没有完全迁出偏僻的深山老林。楚国强大后要向外发展，都城在偏僻的深山老林中就很不方便，把都城迁到交通便利的地方就成为楚国发展的迫切要求。因此，楚武王就选择郢作为新都进行建设。郢都还没最后建成，楚武王就去世了，最终在楚文王继位初期完成新都搬迁。尽管学者们对楚文王所迁郢都的具体位置还有争论，但大多数人认可湖北荆州的纪南城。从清华简《楚居》可知，郢也和丹阳一样有很多处，楚文王时期的郢都是"纪郢"或"栽郢"。郢都地势平坦，水陆交通便利，自然条件优越，战略地位重要，奠定此后楚国兴旺发达的根基。这应该是楚文王对楚国做的第一件好事。

尽管当了楚王，但楚文王玩性未改。他的玩乐主要是畋猎和纵情女色。《吕氏春秋·直谏》就记载了楚文王的师傅保（葆）申规劝楚文王的事迹。楚文王得到当时最好的猎犬——茹黄犬，最好的射鸟短箭——宛路箭，然后带着它们去云梦泽畋猎游乐，几个月不回来；楚文王得到丹地的美女，纵情女色，整整一年不上朝听政。楚文王的师傅保申因此要惩罚楚文王，对楚文王说："先王占卜让我做太子师傅，卦象吉利，我是合格的师傅。如今您得到如黄之狗和宛路之箭，前去打猎，几个月不回来；得到丹地的美女，纵情女色，一年不上朝听政。您的罪应该施以鞭刑。"楚文王说："我接受鞭刑会被诸侯嘲笑，请您换一种刑法，不要鞭打我。"保申说："我接受先王之命，不敢废弃。您不接受鞭刑，就是我废弃了先王之命。我宁可获罪于您，不能获罪于先王。"保申这么一说，楚文王只得接受："那就悉听尊便。"于是保申拉过席子，让楚文王趴在上面。保申把五十根细荆条捆在一起，跪着轻轻地抽在楚文王的背上，再拿起来。这样反复做了两次，对文王说："请您起来吧！"楚文王要泼放赖，对保申说："反正有了受鞭刑的名声，您继续打吧！"把身体送到保申面前。保申说："我听说，对于君子，挨打是要使他心里感到羞耻；对于小人，挨打是要让他皮肉觉得疼痛。如果让他感到羞耻仍不能改正，那么让他觉得疼痛又有什么益处呢？"保申说完，请求文王治自己死罪，并快步离开了朝堂，往朝堂外的深潭走去，准备跳入深渊中自杀。楚文王这才爬起来拉住保申说："这是我的过错，师傅有什么罪！"并保证改弦更张。不久楚文王杀了茹黄之狗，折断宛路之箭，遣散了丹地的美女。后来楚文王兼并了二三十个小诸侯国，极大地扩展了楚国疆土，这是保申直言劝谏的功效。从这个记载我们可以看出，从保申的角度来看，能够对楚王执行法律规定，是很勇敢、尽职尽责的；从楚文王角度来看，作为一国之君，楚文王可以算得上遵纪守法了。楚文王违反先王（指楚武王）制定的法律，没有尽到做国君的职责，保申是楚武王为楚文王选的太傅，依职责处罚楚文王。要知道，当时北方周朝流行的做法是"刑不上大夫"，更不用说对王用刑了。楚文王自己也知道，如果受笞会被诸侯们耻笑，因此希望保申换一种不被耻笑的处罚方式，但保申坚持笞刑。在这种情况下，楚文王能够接受象征性的笞打并改正自己不尽职行为，还算是知错就改，是楚文王遵纪守法、践行法治的表现。

楚文王实现楚国攻伐战略的转变，即由此前的图存转向争霸。从楚族约公元前1027年受封立国到熊渠以前，楚国因为弱小一直是挨打的对象。熊渠时期，楚国经过漫长的奋发图强和积累，终于开始主动征伐，但最终为了抢占大冶铜绿山的铜矿而在沿途即今天荆州、武汉和鄂州三处建立三个据点，以便使大冶冶炼出来的铜能够运回丹阳，到楚武王时期才真正攻占江汉平原。故直到楚武王时期，楚国攻伐的重点是东南面和东面的小国，主要是为了扩大生存空间。东南面是重点，从现在湖北襄阳的南漳、保康、谷城等地不断向现在湖北襄阳、宜城、当阳、荆门直到荆州推进；东面则不断向现在武汉、鄂州推进；西面较少，只到宜昌三峡一带就不再推进；北面则基本没有，因为当初楚公族是被北方商王朝攻伐才被迫南迁的；西周王朝如周昭王时期也经常攻伐楚国。到楚武王时代，楚国已称霸汉东，成为当地大国、强国。楚武王知道，当时国力强大、文化先进的国家都在北方，要想争霸就必须向北征伐中原先进的诸侯国。因此，楚武王多次想北伐，但条件不成熟，他直到死时都未能如愿。

楚文王继位后，楚国北进条件成熟。根据《史记·楚世家》记载，楚文王在继位第二年即公元前688年就挥兵北上，借道邓国讨伐西周王朝，控制荆楚的重镇申国，伐申得胜回国时顺便讨伐邓国。这是楚国第一次进军中原。后来，为了扩大北上通道，楚文王灭掉息国、蔡国，设立息县；灭掉邓国、申国，设立申县，开楚国在北部边地设县的先例，为以后对北方诸侯国的战争建立了前沿阵地，对后世楚国影响很大。

楚文王北进必然要与春秋五霸中的第一个霸主——齐桓公对抗，显露楚国争霸的雄心。齐桓公于楚文王五年即公元前685年争立，任用管仲为相进行改革，齐国逐渐强大起来，伐山戎，"存邢救卫"，分别于公元前681年和公元前679年盟宋、陈、卫、郑等国，成为春秋五霸中的第一个霸主。齐桓公称霸北方遏制了楚文王的北进。因此，楚国要继续北上就必须挑战霸主齐桓公。楚文王选择齐国的附属国——郑国作为挑战齐桓公的突破口。郑是周王的同姓——姬姓国，又是春秋初期大国。楚文王于公元前678年借口郑厉公复位"缓告于楚"而伐郑。《史记·楚世家》评论这件事说："齐桓公开始称霸，楚国也开始强大。"挑战当前诸侯霸主国是春秋时期争霸的惯用做法。楚文王挑战霸主齐桓公，参与北上争霸，对后世楚王影响巨大：楚成王继续挑战齐桓公，掌控想当霸主的宋襄公，与晋文公争霸；楚庄王挑战当时北方霸主晋国并战而胜之，最终成为"春秋五霸"之一。

楚文王还扩大了楚国领土。公元前684年秋，楚文王借蔡国、息国鹬蚌相争之机，出兵在蔡国莘打败蔡国军队，俘获蔡侯。四年后楚文王干脆灭掉息国和蔡国，公元前678年又灭掉邓国、申国，占据北上要地，拓展了楚国领土，为楚国的发展奠定基础。

除了迁都、北上争霸、开疆拓土外，楚文王对楚国还有一大贡献就是对法治社会的形成所起的定型作用。楚国从楚武王开始进入法治社会。[①]楚文王作为进入法治社会后的第二个王，是否践行法治就直接关系到楚国法治社会能否形成。楚文王率先垂范，遵纪守法，践行法治，对楚国法治社会具有定型作用。前述楚文王接受师傅保申的处罚就是遵守法纪的例子之一。此外，《说苑·至公》记载了楚文王处罚他儿子的情况。楚文王讨伐邓国，让王子革和灵一起去。进军途中全军采挖野菜。二位王子出去采挖野菜，见到一位老人背着背篓，两人就乞求借给他们用，但是老人不肯，他们就抢夺过来。楚王听说了这件事，命令拘捕了两位王子，并要杀他们。大夫为两位王子求情说："强行夺取别人的背篓确实有罪，然而罪不至死，国君为什么要杀了他们？"话刚说完，那位老人来到军前说："邓国因为无道，所以国君讨伐他们。如今国君的儿子强行夺去了我的背篓，无道比邓国更厉害啊！"同时呼天喊地地嚎哭，楚文王听到了，群臣也感到恐惧。楚文王见到那位老人，对他说："讨伐有罪的人却横夺他人东西，纵容这种行为不能禁绝暴力。依仗强力虐待老人，这不是教育小孩子的最好办法。偏袒儿子而废弃法律，这不能保卫国家。如果我偏袒两个儿子，就会毁掉以上三种情形，这不是治国理政的最好办法，我肯定不会这样做。您放心，我会在军门之外杀了他们向您谢罪。"楚文王认为，法律的目的就是禁止暴力，保证公正公平。楚文王两个儿子的行为违反这一准则，因而对他们进行惩罚，体现了楚文王"法律面前人人平等""王子犯法与庶民同罪"的理念和严格执法的思想，是楚文王践行法治的重要例证。

除了带头遵守法律，楚文王还根据实际情况制定法律条款。据《左传》昭公七年记载，楚文王时作《仆区法》。仆区之法就是窝藏法，它规定，隐藏盗贼的赃物和盗贼同罪。制定法律条款是法治的一项重要内容，也对楚国

---

① 涂又光:《楚国哲学史》，湖北教育出版社1995年版，第71—72页。

形成法治社会具有一定的作用。

由于楚文王对法治的重视，以至于他曾经喜欢的帽子到汉代都成为执法官的帽子。相传文王曾猎获一头厉害无比的野羊"獬"，用它的皮毛做成一顶帽子，名"獬冠"。楚文王爱戴獬冠，楚国人争相效仿。到汉代，獬冠就成为御史等执法官的礼帽，后来代指御史等执法官吏。

从以上内容可以看出，楚文王的法律意识还是很强的，并没因为自己是楚王就凌驾于法律之上。楚文王遵纪守法、践行法治的行为对后世楚国臣民遵纪守法起到模范作用。楚文王之后，楚国臣民具有很强的法律意识：楚庄王支持廷理处罚太子；楚康王守法；楚成王时的令尹子文、楚庄王时的令尹孙叔敖都能严格执法；楚昭王时的令尹石奢为了严格执法而死。楚文王践行法治、遵纪守法对楚国形成法治社会具有定型作用。

二、楚成王

楚成王（？—公元前626），名恽，公元前671年—前626年在位。由于楚文王正当壮年时在出征途中生病死亡，没有确定继承人的问题，这导致楚王王位之争。据《史记·楚世家》记载，楚文王死后，其大儿子熊艰继位。熊艰三年，熊艰追杀弟弟熊恽，熊恽逃到随国，借用随国力量打回郢都，杀死熊艰，从熊艰手里夺取王位。楚文王是公元前680年灭息、纳息妫为夫人的，息妫生熊艰和熊恽，故楚文王死时两个儿子熊艰、熊恽均很年幼。文献记载哥哥熊艰想杀弟弟熊恽，其实是楚国统治阶级内部斗争激烈，拥戴熊恽的贵族集团失败后逃到随国，在随国的支持下，打败了拥戴熊艰的统治集团，夺取政权，熊恽即位，就是著名的楚成王，给熊艰定谥号为堵敖（有的文献称"杜敖"）。楚成王和大多数篡位夺权的君王一样兢兢业业工作，把楚国治理得很好，以此证明自己是合格的君王。楚成王在位期间大力扩充领土，积极参与中原争霸，与齐桓公的争霸由持平到占上风，掌控宋襄公，成为实际上的霸主，极大地提升了楚国的实力和地位。可惜最后输给晋文公，功亏一篑。

楚成王继位之初广施恩德，和以前关系好的诸侯国重新结好，尤其是搞好和周天子的关系，派人给周天子送贡品。周天子很高兴，赐给楚成王祭祀后的肉以示嘉奖，说："楚国，就镇压你们南方的夷越之乱，不要北进入侵中原诸侯国。"楚成王借周天子的授权大力扩张，除了周天子认可的向南扩张外，也向北、向东扩张。公元前655年，斗子文乘周惠王不满齐桓公定周太子位之机，举兵灭掉弦国；公元前648年，楚国灭掉黄国；公元前646年，楚国攻灭英、六等国；公元前637年，楚成王以夔国国君不祭祀祝融和鬻熊为由，派遣子玉等率军讨伐，俘虏夔君回到郢都，夔国灭亡。这些被灭之国的领土归入楚国，楚国领土达到千里。楚国领土面积由约公元前1027年熊绎受封立国时的"子男五十"，即五十里，经过三百多年的扩张，尤其是熊渠时期、楚武王时期、楚文王时期和楚成王时期的扩张，到楚成王时达到千里。这其中就有楚成王的一部分功劳。

楚成王在稳定君位和国内局势后不忘要干的大事，积极参与中原诸侯争霸，先后与齐桓公、宋襄公、晋文公争霸。与齐桓公争霸是由处于下风逐渐占据上风；与宋襄公争霸时一直占据绝对优势；与晋文公争霸初期处于上风，城濮之战后处于下风。

楚文王时期，楚、齐已呈对峙之势。楚文王死后，楚国局势发生动荡：堵敖在位三年，统治集团内部斗争激烈，最终楚成王继位。楚成王年少，子元乱国，至公元前664年子元之乱被平定，楚国政局才渐趋稳定。其间十余年楚国无力外顾，齐桓公则气势正盛，横行中原，号称"侯伯"。斗子文任令尹后，面对春秋第一霸主齐桓公，楚成王、斗子文积极与之斗智斗勇，选择靠近楚国的郑国作为和齐桓公争霸的突破口。郑国成为当时楚、齐争夺的焦点。楚成王、斗子文于公元前659年、前658年、前657年连续攻郑，郑国招架不住，郑文公想求和，但大夫孔叔反对，郑才继续亲齐。齐桓公为救郑伐楚，也连续三次与中原各国会盟救郑。但远水救不了近火，救得了一次救不了两次、三次。

为了彻底解决楚国对郑国的威胁，遏制楚国北进，公元前656年春，齐桓公亲率齐、鲁、宋、陈、卫、郑、许、曹等八国军队南下攻楚。他们打败楚国的附属国蔡国后，挥师进入楚境。面对气势汹汹的八国军队，楚成王、斗子文派遣使者来到八国联军中，对齐桓公说："君王住在北方，我住在南方，风牛马不相及。没想到君王竟不顾路远来到我国的土地上，这是为什么啊?"齐国大臣管仲回答说:"以前周康王命令我们的先君齐太公说:'五侯九伯,你都可以征伐他们,以便辅助王室。'赐给我们的先君征伐的范围东边到大海,西边到黄河,南边到穆陵,北边到无棣。你们楚国不进贡王室的包茅,使天子的祭祀不能滤酒请神,我们为此而来问责。周昭王南征到楚国而没有回去,我们为此来问罪。"楚国使者回答说:"没有进贡包茅确实是我们的错,今后岂敢不供给?至于周昭王南征楚国没有回去,请君王还是问汉水吧!"齐桓公不听,仍然继续进军,驻扎在陉地。楚成王毫不示弱,亦率大军迎战,迫使齐等八国军队退驻召陵。齐桓公伐楚以伸张正义是假,伐蔡以泄私愤是真。原来,齐桓公二十九年(公元前657年),齐桓公陪宠妃蔡姬坐船在水中游玩,蔡姬高兴,一时兴起摇晃船只,齐桓公怕水,叫蔡姬不要摇晃船只。蔡姬依仗齐桓公的宠爱而不听,晃个不停。齐桓公大发雷霆,要求船靠岸,回宫后把蔡姬送回蔡国。蔡侯也不高兴,由于有逐渐强大的楚国撑腰,蔡侯就把蔡姬又嫁给了别人。桓公盛怒,想兴兵讨伐。但为此事出兵讨伐蔡国会招人笑话,于是借口讨伐楚国,顺路讨伐蔡国。由于齐国本来的目的并不是讨伐楚国;楚国尽管不怕八国联军,但能不打仗更好。因此,齐、楚双方都不想真打,一方面在对峙,另一方面也在寻找和平、体面、不伤实力的解决办法。公元前656年夏,楚成王派大将屈完到齐等国军队驻处进行试探。齐桓公企图威服楚国。当屈完来时,即让八国军队列阵,齐桓公与屈完一起检阅军队,并威胁屈完说:"用这样的军队来作战,谁能够抵御?用这样的军队来攻城,哪个城不被攻破?"屈完回答说:"君王如果用德行安抚诸侯,谁敢不服?君王如果用武力,楚国有方城作为城墙,汉水作为护城河,君王的军队即使很多,也无济于事。"齐桓公见没有吓到楚国,权衡得失,只得与屈完在召陵签订盟约后退兵回国。召陵之盟表明楚成王与齐桓公的争霸进入相持阶段。

召陵之盟后一年,楚国又北上挑战齐桓公的霸主地位,而且充分利用了各种机会。公元前655年,齐桓公在首止大会诸侯,以确定周太子之位。周惠王不满齐桓公干涉周天子朝内部事务,暗中派人指使郑文公率领他的军队回国,不参与会盟,郑国倒向楚国。弦国的姻亲国江国、黄国原为楚的附属国,齐桓公霸盛时,这两个国家叛楚与齐结盟;弦国国君恃晋强也不朝楚。

故楚成王、斗子文于公元前655年灭掉弦国，以挫江国、黄国气势，打击齐桓公。

公元前654年夏，齐桓公率齐、鲁、宋等国军队攻打郑国，以惩罚郑国在首止会盟时逃跑和亲楚行为。同年秋，楚成王亲率军队北上攻围齐国的盟国许国，以此救援郑国。由于其他各国出兵救许，楚成王就退兵武城，观察动静。没想到，许国国君许僖公恐惧，在蔡穆侯带领下，赴武城向楚成王请罪。许僖公两手反绑，嘴里衔着璧玉，大夫穿着孝服，士抬着棺材。楚成王询问逢伯如何应对。逢伯回答说："从前周武王打败商朝，微子启就是这样做的。周武王亲自解开他的捆绑，接受他的璧玉而举行扫除凶恶之礼，烧掉他的棺材，给以礼遇后让他回去。"楚成王按照逢伯说的办法做了。面对楚成王咄咄逼人之势，齐桓公于是全力进攻郑国，以阻止楚国北上。郑国在齐国等中原国家的打击下，只得向齐国求和。公元前651年（楚成王二十一年），齐桓公与诸侯在葵丘会盟，郑国、许国都被迫参加盟会。

在此形势下，楚成王并不急于和齐桓公正面争夺，为避免与齐桓公正面冲突，改为向东经略淮河流域，继续与齐桓公争霸。公元前649年冬天，楚成王因黄国不向楚国进贡品，于是出兵攻打黄国。公元前648年，楚成王攻打江国。同年夏天，楚军灭了黄国。面对楚成王的攻伐，齐桓公也未救援黄国。公元前646年，楚成王灭了英国。至此楚国势力已推进到淮河中游一带。

公元前645年春天，由于徐国投靠中原诸侯，楚成王出兵攻打徐国。同年三月，齐桓公与宋、鲁、陈、卫、郑、许、曹等国在牡丘结盟，决定救援徐国。各国国君被迫前来抗楚救徐，都不敢亲临前线，在匡地等待，只有鲁国大夫孟穆伯率领各国军队前往援救徐国。同年秋天，齐国等国军队攻打楚国的同盟国厉国，企图抄袭楚国后方，以解除徐国之围，但没成功。同年冬天，宋国趁曹国军队远出，袭击曹国。楚国于是乘机大举进攻，在娄林打败徐国。齐桓公以八国之众不敌楚国，足见齐桓公已经处于劣势，楚国已占据上风。因为管仲、齐桓公此时已经年迈多病，体力大不如前。同年，管仲去世。两年后，齐桓公虽曾讨伐厉国、英国，以报娄林之役的失败，企图挽回在淮泗地区的败势，但他自己也已经步入了晚年，没能达到目的。公元前643年，齐桓公卒，齐国五公子争立，无法与楚国争霸。因此，楚成王与齐桓公争霸历时十余年，逐渐占据上风，最终赢得胜利。

齐桓公之后，楚成王争霸的对象为宋襄公。齐桓公去世之后，北方诸侯想称霸中原的是宋襄公。宋襄公首先帮助齐桓公太子顺利继承君位，将齐国拉入自己的阵营。随后，他又惩罚了不听从自己指挥的滕、鄀和曹等小诸侯国，俨然以新霸主自居。但是，由于宋国在当时力量并不强大，因此很多诸侯并不买账。公元前641年，鲁、陈、蔡、楚、郑、齐等国在齐国会盟，却将宋国排除在外。会上各国在群龙无首的情况下，实际上默认了楚成王的霸主地位。宋襄公不甘心失败，于公元前639年春发起鹿上之盟，邀请楚、齐两国国君会盟，想借机谋求楚、齐的支持。楚成王想看看宋襄公怎么表演就去了。但是，不知高低的宋襄公又在同年秋天发起盂之盟。这下惹恼了楚成王，去会盟时将宋襄公抓起来，参与会盟的其他诸侯无计可施，宋襄公威风扫地。同年冬，在鲁国求情后楚成王当众释放宋襄公，作为送给鲁国的人情，也以此表明楚国的仁义。但昏聩至极的宋襄公并不接受教训，他还想做中原的霸主。这时，郑国又倒向了楚国，于是宋襄公联合卫、许、滕等小国进攻郑国，想借机打击楚国。楚国应郑国的请求起兵前来援救。公元前638年，楚军与宋军在泓水相遇。由于宋襄公迂腐地坚持早已过时的战争理念，先拒绝宋国大将目夷要求在楚军渡泓水到一半时进攻楚军的建议，后又拒绝目夷要求在楚军上岸后还未列成军阵时进攻楚军的建议，结果等楚军排列好军阵后双方开打，处于劣势的宋军大败，宋襄公本人也被射伤。第二年，宋襄公伤病而死，宋国从此退出了争霸的历史舞台。由此可见，齐桓公死后，实际上称霸中原的是楚成王，宋襄公毫无霸业可言，楚成王与宋襄公争霸一直处于绝对的上风和优势，完胜宋襄公。

宋襄公死后，楚成王实际称霸中原，宋、陈等北方中等诸侯国纷纷从楚。公元前636年，在外流浪长达19年的晋国公子重耳在秦穆公军队的护送下回国夺取了君位，是为晋文侯，称霸后晋升为晋文公。

公元前637年晋国公子重耳流亡到楚国，楚成王用接待诸侯的礼节接待了他。宴会结束后，楚成王和重耳闲聊，楚成王问："公子若是能回到晋国继位当上国君，该怎么报答我啊？"重耳叩首回答说："美女珍宝丝绸，大王您有的是；珍禽羽毛，象牙兽皮，更是楚地的盛产，晋国哪有什么珍奇物品献给大王呢！"楚成王问："虽然这样，我还是想听听您怎么报答我。"重耳想了想说："如果能托您的福，我回到晋国继位，一定要和楚国和平相处。将来万一要是两国不幸打起来，我一定命令晋军退避三舍，以报答您的大恩。如果还不能得到您的原谅，我再与您交战。"等宴会结束，重耳离开后，令尹子玉对楚成王说："请杀掉晋公子重耳。如果不杀他，他回到晋国，肯定是我们的忧患。"楚成王说："不能杀！楚军如果有忧患，应该是我们自己不修德行的缘故。我们自己不修德行，杀了他又有什么用呢？如果上天保佑楚国，谁能成为楚国的忧患？如果上天不保佑楚国，难道晋国不会出现其他明君吗？何况这个晋国公子敏捷又富于文辞，处在困境之中却不逢迎谄媚，又有三位才干之士辅佐，老天会保佑他的。老天保佑的人谁能毁掉他？"从这里可以看出楚成王知晓大义，很欣赏晋公子重耳。

晋公子重耳继位时已是62岁的老人。他在外备尝艰难险阻，也尽知各个诸侯国和本国的局势、民情，积累了丰富的政治经验。另外，长期跟随他的大臣也都是治国的良才。在他们的帮助下，晋文侯很快就将晋国的政局稳定下来，并通过协助周襄王击败王子带的叛乱事件，取得了周王的支持，在诸侯中也树立了较高的威信，然后着手对晋国的政治、经济及军事进行大规模的整顿，建立三军，加强军队的训练，晋国国力蒸蒸日上。

同一时期，楚国也在积极地实施北进战略。泓之战后，楚国进一步向中原挺进。公元前637年，楚以陈国亲近宋国，楚成王命成得臣（即子玉）讨伐，取焦、夷，筑顿城而还。第二年，宋成公初立，就朝拜楚国，标志着宋国从楚。公元前635年，顿君迫于陈国的进攻而逃到楚国。令尹子玉率军围陈，陈国从此跟从楚国。因此，泓之战后，中原诸侯国除齐国以外，宋、鲁、曹、卫、陈等国纷纷倒向楚国，楚成王在齐桓公死成为势盛一时的中原霸主。不过，楚国毕竟是南方蛮夷之国，当时中原诸侯臣服楚国肯定不是心甘情愿。因而随着晋国力量的日益强大，一些诸侯国如宋国就不去楚国朝贡，而与晋国结为盟国。这样，楚国与晋国争霸势在必行。

当时楚晋争夺的焦点是宋国。宋国是商代后裔之国，夷狄观念严重，瞧不起楚国这个南蛮之国；又有楚王打败宋襄公导致宋襄公含恨而死这个新仇，因而当晋文侯回国后宋国就背叛楚国，投靠晋国。这是当时还是霸主的楚成王无法容忍的。为了争夺宋国，公元前634年，楚成王派令尹子玉、司马子西领兵围攻宋国的缗，又出兵与鲁国军队联合攻齐、取谷，把齐桓公之子雍安置在此，由申公叔侯留守。齐桓公七个儿子都逃到楚国，楚国全部让他们当大夫。楚成王以此加强了对齐鲁之地的控制。公元前633年，为了进一步加强对宋的进攻力量，楚成王联合陈、蔡、郑、许诸国之军共同出击依附晋国的宋国，同时，楚成王又遣子文治兵于暌，子玉治兵于蔿，加大对宋的威慑。楚成王对晋采取咄咄逼人之势，处于优势，但很快就因楚、晋于公元前632年发生城濮之战，楚国战败而处于劣势。由此可见，楚成王与晋文公的争霸是先赢后输。

三、楚庄王

楚庄王（？—公元前591），又称荆庄王，有的出土战国楚简作"臧王"，名旅（一作侣、吕），公元前613年至前591年在位，春秋五霸之一。楚庄王武功很多，在楚国是前无古人后无来者，文治也不错，是对楚国贡献最大、名气最大的楚王。此外，楚庄王理想高远、说到做到、宽容、恤民等道德品质也令后人称道。

春秋时期出于对外争霸的需要，武功是一个国君最主要的功绩。楚庄王一生武功很多：公元前611年楚庄王亲自指挥楚、秦、巴联军灭掉庸国，征服群蛮百濮，稳定楚国周边局势；公元前606年楚庄王亲帅大军伐陆浑之戎，饮马黄河，观兵周疆，问鼎周使，创历史佳话，千古流传；公元前605年楚庄王亲率大军平定楚国若敖氏的叛乱，消除国内隐患，稳定国内局势；公元前598年（楚庄王十六年），楚庄王亲率大军灭陈，之后听从申叔时的谏言又恢复陈国；从公元前604年（楚庄王十年）到公元前597年（楚庄王十七年），楚国六次伐郑，使郑臣服，开霸业之始；公元前597年（楚庄王十七年），楚庄王亲率大军与前来救郑的晋军在邲地决战，大胜晋国，立威定霸；公元前595年（楚庄王十九年）楚庄王亲率大军围宋9个月，霸业达到顶峰。楚庄王在位的23年中共指挥了约14次大战，其中灭庸、伐陆浑戎、平若敖氏叛乱、伐郑、围宋、灭萧以及决定晋楚胜负的邲之战等大战役都是亲自出征。

　　楚庄王以前，楚国攻伐也是向北方学习，实行近交远攻。周边方国部落只要臣服楚国、按时交贡赋就不会被征伐。但随着楚国对外战争规模的扩大，开销增加，楚国对臣服的方国部落的索求越来越多，附属的方国部落不堪忍受，于是纷纷寻找机会反叛。这个机会终于在楚庄王三年出现了。公元前611年（楚庄王三年）秋，楚国因严重旱灾而发生大饥荒，附属的方国部落纷纷起来反叛。戎先在楚国西南反叛，楚军出击，后又移兵东南作乱。庸与群蛮、麇、百濮也伺机叛楚。楚国形势紧张，于是关闭了申、息县城的北门，封锁了通向中原的门户，以加强对晋及中原诸国的防备。面对日益严重的国内饥荒和周边部落方国的反叛，楚庄王打算迁都到楚国的险要之地阪高。蔿贾力排众议说：不可迁都阪高。我们能去，敌人也能去；不如讨伐反叛的首领庸国。麇与百濮认为我们发生饥荒不能出师讨伐，这才进攻我们。如果我们出动军队，麇与百濮必定害怕而各回自己的城邑。楚庄王接受了蔿贾的建议，果断地出师回击，麇与百濮果然罢兵回国。楚庄王集中力量攻打庸人。由于当时粮食匮乏，楚庄王打开国仓的粮食分给士卒，上下无异，就连楚庄王也与士卒吃同样的伙食。楚庄王派庐戢梨进击庸人，兵抵庸国方城，遭到庸人的猛烈抵抗，楚将子杨被俘。子杨逃回来报告说，庸与群蛮人多势众，不如尽起全楚国之兵去进攻。大夫师叔反对，建议用先君蚡冒征服陉隰的骄兵之计。楚庄王采纳了这一意见，派少量军队与庸人接战，假装七战七败，庸人果然以为楚军不堪一击，麻痹大意，对楚军不防备。楚庄王见反击时机已到，亲乘战车赶到前线亲自指挥作战，兵分两路攻打庸人。同时，楚庄王派人说服秦、巴出兵相助。在楚庄王亲自指挥的楚、秦、巴联军打击下，群蛮慑服，与楚庄王签订盟约而退。楚庄王又乘胜一举灭掉庸国，楚国从此进一步巩固了后方，还加强了与巴、秦的联系，可以全力北上称霸。

　　公元前606年（楚庄王八年）春，楚庄王亲率大军北上，攻打陆浑之戎，获胜后到达洛水，直抵周天子都城洛邑附近，在周朝都城南郊检阅军队，向周天子示威。周定王惶恐不安，派周大夫王孙满慰劳楚军。楚庄王在接见王孙满时问周天子九鼎的大小、轻重。九鼎象征九州，夏、商、周奉为传国之宝，是天子权力的标志，一般人不可随便打听，因此，王孙满很生气。但楚国国力强大，王孙满不敢发怒，只得委婉地答道："周朝的德行虽然衰落，但天命还没有断绝，鼎的轻重是不能问的。"楚庄王见王孙满误解了自己的意思，很是生气地说："你不要阻止我看九鼎！楚国只要拆掉戟上的弯钩就可以铸成九鼎。"当然也觉得王孙满的话有道理，周王朝尽管小，失去往日权威，但气数未尽，不便灭掉，就退兵回国了。楚庄王观兵周疆、问鼎大小标志着楚国已进入空前强盛时代，实际上支配着中原局势。

公元前605年（楚庄王九年），楚国国内若敖氏、蒍氏这两大姓之间的斗争愈益尖锐化。若敖氏源自春秋初楚国国君熊仪。熊仪之子斗伯比以封地若敖为氏，因封在斗邑，故也称斗氏。在楚武、成、穆、庄诸代，若敖氏均居高位。到楚庄王九年为止，12位令尹中有7位出自若敖氏；6位司马中有5位是若敖氏族人。由此可见，若敖氏是楚国举足轻重的大姓之一，对楚国的发展与强大作过突出的贡献。

树大招风，若敖氏家族权势日趋膨胀炽盛，既招致其他贵族大姓的不满，也导致楚王的戒备。因此，从楚成王时代起，楚王就有意抑制若敖氏家族，扶持先王蚡冒的后裔蒍氏家族与若敖氏家族抗衡。城濮之战楚国失败，楚成王要求子玉自杀以承担责任即是这种心理支撑下的行为。楚穆王即位后，虽先后以子玉之子成大心和成大心的弟弟子孔为令尹，但王室与若敖氏的矛盾并未消退。公元前617年，若敖氏家族中被贬为商公、心怀不满的子西串通子家谋杀楚穆王，阴谋泄露后，两人均被楚穆王所杀。楚庄王刚即位不久，若敖氏家族的子仪（斗克）与公子燮乘令尹子孔、太师潘崇领军去攻打群舒之机发动叛乱，结果被庐大夫戢梨所杀。楚庄王虽仍以若敖氏家族的子孔为令尹，但不出号令，日夜淫乐，暗中观察动静，当与若敖氏有关。三年后大刀阔斧地整顿朝政，重用伍举、苏从，若敖氏的宿敌蒍贾也被任命为工正。当楚庄王伐陆浑之戎、观兵周疆凯旋后，若敖氏家族的子杨（斗般）、子越（斗椒）分别担任令尹和司马，主宰着楚国军政大权，蒍氏家族的蒍贾则为工正。蒍贾诬陷令尹子扬，子扬被楚庄王所杀，子越得以晋升为令尹，蒍贾亦升任为司马。子越尽管升为令尹，但对蒍贾诬陷子扬痛恨至极，又担心蒍贾故技重施诬陷自己，于是带领若敖族兵在轑阳囚禁并杀死了蒍贾。子越一不做二不休，率领若敖族发兵叛乱，准备进攻楚庄王。这样，若敖氏与蒍氏的矛盾就演化为若敖氏与王权的矛盾。若敖氏的力量很强大，叛乱的声势也很浩大。楚庄王提出以楚文、成、穆王之子孙为人质谈判解决，但子越拒不接受。楚庄王于是亲领大军平叛。同年秋，王军与若敖氏族兵战于皋浒。子越向楚庄王连射两箭，一箭射在铜钲上，一箭射穿中笠毂，均几乎伤着楚庄王。楚王军队惊恐，开始后退。楚庄王急中生智，派人传令说：先君楚文王攻克息国时曾得到三支利箭，子越偷走了两支，现已射完，用不着害怕了，楚国军队才稳定下来。接着楚庄王亲自击鼓，王军奋勇进击，很快把若敖氏的叛乱镇压了下去，楚国内患消除，局势稳定。

楚庄王镇压若敖氏叛乱后，任命孙叔敖为令尹，然后全力北上伐陈、郑，与晋展开了正面交锋。陈、郑是小国，力量不强，受到晋、楚两国交互攻伐，故时而亲楚，时而附晋。陈自楚穆王死后一直追随晋国。于是，公元前604年（楚庄王十年），楚庄王平定若敖氏叛乱后即兴兵伐陈。陈国害怕，转而附楚。晋毫不示弱，也立即出兵伐陈。次年，晋继续伐陈。楚则攻打附晋的郑国，郑国也被迫与楚和。公元前602年，郑又转而与晋和，晋成公会盟宋、鲁、卫、郑、曹等国国君准备伐陈。公元前601年，陈只得与晋和。楚不放手，立即出兵攻陈，陈又转而附楚。公元前600年（楚庄王十四年），晋成公又会盟宋、卫、郑、曹等国国君，陈不与会，表明陈已坚定从楚，不畏惧晋等中原国家的压力。但陈灵公却是一个荒淫无耻之徒，在国难当头之时，不以国事为重，却与大臣孔宁、仪行父一起和大夫夏征舒寡居之母夏姬通奸。他们三人戴着时髦的楚式南冠招摇过市，到夏姬家中聚饮，在大堂上穿着夏姬的内衣嬉戏。大臣泄冶谏阻，反而被杀。此后，陈灵公与孔宁、仪行父变本加厉，于公元前599年竟然在夏姬家喝酒时以夏姬之子夏征舒像谁为话题相互取乐。夏征舒当时已经成年为卿，见此情景，恼羞成怒，射杀陈灵公，孔宁、仪行父逃到楚国，陈灵公太子午逃到晋国，夏征舒自立为君。公元前598年冬，楚庄王举兵伐陈，杀夏征舒，设陈国为楚国的陈县。楚庄王灭陈为县后，百官都祝贺，唯独楚大夫申叔时出使齐国回来后复命而退，不祝贺。楚庄王使人责问其故，申叔时以蹊田夺牛的故事劝诫楚庄王：行义讨伐乱国之臣，诸侯是欢迎的；如果因贪其地而灭其国则会失去诸侯。楚庄王听后立时清醒过来，仍恢复了陈国，迎陈灵公太子午为国君。为显耀武功，楚国从陈国每乡取一人，集居在一起，谓之夏洲。

楚庄王在讨陈服陈的同时也在全力与晋争夺郑国。公元前610年，晋会卫、陈等诸侯，以郑有二心于楚，拒绝郑穆公参加会盟，经郑国子家写信给赵盾，申辩郑国居大国之间不得不从强令的苦衷，晋才允许郑请和。公元前608年，郑即以晋无信而叛晋盟楚。这时，陈共公死，楚庄王为了试探，不派人前往吊唁。陈灵公一气之下与晋结盟。楚庄王立即亲领大军攻陈，接着又攻宋。晋赵盾率军会宋、陈、卫、曹诸国军队攻郑以救陈、宋。楚庄王派蒍贾率军救郑，与晋军遇于北林，晋军败，只得退回。同年冬，晋为摆脱西线与秦、南线与楚同时作战、兵力不足而被动的局面，攻打秦的附属国崇国，想迫使秦来救，然后与秦求和。不料秦国并不理会。晋又攻郑，以报北林之役之仇。公元前607年春，郑受楚命攻宋，以打击晋国。郑、宋战于大棘，宋军大败，郑抓获华元等人及甲车四百六十乘。秦为报复旧年晋侵崇之役出兵攻晋围焦，秦、晋关系紧张。同年夏，晋赵盾解焦围，接着联合卫、陈攻郑，以报大棘之仇。楚庄王立即命斗椒（子越）领兵救郑，赵盾退兵。郑攻宋、秦攻晋，以及赵盾不敢与斗椒正面交锋都说明其时楚国实力日益上升，晋国则在走下坡路，不敢和楚国正面较量。正当晋国外争不利时，国内又因晋灵公暴虐，为赵穿所杀，赵盾等立公子黑臀为国君，是为晋成公。晋成公初立，即于公元前606年率军攻打郑国，郑被迫与晋和，订立了盟约。同年夏，楚庄王观兵周疆后，为了打击晋成公，即移兵攻打郑国，晋未出兵对抗。此后，楚庄王连续北上用兵，声威也日益远播。从公元前604年至公元前597年的七年间，楚伐郑六次，几乎年年出兵，晋有时救郑，有时因郑与楚和又转而伐郑，争夺极其激烈。郑国忧心忡忡，深受其苦。公元前600年，楚伐郑，晋来救，郑败楚师于柳棼，郑国人都很高兴，唯独子良忧虑地说：这是郑国的灾难，我们离死不远了。第二年夏，郑惧楚报复，请和，楚与之盟。晋以郑叛之，立即会宋、卫、曹之师伐郑，郑又与晋和。冬，楚庄王以郑附晋，又举兵攻讨，晋亦会宋、卫、曹救郑，逐楚师于颍北。随后，晋等四国军队驻守郑国，以防备楚国的进攻。公元前598年春，楚庄王从争霸战略出发，再一次亲率大军攻郑，郑国难以支持，惶恐不安，遂从楚，盟于辰陵。晋这次未出兵往救，说明楚势旺，晋已回避。尽管郑国已服，但楚庄王认为郑在楚、晋交兵过程中，时而亲晋，时而亲楚，从楚是迫不得已的，楚国并未真正得到郑国；尤其是郑在辰陵之盟后，又去晋国缴纳贡赋。故为了彻底服郑，楚庄王于公元前597年春又亲率大军攻伐。这次攻郑声势浩大，晋不敢及时来救。郑穷困已极，郑襄公只得肉袒牵羊迎楚请罪，说："我不能承奉天意，不能侍奉君王，使君王带着怒气来到敝邑，这是我的罪过，岂敢不听从您的命令？要把我俘虏到江南，流放到海边，也听君王吩咐；要瓜分郑国，把郑地赐给诸侯，让郑国人作为奴隶，也听君王吩咐。如果承君王顾念从前的友好，向周厉王、周宣王、郑桓公、郑武公求福，而不灭绝我国，让我国重新侍奉君王，等同于楚国的诸县，这是君王的恩惠，我的心愿，但又不是我敢指望的。谨坦露心里的话，请君王考虑。"左右随从说："不能允许，打下的国家不要赦免。"楚庄王说："他的国君能够屈居他人之下，必然能够取信和使用他的百姓，难道可以灭掉他吗！"楚军退兵三十里，允许郑国讲和。郑国大夫子良到楚国为人质。

公元前597年春，楚攻郑时，郑到晋国求救。但延至六月，晋才派荀林父率三军救郑，晋、楚在邲相遇，发生大战，史称邲之战。晋军以荀林父为中军主帅，先谷为副将；士会为上军主帅，郤克为副将；赵朔为下军主帅，栾书为副将。当他们率领大军赶到黄河边时，听到郑国已经降附楚国，荀林父主张撤回，待楚军走后再伐郑。士会除赞同荀林父的意见外，还详尽地分析了楚国德立、刑行、政成、事时、典从、礼顺等各种情况，认为楚国是难以战胜的。先谷则坚决反对，并擅自率领他的部队渡过黄河。韩献子对荀林父说：先谷以偏师冲锋陷阵，你的罪很大。你身为元帅，军队不听命令，是谁的罪？失去部属，丧失军队，罪已经很重了，不如进攻，即便战争失败，责任大家分摊不是更好吗？荀林父权衡利弊，最后听从了韩献子的建议，率全军渡过黄河。彼时，楚庄王驻军于郔。沈尹为中军主帅，子重为左军主帅，子反为右军主帅，打算饮马黄河后就回国。听到晋军已渡过黄河，楚庄王考虑到郑国已服，楚军将士连日征战疲劳，便不去想黄河饮马而立即回师。令尹孙叔敖赞同楚庄王意见，立即命令楚军车辕由向北调转为向南。但楚庄王的宠臣伍参了解情况回来后主战，令尹孙叔敖不想战，两人争执不下。伍参对楚庄王分析楚国必胜的理由说："晋军主帅（指荀林父）刚刚上任，还没有能力使他的命令贯彻下去。他的副将先谷刚愎不仁，不肯听命。晋军的三个统帅想要独断专行却没获得授权，想要听从命令却不是那么认可主帅荀林父，大军听从谁的命令？这一次晋军一定失败。而且国君逃避臣下，把楚国的颜面放哪里！"楚庄王接受了这一意见，令尹孙叔敖命令军队再掉转车头北进，驻于管。晋军渡黄河后驻军于敖、鄗二山之间。郑国卿大夫皇戌奉楚庄王之命到晋军营前表示郑国服楚只是权宜之计，对晋国并无二心；又说楚军已疲劳不堪，郑国军队坚决协同晋军作战，楚国必败。先谷更加得意，认为败楚、服郑在此一举。栾书认为楚军势头正盛，不能轻信皇戌之言。晋中军大夫赵括、下军大夫赵同支持先谷；知庄子、下军主将赵朔支持栾武子。晋国将领之间的意见分歧进一步加深，荀林父也就更加举棋不定。此时，楚庄王仍争取议和，派出使者到晋军驻地对荀林父等将领说，楚国此次出兵只是教训郑国，并非想得罪晋国。士会也说晋军是为郑国而来，与楚国无关。先谷则派赵括更改士会对楚国使者说的话，称刚才的代表没有把晋军意图说清楚，晋军此来是奉晋君命令把楚军赶出郑国，非与楚战不可。楚庄王毫不介意，又遣使求和。由于双方陈兵相持，剑拔弩张，故双方将领都出现了私下挑战事件。楚国许伯先挑战一次，晋国魏錡、赵旃各挑战一次。而赵旃夜至楚军挑战，干脆在楚军营前过夜，第二天天亮后才回晋营。正是赵旃的行为激怒了楚庄王，楚庄王怒不可遏，亲自率领卫队三十乘追赶赵旃，晋军也派战车迎接赵旃。楚军将领潘党见晋军战车扬起的尘埃，立即派人传告全军：晋军打来了。令尹孙叔敖更怕楚庄王有所闪失，立即发布进攻的命令："前进！宁可我们迫近敌人，不能让敌人迫近我们。"楚军像潮水般冲向晋军。晋军中军主帅荀林父不知所措，击鼓宣布：先渡过黄河的有赏。晋军中军、下军争先恐后抢船过河，先上船的人用刀砍断后来者攀着船舷的手指，船中砍断的指头多得可以用手捧起来。士会率领的上军较谨慎，故未败损。至黄昏，晋军残部已溃不成军，一个晚上才逃过黄河。第二天，楚军移驻衡雍，在黄河边祭祀河神，修建神庙，向祖先神灵告别后，就率军回国了。邲之战是楚、晋争霸具有决定意义的一次大战。从此，楚国声威大震，晋国一时不敢向南与楚抗衡，为楚国称霸中原的标志。

公元前597年冬，楚庄王又乘胜伐萧。萧是宋的附属国，因此，宋以蔡师相救。楚将公子丙和大夫熊宜僚临阵不慎被萧人俘虏，楚庄王使人告之勿杀，楚国即退兵。但萧人不明白厉害，不予理会，竟然将两人杀了。楚庄王愤怒至极，遂围萧。时值隆冬，将士多寒，楚庄王巡视三军，安抚勉励，三军之士皆热血沸腾，士气高昂，很快就击溃了萧国。

晋、楚争霸中原，争夺宋国是主要目标。宋是否臣服也是称霸与否的重要标志。昔日楚成王败宋，称霸中原；楚穆王在宋国的孟诸田猎也是称霸中原的标志。故楚庄王平定群蛮百濮叛乱后，即于公元前608年与晋争夺宋国，并于北林大败晋军，晋大夫解扬被俘。第二年，楚又命郑伐宋，战于大棘，宋军又败。其后，楚庄王重点打击陈、郑，对宋暂置一旁，宋则坚定附晋。公元前598年，楚庄王以陈、郑已服，形势对己有利，就命左尹子重攻宋，自己也前往前线声援，但无结果。邲之战后，楚庄王率军攻萧时，宋竟然率领蔡国军队相救；萧国崩溃后，宋又参加晋、卫、曹等国的清丘之盟；此后宋还讨伐附楚的陈国，公然与楚国为敌。楚庄王为了彻底降服宋国，在邲之战后，把矛头指向了宋国。公元前596年，楚庄王为报复宋救萧之举，亲领军攻宋。第二年，做好了充分准备后，楚庄王决定派申舟出使齐国，指示申舟不用向宋国借道，以此试探宋人的态度。申舟经过宋国时，宋人果然制止，竟杀了申舟。楚庄王获此消息后大怒，于公元前595年九月亲率大军攻宋，把宋国都城团团包围。宋国君臣惊恐，派乐婴齐赴晋国告急求救。晋景公想派兵救援，大夫伯宗反对，认为老天正眷顾楚国，不能与楚国争锋，要等楚国衰退后再见机行事。但宋一直是晋的盟国，失去它又很痛心，所以晋景公派楚俘放归的大夫解扬去宋国谎称晋军即至，不要降楚。解扬过郑时被郑人所俘，并献给了楚军。楚庄王要解杨说晋军不来救宋，解杨假装答应，不料到阵地后对宋军大呼晋军即将来救，切莫降楚。宋国人于是死守不降。公元前594年五月，楚军围宋已很久了，粮食将尽，宋又坚守不降，楚庄王准备撤军。申舟之子申犀以楚庄王的承诺为由，抓住楚庄王的马的缰绳不让走，要求为父复仇，继续攻宋。申叔时献筑室和耕田之计，即在阵前修建军营，屯兵耕作，以示持久围城不去之意。宋都城中早就无粮，交换子女当食物吃，肢解骨骸生火做饭，这才意志崩溃。宋执政华元夜晚私见楚将子反，子反告诉楚庄王。楚庄王问："城中情况怎么样？"华元说："肢解骨骸而生火做饭，交换子女而当食物吃。"楚庄王因为华元的诚信与宋国结盟，宋国以华元为人质，楚国解除包围，罢兵回国。楚庄王围宋前后达九个月之久，晋国始终不敢出兵，足见楚国霸势强盛。围宋之役震撼了中原国家，鲁国大臣孟献子建议鲁国遣使去宋国向楚庄王献礼，鲁宣公赞同，派孟献子去宋国拜见楚庄王，显现了楚国霸主形象。

楚庄王在位期间对楚国还有一个很大的功绩和贡献就是扩大领土。楚庄王在位期间兼并二十六个诸侯国，拓展土地三千里。这是继楚国疆域五十里、一百里、一千里后又一次明确记载的楚国疆域。

楚庄王在东征西讨，向外征伐取得巨大武功的同时，国内治理也相当不错。楚庄王在位期间，楚国举贤赏能，发展经济，以法治国，国内政局相对安定，社会经济得到很大发展。在频繁使用武力外出征战时，国内还能做到这样，确实表明楚庄王有文治才能和治绩。对楚庄王治国理民的功绩概括全面、准确的，当属晋楚邲之战前夕晋军上军统帅随武子的精辟分析：楚国"其君……提拔不遗漏有德行的人，赏赐不遗漏有功劳的人。对老人有优待，对旅客有赐予。君子和小人，各有规章制度让其遵守。对尊贵的人有一定的礼节以示尊重，对低贱的人有一定的规定以示威严，这就是礼节没有不顺的了。德行树立，刑罚施行，政事成就，事务合时，法典能够执行，礼节顺当"。尽管楚国连年战争，但楚国"百姓并不感到疲劳，国君没有受到怨恨，政令合于常道；楚军摆成荆尸之阵而后发兵，井井有条；商贩、农民、工匠、店主都不废时失业，步兵车兵关系和睦，没有什么奸狡之事"。随武子是晋国的上军统帅，又是双方大战前夕，不可能夸大其词，肯定是事实，因此，他这段话真实地反映了楚庄王的文治功绩。

此外，楚庄王理想高远、说到做到、宽容等优秀品质也令后人称道。楚庄王理想高远和说到做到的优秀品质体现在一飞冲天、一鸣惊人的典故中。据《史记·楚世家》等文献记载，楚庄王继位三年，从来没有发布一项政令，白天、晚上玩乐，还发布一道诏令："有敢于进谏的人死无赦！"武举进去谏言，楚庄王左手抱着郑姬，右手抱着越女，坐在钟鼓乐器之间。武举说："希望向您进献一个隐语。"接着说："有一只鸟落在土山上三年不飞不叫，这是什么鸟？"楚庄王说："三年不飞，一飞冲天；三年不鸣，一鸣惊人。武举下去吧，我知道了。"几个月之后，楚庄王果然停止淫乐，一心操持政务，诛杀几百个奸佞小人、罪人，擢升了关心楚国的正直有才干的人，国人很高兴，楚国很快走上正轨。经过几年征战，楚国成为霸主，真正实现了楚庄王的一飞冲天、一鸣惊人的诺言。实际上，刚继位的楚庄王表面上整天淫乐，其实是有远大理想之人，而且能说到做到，这很值得我们学习。我们现在很多人一天到晚只想各种玩，没有目标、没有理想和追求；有的人喜欢讲大话、夸海口，但当事情来临时却无法兑现，纯粹是吹牛。因此，楚庄王理想高远、说到做到这个优秀品质值得我们很多人学习。

楚庄王宽容的美德主要体现在绝缨和赦免斗克黄等事件中。据《说苑·复恩》《韩诗外传》等记载：楚庄王有次宴请群臣，直喝到天都黑了，就点上蜡烛接着喝，这时蜡烛突然灭了。楚庄王的一个宠妃正在大臣席上敬酒，有人喝高了，就趁黑灯瞎火拉扯美人的衣服。美人扯下这个人的帽缨，告诉楚庄王："刚才蜡烛灭后，有拉扯我衣服的人，我把他的帽缨拉扯下来了，正拿着。赶紧命人点灯，一看就知道是谁了。"楚庄王说："是我请他们喝酒的，醉后失礼了，何必为了显示妇人的气节而侮辱男子汉呢？"于是命令群臣说："今天与我喝酒，不把帽缨扯下来不快乐！"百余名大臣们都把帽缨扯掉，然后点灯接着喝酒，最后尽欢而散。三年以后，晋国与楚国交战，有一位大臣奋勇争先，五次都冲杀在最前面首先打败敌人，最后楚军取得胜利。楚庄王感到奇怪，就问这位大臣："我的德行不够高，从来没有特别关照你，你这次为什么这样奋不顾身呢？"这位大臣说："我罪当死，上次宴会上调戏美人的就是我。大王您宽宏大量，不治我的罪，因此我一定要为您肝脑涂地，冲锋陷阵。"这位大臣叫唐狡。换成心胸狭隘的君王，这种情况不会宽恕。一般君王唯我独尊，臣民对他们、对他们后妃的任何冒犯，不管任何情况都会严惩不贷，但楚庄王却予以宽恕，而且是没有受到任何外界压力的宽恕，也不是为了沽名钓誉。楚庄王这种宽容精神对于现在的我们如何处理做错事的人有借鉴意义。

另据《左传》宣公四年记载，楚庄王平定敖氏子越（斗椒）叛乱期间，子越（斗椒）之侄、令尹子文之孙箴尹斗克黄正从出使的齐国回来，到达宋国时听到叛乱的消息。有人说："不能回去了。"箴尹说："丢掉国君的命令，还有谁会接受我？国君，就是上天，难道可以逃避上天吗？"于是就回到楚国复命，并且自动到法官那里请求囚禁。楚庄王想起子文治理楚国的功绩，说："子文如果没有后代，如何劝人为善？"就让斗克黄恢复原来的官职，把他的名字改为"生"。斗克黄没有参加若敖族的叛乱，而且斗克黄是楚成王时代大名鼎鼎的令尹斗子文的孙子，不能因为子越的叛乱而导致斗子文无人祭祀，于是赦免斗克黄。这个行为显示了楚庄王的宽容。如果换成心胸狭隘的君王，肯定会杀掉斗克黄。楚庄王这种宽容对于我们现代社会如何犯错者的家人是有借鉴意义的。

四、楚昭王

楚昭王名壬，又名轸（珍），约前515年—前489年在位，是一位中兴之王。楚昭王前期"吴师入郢"，吴军攻破楚国都城郢都，楚昭王逃走，楚国差点灭亡。但中后期却能在吴军退出楚国后改易其政，克服追求享乐的秉性，多次亲自带兵亲征，带领楚国逐渐从吴师入郢的破坏中恢复过来，重新逐渐强大起来。

公元前505年九月，在楚国君民的反抗、秦国出兵相救、越国骚扰吴国后方，尤其是吴王阖庐的弟弟夫概带兵回吴国自立为王的共同作用下，吴王阖闾被迫撤出楚国，楚昭王君臣返回郢都。此后，楚昭王、令尹子西接受教训，改变政策，以利于楚国休养生息，恢复国力。这时的楚昭王君臣干实事，较少田猎、宴乐等享乐。江山易改，本性难移，因此，一个人要戒掉自己爱享乐的毛病，转而兢兢业业干正事是需要很大毅力的，也有一个长期过程，其间肯定有反复。楚昭王也是这样。据《孔子家语·辩政篇》记载，楚昭王拟作荆台之游，司马子期以为不可，楚昭王不高兴。令尹子西请求陪同楚昭王前去，楚昭王很高兴。不过走了不到十里路，子西就停下车，向楚昭王指出纵情娱乐的坏处；还说子期是忠臣，他自己是谄臣，希望楚昭王赏忠臣而杀谄臣。楚昭王问，今王不去，后王也要去，你能劝阻今王，难道还能劝阻后王吗？子西要楚昭王万岁之后在荆台筑个墓，子孙就谁也不敢去玩了。楚昭王终于明白过来，于是还车回宫。由此可见，楚昭王还是有享乐之心，但大臣能想方设法加以巧妙规劝，楚昭王最终也能收敛享乐之心，君臣一心谋求楚国发展，八年后就取得很好的效果，楚国国力逐渐得到恢复，转守为攻，积极向外攻伐了，楚昭王在位的中后期多次带兵亲征。

公元前496年春，顿国国君准备背叛楚国投靠晋国，楚、陈联军于是灭掉顿国。原胡国国君乘吴师入郢之机把胡国近邻的楚人全部俘获；楚国安定后，又不朝贡楚。公元前495年，楚国出兵灭掉胡国。公元前494年春，楚昭王对蔡国进行了大规模的报复行动。楚昭王首先组织了楚、陈、随、许等国联军围蔡，在离蔡都一里处构筑厚一丈、高二丈的堡垒，以防止蔡人出奔和吴军来援。楚、陈、随、许等国联军屯驻九昼夜，蔡人穷困，把男女奴隶分别排列捆绑作为礼物出降，楚昭王让蔡国迁移到长江、汝水之间，蔡昭侯被迫假装听命，各国军队撤退。当楚等国军队撤退后，蔡又叛楚从吴。公元前491年，蔡昭侯将要赴吴，蔡国大夫恐其行为又招致楚国报复，于是杀蔡昭侯，立其子翔为蔡成侯。此后蔡国力量大为削弱，再无力与楚为敌。公元前491年夏，楚国乘晋国有难，在攻克夷虎后攻打介于楚晋之间、时而附晋时而附楚的蛮氏，蛮氏溃散，其首领赤逃亡到晋国的阴地。楚司马又征集丰、析与戎狄之民为兵，逼近上雒。晋国阴地大夫士蔑设计抓获蛮子赤及其五大夫交给楚国。为进一步向楚国表示友好，晋定公还嫁女给楚国。

公元前489年春，吴王夫差再次攻打陈国，楚昭王尽管病重，仍亲自领军前往救援。十月，昭王病倒在军中。天空中有红色云霞像鸟一样，围绕太阳飞翔。楚昭王向周太史询问其吉凶，太史说："这对楚王有害，可如果能够把灾祸移到将相身上，楚王的祸害就可以避免。"楚国将相听到这句话，就请求向神祷告，自己代替昭王受罪甚至受死，但楚昭王不同意，说："将相如同我的手足，今天把灾祸移到手足上，难道能够免除我的病吗？"后来占卜病因，认为是黄河神在作祟，大夫们请求祭祀黄河神。楚昭王说："自从我们先王受封后，遥祭的大川不过是长江、汉水、雎水、漳水，我虽然没有德行，但不曾得罪过黄河神。"意思是不用祭祀黄河神，楚昭王最终没有答应大夫们的请求。

临终之际，楚昭王召集各位公子和大夫说："我没有才能，两次使楚国军队蒙受耻辱，能够享受天年寿终正寝，是我的幸运。"楚昭王要子西继位为王，子西坚辞不受；要子期为王，子期的态度一如子西。楚昭王又要子闾

（公子启）继位为王，子闾也坚持不受，楚昭王连说了五次，子闾连辞了五次。子闾见情况如此，为了安慰楚昭王，假意受命。公元前489年七月，楚昭王死。公子闾说："楚昭王病重时，放弃让自己的儿子继位，而让给我们这些臣子，我之所以答应楚昭王是为了宽慰楚昭王的心。现在楚昭王已经逝世，我怎能忘记君王推让的好心呢？"于是与子西、子期商量，封锁消息，秘密派精干的使者回郢都迎楚昭王的儿子熊章到城父，立之为王，是为楚惠王，然后撤回军队，返回国内，安葬楚昭王。

楚昭王除了"改纪其政"和亲自率军征伐外，还值得一提的就是他的包容品德和善于纳谏。楚平王的庶长子、楚昭王庶长兄子西在吴师入郢初期，在不知楚昭王生死的情况下，为了收拢楚国军民人心，抗击吴军，曾建树王旗，安定人心，召集散兵，组织抗战。后来知道楚昭王还在，才取消王旗招牌。楚昭王返回郢都后并未追究子西，而是重用子西为令尹。吴师入郢之际，楚昭王逃往随国，此时他必须乘舟渡河。楚国蓝尹亹有舟船，但蓝尹亹只搭载了自己的家人，没有搭载逃亡的楚昭王渡河，并且还冷言嘲讽楚昭王。楚昭王返回郢都后见到蓝尹亹恨不得立马杀掉他。此时子西劝谏楚昭王说，不要像囊瓦一样因记恨而失败，我们都知道，令尹囊瓦就是因为嫉妒沈尹戌才故意渡过汉水的，他的意气之争最终落得悲惨的下场。楚昭王一听此言有理，便同意让蓝尹亹官复原职，借此记住失去郢都、落魄逃难的往事。这件事既可以看出楚昭王的包容品德，又可见他善于纳谏。

另外，楚昭王临死之前，三次让位给自己的哥哥弟弟，而且是真心要把王位传给自己的哥哥或者弟弟。这种以国为重、敢于舍去儿子王位的行为在楚国乃至于中国古代历史上都是独一无二的，估计只有楚昭王经历过吴师入郢后到处逃亡，国家差点灭亡，从而意识到王位不是什么值得特别留恋的人才做得到。

楚昭王不愿意把自己的祸害转移到自己的将士身上也是很了不起的优秀品德。就此而言，和春秋战国时期其他诸侯国以及秦汉以后中国古代历史上众多君王相比，楚昭王真不错。有的君王极端自私自利，只要对自己有利，任何人包括部下的利益都是可以损害的。和他们相比，楚昭王要高尚得多。另外，楚昭王不祭祀黄河神也是很懂道理的表现。因为黄河神不是楚国的神，祭祀也不起作用。孔子听说后，评价说："楚昭王知道大道理。他没有失去国家，是应该的啊！"能够得到孔子赞赏还是不错的，表明楚昭王确实懂得大道理。

楚昭王还有一点值得一提，就是他准备招孔子入楚，封书社地七百里给孔子师徒。遗憾的是，后来被担心孔子师徒来到楚国后会威胁到楚昭王君臣统治的子西危言耸听地劝谏，才最终没有把书社七百里地封给孔子。

古代文献和权威读本没有关于楚昭王的墓、庙等的记载。但按照徐文武教授的推测，熊家冢可能是楚昭王的墓。另外，唐代韩愈写过一首《题楚昭王庙》的诗歌："丘坟满目衣冠尽，城阙连云草树荒。犹有国人怀旧德，一间茅屋祭昭王。"可见，到819年（唐宪宗元和十四年）韩愈被贬为潮州刺史，途中经过湖北宜城县境时看见过楚昭王庙。当然，已经很破旧了。

五、楚惠王

楚惠王（？—公元前432），名章，《墨子》作"楚献惠王"，其母是越王勾践之女，公元前488年—前432年在位，在位五十七年，是在位时间最长的楚王。楚惠王继位后，重用子西、子期、子闾等人，改革政治，与民生息，发展生产，使楚国国势迅速复苏，灭亡陈国、蔡国、杞国，将楚国领土扩至东海、淮海、泗水一带，成为一方强霸，史称"昭惠中兴"。此外，楚惠王宅心仁厚，因不想厨师被惩罚而吞食水蛭，同意墨子谏言，不再攻打宋国等事迹就是体现。

楚惠王继位初期，发生白公胜之乱，楚惠王被白公胜劫持，囚禁在高府，白公胜准备杀死楚惠王自己当楚王。楚惠王的随从屈固把高府墙壁凿了一个洞，然后背出楚惠王，把楚惠王藏在其母越姬的宫里躲过一劫。

平定白公胜之乱后，楚惠王兢兢业业，带领楚国继续发展。他在位期间，国势在楚昭王中后期基础上又有所上升，打败巴和东夷，灭掉陈国、蔡、杞等国，积极向外扩张。公元前480年（楚惠王九年）夏天，楚惠王派子西、子期攻打吴国。陈国在楚昭王死后倒向吴国。因此，楚惠王继位后几次讨伐陈国，都因为吴国相救而没能征服陈国。当楚国发生白公胜叛乱时，陈国竟然攻打楚国。公元前478年楚惠王派公孙朝率军夺取陈国的麦子。陈国人抵抗被打败，公孙朝于是包围陈国。同年七月，公孙朝率军杀死陈国国君陈愍公，灭亡陈国，并把陈地设置为县。公元前477年，巴人攻打楚国，包围楚国的鄾地。同年三月，楚国将领公孙宁、吴由于、蒍固率军还击，在鄾地击败巴军。公元前476年春天，越国为迷惑吴国而出兵攻打楚国。同年夏天，楚惠王派公子庆、公孙宽率军追击越军，追至冥地时没有赶上越军，于是退兵回师。同年秋天，楚惠王为报复越国，派叶公沈诸梁率军攻打东夷，三夷百姓（今浙江宁波、台州、温州一带）与楚国在敖地结盟，楚国的势力发展到东海。公元前473年，越灭吴后，勾践称霸诸侯，为了缓解与楚国的关系，主动把淮上地给楚国。公元前447年，当晋国内部斗争激烈、三家分晋和越国渐走下坡路时，楚通好于秦。公元前447年，楚惠王派兵迅速地灭掉了惹是生非的蔡国，蔡国国君蔡侯齐逃亡他国。公元前445年，楚惠王灭亡杞国。自越国灭亡吴国后，越国无力统治江淮、淮北地区，楚国趁机扩张到泗水一带，并准备攻打宋国。后来墨子来到楚国劝说楚惠王，楚惠王才停止进攻宋国。

除了拓展领土，楚惠王的知恩图报、宅心仁厚、理智和善于纳谏也值得一提。我们现在看见的曾侯乙墓编钟，考古出土文物显示，是楚惠王五十六年时，楚惠王得到曾侯乙去世的讣告后，特制镈钟送到曾国祭祀曾侯乙的，以感谢曾侯乙对楚惠王父亲楚昭王当年逃难到曾（随）国得到曾侯保护的救命之恩，显示了楚惠王的知恩图报。

据东汉王充《论衡·福虚》记载，一次楚惠王在吃凉酸菜时发现有水蛭，于是就把水蛭吃了，之后腹部得病不能吃东西。令尹问楚惠王是如何得此病的。楚惠王回答说："我吃凉酸菜发现有水蛭，心里想到，如果指着水蛭只是责备厨师而不治他们的罪是破坏法令、无法树立自己威严的行为，肯定不行；如果责备并给予惩罚，那厨师和管膳食的人都该处死，我于心不忍。我担心左右的人看见水蛭，于是就吞食了。"令尹离开自己的座位再次叩拜并恭贺说："我听说天道是没有亲疏的，只帮助有德行的人。君王具有仁德，靠天的帮助，并不会造成伤害。"当天晚上，楚惠王去厕所方便时排出了水蛭，同时患有多年的心腹积块的病也痊愈了。这就是楚惠王宅心仁厚的体现。当然，从现在治疗方法看，这是最早的心血管疾病的水蛭疗法，楚惠王的宅心仁厚无意中发明了这种治疗方法。

据《墨子》记载，楚惠王五十年，楚国准备攻打宋国。他重用了一个当时最有本领的鲁国工匠公输般，后世称为鲁班。公输般被楚惠王请去当楚国的大夫，替楚王设计一种叫作云梯的攻城工具，比楼车还要高。楚惠王叫公输般赶紧制造云梯，准备进攻宋国。楚国制造云梯的消息传出去，各诸侯国都有点担心。特别是宋国，听到楚国要来进攻，更加觉得大祸临头。楚国想进攻宋国的事也引起了一些人的反对，反对最厉害的是墨家创始人墨子。

墨子本身就反对那种为了争城夺地而使百姓遭殃的混战。这回他听到楚国要利用云梯侵略宋国，就背上干粮，走了十天十夜来到了楚国的都城郢都。他先去见公输般，劝他不要帮助楚惠王攻打宋国。公输般说："不行呀，我已经答应楚王了。"墨子要求公输般带他去见楚惠王，公输般答应了。在楚惠王面前，墨子很诚恳地说："楚国土地很大，方圆五千里，地大物博；宋国土地不过五百里，土地并不好，物产也不丰富。大王为什么有了华贵的车马，还要去偷人家的破车呢？为什么要扔了自己绣花绸袍，去偷人家一件旧短褂子呢？"楚惠王虽然觉得墨子说得有道理，但是不肯放弃进攻宋国的打算。公输般也认为用云梯攻城很有把握。墨子直截了当地说："你能攻，我能守，你也占不了便宜。"他解下了身上系着的带子，在地下围着当作城墙，再拿几块小木板当作攻城的工具，叫公输般来演习，比一比本领。公输般采用一种方法攻城，墨子就用一种方法守城。一个用云梯攻城，一个就用火箭烧云梯；一个用撞车撞城门，一个就用滚石檑木砸车；一个用地道，一个用烟熏。公输般用了九套攻法，把攻城的方法都使完了，可是墨子还有一些守城的高招没有使出来。公输般呆住了，但是心里还不服，说："我想出了办法来对付你，不过现在不说。"墨子微微一笑说："我知道你想怎样来对付我，不过我也不说。"楚惠王听两人说话像打哑谜一样，就问墨子："你们究竟在说什么？"墨子说："公输般的意思很清楚，不过是想把我杀掉，以为杀了我，宋国就没有人帮助他们守城了。其实他打错了主意。我来到楚国之前，早已派了禽滑釐等三百个徒弟守住宋城，他们每一个人都学会了我的守城办法。即使把我杀了，楚国也是占不到便宜的。"楚惠王听了墨子一番话，又亲自看到墨子守城的本领，知道要打赢宋国没有希望，只好说："先生的话说得对，我决定不进攻宋国了。"可见楚惠王的理智和善于纳谏。

古代文献和权威读本没有关于楚昭王的墓、庙等的记载。但按照邹时雨等人的推测，熊家家可能是楚昭王的墓。

六、楚宣王

楚宣王，名良夫，公元前370年—前340年在位。熊良夫是楚肃王的亲弟弟，楚肃王去世，因楚肃王无子，熊良夫继位，是为楚宣王。楚宣王即位时，各国持续进行改革，对外兼并战争激烈，形势更加错综复杂。楚宣王对外谨慎，采取了休兵息民的政策，保存实力，不轻易出击；同时善于抓住有利时机攻城略地，开拓疆域；对内广开言路，虚心纳谏，任用贤臣，最终和楚威王一起创造了楚国在战国时期的鼎盛时期——宣威盛世。

作为战国时期的楚王，争雄仍旧是第一要务。尽管谨慎，楚宣王在对外争雄战争中还是取得一些成绩。公元前387年，蜀国进攻秦国，夺取秦国的南郑。同年，秦国反攻，又夺回南郑。吴起变法开始，楚国向西南发展，与蜀国发生冲突。公元前377年，蜀国攻楚国，夺取楚国的兹方，楚被迫筑扞关以便防御。由此可见，蜀国其时势力强盛，敢于与秦、楚对抗。秦献公时期，秦国集中力量向东发展，蜀国就乘机占领褒汉。楚宣王为扩大地域，亦乘秦、魏激战之机沿汉水西上，褒汉随即被楚国所有，楚国势力遂深入到巴蜀地区。由此可见，楚宣王时，楚国占有巴、蜀的汉中、黔中。

《史记·楚世家》《战国策·楚策一》记载，楚宣王继位时，魏、赵、韩、秦、齐五国势力逐渐增强，相互竞逐，其中尤以魏、齐二国最为强盛。魏惠文王东征西讨，南侵北战，成为天下霸王。楚、秦结为姻亲，相互照应，共同抵御魏、齐的南侵西征，并取得商洛、泗上的胜利。

楚宣王六年（公元前364年），楚、秦十八万联军于商州丹阳击退魏、韩二十万联军的进攻，并于同年在洛南大败魏、韩联军，魏军败退潼关、安邑，韩军败退洛地三川。当时楚为大国，地阔三千余里，将兵七十余万，与秦世代为姻亲。于是，楚宣王将商州古道以北的广大地区让与秦献公，秦献公非常感激。后来，楚宣王挥师北上，与魏军战于鲁阳、禹州，大败魏军，夺回鲁阳、禹州二地，围困魏军于许昌。秦军则与魏军战于石门、少梁，秦军虽然大败魏军，但是还不能夺回河西之地。

楚宣王十六年（公元前354年），魏攻赵，围邯郸，赵向齐、楚同时求救。楚宣王采纳了景舍的意见，派景舍率少量的兵力救赵，邯郸仍为魏攻破，景舍则乘机夺取了魏国的睢水、濊水之间的地区。

魏惠王兴兵南侵，与楚军决战于许昌之南和方城、叶城西北的禹州、古城，双方投入兵力各二十万，楚军在许昌之南大败魏师。韩哀侯出兵十万助魏击楚，楚宣王见状，随即收兵退守方城、叶城，汝州、禹州、古城又被韩、魏所占。卫鞅乘此机会，率秦军东进，与魏军战于河西，败魏军于华阴，兵指潼关、韩城、安邑。因魏军主力在许昌、禹州与楚军交战，华阴、河西魏军防守力量薄弱。魏惠文王闻讯，急从晋城、晋中调大军二十万进攻安邑，于韩城、潼关大败卫鞅，击退秦军的进攻。卫鞅随即率军南下，攻击洛川韩军，拓地至商南以北。

楚宣王十八年（公元前352年），齐国联合宋国、卫国围攻襄陵，魏惠王击败齐等三国联军，齐国无奈，只得请楚将景舍出来调停，与魏国和解。这样，楚国既夺取了魏国的土地，又救赵助齐，与赵、齐结好，魏国则不敢得罪楚国，同意景舍出面调解。由此可见，在魏、齐、赵争战中，楚国举足轻重。

楚宣王二十八年（公元前342年），楚宣王率军三十万东进淮北，齐威王率二十万齐军南下泗上，越王之侯率二十万越军出广陵，北上淮北，宋君偃也率军十万东进徐州，四国军队为争夺淮北、泗上千里膏腴之地而展开激战，楚宣王审时度势，与越王之侯的二十万越军战于淮北，于江苏淮安、盐城大败越军，越王率败兵退回广陵。楚宣王挥师北上，于徐州大败宋军、齐兵，夺得徐州，宋君偃率残兵逃回商丘。随后，楚军与齐军大战于枣庄、临沂，双方相持数月，互有胜负。最后，楚军集中优势兵力，于枣庄大败齐军，接着又在临沂大败齐军，齐军向东撤走，夺得日照、连云港等海岸地带。淮北、泗上争夺战以楚军全胜而告终，除了山东的几个小国外，淮北、泗上的十几个小国尽入楚国版图。

正当楚宣王与齐、越、宋三国军队大战淮北之时，卫鞅率二十万秦军出蓝关，兵分二路，一路东出洛南，一路东出商洛古道，二路秦军会合于商州，赶走商州西南面丹江一带的数百楚军，接着又挥师东出，夺取只有数千楚军把守的丹凤和少习关（武关），并派大军驻守商洛、丹凤和少习关，把丹江以北、少习以西，连同整条商洛古道并入秦国版图。楚宣王闻讯，命十万楚军驻守淮北、徐州、泗上，率二十万楚军班师回郧都。楚宣王派使者质问秦孝公："楚秦世代姻亲，推心置腹如兄弟，昔日我助秦败三晋，并将洛南至灵宝七百里地让与你父献公，约定商州和商州古道乃楚、秦所有，共同经营管理。现在你乘我率师东进，兴兵东出商洛之际，赶走我商州、丹凤、少习驻军，是何道理？莫非你想撕毁楚秦世代姻亲，与楚交恶吗？"秦孝公听后落泪地说："这些都是卫鞅背着我干的，只怪我当初把二十万大军的兵权交给了他，而今悔之不及呀"！使者回郧都禀报楚宣王。

秦孝公见楚国使者一走，立即八百里快传卫鞅："你有大功于秦，本欲与你共同分享秦国，今楚宣王派使者前来，他日必兴师问罪。奈何，现将商州、洛南、丹凤七百里地赐给你，命你为侯，封你为商，你可自立，不必再回咸阳了。"卫鞅随即自立商国，自号商君，并改姓名为商鞅；接着大兴土木，建造从商洛到商南的第一座规模宏大的城池——商邑，阻断商洛到商南的商州古道，并增高加固少习关，以大军十万驻扎商邑、少习，大军十万驻扎商州、洛南，并招兵扩军备战。

楚宣王听闻之后大怒，正想举兵讨伐卫鞅，但前方来报，齐威王正聚集军队，南下泗上，魏惠文王举兵南下周口，楚宣王西伐卫鞅的事遂暂时放下，令大将屈武率十万楚军驻守商南、淅川，然后移师十万于周口、阜阳，十万于徐州、淮北。魏、齐军队闻讯不敢南下。翌年，楚宣王重病，岁末死。

除了率军东征西讨、南征北战外，楚宣王还有善于纳谏、用人不疑、妥善处理好君臣关系等可取之处。楚宣王善于纳谏。据《资治通鉴》记载，楚宣王十七年（公元前353年），楚宣王任命昭奚恤为令尹，江乙进言："有个宠爱自己狗的人，狗向井里撒尿，邻居看见了，想到他家里去告诉他，却被狗堵住门咬。现在昭奚恤常常阻挠我来见您，就像恶狗堵门一样。况且一有专说别人好话的人，您就说：'这是君子啊！'便亲近他；而对爱指出别人缺点的人，您总是说：'这是个小人。'便疏远他。然而人世间有儿子杀父亲、臣下杀君主的恶人，您却始终不知道。为什么呢？原因在于您只爱听对别人的称颂，不爱听对别人的指责呀！"楚宣王听后说："你说得对，今后我要听取两方面的言论。"能够从江乙的谏言中得出以后要听取正反两方面的意见的结论，这就是楚宣王善于纳谏的体现。

江乙对楚王说："臣下朋党比周，则君上危殆；臣下分散相争，则君上安稳。大王知道吗？愿大王不要忘记。如果人有好扬人之善的，大王怎样对待？"王说："这是君子呀，亲近他。"江乙说："有人好扬人之恶，大王怎样对待？"王说："这是小人呀，疏远他。" 这表明楚宣王还是清醒的，能够正确对待不同的人和事。

尽管楚宣王不是楚国历史上雄才大略的楚王，但也还是一个明白道理之人，不是糊涂昏庸之王。当时，楚国令尹昭奚恤手握重兵，北方的诸侯都很畏惧他，自古以来"功高震主"的臣子都会引起君王的不安。楚宣王也不例外，在一次朝会时他问群臣："听说北方诸侯都害怕令尹昭奚恤，果真是这样的吗？"这个问题一出，群臣不知如何回答，他们都明白，这是楚宣王对昭奚恤有疑惑之心，如果回答不慎，就会引起楚国朝堂的震动。江乙讲了狐假虎威的故事，成功地化解了楚宣王的疑虑。楚宣王的智商还是很高的，他把自己的担忧当众说出来，敲打昭奚恤，让昭奚恤不敢起二心。这比很多君王或皇帝如秦始皇、刘邦等在处理重臣关系上更高明，没有导致君臣关系闹僵或产生裂痕，从此楚宣王对昭奚恤信任有加，有利于楚国的稳定和争雄。

江乙是魏国人，因为口才很好而被楚宣王任命为大夫，在楚国朝廷做官。江乙为了魏国利益，多次以谏言的方式中伤令尹昭奚恤，目的在于离间楚国君臣关系，以便缓解楚国对魏国的军事压力，使魏国可以专注于对齐国的防御。楚宣王对江乙的反间计有着清醒的认识，并未相信。如江乙诋毁昭奚恤，对楚王说："邯郸那场战争，楚国进兵大梁，攻下了这座城池。昭奚恤拿走了魏国宝物，我当时住在魏国知道这些事情，所以昭奚恤憎恨我来朝见大王。"楚宣王听后直接把江乙的诋毁告诉了昭奚恤。昭奚恤听后感到害怕，说："臣早晚以国事聆听王命，而魏氏进入我们君臣之间，臣十分害怕。臣不是怕魏氏呀！他侮辱我们君臣的交谊，而天下人相信他，是他用心很深之故。如果外人能够轻易地这么做，难道国内之人不会这么做吗？臣得罪他恐怕为时不远了。"楚宣王安慰昭奚恤说:"寡人明白,大夫又何必忧患!"此后楚宣王更加重用昭奚恤,终身不再疑心昭奚恤位高权重。

正是因为楚宣王明白事理,又拥有诸多如昭奚恤、江乙这些大臣,所以在楚宣王统治的三十年间,楚国在军事、经济方面发展迅速,让楚国在纷乱的战国时期出现了强盛的局面,为后世打下坚实的基础。

七、楚威王

楚威王熊商,公元前339年—前329年在位,电视剧《芈月传》中芈月的生父,与大名鼎鼎的齐威王、魏惠王等是同一时代的国君,是战国时期楚国颇有作为的君王,被称为"中兴之主"。他一生以恢复楚庄王时代的霸业为志业,力图使楚国冠绝诸国之首。他的主要事迹是接过父亲楚宣王开创的大好局面,虚心请教莫敖子华,注意招揽人才,锐意进取,采纳苏秦合纵策略,率领楚国继续欣欣向荣地发展,把楚宣王开创的基业继续发展下去,创造宣威盛世,使疆域、国力达到战国鼎盛期,使楚国成为战国七雄之一。

据《战国策》记载,楚威王继位初期感叹国家缺少贤能之士、栋梁之材,因此很注意招揽贤才,但一直没招到。一天,楚威王召见大臣子华,谈论起此事。楚威王认为,只有不追求官位、不计较俸禄、能为国家担忧的人才称得上是贤能人士,并问莫敖子华楚国历史上从楚文王到现在有哪些贤臣。莫敖子华详细列举了楚国历史上的贤臣:廉洁奉公并辅佐楚成王争霸的令尹子文,平定白公胜之乱的叶公子高,在吴师入郢战争中杀身成仁的莫敖成大心,奔赴秦国求救兵的申包胥,在吴军入郢时保存楚国律法文书、事后谢绝楚王封赏的大臣蒙谷。楚威王又问,这些都是古人,现在有没有这样的人呢?莫敖子华回答说:只要您喜欢,这些贤臣都是可以招来的。楚威王听后大为赞同,于是广泛招纳贤才。他诏告天下,遍寻四方贤能之士,以振兴国家。有一天,楚威王听说宋国蒙地的庄子贤能,于是便派两位大夫携带重金去聘请庄子当楚国的宰相,可惜庄子拒绝了。从楚威王的言谈举止来看,他确实是真心想招揽贤才治理国家。

楚威王还具有忧患意识,因而接受了苏秦的合纵之策。当时苏秦为赵王推行合纵而游说楚威王,说楚国是强国,楚威王是贤王,并分析天下大势,认为秦国是包括楚国在内其他诸侯国的大敌，因此，其他诸侯国要联合起来对付秦国。楚威王听完之后说："我的国家，西边和秦国接境，秦国早有攻占巴蜀吞并汉中的野心。我本来就知道秦是虎狼之国，不可亲近。而韩魏两国又被秦国的侵扰所苦恼，我不可能和他们有深远的谋划，唯恐他们反叛后归附秦国。那样，计谋还没有实行，国家就已经危险了。我自己估计以楚国抵挡秦国，不一定能战胜他们。回到宫中与群臣商量，他们又不可靠。我躺在床上不能安眠，吃饭尝不出香味，心神摇摇荡荡像悬挂的旗帜，没有个着落。现在您想帮助楚国统一天下，安抚诸侯，保存危亡的国家，寡人愿意率全国跟从您。"从中可以看出，楚威王还是非常了解国际大势，知道秦国很厉害。他具有忧患意识或危机意识，担心楚国无法抵挡秦国，因而楚威王听从苏秦游说，采纳合纵策略，结成了六国合纵共同遏制虎狼之师秦国的崛起，为楚国带来了难得的平静。

苏秦六国合纵的准确时间司马迁没有记载，其他文献也没有记载。楚威王采纳苏秦合纵建议，同意楚国加入合纵更没有具体时间。不管是在楚威王在位的什么时期，从楚威王一生的行动轨迹可知，合纵并未保持很长时间，六国为了自己的利益，在合纵之后很快并未遵守合纵盟约导致合纵名存实亡，因而合纵各国之间又打起来，列国战争更加激烈，连一贯秉持楚宣王不轻易出击的理念、偏向保守的楚威王也被卷入其中。

促使楚威王参加诸侯大战的是由盛转衰的魏国。魏惠王接连遭遇齐国桂陵之战和马陵之战重创，西边又被秦国趁火打劫，国力一落千丈，魏惠王非常悲愤，他和相国惠施商量，准备豁出去跟楚威王拼了。惠施建议魏惠王不要这么冲动，不如卑躬屈膝地侍奉齐国，故意以齐国为尊，以此激怒楚国，魏国可以借此报楚国的仇。惠施是战国名家代表人物，也是道家庄子的朋友，他这一招相当毒辣，魏惠王依计而行，在接下来的几年不断吹捧齐威王，送礼供奉。齐威王在魏惠王的奉承下越发自大狂妄。到公元前334年，齐威王和魏惠王在徐州聚会，齐威王公然接受了魏惠王称王的建议，自称为王。消息传到郢都，楚威王勃然大怒，当即出兵讨伐齐国。齐威王听到消息也清醒了几分。当时齐国虽然如日中天，但论整体国力，恐怕还要逊于楚国。若是被楚威王全力攻击，齐国只怕也没有胜算。恰在这时，东边又传来另一个不幸的消息：越王无疆也准备出兵北伐齐国。

越王勾践在春秋晚期攻灭吴国，一度称霸。勾践深知越国武力虽强，但缺乏文化内涵，过于穷兵黩武反而容易招致败亡，因此临终前嘱咐子孙安守东南，不与中原国家为敌。勾践的后人恪守了他的吩咐，但到了勾践的玄孙无疆担任越王时，他仗着多年休养生息积累的强大军力，准备进军中原，重建高祖勾践100多年前的霸业。无疆的首个目标，便是同为沿海国家的齐国。他听说齐威王最近打败了魏国，连魏惠王都向齐国称臣了。无疆此时就想一鸣惊人，于是把矛头直指齐国。齐威王这回彻底慌了。楚国和越国，任凭其中哪一国，自己都没有必胜把握，何况两国夹攻。不过，齐威王很快从危局中找到了最好的破解方法：挑动二虎相斗，自己坐收渔利！于是他派遣使者跑到越国，对越王无疆一番鼓动："如果越国不敢攻打楚国，那么您就不能成就霸业！相反，只要您能攻打楚国，那么，秦国、韩国、魏国还有我们齐国都会出兵配合，楚国的国土那么大，东西南北绵延几千里，哪里守得过来？这样一来，大家就可以瓜分楚国，而您就足以重现越王勾践的荣光了！"越王无疆身边没有几个有眼光的大臣辅佐；越王无疆又心性不坚，容易动摇，被齐国使者游说后，当即下令停止北伐，转戈向西，攻打楚国。楚威王闻讯，更是大怒，下令楚军转戈东向迎击越军。齐威王非常高兴。然而，齐威王没有算中结局。楚国和越国确实是自相残杀，但并没有两败俱伤。无论从土地面积、经济条件、人口数量、军队规模、装备等各方面比较，楚国都全面碾压越国。越国唯一的优势，大约是士兵的勇悍、不畏死。然而这种单纯的血气之勇即使在百余年前，由一代枭雄越王勾践统领也无法对抗楚惠王时代的楚军。更何况此时的越王无疆，论才略完全没法和越王勾践相比，而楚国经历了吴起变法，实力进一步提升。战争的结果，当然更没有任何悬念，气势汹汹的越军在楚军面前很快兵败如山倒。越王无疆在战场上表现出超凡的勇气，身先士卒，奋力砍杀。但这种勇气也只是让他死得更有尊严，越国依然难逃败局。越王无疆战死后，失去统帅的越军更是一溃千里。楚军乘胜追击，短短几个月，席卷千里，把越国的江东地区（今江苏南部、安徽东南、浙江省等地）全部吞并。越国残余的王族成员，有的向南退到福建、两广地区，有的向东逃到海岛。他们在这些沿海地区建立起大大小小的国家，这些小国多数都向楚威王臣服。曾经横行东南、威震天下的越国，至此四分五裂，再也不能恢复当年的霸业。楚威王灭越是战国时期楚国最大的一次扩张，夺取了相当于今天两个省的土地，楚国基本一统长江流域，势力范围直达东海。此举不但消除了楚国在东部的潜在威胁，也让楚国获得了一块很重要的土地。

在楚威王打败越王无疆的过程中，楚威王在长江边石头山上建立金陵邑（南京城），金陵之名即源于此。这里还有楚威王埋金的故事流传：楚威王觉得金陵"有王气"，吩咐在龙湾（今狮子山以北的江边）埋金。有史料记载，楚威王曾东巡来到现在的南京，他对南京的地理位置非常看重，认为可以作为楚国的东部边疆，"控江海之利"。在这之前，周元王四年（公元前472年），越国范蠡在南京秦淮河畔筑越城，这是南京历史上最早的城池，也是南京建城史的开端。在南京两千多年来使用过的几十个名字中，"金陵"也是最为响亮的一个。楚威王来到南京时，可能也看到了越城，但他没有沿用。楚威王决定在南京这个地方设置一个"邑"，相当于现在的县。县城的地址，楚威王定在了石头山，也就是现在的清凉山。这个县的名称定为"金陵邑"，如此"金陵邑"在楚威王手里诞生，金陵之名首次见诸历史。金陵邑是南京主城区历史上第二座古城，和纯军事堡垒的越城不同，金陵邑有政区治所性质，标志着南京城区设置行政区划的开始。

楚威王原本就看耀武扬威的齐威王不顺眼，打算北伐齐国。齐威王挑唆越王无疆伐楚，哪知楚威王只用几个月的时间，居然就把越国灭了。这是齐威王始料不及的。虽然齐国多获得了几个月的准备时间，可楚威王灭越之后，军队士气高涨，楚国将士们情绪激昂，迫不及待地要跟齐国人决一死战。先前被齐国打败的魏国，在本次战争中也有自己的打算。魏惠王当初之所以结交齐国，本身就是以"屈身侍齐"作为迂回战略，目的是向齐国报仇。因此在齐楚两家调兵遣将之际，大臣公孙衍（犀首）就给魏王献计，让他表面上和齐国结盟，共同对抗楚国，实际上暗中联络楚国，挑唆齐、楚互斗，不管谁胜谁负，魏国都可以从中拿到好处。魏惠王依计而行。魏惠王派遣大臣惠施到楚国，派遣公孙衍到齐国，两边沟通。其中，惠施到楚国当然会和楚威王坦陈实情。于是齐、楚两国都对即将到来的战争充满信心。

战争开始前，齐、楚两国纷纷拉拢盟友，争取建立攻守同盟。中原国家中最强大的宋国，位于齐楚交界处，齐楚之战很可能就在宋国边境进行。宋国本来打算中立，齐威王威逼利诱，迫使宋国答应和齐国结盟。这样一来，楚军在未作战时，侧翼和后方便有可能被宋军威胁。楚威王为此专门派出使者子象前往宋国，对宋君说："楚国对宋国比较厚道，齐国一再威胁你们宋国，结果你们反而倒向齐国一边，这么下去，楚国也会效法齐国，给你们点颜色看。而齐国这次尝到甜头，以后必然经常威胁你们，宋国难道很喜欢被人威胁的滋味吗？再说，你们跟着齐国打楚国，也没什么好处。如果齐国打赢了，回头必然进一步威胁你们宋国；如齐国打输了，宋国就得尝尝楚国的铁拳，输赢对宋国都不利。所以，你们最好还是有点骨气，别让其他大国觉得可以通过欺压你们得到好处，对不对？"宋君听子象这么一说觉得有理，就拒绝出兵配合齐国。

齐国近邻的鲁国长期与齐国敌对，和楚国关系不错，鲁国打算配合楚国夹攻齐国。齐威王派大臣张丑（一作张丐）出使鲁国，晓以利害，终于说服鲁侯不参与到两个超级大国的战争中，严守中立。由于齐威王击败魏国后过于嚣张，对齐国不满的还不只是楚威王一家。赵国这些年和楚国算是比较友好的国家，赵肃侯也派出军队支援楚军。

在双方做了这些准备后，楚威王六年（公元前334年），楚威王亲率大军伐齐，与齐将申缚战于泗水，进围徐州，双方在徐州发生了大战，齐国战败，楚国国土面积达到战国时期的顶峰。其版图西起大巴山、巫山、武陵山，东至大海，南起五岭，北至汝、颖、沂、泗，囊括长江中下游以及支流众多的淮河流域，根据《史记·苏秦列传》记载，苏秦曾对楚威王说："楚，天下之强国也；王，天下之贤王也。……地方五千余里，带甲百万，车千乘，骑万匹，粟支十年。此霸王之资也。"尽管带有游说之士夸大的成分，但不会有很大差别。

因齐相田婴参与了"徐州相王"的策划，楚威王便逼迫齐国驱逐田婴。田婴恐慌，便派使者张丑来到楚国，对楚威王说："大王能在徐州打败齐国，这是由于田盼没有被任用。田盼对齐国有功，百姓都能为他所用；田婴和他关系不好，因此用了申缚为将。申缚这个人，齐国群臣和百姓都不愿意为他所用，所以大王您才能战胜他。现在田婴被驱逐，田盼一定会得到重用。他会重整士卒，和您再战，如此的话，对您一定不利。"楚王因此没有再让齐国驱逐田婴。这表明楚国强临天下诸侯。

在楚威王晚年，楚国转而向西扩张。楚威王十一年（公元前329年），楚国兵锋指向巴国最后一道盐泉，很快攻占今重庆巫溪、巫山、奉节县一带，置为巫郡。至此，巴国三大盐泉已尽失于楚，巴国也失去主要的经济来源。楚军从枳邑出发西进，攻下江州东面关隘——阳关，接着楚军很快全线西进，攻陷巴国国都江州（重庆渝中区）及其北部陪都垫江（重庆合川区），并进入云南和四川西南部，占有巴渝、黔中、巫郡。

总之，楚宣、威王统治四十余年，励精图治，对外利用矛盾，伺机出击，使楚国在战国中期疆域辽阔：东临大海，西抵巴蜀，南达两广，北至陕南，拥有今渝、鄂、湘、赣、皖、苏、浙、豫、陕、鲁等省的全部或部分，势力扩展到贵州、云南和两广，总面积比其他六国面积加起来还要大，楚国有500万以上的人口，拥兵百万之众，储粮可用十载，形成宣威盛世，达到楚国战国时期发展的鼎盛时期，成为"战国七雄"之一。

八、楚怀王

楚怀王熊槐（约公元前355—前296），前328年—前299年在位，是电视剧《芈月传》中芈月同父异母的哥哥，与大名鼎鼎的魏惠王、齐威王、秦惠文王、赵武灵王、燕昭王等处于同一时代，是一位争议较大的楚王。楚怀王继位前期，在楚威王留下的辅政大臣的辅佐下，重用年轻有为的屈原进行改革，楚国国力继续保持强大，延续宣威盛世，成为当时的大国、强国。执政中期他误信秦国宰相张仪，毁掉齐楚联盟，国土沦落，楚国从鼎盛走向垂直衰落；晚年被秦昭襄王骗入秦国，宁死也不肯割让楚国土地，保住了晚节，得到楚国人的同情。

楚怀王继位初期，有楚威王留下的辅政大臣昭阳、昭睢、庄蹻、唐昧、昭滑等，有楚怀王自己提拔任用的靳尚、上官大夫、屈原、陈轸等，人才济济。在众多人才辅助下，尤其是重用屈原积极变法，楚国恢复了楚悼王、吴起时期的许多法令，调整了国内各种利益集团的力量对比，抑制了楚国的贵族集团，楚国吏治一度比较清明，国富民强，国势达到顶峰，与先后崛起的齐秦并列为三大强国，也是当时物产最丰富、人口最众多、军队最强盛、疆域最广阔的国家。公元前328年，楚怀王继位初期，魏国趁楚威王去世，讨伐楚国夺取径山，楚国没有反击。公元前323年，楚怀王为报魏国夺取径山之耻，迫使魏向楚臣服，以送公子高为魏国太子的名义派柱国（大司马）昭阳率军攻魏，在襄陵大破魏国军队，夺取了魏国的八座城池。接着，昭阳移兵攻齐，齐王忧虑，派当时还在齐国任职的陈轸前去游说昭阳不要攻齐。陈轸以画蛇添足之由说服昭阳，昭阳才没继续攻打齐国。昭阳的这次北伐之举充分显示了楚国的军事实力，在诸国关系中仍举足轻重，故为秦和东方各国所重视。

公元前319年，魏惠王见楚怀王已压倒齐国，便与韩宣惠王迅速倒向楚国，即便有秦国的施压也不能使魏国脱离楚国。楚怀王在压倒魏、齐两个大国之后，有意打击日渐强大的秦国，在魏相公孙衍的撺掇下，于公元前318年合纵成功，魏、韩、赵、楚、齐、燕、义渠从东西两个方向攻秦，楚怀王被推为纵长，楚怀王声名大噪，俨然成为魏惠王之后的又一位霸主。尽管推举楚怀王为纵长有各国的目的，甚至可能是阴险目的，但楚国当时作为关东诸国实力最强大的国家则是毫无疑问的。但由于列国各有异心，合纵为秦所破。这时的天下形成了齐、楚、秦三大势力，而齐、楚间形成了联盟。

辅佐的老臣逐渐去世，楚怀王逐渐显示出他平庸保守、志大才疏、好大喜功、看人不准的本性。因屈原改革触动了楚国权贵阶层的利益，遭到了他们的抵抗，共同谗毁屈原，楚怀王便疏远屈原，致使改革失败。楚怀王一心想要称霸天下，扬威于诸侯各国，让自己的名声为世人所敬仰，满足他强烈的虚荣心，但却不重用屈原之类的正直有才干、有正确见解的大臣如昭雎、陈轸，身边被庸碌、保守的宠臣和宠妃包围；加上楚怀王和宋襄公一样没有适应战国时期为了国家生存和强盛可以"不择手段"，可以"不顾礼仪"的"丛林法则"，却继续保持商周遗留的"贵族遗风"，第一次被张仪欺骗，导致丹阳、蓝田之战楚国大败，楚国七十余名将军被俘，大批将士牺牲，大片国土被割让，国力衰落。

总之，楚怀王前期，楚国是当时人口最多、军队最强的国家，楚国疆域在诸侯国中乃至世界上首屈一指。经济方面，楚国物产丰富，国库充盈，粟支十年，商业尤其繁荣，楚国物产居列国之首。我们从鄂君启节的考古成果中得到证明。1957年发掘出土的鄂君启节上的文字反映出楚怀王时期商业的繁荣：鄂君启有一百五十条大小船用于经商，规模非常大，贸易频繁，贸易的地域覆盖楚国主要大小河流。文化方面，楚怀王时期楚国有道家的庄子、农家的许行、屈原的辞赋、庄子的散文及鶡冠子、长卢的学说等。此时活跃于各国思想文化领域与政治舞台的诸子百家除儒家外，其他各家人才大半出于楚，楚国之人文景观盛极一时。由此可见，楚怀王前期，即从公元前328年至前312年楚秦丹阳大战之前，楚国国势达到顶峰，与秦齐并列为三大强国。

第二节　廉吏能臣

楚国能够由小变大、由弱变强，最终成为春秋五霸国和战国七雄之一，除了很多楚王积极有为、立下赫赫功劳外，还有很多廉洁能干的大臣也对楚国的崛起、强大、称霸称雄做出了重大贡献。主要有武力劝谏楚文王的鬻拳、辅佐楚成王争霸的斗子文、辅佐楚庄王成就霸业的孙叔敖、力主打邲之战的武参、楚康王时进行军赋改革的蒍掩、楚昭王时遵纪守法而自杀的令尹石奢、吴师入郢后主动赴秦乞师救国的申包胥、楚惠王时平定白公胜叛乱的叶县公子高、楚悼王时针对楚国痼疾进行改革的吴起、楚宣王时位高权重的令尹昭奚恤。斗子文、孙叔敖是楚国乃至于中国古代少有的廉洁官吏；同时这些人都富有才干，辅佐他们的楚王干出一番事业，帮助楚国变强变大和称霸称雄。

一、鬻拳

鬻拳（？—公元前675），楚国宗室后裔，是楚文王时期的大臣，以忠义赤诚、敢于犯颜直谏留名青史，在辅佐楚文王过程中有过两次强谏。第一次，他劝阻楚文王烹杀蔡哀侯；第二次，他严格执行相关规定，关闭城门不让打了败仗的楚文王进入都城。第一次强谏后他自断双足，第二次强谏后他自杀以陪葬楚文王，成为楚国也是我国古代兵谏第一人。

在中国古代，由于君臣身份不平等，臣子向君主直言劝谏会有很大风险。因此，当君主有不正确的决策时，大多数臣子都会选择沉默，以表示忠于君主。只有极少数聪明的臣子会非常婉转地、技巧性地提出谏议，或者是讲个寓言故事，既维护君主的威严，又让他慢慢转变观念。但是这种做法难度太大，并非每个人都有这样的智慧。还有极少数就是犯颜直谏，当然就要付出代价。鬻拳就是属于犯颜直谏的那类臣子。鬻拳是楚文王时期的大臣，只要楚文王有什么地方做得不对，他都会毫不客气地当面强谏，甚至以武力威胁，逼迫楚文王接受谏言。公元前684年，息侯夫人归省途经蔡国，蔡哀侯言语轻浮，调戏息侯夫人，因此惹怒了息侯，息侯就利用息国与蔡国订有军事协议而设计报蔡哀侯调戏自己媳妇的仇：息侯故意请求楚文王讨伐息国，等蔡哀侯出兵相助时，让蔡哀侯成了楚军俘虏。被俘虏的蔡哀侯得知实情后恼羞成怒，大骂息侯诡计多端，楚文王不义。楚文王见蔡哀侯咒骂不止，盛怒之下架起油鼎准备烹杀蔡哀侯，祭祀太庙。杀掉蔡哀侯会给楚国带来麻烦，其他诸侯很有可能联合起来共同抵御楚国，这样，楚国北上中原的道路就会更加艰难。大臣鬻拳审时度势，觉得楚文王杀蔡哀侯之举弊大于利，虽可解一时之恨，但会使楚国陷入四面受敌的境地。于是，鬻拳立即面见楚文王，劝说道："蔡侯杀不得！楚国刚入中原之地，您就用这么残忍的手法杀害被俘虏的诸侯，实在是难以让其他诸侯归服。如果我们放过他，并与蔡国结盟，既得盟友，又能让其他诸侯国信服，不是一举两得吗？"纵观当时的形势，鬻拳所言确是最有利于楚国的方法。但蔡哀侯如此辱骂自己，楚文王无论如何都难消心头之气，因此，他不听鬻拳的劝诫，执意要烹杀蔡哀侯。耿直的鬻拳见楚文王固执己见，别无他法，拔出佩剑架在楚文王的脖子上，怒气冲冲地说："我宁可与您一同去死，也不愿见您失信于天下诸侯！"楚文王吓得魂不附体，改口说："我听你的！"说着，连忙命人撤下油锅，放过蔡哀侯。鬻拳见油锅已撤，蔡哀侯获赦，丢下剑跪倒在地，说："大王能听臣的建议，是楚国的福分。但为臣者胁迫君王，罪当万死。"鬻拳请求文王处置自己。楚文王素知鬻拳脾气率直，并没有怪罪他的意思，说道："我明白你是一片忠心，并不怪罪于你，算了吧。"可鬻拳不同意，他说："我用武器威胁国君，没有比这再大的罪过了。大王虽然赦免了我，但我哪敢赦免自己呢!"话音未落,操起佩剑,砍掉自己的两只脚,然后忍痛大呼:"人臣有无礼于君者,视此!"鬻拳此举惊呆在场所有人,楚文王回过神后,赶忙派人救治鬻拳。此后,楚文王将鬻拳斩下的一足供奉于太庙,作为自己不纳谏的警示。楚文王同情鬻拳的忠诚,就让鬻拳担任看管楚都城门的官职,称之为太伯。

公元前676年,远在清江的巴国背叛了楚国,向楚国进攻。防守巴国的权县县令阎敖因平时没有防备措手不及,抵挡不住巴人的进攻,只好弃守边关,一个人泅水逃命,以致巴人长驱直入,一度进逼到郢都的南大门。楚文王大怒,处死了阎敖。留在原地的阎敖族人十分愤怒,竟然与巴人合谋反叛。第二年春天,楚文王亲自率领军队去讨伐巴人,在湖北枝江一带与巴人相遇,结果因为轻敌,被巴人一箭射中面颊,落荒逃回,强大的楚军反被打败了。由于楚军没有溃不成军,故巴人的军队也不敢追赶。当楚文王带着溃败的军队仓皇逃回到郢都时城门却紧闭。楚武王曾规定,任何打了败仗的人不能进都城。鬻拳责问楚文王:"大王得胜没有?"楚文王低头说:"败了!"鬻拳说:"自先王以来,楚军战无不胜,攻无不克。巴国是一个小国,大王亲征却失败了,岂不被天下人耻笑?现在黄国不向楚国朝贡,大王若能讨伐黄国获得胜利,方可向宗庙交代,还能一雪今日兵败之耻!"鬻拳说完严令左右紧闭城门,不让楚文王入城。楚文王只得调转马头,愤恨地对手下将士说:"这次再不胜利,我就不回来了!"于是,楚文王带领着将士去讨伐黄国。楚军将士誓死一战,在踖陵大败黄国军队。但楚文王在回去的途中箭伤复发,死在湫这个地方。楚文王的死讯传来,鬻拳明白自己严格执法导致了楚文王的死,他把楚文王安葬在夕室后,交代家人:"我两次冒犯大王,纵然大王不杀,我又岂敢偷生呢?我决定随大王而去。"然后自杀身亡以谢罪。鬻拳被安葬在楚文王地下宫殿的前院里,在阴间继续护卫楚文王。

鬻权的两次谏净代价都很大,第一次是失去双脚,第二次则是失去生命,更主要的是,第一次楚文王不追究,第二次楚文王已死,也没人追责,都是鬻拳自觉惩罚自己,这在楚国大臣中是绝无仅有的忠义行为,此后再也没有鬻拳这样尽职尽忠的大臣。当然,这是在春秋早期,是在由部落向国家转变过程中。部落或国家是高于酋长或国君观念的产物,这个观念之下,臣子绝对忠诚的前提条件是君主的绝对正确，但君主的绝对正确是不可能的事。在鬻拳的眼里，国家的利益要高于君主的私人利益。所以，鬻拳并非忠于君主，而是忠于国家。加上鬻拳还具有春秋早期贵族那种原始朴实品质。一旦原始朴实的贵族精神消失，代之以聪明或奸狡时就不会出现这种臣子。因此，不仅是楚国，就是在此后中国古代历史上再也没有鬻拳这样的忠义大臣。后世以谏言闻名的魏徵和海瑞与鬻拳相比差远了。魏徵与海瑞的强谏打着不怕死的口号，但谁都没有因为进谏而死；鬻拳的两次强谏却付出了失去双脚和生命的代价，他"拼命三郎"的进谏，在中国古代是空前绝后、绝无仅有、独步千古的。

二、斗子文

斗子文，斗氏，名谷於菟，字子文，楚成王时的令尹，辅佐楚成王成就功业，是楚国历史上有名的令尹。斗子文小时候的身世令后世津津乐道，成年后成为楚国重臣，被楚成王任命为令尹，曾拿出家族的财产帮助楚国渡过难关。他为政勤勉清廉，多次不受楚成王给他涨的俸禄，不徇私情，严格执法，辅佐楚成王取得争霸事业的胜利，一度成为当时中国的实际霸主。

斗子文的出生具有传奇色彩。据《左传》宣公四年记载：楚国国君若敖的儿子斗伯比在若敖去世后跟随母亲回到娘家舅舅鄖（也写作"邥"）君家里，正好鄖君有一个女儿年龄与斗伯比不相上下，他们舅表兄妹一起长大，青梅竹马，产生了感情，生下了一个男孩。鄖夫人认为女儿生的这个儿子不能要，就派心腹侍女将小男孩抛弃在当地云梦泽草丛中。有一天，鄖君到云梦泽打猎，见到一只雌虎正在给一个弃婴喂奶，不禁大惊失色，立即罢猎而归。鄖君把所见奇闻告诉了鄖夫人，鄖夫人心知肚明，便将女儿的隐私如实告知鄖君。鄖君惊诧不已，立即派人去云梦泽把他的外孙抱了回来，并给这个孩子取名"谷於菟"，意思是老虎喂养的孩子，字"子文"。子文的"文"取老虎斑纹之义。鄖君比邥夫人开明，成全了女儿和伯比的终身大事。后来，伯比为楚武王的执政大夫，辅佐楚武王开拓千里疆土，功勋卓著，被封于斗地，因此以斗为氏，文献中称为"斗伯比"。斗伯比的儿子谷於菟（子文）就叫斗谷於菟或斗子文。斗谷於菟或斗子文后来成为楚成王时期的令尹，能力卓越，公正无私，清正廉洁，是楚国历史上仅次于孙叔敖的著名贤相。

据《左传》庄公三十年和《会笺》记载，斗子文当上楚国令尹之后，正值楚国统治集团内争和子元内乱之后，楚国府库空竭，国家财政极端困难。斗子文从国家利益出发，毫不犹豫拿出自己家族的财产帮助楚国迅速渡过了难关，也就是帮助刚刚继位且遭遇财政危机的楚成王渡过难关。这种舍小家为国家的大局观念太难能可贵了！一般人当官都是为了自己发财，有的甚至为了发财而不惜贪污索贿受贿、违法乱纪，甚少有舍自己家财为国的，尤其在家天下时代。因此，楚国乃至于中国古代历史上少有斗子文这种拿出自己家财产帮助国家渡过难关的大臣。

从现有的明确记载看，斗子文从楚成王八年任令尹后至楚成王二十五年让位子玉，长达十七年。斗子文担任令尹后竭尽全力辅佐楚成王。尽管文献没有具体记载斗子文的才干和功绩，但斗子文担任令尹后楚成王开疆拓土、威震中原的成就（楚成王的功绩或成就见本章第一节"赫赫楚王"之楚成王），肯定离不开斗子文的参与决策和实施，有斗子文的一份功劳，斗子文的才干和功绩是不言而喻的。

据《国语·楚语》《战国策·楚策》等记载，斗子文是一位清廉勤政、律己恤民的执政者。斗子文的清廉正如《国语·楚语下》说：以前斗子文三次辞去令尹，家中却没有够生活一天的积蓄，是因为体恤人民的缘故。楚成王听说斗子文几乎吃了上顿没有下顿，因此每逢斗子文上朝时就预备煮熟的一份肉干，一小筐干粮，用来送给斗子文作为午餐。这估计是最早的工作餐，后来成为楚国国君对待令尹的惯常做法。斗子文的勤政则有《战国策·楚策》记载为依据：莫敖子华回答楚威王说："从前令尹子文……黎明即起就去上朝，太阳落山才回家吃饭。"

楚成王看见斗子文家里太穷，就给斗子文增加俸禄。没想到，每次楚成王给斗子文增加俸禄时斗子文一定要逃避，直到成王答应不再给他增加俸禄，他才返回朝廷任职。有人对斗子文说："人活着就是追求富贵，但你却逃避它，为什么呢？"斗子文回答说："当政的人是庇护百姓的，百姓的财物空了，而我却得到了富贵，这是使百姓劳苦来增加我自己的财富，那么我离死亡也就不远了。我是在逃避死亡，不是在逃避富贵。"

斗子文带头守法，严格执法，秉公执法，不徇私情。据《说苑》记载，斗子文有个亲戚，认为同族中出了斗子文这样一个大官，一定会包庇亲朋，便有恃无恐地胡作非为。一次他在市上买东西，不但不给钱，反而把卖东西的农夫打倒在地，被当时负责司法的官员廷理抓了起来。审问的时候，被拘捕的犯人很嚣张地对廷理说："我是令尹斗子文的亲戚，你们敢把我怎么样？"廷理一听说，赶忙命令手下给犯人松绑放人。廷理放了犯人，觉得立了功，连忙整理衣冠，兴冲冲地去报告令尹斗子文，以为这回令尹会感谢他，说不定还能得到提拔重用。斗子文听完汇报，立即命令廷理："你马上给我把人抓回来！"又说："楚国之所以设廷理一官就是用来维护国家法令的。正直的官员执行法令，灵活而不违背原则，坚决不损害法律。现在你擅自释放犯法的人是没有维护国家的法律，没有秉公办事。难道我当令尹就是为了让自己的家族享受特权吗？你身为廷理连这点道理也不懂吗？"斗子文看到廷理很为难的样子，又心平气和地说："你想，我身为令尹，我的这个亲戚明明犯了法，你却为了照顾我的面子把他放了，这不是在全国人面前展示我有私心吗？掌握一国之权柄，而被人在背后骂我有私心，这样怎么能管理好国家？现在你赶快把放走的犯人抓起来！"廷理以为斗子文是做表面文章，想拖延一下，就说："您看，放了的人又抓起来不好吧？这次是否就不必再抓回来了，您回到家族教育一下他就行了？"斗子文回答说："不，要抓！"见廷理不行动，斗子文回过头命令手下把那个犯法的亲戚抓回来，当面交给廷理，另一方面又教育这个亲戚主动伏法，最后廷理对亲戚执行了刑罚，并建议楚成王罢免了这个廷理。作为令尹的斗子文带头守法，对楚国统治者和民众守法具有巨大的作用。

斗子文在仕途宦海中还有一段佳话。在任令尹的十七年里，他"三仕""三已"，让贤荐贤，继承和发扬了我国古代"禅让"荐贤的优良传统。从《左传》僖公二十三年等记载看，斗子文任令尹的十七年中，他曾"三仕"，即楚成王曾三次请他出任令尹，可见楚成王离不开他，他对楚成王来说很重要；而"三已""三舍"则是斗子文三次辞去令尹职务，而且是斗子文主动请求辞职的，具有荐贤、让贤的意思。如他最后一次让位给子玉就是在子玉攻陈、取焦、夷、城顿立有大功的情况下提出的。当时蒍吕臣反对斗子文推荐斗子文本族——若敖氏家族的人担任令尹，就问："您打算把国家怎么办？"斗子文理直气壮地说："我是为了安定国家。有了大功而不居高位，这样能够安定国家的人有几个？"斗子文这种谦让而又积极支持新令尹执政的做法甚至还深受孔子的好评。

由于斗子文德高望重，以至于在楚庄王时期楚庄王镇压若敖氏家族叛乱之后却赦免了同属敖氏家族、刚刚出使齐国回来、自己主动囚禁自己的斗子文之孙箴尹斗克黄，就是要保证斗子文后继有人。

斗子文是楚国历史上少有的令其他官员望尘莫及的好官员，估计只有楚庄王时的令尹孙叔敖可以与他媲美。他是真正的德才兼备的行政官员。才干不用说，辅佐楚成王先后与大名鼎鼎的春秋五霸的齐桓公、宋襄公、晋文公争霸，与齐桓公争霸是先输后赢，与宋襄公争霸是掌控宋襄公，与晋文公争霸是先赢，在斗子文辞去令尹后就输了。尽管争霸的主角肯定是楚成王，但斗子文绝对是功不可没。斗子文德行高尚。很多人当官就是为了多攒财产，而斗子文却把家族财产拿出来帮助国家渡过难关；斗子文黎明就去上班，中午不回家，天黑才下班，是勤政的表率；家中没有一日粮食的积蓄，自己面有饥色，家人穿着朴素，是清廉的表率；等国家形势好转，楚成王给他增加俸禄他却逃避，其认识更是一般人难以企及：他认为他不是在逃避财富，而是在逃避死亡，也很有道理。斗子文严格公正执法在楚国和中国古代历史上倒是很有几个人做得到，但做到仍旧是相当难的；斗子文为国家利益而让贤令人敬佩，任何朝代很少有官员主动放弃高位，而斗子文却"三舍"令尹职位，显示出斗子文的高风亮节，对楚成王时期的官场无疑具有很大的除浊扬清作用；更难能可贵的是他居然有非常先进的"当政的人是庇护百姓的"思想，表明斗子文认为当官要为老百姓服务，与新中国成立后毛泽东大力提倡的各级干部要为人民服务的思想不谋而合、高度一致。斗子文这种为政要为老百姓服务因而非常清廉的高风亮节对楚成王时期的吏治清廉绝对起到了促进作用，楚成王时期很少有大臣贪腐的记载。

斗子文不仅是楚国历史上同时也是中国古代历史少有的德才兼备、令人望尘莫及的标杆式官员，即便放在当今来看，他的德才兼备、勤政清廉、刚正无私、主动让贤、为百姓服务，等等，都是难能可贵的。他的行为在任何时代都是非常伟大的。斗子文的清廉值得正在大力进行反腐倡廉的我们学习，他三次让贤很值得现在"只能上不能下"的干部学习。

当然，斗子文这种官员也和鬻拳一样，只有在人心还很淳朴，由部落或部落联盟升级为国家，君王的绝对权威还没建立起来，家天下理念还未深入人心，家族利益大于君王个人利益时期才会出现。随着君权的强化，君权大于国家利益，大臣成为君主的家奴，斗子文这种大臣就消失了，很少再出现。这就是为什么楚国乃至于中国古代很难出现类似斗子文这种大臣的原因。

三、孙叔敖

孙叔敖（约公元前630—前593），又名蒍敖、蒍艾猎、蒍饶。其祖父是蒍吕臣，在楚成王时代曾任令尹；其父蒍贾，在楚庄王时代曾任工正、司马。孙叔敖小时候就能为他人着想，主要表现在杀死两头蛇的故事中。他在成为令尹之前，以修建我国古代最早的灌溉工程期思陂闻名，并因此被前任令尹虞丘（沈尹）推荐给楚庄王；孙叔敖刚刚当上令尹时虚心接受狐丘老人的忠告，终身保持低调，克己奉公为民；担任令尹后兢兢业业，实施了大量利国利民的政策，深得人民的爱戴和楚庄王的信任，辅佐楚庄王称霸，是楚国第一名相。

孙叔敖是孩子的时候，看见了两个头的蛇，于是把它杀死并埋掉，回家对母亲哭泣。母亲问他原因，他回答说："我听说遇见两头蛇的人会死。我刚才看见了两头蛇，恐怕就要死去，因此哭泣。"他母亲问："现在蛇在什么地方？"孙叔敖回答说："我怕后来的人看见，就杀掉埋了。"他母亲说："你担心别人看见两头蛇后死掉而杀死两头蛇并埋掉是很有德行的行为，我听说有德行的人老天会保佑他的。你一定不会死，老天肯定要保佑你的。"从这个故事中可以看出孙叔敖具有一般小孩子不具备的好品德：不让两头蛇再致死他人。当时有看见两头蛇的人就会死的说法，孙叔敖作为小孩子是深信不疑的，因此感到恐惧、害怕。但难能可贵的是，他并不因为自己要死去就让蛇活着以致更多的人看见，和他一起死掉；更不是捉住蛇拿给别人尤其是仇人看，以致一起死掉；而是觉得不能让更多的人看见这条两头蛇后死去，于是打死这条两头蛇后埋掉，体现了小时候的孙叔敖就具有为他人着想的优秀品质。等到长大出任楚国令尹后，由于杀死两头蛇的事迹，他还没有推行自己的治国主张，国人就已经信服他的仁义了。

蒍贾被子越杀后，孙叔敖不得不从郢都逃出，避居海滨期思。长大之后，带领当地人修建全国最早的灌溉工程——期思陂，即期思水库，造福当地民众，并因此而闻名。公元前605年（楚庄王九年），若敖氏叛乱被镇压后，当时令尹虞丘（沈尹）在樊姬谏言下荐举孙叔敖代替自己继任令尹。《孟子·告子下》说"孙叔敖举于海"就是指孙叔敖这次被举荐出任令尹。

据《列子·说符》记载，孙叔敖当上令尹后，朝野上下大小官员纷纷前来祝贺，一时间门庭若市。当时有一位隐士名叫狐丘丈人，穿着粗布衣服，戴着白色帽子，前去吊唁孙叔敖。孙叔敖感到惊诧，整理衣服帽子去见他。狐丘丈人问孙叔敖："人有三利，必有三怨。你知道是哪三怨吗？"孙叔敖一时不解，便谦虚地向他请教。狐丘丈人答道："有三种人容易遭人怨恨：爵位高的人，别人嫉妒他；官大的人，他的上司会厌恶他；俸禄多的人，就会遭人怨恨。"孙叔敖非常认可狐丘丈人的说法，承认自己是可能会招致嫉妒、憎恶和怨恨的，但他自有一套化解三怨的办法。于是，孙叔敖对狐丘丈人说道："您的忠告说得很对，但是我有自己的化解办法：我的爵位越高，心志就越低，这样就能化解他人的嫉妒；我的权力越大，做事就越加小心谨慎，这样就能化解别人的憎恨；我的俸禄越多，布施就越广泛，这样就能化解百姓的怨恨。如此一来，不就可以免除三怨了吗？"孙叔敖是这么说的，也是这么做的。孙叔敖担任令尹以后奉公律己，兢兢业业，颁布了大量利国利民的政策，深得人民的爱戴和楚庄王的信任，留下了许多佳话。

孙叔敖担任令尹后施教导民，宽刑缓政，发展经济，政绩赫然，使农商并举，文化繁荣。孙叔敖对楚庄王的辅佐是无人能比的，政绩远远超过其他辅佐之人。孙叔敖对楚庄王的辅佐主要在发展经济、治国和军事等各方面。

孙叔敖辅佐楚庄王发展经济的成就主要是兴建水利工程，保障了农业生产的发展。孙叔敖在出任令尹前就以带领当地人民兴建水利灌溉工程期思陂而闻名。孙叔敖任令尹后，继续发挥专长，在楚国全境修建大小型水利灌溉工程，比较有名的除了期思陂外，还有芍陂和以郢都为中心的农业水利灌溉区。尤其是在沮漳河流域、汝水流域等兴建水利工程，形成了南、北灌溉网络，解决了楚国农业的灌溉问题，为楚国农业的发展提供了保障，为楚庄王争霸中原奠定了经济基础。

孙叔敖不但重视农业，还注重牧业和渔业的发展。他劝导百姓利用秋冬农闲季节上山采伐竹木，春夏季节则多在水里捕鱼捉虾，这样使资源得到合理利用，也利于国家富足和百姓生活的改善。孙叔敖这种因势利导的经济观点比司马迁早了五百年，其发展经济的措施也是值得称道的。

治国方面应该是孙叔敖对楚庄王最大的辅佐。楚庄王把时间和精力主要用于军事方面，对治理国家不是很操心，总是交给令尹管理。在楚庄王的众多令尹中，孙叔敖无疑是做得最好的。楚庄王对孙叔敖很放心，放手让孙叔敖干，不干预孙叔敖。如《史记·循吏列传》就有这样的记载：楚庄王认为楚国使用的钱币太轻，下令把小币改铸为大币，百姓感到不方便，市场中的商户都放弃自己的生意不做。管理市场的官员向宰相孙叔敖报告说："市场混乱，商户不愿意住在那里经营，秩序很不安定。"孙叔敖问："这种情况有多久了？"管理市场的官员回答："三个月了。"孙叔敖说："不用说了，我现在命令你让市场恢复原状。"五天后上朝，孙叔敖向楚庄王说："前些日子您更改币制，认为旧币轻。如今管理市场的官员来报告说'市场混乱，商户不愿意住在那里经营，秩序很不稳定'，我请求立即下令恢复以前的钱币。"庄王答应了，命令下达三天后市场恢复原样。这个记载显示孙叔敖在管理方面有很大的权利，可以先斩后奏。

孙叔敖治国是行家里手，确实有真本领，方法很巧妙。如《史记·循吏列传》记载：楚国民风是喜欢乘坐矮车，庄王认为矮车不便于驾马，便下命令把车子底盘改高。孙叔敖说："政令多次下达，百姓无所适从，不好。大王一定要改高车子，我请求加高郢都里巷的所有门槛。乘车的人都是有身份的君子，君子不愿意频繁下车过门槛。"庄王答应了。过了半年，人们都自动加高了车子。由此可见，孙叔敖的治理方法比楚庄王更高明，讲究方式方法，总是想办法巧妙化解管理制度与老百姓习惯的冲突，做到让老百姓心甘情愿、心情舒畅地接受新的管理方法，真正为民而不扰民。

孙叔敖就任令尹后以其高度廉洁自律而使得楚国吏治得到极大的整顿。孙叔敖出任令尹后，在其"为政就是保护老百姓"的思想指导下，勤于职守，处处自律，《韩非子·外储说左下》《盐铁论·通有》《史记·滑稽列传》《说苑·至公》等都记载了孙叔敖的为官清廉。《韩非子·外储说左下》载："孙叔敖任楚相，坐的是母马拉的普通运输车，吃的是粗饭、菜羹和干鱼的膳食，冬天穿羊皮衣，夏天穿葛布衣，面带饥色。他确实是个好官员，他的节俭给下层官员树立了很好的榜样。"身居令尹高位，勤俭为国，以身作则，身教甚于言教，下属自然不敢也不会奢侈。《盐铁论·通有》载："从前孙叔敖辅助楚王，马不喂精细粮食，妻子不穿丝绸衣服。"由于行政、治军有功，楚庄王多次重赏孙叔敖，孙叔敖坚辞不受。为官多年，家中却没有积蓄，死后连棺椁也没有。因此，司马迁在《史记》中把孙叔敖列为第一个循吏。据《史记·滑稽列传》记载，孙叔敖死后不久，他的妻子和儿子贫困到靠打柴为生，足见孙叔敖生前不仅本人廉洁自律，没有财产可供积攒，还以此要求配偶和子女。在孙叔敖的率先垂范作用下，这一时期楚国吏治清明。

孙叔敖能够严格执法也是他辅佐楚庄王治国的主要政绩之一。据《说苑·至公》记载，推荐孙叔敖为令尹的前任令尹虞丘家族里有人犯法，孙叔敖不徇私情，抓起来杀掉他。虞丘很高兴，称赞孙叔敖是一位奉行国法而不结党营私、施行刑罚而不冤屈人的公平公正之人。由此可见孙叔敖和前任令尹虞丘都奉公律己，带头严格执法，因而楚国官吏才能做到守法和严格执法。

孙叔敖在军事方面对楚庄王也有辅佐。孙叔敖究竟参与了多少次军事策划、战役指挥，史无明确记载。但作为令尹肯定要参与楚庄王的军事谋划和决策，协助楚庄王进行征伐等军事活动。如楚国称霸的楚晋邲之战，孙叔敖是参加了的，这在《左传》宣公十二年中有明确记载的：在与晋军决战中，他辅助庄王机智灵活地指挥了这场战斗，在知道楚庄王去追赶晋军的挑战者赵旃之后，孙叔敖就下了全军进攻的命令，鼓动楚军勇猛冲击，一鼓作气，迅速逼近晋军，使晋军措手不及，仓皇溃散，逃归至黄河以北，晋军大败。

除了协助楚庄王指挥战斗，孙叔敖改革楚军行军阵型、加强楚军行军途中的保护，应该是孙叔敖对楚庄王在军事方面最独特、最重要的贡献。《左传》宣公十二年记载，孙叔敖当令尹期间，对楚军行军途中的军阵进行改革：右军多携带战斗用具备用；左军多准备草席以便备宿营休息；前军探道，以茅草为旌旗告诉后面的军队以防不测；中军谋划制定战略；后军以精兵压阵；百官根据旌旗的指示行动，军队不用命令就自动戒备。由此可知，孙叔敖将军队分为五个部分，分工明确，各司其职，组织严密，灵活作战，做到军队行军途中不懈而备和军队各部分之间的协调，提高了防敌偷袭或突袭的能力，确保军队安全，从而降低了损失，间接地增强了战斗力。

总之，由于孙叔敖的大力辅佐，楚庄王时代孙叔敖任令尹后楚国很快就出现官民之间和睦同心，世风世俗达到最好状态。没有奸邪官吏，盗贼不出；秋冬两季鼓励民众进山采伐，春夏两季鼓励民众到水中去生财，各自得到便利的谋生之路，民众都生活得很快乐的盛世境景象。因此，在楚庄王任用的众多人才中，孙叔敖对楚庄王的辅佐是最大、最得力的，最终助楚庄王成为霸主。这是得到后世学者公认的："孙叔敖任楚国令尹，一年后楚国大治，楚庄王因此称霸。"（《新论·国是》）"楚庄王提拔孙叔敖担任令尹而称霸。"（《韩非子·难四》）"楚庄王把国内劳神的事和与诸侯打交道的麻烦之事都交给了孙叔敖。孙叔敖日夜不得休息，一生不得安逸，这才有楚庄王的功绩写在竹简和绢帛上，流传后世。"（《吕氏春秋·情欲》）司马迁也认为孙叔敖"尽忠廉洁可以治理楚国，楚庄王得以称霸"。（《史记·滑稽列传》）

孙叔敖临死前，告诫他的儿子说："楚王多次封赏我，我都没有接受，我死后，楚王就会封赏你，一定不要接受肥沃的封地。楚国和越国交界的地方有块叫寝的山地，这地方贫瘠，名声不好，楚国人敬畏鬼神，而越国人事鬼神以求福，因此，楚国、越国都不会有人惦记这块土地。你可以长时间享有的大概只有这个地方了。"孙叔敖死后，在优孟的谏言下，楚庄王果然拿肥沃的地方封赏他的儿子，孙叔敖的儿子没有接受，只请求楚王封给叫寝的这块山地，所以孙叔敖的后代十世都没有失掉这块封地。这就是孙叔敖高明的地方。

四、伍参

伍参，生卒年不详，伍氏，名参，楚国大夫，伍子胥曾祖父。

公元前597年，伍参作为楚庄王的卫士长随楚国大军进攻霸主国晋国的附庸郑国，以便与晋国争霸。楚庄王的爷爷楚成王时楚晋城濮之战楚国战败，楚庄王想报城濮之战的仇，就进攻郑国挑衅晋国。晋景公命荀林父为统帅率军救援郑国。荀林父率领大队人马渡过黄河，见楚国已降服了郑国，知道楚军厉害，是战是和举棋不定。副帅先谷力主打，主帅荀林父主张不打，先谷单独出兵，荀林父才决定和楚军打。楚庄王召集将帅商量对策。尽管有人主张打，但令尹孙叔敖说："我们去年进攻陈国，今年又降服了郑国，现在又要跟强敌晋国开战，连年交战不好。"主张收兵。楚庄王怕打输，也就同意了，孙叔敖命令楚军调转车头向南准备回国。作为楚庄王宠臣的伍参在了解了楚晋两军的实际情况后分析说："晋军主将荀林父资历不老，倚仗他父亲的功劳担任主帅，副将先谷看不起荀林父，二人不和，三军将士不知道该听谁的。晋军虽多，将帅不和，上下混乱，没有战斗力，面对这样的敌人，却不去攻打它，恐怕有损我们强大楚国的威严吧！"楚庄王一听，觉得有道理，就又想与晋军开战，孙叔敖立即威胁伍参说："如果我们战败，伍参这个好战分子的肉都不够吃。"伍参却说："如果作战取得胜利就是你孙叔敖没有谋略，做宰辅不称职，当辞职下台；如果战争失利，我会被晋军砍死，肉将会在敌人手里，你怎么吃得上呢！"令尹孙叔敖准备下令楚军回师。伍参急了，连忙对楚庄王说："晋军主帅荀林父没有威信，副帅先谷刚愎不仁，不听主帅将令，左、中、右三将士不知所从。我们现在兵强马壮，万众一心，完全可以打败晋军，是报城濮之战仇恨的大好时机。如果按照令尹说的不战而退实犯兵家大忌，在我退兵时晋军掩杀追来我军就危险了。何况我们是国君领军，晋军是元帅领军，哪有国君率领的军队遇到元帅率领的军队退走的道理。我愿率部下三千打头阵！"这下估计终于戳到楚庄王的痛点了，这确实是一个很大的面子问题，楚庄王率领的军队遇到晋国元帅率领的军队却避让了，传出去会遭到耻笑，楚庄王终于下定决心与晋国决一死战。最后邲之战楚国取得大胜，一雪城濮之战的耻辱，此战是楚国称霸、楚庄王成为春秋五霸之一的关键一战，武举有大功。

五、蒍掩

蒍掩（？—公元前543），是大名鼎鼎的楚国令尹孙叔敖侄孙，他的父亲是孙叔敖的侄子、楚令尹蒍子冯（薳子冯）。蒍掩最大的功绩就是进行了楚国历史上军赋征收方法的改革。

公元前548年楚康王任命蒍掩担任司马，令尹子木让他治理军赋，检查盔甲武器，于是蒍掩进行了楚国军赋征收办法的改革。蒍掩治理楚国军赋很有一套，量入修赋是蒍掩治理军赋的基本原则和方法。量入修赋就是根据不同土地面积的大小、土地类型，如平原、丘陵、山林、水泽、土地的土质肥瘠的不同，土地的产出和收入多少的不同等各个要素来确定军赋的数量。其前提条件就是准确计算各种土地的征收标准作为征赋的客观根据。蒍掩接到子木的命令后，登记各家各户田地的数量，丈量各家各户的山林，计算山林的面积和产出；保护水泽资源，区别高地丘陵的不同情况；注明盐碱地，勘查湖泽，辨别高丘大阜，标出瘠薄的盐碱地，勘查清楚低洼水淹地，划定蓄水区，划分堤防之间不方正的小块耕地的归属，计算水淹地；划定小块土地，在池泽地牧养牲畜，在肥沃平坦的土地上划分井田、沟渠。通过这些具体措施既统一规划了全国各地的生产，又了解了不同地区的经济情况，然后根据各地收入的不同，规定百姓应向国家缴纳的战车、马匹以及军队所需的武器、盔甲、盾牌等军赋的具体标准，比较全面地完成了对田制和军制的改革。蒍掩庀赋的实质就是根据实际收入的多少来征集军赋，这率先突破了奴隶制社会旧军赋的限制。把经济收入作为确定赋税的根据，把搞好生产作为治赋的基本措施是蒍掩在中国赋税思想史上的一个重大贡献。

此外，蒍掩还考虑到老百姓生产的积极性问题。蒍掩的量入修赋思想比管仲的相地衰征原则有了进一步的发展。相地衰征要求确定土地的质量，根据土地质量的优劣确定赋税的等级；量入修赋在此基础上还要求考察生产能力和收入水平，要求通过促进生产的发展和收入的提高来增加国家的军赋收入。相地衰征仅仅着眼于土地肥瘠的差别。土质的不同固然影响农作物的产量和农民的收入，但同样的土地，如果农民勤劳耕作，或者国家采取有效的劝农措施，发展水利事业，改善耕作制度都可以使产量增加，使收入大幅度提高。它要求国家把军赋政策建立在经济发展和国民收入增长的基础上，更明确地揭示了军赋和生产之间的依存关系。由于蒍掩治赋得法，增强了楚国的势力，使楚国在两年后的晋楚争霸中重新夺取了霸主的地位。

楚康王去世后，他幼小的儿子继位，是为郏敖。楚康王的弟弟王子围当令尹，是实际上的掌权者。王子围有篡位野心，就要逐渐剪除拥戴郏敖的人，蒍掩就是其中之一。另外，蒍掩家里财产多，让王子围眼红。因此，公元前543年公子围杀了大司马蒍掩而占取了他的家财。蒍掩之死标注着春秋时期的楚国开始走下坡路，直到公元前506年吴师入郢，楚国跌入春秋时期的最低谷。

六、石奢

石奢，生卒年不详，是楚昭王的令尹，为官清廉，严格执法、公正无私，无所畏惧，从不阿谀献媚于有权势的大臣和贵族。无论谁犯了法，他都按法治罪，树立了很高的威信。贪官一听石奢，皆畏之三分，因此石奢很受楚昭王的信任和倚重。石奢的事迹主要是庇父自杀。

一次，石奢到下面县里巡视时碰到有杀人犯在逃跑，石奢参与追捕，但将凶手捉住之后，石奢却发现凶手竟然是自己的父亲。他想如果自己把父亲抓了依法处置，这岂不是最大的不孝吗？于是他把父亲释放了。然后石奢返回郢都，用绳子把自己绑起来，派人向楚昭王请罪："杀人凶手是我父亲，如果我将父亲严惩，别人就会认为我不孝；我置国法于不顾把父亲放了，这又是对国君的不忠。我的罪过应该受死。"楚昭王为了给石奢开罪，给他梯子下，就说："追捕犯人但没有捉住，按理不应该追究责任，你还是继续做好你的事吧！"石奢坚决地说："大王赦免我的罪，这是大王对我的恩惠。但国家的法令决不能因我废弛，现在依法领死是我应得的惩罚。您的开恩我至死不忘，但大王的赦令我决不能接受。不偏袒自己的父亲，就不是孝子；不按国家的法律办事，就不是忠臣。我做了孝子，却违背了国法。因此，即使大王赦免了我，我当臣子的，也有责任维护国家法律的尊严。"石奢谢绝了楚昭王的赦免，自杀而死。石奢这种情况在楚国乃至于中国历史上也未见第二例。

对于这个故事，后人有不同看法。刘向称赞石奢为人刚正、秉公执法，而韩婴却深不以为然，认为按照孝道，作为父母的儿子，连身体发肤受之父母都不敢毁伤，更何况生命呢。其实，这是深受儒家思想影响的北方人韩婴不了解楚国人石奢的缘故。石奢之死是楚国法治思想和北方传入楚国的儒家孝道思想矛盾冲突的结果。楚国从楚武王开始进入法治社会，经过楚文王、楚庄王等楚王和斗子文、孙叔敖等大臣的作用，到楚昭王时楚国已经形成法治社会，法治观念深入楚人心中。但楚昭王时期，北方儒家思想也传入楚国，其孝道思想也开始为楚国人接受。石奢正好遇到他父亲杀人，他追捕后抓住了他的父亲，按照楚国的法治和他作为令尹的职责他应该判他父亲死刑；但按照儒家孝道思想他应该放了他父亲。他想不出更好的解决办法，最后只好放了他的父亲以尽孝道，自杀以履行职责。

石奢包庇父亲、自杀殉法的特殊案例在古今都有极其特殊的意义，它涉及执法官亲人犯法时人伦与法律冲突的问题。这种困境在中国古代有很多例子，在现代社会也非常突出。中国古代提倡人治，其中儒家思想长期占据统治地位，"子为父隐""父为子隐"武断地解决了这个冲突，但却没有法理依据，显然有失社会公平公正，并不是很好的方法，只不过是中国古代不重视公平正义之下的一种权宜之策。我国当代实行依法治国，大力提倡公平正义，儒家的父子相隐、石奢的庇父显然是不合法的。最好的办法是学法懂法，不犯法；一旦无意之中犯法，那犯法之人就要主动接受惩罚，而不是亲人相互包庇。因此，从我们现在法治社会来看，石奢最好的办法是规劝自己的父亲投案自首、主动伏法。因为石奢即便自杀，也不能减低或抵消他父亲的罪行。

七、叶公子高

叶公（约公元前550—前470），姓沈，名诸梁，字子高，是楚昭王司马沈尹戌之子，春秋末期楚国军事家、政治家。他主政叶县时发动民众修建两座水库，与孔子有过关于如何治理国家的讨论，最大的功绩在于见义勇为、兴师平定白公胜叛乱，一生兼任令尹和司马，短短数年建立卓越业绩。当然，说到叶公子高就不得不说一说叶公好龙。

公元前524年（楚平王五年），沈诸梁被封于叶邑，后世因此称他为叶公。叶邑是楚国北部的边防重镇。据《叶县志》记载，叶公主持叶政49年，大兴富国强兵之策，在筑城固边、开疆拓土的同时，发动民众开山凿渠，修筑了西、东两大水库，引导发源于西南部山地流经县境的河流，变水害为水利，使当地数十万亩农田得到灌溉，旱涝保收，产量大幅度上升，百姓安居乐业。两项大型水利工程开创了我国古代小流域治理的先河，比秦国修筑的郑国渠早两百多年。

公元前489年，孔子在陈国讲学时赶上吴国讨伐陈国，战争使孔子处境困难。向往华夏文明、久闻孔子大名的叶公子高知道这种情况后，经楚昭王同意，以楚昭王的名义派人到陈国邀请孔子游楚。孔子带着随从、弟子离开陈国，经蔡地来到叶县。叶公非常高兴，就向孔子请教怎样才算把国家治理好。孔子回答说："使近的人感到高兴，远的人都迁来。"叶公还与孔子讨论了法治与德治的问题。孔子主张人治，讲究孝亲，因此，亲人犯罪时应该相互隐瞒："子为父隐""父为子隐"；叶公则按照楚国法治传统主张法治，并以叶县内有儿子证明父亲"攘羊"而自豪。从现在我们提倡依法治国来看，叶公的主张毫无疑问是正确的。当然，叶公也认为孔子的思想很新奇，也很有道理，对楚国政治有用，于是就把孔子推荐给楚昭王。楚昭王欲重用孔子，派使臣带着钱来聘请孔子，并答应把书社七百里地封给孔子，作为孔子的食邑。后来由于楚国当时的令尹子西害怕孔子到楚后危及自己和楚国，反对把书社七百里地封给孔子作为食邑而作罢。

叶公子高在王孙胜叛乱前就认为此人好乱，自恃是楚平王嫡孙，有称王野心，不能重用。如果重用必会出事，不同意令尹子西把王孙胜从吴国接回。但子西不听，从吴国接回王孙胜，封为白公。后来果然应验了叶公子高的预料，白公胜密谋很久后发动叛乱，囚禁年轻的楚惠王，杀害令尹子西和司马子期，自己想当楚王。子高在叶县获悉白公胜发动叛乱且囚禁楚惠王，杀害子西、子期后，果断调集方城外的军民急忙南下平叛，进军到郢都城内，遇到箴尹固率领他的族兵准备去投靠白公胜。子高劝箴尹固跟随他去平定白公胜叛乱，他说："楚国将要不是国家了，抛弃道德，屈服叛贼，你能够保住命吗？"于是箴尹固转而跟随叶公去平定白公胜的叛乱。叶公子高率领自己带来的军队、箴尹固的族兵和国人一起进攻白公胜，白公胜逃到山上上吊自杀，叶公子高取得平定白公胜叛乱的胜利。

平叛取得胜利后，叶公辅佐惠王复位，身兼令尹、司马二职，这在楚国没有第二例。他位高权重，但却廉洁奉公，勤于为政，安定民心，发展生产，使楚国很快走上复兴道路。他灭掉对楚国不友好的陈国，反击侵略楚国的越国。公元前481年，楚国发生白公胜之乱时陈国趁机侵袭楚国。叶公平定白公胜之乱，惠王复位后决定报复陈国，于是抢收陈国的麦子以充实国库。叶公经过与楚惠王商定，选定已故令尹子西的儿子公孙朝为帅，公孙朝一举袭取陈国大批麦子，进而围陈灭陈，将其并入楚国版图，设立陈县，成为楚国由衰转盛的转折点。

公元前476年，越国发动侵楚战争。楚惠王派公子庆、公孙宽迎战越军，越军退却，二将追赶不及而回。同年秋天，叶公子高率领楚国军队讨伐越国，一直打到东夷，大获全胜。越王与叶公子高签订盟约，保证不再侵袭楚国。

叶公还有一个美德就是不贪恋权力，及时让贤。公元前475年，楚国已经再次兴盛，叶公从楚国的前途着想，不迷恋权力，深明大义，决定让贤。于是他毅然把令尹一职让给公孙宁，把司马一职让给公孙宽，然后回到叶地，安度晚年。因此，叶公又是楚国历史上继斗子文和孙叔敖之后第三位主动辞去令尹职位、废除领导职务终身制的典范。

当然，对于继任者的选择叶公是很慎重的。根据《左传》哀公十七年记载：楚惠王和叶公就子良为令尹进行占卜，沈尹朱解释说："是吉兆，但超过了吉兆。"子良是楚昭王的儿子、楚惠王的亲弟弟，占卜结果显示"过"。叶公说："子良是王子，作为令尹，超过吉兆将是什么？"意思是，若子良任令尹，真如卜辞所言"过"，就有可能篡夺王位，造成楚国内乱。叶公忧虑，所以毅然否决子良当令尹。后来，楚惠王与叶公通过占卜选择子国即公孙宁为令尹。因此，叶公子高是敢于承担责任、公正为国、不怕得罪楚王室的人。

提到叶公子高就不得不谈一谈他背的黑锅——叶公好龙。叶公好龙的出处主要有《庄子》《申子》《新序》。北宋《太平御览》称，叶公好龙的典故出自于《庄子》，但《庄子》中没有这个故事的记载，因此，现在说到"叶公好龙"的出处不提《庄子》了。清末学者马国瀚所著专门收集散佚典籍的《玉函山房辑佚书》说"叶公好龙"源于战国时期韩国丞相申不害所著《申子》，现在还偶尔有人提到这个出处。当然，影响最大、流传最广的还是出自西汉学者刘向的《新序·杂事五》。那么，楚国重臣、正直富有才干的叶公子高（沈诸梁）是怎么成为"叶公好龙"成语中的叶公的呢？这应该缘于叶公子高与孔子的交往以及楚国与韩国的敌对关系。

孔子带领弟子周游列国，来到楚国与北方接壤的边防重镇叶县。久在北方的叶公子高对孔子及其文化应该是比较接受的，但又毕竟是楚国人，因而在和孔子讨论时为楚国的法治而自豪；叶公向楚昭王推荐了孔子，楚昭王也答应封给孔子书社七百里地给孔子，但却因为当时的令尹子西从中作梗作罢。这对孔子及其弟子是个很大的打击。叶公子高回复孔子时肯定不会告诉实情，孔子及其弟子们不知道实际情况，以为是叶公子高阻止，至少是办事不力，因而怨恨子高。因此，当孔子弟子中很偏激的子张（颛孙师）在游说鲁哀公时，鲁哀公好士却对子张不礼貌相待，子张很生气，就顺便用叶公好龙这个故事把对鲁哀公的不满发泄出来，同时也是孔门弟子对叶公子高怨恨的间接折射。所以"叶公好龙"这个典故是孔子的弟子子张编出来的，借以讽刺鲁哀公好士而对子张不礼貌相待，也顺便发泄一下对叶公子高的怨恨。

子张开了叶公好龙这个头，后世就有儒家信徒继续传播这个故事。汉武帝"罢黜百家，独尊儒术"后，儒家思想占据统治地位，大儒刘向对不尊孔和儒家的叶公子高自然是看不顺眼，难以理解和忍受叶公子高与孔子治国方略的分歧以及对孔子言而无信的行为，必然会贬低子高，于是在《新序·杂事五》转录"叶公好龙"，嘲讽叶公子高。从此，"叶公好龙"广泛流传，遂使叶公蒙受不白之冤。

好在崇拜孔子的汉代今文经时代结束后，不再以孔子为崇拜对象的汉代古文经学者立即恢复了叶公子高的名誉。班固的《汉书·古今人表》中叶公位列上等中的"智人"行列。刘向是西汉经学家，而班固是东汉时期的人，可见班固无视刘向荒诞的"叶公好龙"之说，而是根据叶公子高的历史记载，还叶公子高一个清白，恢复了叶公子高的本来面目。尽管如此，叶公好龙这个故事却一直流传下来，使叶公子高至今都背着这个黑锅。

寓言中的叶公与历史上的叶公是两码事，二者不能画等号，我们不能因叶公好龙的寓言就贬损叶公子高这位春秋末期楚国政治家、军事家的伟大品德和对楚国的巨大功绩。叶公子高慧眼识才，有鉴别忠奸之智，力挽狂澜、多难兴邦之功，荐贤任能、功成身退之德。

八、申包胥

申包胥，生卒年不详，芈姓，名包胥，因封于申邑，故称申包胥，春秋时期楚国大夫。主要事迹有吴师入郢后自己主动徒步到秦国搬救兵救楚国和赶走吴国军队后逃避封赏。

申包胥和伍子胥既是好朋友，也是楚国历史上想灭亡楚国与复兴楚国的一对矛盾人物。

公元前506年，申包胥的昔日好友伍子胥带领吴国军队攻入楚国郢都，楚昭王出逃后逃到随国，躲在随国王宫里才躲过一劫，伍子胥掘楚平王墓，鞭楚平王的尸体。在这样的情况下，申包胥虽然在山中躲避，但还是派人劝诫伍子胥，一方面表示了对伍子胥报仇行为的理解，另一方面对伍子胥鞭尸的过激行为表示反对，因为这样的行为只能泄伍子胥个人的私愤，会引起楚国人民的不满，希望伍子胥能够有所收敛，但是伍子胥仍然一意孤行。于是，申包胥就徒步走到秦国去祈求秦国出兵救楚国。

申包胥认识到，楚昭王是秦国公主所生，也就是秦哀公的外孙；楚秦春秋时期因为晋国是共同的敌人而长期保持联盟关系；吴师入郢后只有秦国有实力，也有可能帮助楚国赶走吴国军队。于是，尽管楚昭王没有委派或者任命，申包胥自请去秦国祈求救兵。申包胥跋山涉水来到秦国朝廷，向秦哀公求救。开始，因为没有公文或委任书，也没有任何其他理由，秦哀公并不答应出兵帮助楚国打吴军。申包胥向秦哀公痛切陈词："吴国是头大野猪，是条长蛇，它多次侵害中原各国，最先受到侵害的是楚国。我们年轻的国君守不住自己的国家，流落在荒草野林之中，派遣臣下前来告急求救说：'吴国人的贪心是无法满足的，要是吴国成为您的邻国，那就会对您的边界造成危害。趁吴国人还没有把楚国全部占完，您还是去夺取一部分楚国的土地吧。如果楚国就此灭亡了，另一部分就是君王的土地了。如果凭借君王的威灵来安抚楚国，楚国将世世代代侍奉君王。'"秦哀公婉言谢绝说："我听说了你们的请求。您暂且住进宾馆休息，我们考虑好了再告诉您。"申包胥回答说："我们的国君还流落在荒草野林之中，没有得到安身之所，臣下哪里敢就这样去客馆休息呢?"秦哀公君臣没再理睬申包胥就散朝了。申包胥站在空荡荡的秦廷中央大哭,不吃也不喝,哭累后无法站立,就靠着秦廷墙壁痛哭,哭泣日夜不停,连续哭了七天,没有喝一口水、没吃一口饭。申包胥的忠诚与坚毅终于打动了秦哀公,秦哀公亲赋《无衣》,然后发战车五百乘,派遣大夫子蒲、子虎救楚。吴军因受秦楚夹击,加之国内内乱而退兵。

根据《史记·范睢蔡泽列传》记载,楚国历经艰难终于赶走吴军,楚昭王返回郢都后论功行赏,认为申包胥忠勇可嘉,请来秦军功劳最大,封赏申包胥五千户。但是申包胥推辞说:"我是为了国君,不是为了我自己。国君既然安定了,我又有什么需求呢?而且我痛恨贪得无厌的子旗,我何必做第二个子旗呢?"(《左传》定公五年)最终申包胥坚持不受楚惠王的封赏,带一家老小进入山中隐居,不再出山。昭王找不到他,就为他建了个牌坊来旌表他的功劳,并亲自取名"忠臣之门"。从此,申包胥被列为中国古代忠贤的典范。

据《左传》和《吴越春秋》的记载,申包胥虽然隐居,但是没有忘记自己对楚国的责任,在隐居近三十年之后,于公元前476年出使越国,坚定越王勾践伐吴的决心并教勾践以智、仁、勇三策。申包胥先是以激将法分析吴国国力正盛,试探越王勾践伐吴的决心,再问勾践如何战胜吴军,最后点出智、仁、勇三策。申包胥对勾践的教诲,对于勾践灭吴有较大的帮助。《国语·吴语》记载有勾践"吾问于王孙包胥,既命孤矣"的话,在一定程度上可以说申包胥实现了楚国对吴国的报复。

九、吴起

吴起(公元前440—前381),姜姓,吴氏,名起,卫国人,战国初期军事家、政治家、改革家,兵家代表人物之一。他一生先后在鲁国、魏国、楚国当官,通晓兵家、法家、儒家思想,在内政和军事上都有极高的成就。在楚国时,辅佐楚悼王主持变法,公元前381年因支持变法的楚悼王死亡,惨遭在变法中利益受损从而刻骨仇恨他的贵族杀害。

吴起出生在富裕之家。为了求得发展曾到处奔走寻找门路,花了不少钱,弄得倾家荡产,也没得到一官半职,遭到乡人讥笑和诽谤。吴起一气之下杀了诽谤他的三十多个人。在临逃走时，他对母亲发誓说："不当卿相，决不回卫!"吴起先去孔门弟子曾参之子曾申门下学习儒术。吴起母亲去世后，他没有按照儒家孝悌的要求回家奔丧守孝，曾申因此认为他不孝，不配做儒家的门徒，跟吴起断绝了师生关系。此后，吴起抛弃儒家学习兵家思想。公元前412年，齐国进攻鲁国，渴望功成名就的吴起为了取得鲁穆公的信任，杀掉自己齐国的妻子，被鲁穆公任命为大将，率军大败齐军。但胜利之后鲁穆公还是不信任吴起，免去了吴起的官职；吴起的主公季孙氏也因懈怠宾客被杀，吴起于是投奔魏国，得到魏文侯重用。公元前409年到公元前390年，吴起多次率领魏国军队进攻秦国并获得胜利，全部占有原本属于秦国的河西地区，设立西河郡，由吴起担任首任西河郡守。吴起担任西河郡守期间向子夏学习儒家思想，改革魏国兵制，创立魏武卒这支中国古代最早的特战队，战无不胜。

公元前390年左右，在魏国协助李悝改革、抗秦有功的吴起因受到魏武侯宠信的大臣公叔痤的排挤而来到楚国。楚悼王早就听说了吴起的大名，因而吴起一到楚国就受到楚悼王的重用，先任命吴起为楚国北部重镇宛地的地方长官，防御韩、魏；一年后，又提拔为令尹，执掌楚国军政大权，在楚国主持变法。

吴起在深入了解楚国国情的前提下进行变革，因他的变法措施切中楚国时弊，很有成效。针对楚国贵族世卿世禄、爵禄和俸禄太高的弊端，吴起主张废除贵族世卿世禄制，削减大臣的封爵，收回封君三代以后无功子孙的封爵和俸禄，废除远房公族的世袭制度；针对楚国大臣威重、吏治腐败问题，吴起整顿吏治，削弱大臣威权，禁止大臣结党营私，奖励百官尽忠守职，杜绝权门请托之风，裁减冗官，选贤任能，罢黜无能无用之辈；针对楚军战斗力低下、军队给养不足问题，吴起加强军事训练，提高军队战斗力，奖励军功，注意耕战并重，保证军队给养；楚国游民很多，吴起禁止丁民游手好闲，不务耕作；针对楚国地区发展的不平衡问题，吴起责令郢都及其周围一些与王室关系疏远的贵族迁往人稀地广的地区开荒生产；针对两版筑城效率低下问题，他改两版为四版筑城，大大提高了筑城效率。

吴起这套针对性极强的变法措施雷厉风行，立竿见影，取得了显著的成效。它沉重地打击了旧贵族，有利于楚国新兴封建地主阶级势力和自耕农的成长，大大地促进了社会关系和阶级关系的深刻变革，加速了楚国封建化的进程，对楚悼王后期楚国的强大和稍后的楚宣王、楚威王时期的强盛也有直接的作用。经过吴起变法后的楚国国力强大，向南打败百越，将楚国疆域扩展到洞庭湖、苍梧郡一带。公元前381年，吴起亲自率领楚军进攻魏、齐、卫联军，魏军是联军中的主力，是楚军最强有力的对手。两支部队都是吴起用同样的方法训练出来的军队，也都在吴起的指挥下取得过显赫战功，但现在的魏武卒没有吴起这个灵魂人物，再加上部分魏武卒有了战功之后反而贪生怕死，因而根本无法与吴起亲率的楚国军队抗衡。楚军与魏军大战于州西，楚军穿越梁门，驻军林中，饮马黄河，切断魏国河内郡与首都安邑的联系。赵国借助楚国的攻势，火攻棘蒲，攻克黄城，楚、赵两军大败魏军，从此诸侯都畏惧楚国的强大。

吴起的变法招致了楚国贵族的仇恨，也为自己埋下了杀身之祸。公元前381年，全力支持吴起变法的楚悼王去世，吴起经过再三思考，决定进宫悼念楚悼王。在变法中利益受到极大损害的楚国贵族们不顾一切，看见吴起走进楚悼王灵堂，当时就对吴起发起攻击。贵族们用箭射伤吴起，吴起直接扑倒在楚悼王遗体上，杀红了眼的贵族们这时也忘记了禁忌，继续乱箭射杀吴起，企图射死吴起。这些刻骨仇恨吴起变法的贵族觉得还不解恨，又车裂吴起的尸体才解恨。不过，这些叛乱贵族射出的乱箭有的射中了楚悼王的尸体。楚国法律规定，伤害国王的尸体属于重罪，要被诛灭三族。楚肃王继位后，命令令尹追查射中楚悼王遗体的人，把射杀吴起同时射中楚悼王尸体的人全部处死，受牵连被灭族的贵族有七十多家，楚国朝廷为之一空。吴起死后，楚国变法宣告失败。

吴起是中国古代很少见的一个军政全才。从军事看，他著有《吴子兵法》传于世，与兵圣孙武齐名，后世并称"孙吴"，是孙武之后既善于用兵又有高深军事理论的人，显示了其卓越的军事才能，对后世用兵有深远的影响；作为政治家，与商鞅齐名，一生历仕鲁国、魏国、楚国，他在楚国的改革比商鞅在秦国的改革早约30年，是与商鞅齐名的改革家。但他一怒之下杀死三十多个嘲笑和讥讽他的人和为博取功名而杀妻求将的做法一直为后世诟病。

十、昭奚恤

昭奚恤，生卒年不详，楚宣王时令尹，因封于江，又称江君，得到楚宣王重用，掌握楚国军政大权，敢于直言，在诸侯间颇有声望。他的事迹主要有巧妙应对秦国使者和应对江乙的诋毁，体现了昭奚恤是不失睿智与忠诚的贤良辅臣。

昭奚恤应对秦国使者。秦国打算发兵讨伐楚国，就先派个使者到楚国去，声称要看看楚国的国宝。如果楚国乖乖拿出国宝给秦国使者看，就长了秦国的威风；如果不拿出国宝给秦国使者看，秦国就以这个为借口攻打楚国。这是秦国故意给楚国出的难题。楚宣王得到消息，心里很为难，就找大臣们来商量。他问令尹子西："楚国的国宝，莫过于和氏璧和随侯宝珠……这个，可以给秦国看吗？"令尹子西也不敢确定，只好低着头说不知道。昭奚恤说："依我看，这都不必拿出来。"然后就把自己的应对方法说了出来。楚宣王连连点头说："好，就由你来全权负责这件事吧！"昭奚恤就去答复秦国使者，说楚国愿意向秦国展示国宝，不过要有几天准备的时间。秦国使者答应了。昭奚恤利用几天的时间在郢都西门内搭建了几座高台：一座朝东，一座朝西，四座朝南。准备停当以后，就邀请秦国使者前来观宝。这天，昭奚恤早早来到现场，安排了三百名精兵组成的方队排列整齐，迎接秦国使者。秦使到了以后，昭奚恤上前行礼说："您是楚国的客人，请上西面的那座高台观宝！"秦使依言而行，走上高台。之后，按照昭奚恤的安排，楚国令尹子西、太宗子敖、叶公子高、司马子反依次登上朝南的四座高台。昭奚恤自己登上东台，向秦国使者喊："请上国使者观宝！"秦国使者一头雾水，问道："贵国的国宝在哪里啊？"昭奚恤一字一句清楚地回答："我们楚国的国宝是贤臣而不是珠宝。今天，楚国的贤臣都在这里了！我们的令尹子西，长于内政，使国泰民安，这是第一宝；太宗子敖，长于外交，使睦邻友好，这是第二宝；叶公子高，长于军政，使国防巩固，这是第三宝；司马子反，长于武功，勇猛而善战，这是第四宝；至于说彰显楚国的大国风范，体现盛世的气度风范，我昭奚恤勉强也算得上一宝吧！请上国使者尽情观看！"秦国使者回国以后对秦王说："楚国现在贤臣很多，去攻打它恐怕前景并不乐观。"秦王说："算啦，我们还是不要惹他们了。"

昭奚恤巧妙应对江乙的诋毁。江乙对时任楚国令尹昭奚恤的诋毁见于《战国策·楚策一》的数章中。江乙中伤昭奚恤并非出于个人恩怨，而是为了魏国国家利益，目的在于离间楚国君臣关系，造成楚国政局混乱，以便缓解楚国对魏国的军事压力，使魏国可以专注于对齐国的防御。但是，由于昭奚恤应对巧妙，加上楚宣王也是明白人，江乙的反间计未能得逞，楚宣王更加器重昭奚恤。

江乙诋毁昭奚恤，对楚王说："有个人养了一条狗，因为狗很会看门，就很宠它。这条狗曾经往井里撒尿。邻居看见狗往井里撒尿，想进去告诉那家主人。这条狗憎恨这个人，挡在门口咬那个邻居。邻居害怕狗，就不能进去告诉主人实情了。邯郸那场战争，楚国进兵大梁，攻下了这座城池，昭奚恤拿走了魏国宝物，我当时住在魏国知道这些事情，所以昭奚恤憎恨我来朝见大王。"楚宣王把江乙的诋毁告诉了昭奚恤。昭奚恤说："臣早晚以国事聆听王命，而魏氏进入我们君臣之间，臣十分害怕。臣不是怕魏氏，他挑拨离间我们君臣的交谊，而天下人相信他，是他用心很深之故。如果外国人能够轻易地这么做，难道国内之人不会这么做吗？我获得罪罚的日子恐怕为时不远了。"楚宣王说："我明白了，大夫又何必忧患！"

昭奚恤很耿直。江乙想要使楚宣王讨厌昭奚恤，可是感到自己的力量不够，所以就替魏国山阳君向楚宣王请求封赏。楚宣王说："好。"楚宣王征求昭奚恤的意见。昭奚恤生性耿直，对楚宣王说："山阳君对楚国没有功劳，不应当加封。"江乙因此取得山阳君的好感，使山阳君跟他一样讨厌昭奚恤。

第三节 菁菁英才

楚国在郢都为都城期间，除了有著名楚王和大臣立下赫赫战功，使得楚国不断崛起、强大，成为春秋五霸国和战国七雄之一外，还有众多各个领域的风流人物，他们主要有以献璞玉闻名的卞和、道家重要人物詹何、巧妙进谏的优孟、大力士养由基、音乐鉴赏家钟子期、农家创始人许行、天文学家甘德、文学家屈原和宋玉等，他们是名垂千古的英才。

一、优孟

优孟，生卒年不详，名孟，春秋时期楚国宫廷艺人，以乐舞表演和插科打诨说笑话为业，时常在谈笑之间讽谏时事。他的事迹主要见于《史记·滑稽列传·优孟》，主要有讽谏楚庄王爱马、讽谏楚庄王封孙叔敖的后代事迹等。

楚庄王有一匹好马，他也非常喜欢这匹马，经常给马穿上绫罗绸缎，把马安置在华丽的宫殿里，专门给马准备了一张床作卧席，拿枣脯喂养马。马的生活水平过于优越，非常肥胖，最终因为肥胖生病死了。楚庄王非常伤心，命令大臣为死马治丧，准备用棺椁装殓，按大夫的葬礼规格来安葬它。楚庄王身边的大臣觉得这事太过分，争着劝谏，希望楚庄王不要这样做。楚庄王已经因为自己宠爱的马死了而失去理性，于是大怒，下令说："如果再有胆大敢为葬马的事情进谏的，立刻处死！"大臣们都闭口不敢再提谏言了。

优孟听说后就走进宫殿，一把鼻涕一把泪地仰天大哭。楚庄王很吃惊，问优孟为什么哭得这么厉害。优孟哭着说："宝马是大王的心爱之物，理应厚葬。堂堂楚国，地大物博，国富民强，有什么要求办不到？大王却只用大夫的规格安葬它，太薄待它了。我建议用君王的规格来安葬它。"楚庄王忙问："那具体怎么安葬呢？"优孟回答："用雕刻的美玉做棺材，用最上等的梓木做外椁，用樟木等贵重木材作装饰，再派很多士兵挖掘坟墓，老人和孩子背土筑坟，让齐国和赵国的使节在前面陪祭，韩国和魏国的使节在后面护卫。安葬完毕之后，再为它建立祠庙，用猪、牛、羊各一千头的太牢礼来祭祀它，并且安排一个一万户的城邑进行供奉。这样，各国诸侯都知道大王把人看得很低贱，却把马看得很高贵。"楚庄王这时听出优孟的话外之意，清醒过来，连忙说："哎呀！我竟然错到这种地步了！那现在该如何改正呢？"优孟说："请让我用对待六畜的方法来埋葬它。用土灶做外椁，用大铜锅做棺材，用姜枣来调味，用香料来解腥，用稻米作祭品，用火做衣服，把它埋葬在人们的肠胃里。"楚庄王同意，于是就派人把死马交给楚王宫中主管膳食的官员，加工后给人们吃。

楚国令尹孙叔敖知道优孟是个贤人，对待优孟很友善。孙叔敖病重快要去世的时候，嘱咐自己的儿子说："我死以后，你没有了依靠，肯定会贫困，你就去拜见优孟，只要说你是孙叔敖的儿子就可以了，他会帮你的。"孙叔敖死后，由于清廉，没有积攒财产，他的妻儿果然穷困潦倒，不得不靠打柴度日。有一天，孙叔敖的儿子遇到了优孟，就对优孟说："我是孙叔敖的儿子。父亲将要去世的时候，嘱咐我贫困的时候拜见您。"优孟打量了他一番，说："你不要出远门，等我消息。"随即，优孟回家，命人缝制了类似孙叔敖的衣服帽子给自己穿戴上，模仿孙叔敖的言谈举止，经过一段时间的训练，优孟很像孙叔敖了。一次，楚庄王举行生日酒宴，优孟穿戴着类似孙叔敖的衣服帽子上前敬酒祝寿，楚庄王大吃一惊，以为孙叔敖死而复活了，因此很喜欢扮演孙叔敖的优孟，要任命他当令尹。优孟说："请允许我回去和妻子商量，请给我三天期限。"楚庄王答应了优孟的请求。三天以后，优孟来了。楚庄王问："你妻子是怎么说的？"优孟答："我妻子不同意，她说楚国令尹不值得做。比如孙叔敖当过令尹，忠诚廉洁，所以楚王才得以称霸。现在他死了，他儿子却连立锥之地都没有，穷得靠打柴为生。与其当孙叔敖那样的令尹，还不如自杀好些！"接着唱道："居住在山野耕田种地真辛苦，难以吃饱肚子；出山做官，贪婪的人积下余钱，不顾廉耻，死后能使家室富足，却又害怕贪赃枉法，触犯禁令犯下大罪，导致身死家灭，贪官哪能做呢！想做清官，守法尽忠，至死也不敢做坏事，可这清官又怎能做呢！楚国令尹孙叔敖，一生至死都为官清廉，现在妻子儿子穷困到靠卖柴糊口，这样的清官也不值得做！"楚庄王听出了歌词的话外之意，感到惭愧，向优孟道歉，马上召见孙叔敖的儿子，把寝丘的四百户封给他，用作孙叔敖妻儿的生活费和供奉孙叔敖的祭祀费，后来传了十代都没有断绝。

　　优孟的这两个故事最主要的是巧妙进谏。关于谏言楚庄王葬马，重点在于怎么点醒因痛失爱马而失去理智的楚庄王。楚庄王已经下令严禁再进谏，否则处死，大臣们都禁言。优孟如果再直接进谏，可能是火上浇油，说不定会被责罚甚至处死，进谏言就免谈了。优孟的谏言表面上是顺着楚庄王的心意，还说这样还不够，应该提高规格，让楚庄王自己都觉得荒谬，进而清醒过来，从而改正。关于谏言楚庄王封赏孙叔敖的儿子，优孟的谏言既委婉提了要求，又维护了楚庄王的威严。因此，我们应该从这两个故事中学会如何巧妙地给领导提谏言并能够被领导采纳。在领导身边做事不容易，一切顺着领导的意思，会有阿谀奉承的嫌疑；何况领导不可能对什么事都有正确的看法、什么事都做得正确。一旦领导言行有错，就需要提意见或建议。如果直接给领导提意见，可能会让领导讨厌你，所以提意见也要有技巧。下属给领导提意见需要根据不同性格的领导和具体情况而采用不同的方式方法。现代社会绝大多数领导更谦虚，心胸更宽广博大，品德更高尚，直白地提意见或建议也未尝不可；但也不排除个别领导飞扬跋扈、心胸狭隘、睚眦必报，给这种领导提意见就需要根据不同性格、具体情况而采用不同的方式方法。优孟的这种提谏言的方式方法很好，但要求太高，一般人难以做到。虽然优孟提意见的方式方法难度有点大，但还是值得我们学习。

二、许行

许行（约公元前372—前289），楚国人，战国时期农家代表人物。许行自己没有著作流传于世，但他率领几十个门徒到滕国、他的门徒陈相与孟子的辩论等事迹和君主亲自耕种、"市贾不二"的思想记载在了《孟子·滕文公上》中。

公元前332年，许行自楚国到滕国，走到王宫门前对滕文公说："远方的人，听说您实行仁政，愿意接受一处住所做您的百姓。"滕文公划给他一块可以耕种的土地，许行带领门徒几十人在这里生活，都穿粗麻布衣服，靠编鞋织席为生。大儒陈良的弟子陈相和他的弟弟陈辛带着农具从宋国来到滕国，对滕文公说："听说您实行圣人的政治主张，那也算是圣人，我们愿意做圣人的百姓。" 陈相见到许行后非常高兴，完全放弃了他原来所学的儒家思想而向许行学习，成为农家的忠实信徒。同年孟轲游说滕国，遇到陈相，展开了一场历史上著名的农家与儒家的论战。

陈相来见孟子，转述许行的话说："滕国的国君，的确是贤德的君主；贤君应和百姓同样耕作而取得食物，同样做饭吃，治理天下。现在，滕国有的是粮仓和收藏财物布帛的仓库，那么这就是使百姓困苦来养肥自己，哪里算得上贤呢？"孟子问道："许子一定要自己种庄稼然后才吃饭吗？"陈相说："对。"孟子说："许子一定要自己织布然后才穿衣服吗？"陈相说："不，许子穿未经纺织的粗麻布衣。"孟子说："许子戴帽子吗？"陈相说："戴帽子。"
孟子说："戴什么帽子？"陈相说："戴生绢做的帽子。"孟子说："自己织的
吗？"陈相说："不，用粮食换的。"孟子说："许子为什么不自己织呢？"陈
相说："耽误耕种。"孟子说："许子用铁锅瓦甑做饭、用铁制农具耕种吗？"
陈相说："对。"孟子说："是自己制造的吗？"陈相说："不，用粮食换的。"
孟子说："用粮食换农具炊具不算损害陶匠铁匠；陶匠铁匠也是用他们的农
具炊具换粮食，难道能算是损害农民了吗？再说许子为什么不自己烧陶炼
铁，使得一切东西都是从自己家里拿来用呢？为什么忙碌地同各种工匠进行
交换呢？为什么许子这样却不怕麻烦呢？"陈相说："各种工匠的活儿本来就
不可能在种地时兼着干。"孟子说："这样说来，那么治理天下难道就可以兼
着种地吗？有做官的人干的事，有当百姓的人干的事。况且一个人的生活，
各种工匠制造的东西都要具备。如果一定要自己制造然后才用，这是带着天
下的人奔走在道路上不得安宁。所以说：有的人使用脑力，有的人使用体
力。使用脑力的人统治别人，使用体力的人被别人统治；被人统治的人供养
别人，统治别人的人被人供养，这是天下一般的道理。"

陈相说："如果顺从许子的学说，市价就不会不同，国都里就没有欺诈
行为。即使让身高五尺的孩子到市集去也没有人欺骗他。布匹和丝织品，长
短相同价钱就相同；麻线和丝絮，轻重相同价钱就相同；五谷粮食，数量相
同价钱就相同；鞋子，大小相同价钱就相同。"孟子说："物品的价格不一
致，是物品的本性决定的。有的相差一倍到五倍，有的相差十倍百倍，有的
相差千倍万倍。您让它们并列等同起来，这是使天下混乱的做法。制作粗糙
的鞋子和制作精细的鞋子卖同样的价钱，人们难道会去做精细的鞋子吗？按
照许子的办法去做，便是彼此去干弄虚作假的事，哪里能治理好国家！"这
就是儒家和农家一次著名的交锋。孟子出于维护封建统治阶级利益的立场，
对许行的农学派大加讨伐；许行门徒陈相从理论上进行了反驳。农家反对君
主不劳而获，但却无法否认社会分工；儒家肯定人类社会有不同的分工是正
确的，但君主统治人民是必须的却是错误的，尤其是孟子的"劳心者治人，
劳力者治于人；治于人者食人，治人者食于人，天下之通义也"成为中国古
代社会统治者剥削劳动人民的理论依据应该被批判。

由上面陈相与孟子的辩论可知，许行的思想主要有反对不劳而获和"市贾不二"。

许行农家思想的核心是君民并耕思想，反对不劳而获。许行本人主要以农业生产为主业，也从事手工业生产。他认为，只有君民并耕才有粮食吃；贤德的国君应该和百姓一同耕种获得自己的粮食，自己做饭吃还得处理国事。如果国君不和老百姓一同耕种，而是像滕文公那样，拥有储藏粮食的仓廪和存放钱财的府库，那就是损害民众来供养自己，这样的国君就不配说贤。这是许行对当时统治者的尖锐批评和控诉。许行君民并耕之说的提出是由于战国时代战争频繁，严重影响农业生产，因此他强调国君必须重视农业并亲自耕作，以救时弊；反对国君设仓库储存米谷，由府库积聚财货，认为这就是伤害人民来供养自己。

"市贾不二"的价格论是许行提出的又一个重要主张。这是在他主张社会分工互助的基础上，提出从事农业劳动的人可以用农产品直接去交换手工业品，如帽子、锅甑和铁制农具，等等。这是一种以物易物的交换办法。他主张依据产品的长短、大小等数量规定价格，不赞成商人居中剥削，反对抬高物价的欺诈行为。许行认为，市场上布帛的长度相同则出售的价格相等；麻缕与丝絮的重量相同则出售的价格相等；粮食容量相同则出售的价格相等；鞋的尺码相同则出售的价格相等。总之，同种商品数量相同则价格相等，市场上的各种物品的价格都有了统一的规定。这样，市场上的同种商品只有一种价格，没有第二种价格。这就是"市贾不二"。许行认为，这样一来就不会再有弄虚作假的现象，即使小孩子到市场上去买东西，也不会受欺骗。

许行的思想反映了战国时期贫苦农民的利益和要求。君民并耕之说反映了当时贫苦农民的平均主义和共同劳动的愿望，人人都想成为自食其力的劳动者。孟子认为这种主张只能是一种幻想，根本不可能实现。许行的这种主张与孟子的"劳心者治人，劳力者治于人；治于人者食人，治人者食于人"的主张针锋相对。许行的价格论反映了当时贫苦农民反对商人利用市场高利盘剥，要求调整物价的愿望。这种主张要比杨朱的"为我""贵己"而又不"纵欲""侵物"的观点更激进一些，因为杨朱是小土地私有者的代表，他们只要求保护其小私有者的财产；而许行则代表贫苦农民的利益，他们一无所有或者拥有不多，仅靠双手劳动维持生活。许行以其独到的农家思想和实践活动，对后世的农业社会模式和农业思想产生了巨大的影响。

三、甘德

甘德，生卒年不详，楚国人，战国时期著名天文学家，在观测和研究恒星和行星、命名恒星区划，编制世界上最古老的星表、制定历法以及发现木卫三等方面都有贡献。甘德的天文学贡献在战国时代是最大的。

谈到甘德，首先要谈一谈甘德的籍贯。甘德的籍贯有齐人说、鲁人说、楚人说。司马迁说他是齐国人，《史记·天官书》记载："昔之传天数者……在齐，甘公……魏，石申。"裴骃《集解》引徐广的话说："或曰甘公名德也，本是鲁人。"张守节《正义》则称："《七录》云：楚人。"为什么有这么多说法呢？这是因为甘德本是鲁人，在齐为官或游学，故云"在齐"；鲁国后为楚地，故又有楚人说。甘德的天文学观测主要在楚完成，所以现在即便最权威的《中国古代史》教材最终都把甘德归结为楚国人。[①]因此，我们通常认为甘德为楚人。

由于农业生产和制定历法的需要，我们的祖先很早开始观测天象，并用以定方位、定时间、定季节。战国初期各诸国出于农业生产和星占等都需要十分重视天文的观测、记录和研究。在诸家之中，最著名的是甘德、石申（或石申夫）两人，他们属同一时期的人。在长期观测的基础上，甘德著有《天文星占》八卷，又称为《甘氏星经》；石申著有《天文》八卷，又称为《石氏星经》，后世把这两本书合称《甘石星经》，是现存世界上最早的天文学著作。《甘石星经》内容多已失传，只在《唐开元占经》中有部分引录，从中可以看出甘德的功绩。

甘德的第一个功绩就是观测和研究恒星，并制成恒星表。甘德对恒星进行了长期的观测和研究。《唐开元占经》中记录了八百颗恒星的名字，其中一百二十一颗恒星的位置已被测定和记录，并制成恒星表，是世界最早的恒星表。

---

① 张岂之主编：中国古代史（先秦卷），高等教育出版社2001年版，第275页。

除了对恒星的观测和研究外，甘德对行星的运动也进行了长期的观测和研究，《唐开元占经》中记录了木、火、土、金、水等五大行星的运行情况，并指出了它们出没的规律。甘德建立了行星会合周期的概念，并且测得了木星、金星和水星比较准确的会合周期值。甘德推算出木星的会合周期为400天，比准确数值398.88天差1.12天；还认识到木星运动有快有慢，经常偏离黄道南北，代表了战国时期木星研究的先进水平。甘德推算出水星的会合周期是136日，比实际数值115日误差了21日，这个误差虽大，但甘德初步认识了水星运动的状态和见伏运行的四个阶段，说明甘德已基本掌握了水星的运行规律。甘德还首先发现了火星的逆行现象，推算出火星行度周期为410度780日，接近于实际日期。以往人们都认为行星运动大致顺从同一个方向，甘德和石申夫都发现了火星和金星的逆行现象。所以《汉书·天文志》说："古历五星之推，亡逆行者。至甘氏、石氏（星）经，以荧惑（火星）、太白（金星）为有逆行。"甘德还指出："出而复还为'勾'""再勾为'已'"，把行星从顺行到逆行再到顺行的运动轨迹十分形象地描述为"已"字形。他还给出木星和水星在一个会合周期内伏的天数，以及金星在一个会合周内顺行逆行和伏的天数，指出在不同的会合周期中这些天数可能在一定幅度内变化的现象。虽然甘德的这些描述从定量的角度看还比较粗疏，但它们却为后世传统的行星位置计算法奠定了坚实的基石。这些是甘德的第二个方面的功绩。

甘德最著名的功绩是观测到木卫三。甘德对木星的观测尤为精细，是研究木星的专家，著有关于木星的专著《岁星经》。《唐开元占经》引录甘德论及木星及木卫三的话："单于之岁，岁星在子。与虚、危晨出夕入。其状甚大，有光，若有小赤星附于其侧，是谓同盟。"这是有关木卫三最早的记录。著名天文学史专家席泽宗指出：甘德在公元前4世纪中叶就观测到了木星中最亮的卫星——木卫三，而西方发现木卫三是意大利大科学家伽利略于1610年用望远镜观测木星时才发现的，甘德早伽利略近两千年，而且还是在没有望远镜的条件下，仅凭肉眼发现的，这真是一个奇迹。20世纪80年代，我国的天文学工作者通过在北京天文台兴隆观察站的实地观测，确信木卫三在一定条件下是有可能凭肉眼观测到的。而在1981年的一次观测中，8位观测者都看到了木卫三。甘德以其坚韧不拔的毅力和精细独到的观测把奇迹变成了现实，在世界天文学史上谱写了光辉的一页。

甘德在对恒星长期细致的观测基础上建立了恒星区划命名系统。甘德和石申等人都建立了各自的全天恒星区划命名系统，其方法是依法给出某星官的名称与星数，再指出该星官与另一星官的相对集团，从而对全天恒星的分布位置等予以定性的描述。三国时陈卓总结甘德石申和巫咸三家的星位图表，得到我国古代经典的283星座1464颗恒星的恒星系统，其中属甘氏星座的有146座（包括28星宿在内）。由此可知甘德的全天恒星区划命名工作对后世产生的巨大影响。在西方，古希腊天文学家依巴谷约在公元前2世纪编制过星表，在他之前还有阿里斯提尔和提莫恰里斯也编制过星表，但都不早于公元前3世纪。可见，甘德和石申的星表是世界最古老的星表之一。

甘德还根据观测制定了历法——甘氏岁星纪年法。甘氏岁星纪年法即甘氏四七法，是天文学上岁星纪年法的一种。所谓"四七"就是以二十八星宿来测量日月等天体运动方位的方法。甘氏岁星纪年法独树一帜，尤其是以12年为周期的治、乱、丰、欠、水、旱等预报方法。甘氏岁星法的特点是不用太岁、太阴和岁阴名称，而用摄提格称之。甘德说的摄提格既是其岁星纪年中的第一年岁名，又是用以纪岁的一种标志。在其岁星纪年法中第一、二年用"摄提格"，第三年以后都用"摄提"。摄提格大概是由摄提转化而来。摄提格是星名，在大角星附近斗勺所指的延长线上。古人用它与斗勺配合以确定季节。

甘德还以占星家闻名，是当时和对后世都产生重大影响的甘氏占星流派的创始人，他的天文学贡献同其占星活动是相辅相成的。

四、屈原

屈原（公元前340—前278），屈氏，名平，字原，楚武王熊通之子屈瑕的后代，战国时期楚国政治改革家、诗人。

屈原少年时受过良好的教育，博闻强识，志向远大。楚怀王九年（公元前320年）屈原应楚怀王之召来到郢都，刚开始担任鄂渚县丞。楚怀王十一年（公元前318年），屈原因为博闻强记、对治国理政很在行和对外交辞令很娴熟而很快得到楚怀王赏识、信任和重用，担任左徒。到楚怀王十五年（公元前314年）开始，屈原一直得到楚怀王重用，在朝廷内和楚怀王图谋国事，然后发出号令；走出朝廷则迎接外宾或者客人，应对诸侯使者。屈原提倡美政，主张对内举贤任能，不分贵贱，把真正有才能的人选拔上来治理国家，反对世卿世禄，限制旧贵族对权位的垄断，与腐朽的楚国贵族集团进行斗争；以法治国，修明法度，法不阿贵，用法律限制旧贵族的种种特权，颁布了一系列改革政治和立法的命令，楚国吏治一度比较清明；外交政策则根据当时的实际情况，屈原主张由联秦改为联齐抗秦。从屈原改革中我们依稀看见吴起变法的影子。屈原的改革取得一定成效，楚国国富民强，社会太平。

由于屈原的改革触动了不贤而无能的楚国贵族的特权以及秦国的利益，遭到楚国贵族和秦国的反对，他们相互勾结，打击屈原。《史记·屈原列传》记载了楚怀王佞臣靳尚因嫉妒而谗害屈原的情况："上官大夫与之（屈原）同朝为官，级别待遇同级，都是楚怀王身边的宠臣，为了争夺楚怀王的宠信而心里对屈原的才能感到害怕。楚怀王让屈原制定法令，屈原写完草稿，还未最后定稿。上官大夫靳尚看见后却想夺法令草稿，屈原不给靳尚，靳尚因此在楚怀王那里进屈原的谗言说：'大王让屈原起草法令，每一道诏令出来，屈原就夸耀他的功劳，宣扬"除了我屈原外就没有谁能起草"。'楚怀王大怒，就疏远了屈原。"另外，《新序·节士》也记载了秦国勾结楚国贵族谗害屈原的情况："屈原作为楚国使者向东出使齐国，以便和齐国结成强大的同盟。秦国害怕齐楚结盟，派张仪出使楚国，贿赂楚国宠臣上官大夫靳尚之流，再通过靳尚向上贿赂令尹子兰、司马子椒，在后宫贿赂楚怀王宠信的夫人郑袖，共同诋毁屈原。"从以上材料看出，正是在楚国内外敌对势力的攻击下，楚怀王逐渐疏远屈原。楚怀王十六年（公元前313年），屈原因上官大夫被楚怀王疏远，继而被罢去重要的左徒之官，改任不是很重要的三闾大夫之职。楚怀王十七年（公元前312年），屈原改革夭折，此后楚国再也没有任何改革，楚国政治又恢复到以前那种沉闷局面，直到灭亡。楚怀王最终弃用屈原，表明楚国政治保守到不容许任何新生事物出现，不容许任何改革，哪怕是楚王室同姓成员，只要你想改革、你想提倡新生事物那就毫不客气地加以排斥。

　　楚怀王十七年（公元前312年）张仪诈楚和丹阳之战楚国战败、楚怀王十八年（公元前311年）蓝田之战楚国战败后，楚怀王重新起用屈原，让他出使齐国，目的是让齐楚两国缔结新的联盟。楚怀王二十年（公元前309年），秦惠文王死，秦武王立。秦武王不喜欢张仪，张仪被迫离开秦国去魏国。楚怀王认为他极度仇恨的张仪离开秦国，屈原的作用就不大；加上楚国国内反对屈原的力量相当强大，楚怀王不愿得罪反对屈原的人，因此再次疏远了屈原。楚怀王二十二年（公元前307年），楚怀王免去屈原其他职务，只保留三闾大夫一职，屈原因此希望还能得到楚怀王的再次重用。楚怀王三十一年（公元前298年），楚怀王被秦昭襄王骗去秦国被扣留，楚国立楚怀王的儿子继位，为楚顷襄王。屈原满怀希望，以为楚顷襄王会重用他。没想到楚顷襄王比楚怀王更胸无大志，更无意于楚国的强大，因此更容不得屈原，于继位当年就免去屈原的三闾大夫之职，把屈原流放到南方的荒僻地方，时间长达16年，屈原在流放地创作了大量文学作品。

　　这里有一个问题就是在长达16年流放时间里，屈原在哪里弄的钱维持生活。屈原被流放了，肯定没俸禄了；屈原不可能去种田或经商，否则不会有时间和心情写出那么多诗歌；屈原当大官期间不可能攒很多钱，因为屈原被楚怀王信任担任左徒的时间不长；屈原也不是贪污之人，否则反对派就会直接弹劾他，屈原就不是因他人谗言而被疏远、流放。那是不是屈原家族很有钱呢？现有文献中没说屈原家族很有钱。那么，唯一的解释就是流放地有人供给他的生活。屈原流放地溆浦就是现在的湖南省怀化市溆浦县，古时那里民风淳厚，民性英勇。虽然他们也是楚国人，但不太受楚国朝廷管束，义气仁厚的溆浦人供给了屈原的生活，使流放的屈原生活无忧，一心创作。据《溆浦县志》记载，相传屈原在这里生了病，得到一个老人无偿的医护才得以康复。

　　楚顷襄王二十一年（公元前278年），秦将白起攻破楚国郢都，屈原悲愤交加，在极度苦闷、完全绝望的心情下，于农历五月五日投汨罗江自尽，以身殉国，时年62岁。

　　屈原在不得志期间，尤其是被流放之后写下了大量优秀的文学作品，主要有《离骚》《九歌》《九章》《天问》等，是"楚辞"（又称"骚体诗"）的创立者和代表作家。他创作的《楚辞》是中国浪漫主义文学的源头，与《诗经》中的"国风"并称"风骚"，对后世诗歌产生了深远影响。屈原是我国历史上第一位伟大的爱国诗人，被誉为"中华诗祖""辞赋之祖"，屈原的诗歌创作标志着中国诗歌由集体创作向个人独创的转变。

屈原投江自尽的日子相传是农历五月初五，即端午节这天。端午节最初是中国古人祛病防疫的节日，各地有不同的习俗活动及其意义，如吴越一带在春秋之前还有在农历五月初五以龙舟竞渡形式举行部落图腾祭祀的习俗。因屈原在这一天死去，此后端午节便演变成了中国人民纪念屈原的传统节日。把端午节龙舟竞渡解释为老百姓听到屈原投江的噩耗后争先恐后驾船去打捞屈原的尸体；把端午节吃粽子解释为有人用苇叶包糯米饭投进江中以防鱼吃屈原的尸体，等等，这种祭祀活动一年一年流传下来，渐渐成为一种风俗。到西汉时期文化统一时，全国端午节就规定为纪念屈原的节日了。

屈原的出生地湖北秭归，现在成为一个著名景点。秭归县城东门外的牌坊上"屈原故里"系郭沫若手书；旁有"楚大夫屈原故里"石碑；秭归与香溪之间有一沙滩取名"屈原沱"，沱上有屈原祠。唐宋以来，经数次迁址修葺。后因葛洲坝水利枢纽工程兴建，1976年在秭归城东向家坪修建屈原祠，改名为"屈原纪念馆"；在乐平里，有关屈原的名胜古迹和传说甚多。

1953年是屈原逝世2230周年，在莫斯科举行的世界和平理事会决定将屈原列为"世界四大文化名人之一"，号召全世界人民纪念他。

五、宋玉

宋玉生卒年不详，为宋国公族后裔，又名子渊，任楚国士大夫，曾事楚顷襄王，是仅次于屈原的楚国辞赋作家。他的事迹主要记载在《史记·屈原贾生列传》《韩诗外传》《新序》《襄阳耆旧传》中。

宋玉是宋国公子，来到楚国都城郢都后，先拜屈原为师。屈原被流放后宋玉请求跟随楚国好友景差。景差害怕宋玉的官职超过自己，就向楚顷襄王推荐宋玉任命文学侍臣。宋玉责怪景差推荐不力，景差回答说："生姜和肉桂固然是依靠土地生长，但并不是靠土地才有辛辣的味道；美丽的女子固然是依靠媒人的介绍嫁人，但不是依靠媒人使美女和她丈夫相亲相爱。推荐你做官的是我，至于做官不得意，那就是你自己了。"宋玉说："比如东郭俊是天下最善跑的狡兔，每天能跑九百里，最后仍不免被韩卢追上咬住，但韩卢是否能真的追上咬住东郭俊还在于猎人的指挥。如果猎人只是向很远的地方张望一下就向韩卢眨眼示意韩卢去追，即便是韩卢也追不上狡兔；如果猎人指点狡兔的脚印，放开绳子让它去追，即便东郭俊也不免被追上。现在你把我推荐给楚王，是向很远的地方张望一下就眨眼示意那一类呢，还是指点脚印、放开绳子去追那一类呢？"景差听了立即道歉，重新向楚王推荐了宋玉，楚顷襄王封宋玉为大夫；后来楚顷襄王把云梦之田封赏给宋玉。

宋玉懂得音乐而且善于写文章，楚顷襄王爱好音乐而且喜欢辞赋文章，欣赏宋玉的才能，但讨厌他和屈原一样的文风，说："你何不遵从楚国习俗，让楚国人重视你的美德呢？"宋玉回答说："以前楚国有个歌唱得好的人，大王听说过吧？开始他唱的是非常通俗的《下里》和《巴人》，城里跟着他唱的有好几千人；接着他唱起了还算通俗的《阳阿》和《薤露》，城里跟他唱的要比开始的少多了，但还有好几百人；后来他唱格调比较高难的《阳春》和《白雪》，城里跟他唱的只有几十个人了；最后，他唱出格调高雅的商音、羽音，又杂以流利的徵音，城里跟着唱的人更少，只有几个人了。由此可见，唱的曲子格调越是高雅，能跟着唱的也就越少。圣人有奇伟的思想和表现，所以超出常人。一般人又怎能理解我的所作所为呢？"

楚顷襄王带着宋玉到云梦一带游玩，准备让宋玉写一篇关于高唐的赋。楚顷襄王看见险峻的山上聚集很多云雾，云雾飘浮变幻，变化无穷。楚顷襄王就问宋玉："这是什么气啊？"宋玉回答说："以前先王曾经来高唐游玩，疲倦了就白天睡觉，梦见一个女子，像白云一样若隐若现，像星星一样飘忽不定，似走未走，似飘似停，仔细一看，像西施一样漂亮。先王高兴地问她是谁，她回答说：'我是赤帝的小女儿，名叫瑶姬，没有成婚就去世了，安葬在巫山的南面，我的魂魄依附在草木之中，化为灵芝，妩媚且顺从，因此在梦中与您相会。我是巫山女、高唐姬，听说君在高唐游览，愿意以身相许。'先王因而宠信了她。"宋玉以此为素材写成《高唐赋》。

宋玉是屈原的学生，与唐勒、景差齐名，相传所作辞赋甚多，《汉书》卷三十、艺文志第十录有赋16篇，今多亡佚。流传作品有《九辩》《风赋》

《高唐赋》《登徒子好色赋》等。公元前281年秋，宋玉作《讽赋》；公元前280年夏，宋玉作《风赋》；公元前280年秋，宋玉作《对楚王问》；公元前279年夏，宋玉作《钓赋》；公元前278年春，写《神女赋》。《九辩》《高唐赋》《神女赋》《登徒子好色赋》《风赋》等篇在文学史上的地位是相当重要的。

在艺术思想体系上，宋玉深受道家文学的影响。他的许多辞赋从遣词造句到谋篇布局、从立意构思到运用寓言都深受《老子》《庄子》《列子》的濡染，特别是"恢诡谲怪"的庄子散文对宋玉影响更大。宋玉的成就虽然难与屈原相比，但他是屈原诗歌艺术的直接继承者。在他的作品中，物象的描绘趋于细腻工致，抒情与写景结合得自然贴切，在楚辞与汉赋之间起着承前启后的作用。后人多以屈宋并称，可见宋玉在文学史上的地位并不低。

第三章　成语掌故

第一节　楚都风尚

　　古代人类所创造的辉煌历史和灿烂文化，大多都产生于城市空间之中。早在上古三代之时，城市就有"都""鄙"的空间区别，也有"城""邑"的城市等级之分。对于中国古代而言，政治、经济和文化的核心空间，往往都处于城垣之内。很幸运的是，我们现在还可以看到楚故都纪南城较为完整的城垣遗址。楚国过去一切的繁华、著名的历史人物以及那些惊心动魄的楚史故事，都是在这个空间里发生过的。只不过时过境迁，如今的景象全然不同了。

　　毋庸置疑，楚国纪南城是先秦时期中国南方重要的政治、经济和文化中心之一。在漫长的楚国文明长河中，楚国都城是楚人进行重要政治活动、经济交流和文化创造的核心空间，也是楚国历史人物曾经居住过的地方。在这个区域范围内，楚人在此创造了可与古希腊文化相媲美的楚文化，对后世中国传统文化的发展，产生了十分深远的影响。楚国都城在楚国八百年的发展历程中，成为一道神秘、幽远而又壮观的城市景象，照耀后世，并常常令人们向往和追忆。

一、楚宫细腰

先秦时期，楚人好乐。已出土并载有楚王之名的乐器就有楚公家钟、楚公逆镈、楚王领钟、楚王畲章钟。其中，楚公逆镈在山西晋侯墓中出土，表明楚人的乐器也深受北方各诸侯国的欢迎和喜爱，也暗示了当时中国南北方音乐交流的情况。楚国宫廷内也十分重乐，"伶人"即为楚国宫廷中的乐官。

楚人爱雅乐也爱民间音乐。雅乐往往与宫廷相提并论，《楚辞·远游》："张《咸池》奏《承云》兮，二女御《九韶》歌"，其中就提到了楚人也曾听过《咸池》《承云》《九韶》这些上古的雅乐。这些雅乐虽然是周朝宫廷音乐，但也是春秋战国时期纪南城内音乐艺术的高雅之调。除此之外，楚人也爱充满个性的异域音乐，如郑国和卫国的音乐，虽然北方儒家认为郑、卫的音乐没有高雅格调，《论语·阳货》记载，孔子十分讨厌郑国的音乐，认为郑音并不高雅。但是，楚国宫廷里却常常响起"郑卫之音"，《招魂》中就有"二八齐容，起郑舞些"的诗句，《大招》也有"代秦郑卫，鸣竽张只"的诗句，反映了楚人对其他诸侯国音乐的爱好和接受，并不以政治论调选择音乐。

楚人更爱楚地的民歌。楚地民歌深受贵族和广大民众的喜爱，宋玉《对楚王问》载："客有歌于郢中者，其始曰《下里》《巴人》，国中属而和者数千人；其为《阳阿》《薤露》，国中属而和者数百人；其为《阳春》《白雪》，国中属而和者不过数十人。"这段文献中所记载的音乐活动，反映了楚国纪南城内不同类型的音乐都有其产生和发展的土壤。宫廷音乐盛宴上也少不了楚国民间音乐的参与，屈原所作《湘君》《湘夫人》《东皇太一》《国殇》也都是由楚地民歌收集整理而来。楚国民间音乐也受到北方人们的欢迎，《诗经》中的《周南》《召南》《弹歌》都是源自楚地的民歌。

楚人更爱好舞蹈，巫舞在楚国舞蹈中占据着重要的地位。《九歌·东君》中就记载了楚国的一段巫舞："琴瑟急奏，鼓对着敲了起来。钟磬齐鸣，响声震天，就连钟架都摇了起来。乐人们吹起了篪，又响起了竽。大家热情地歌颂太阳神给楚国带来了光明，舞女们翩翩起舞，轻盈而又飘逸。"人们唱起美好的歌谣，与舞蹈相得益彰。关于舞蹈的场景，屈原在《九歌·东皇太一》中写道："高举鼓棒击打着鼓，轻歌曼舞时节拍就慢了下来，竽和瑟齐鸣，歌声婉转悠扬。穿着五色华服的巫女们翩翩起舞，芳香弥漫整个殿堂。各种音乐交响在一起，东皇太一君听后高兴极了。"

宫廷对舞女的要求极为严格。《楚辞·大招》中说，楚王宫中的舞女，首先要求面貌丰满，耳朵要贴在两旁，眉毛要弯弯的像月亮一样。内心感情要丰富，姿态更要柔美，言谈举止也要大方，腰肢也要细小，脖颈还要秀长。在长沙黄土岭战国楚墓中出土的彩绘人物漆奁上，就绘制有楚国舞女的形象，细腰修长、面目清秀、体态轻盈。《九歌·东皇太一》中有"灵偃蹇兮姣服，芳菲菲兮满堂"的诗句，《九歌·云中君》中还有"灵连蜷兮既留，烂昭昭兮未央"的描绘。"偃蹇"为巫女起舞时的优美姿势，"连蜷"为长袖高抛回环的样子。

楚灵王就是一位十分热爱音乐的楚王。史书中记载了关于他的一个故事："信巫祝之道，躬执羽绂，起舞坛前。吴人来攻其国，而灵王鼓舞自若。"[1]他喜欢亲自在巫祝活动上跳舞祭祀，当祭祀活动开始之时，他拿起祭祀的道具，在祭坛前跳舞。更让人感到惊讶的是，就算是吴国军队快要兵临城下了，他还在镇定自若、心无旁骛地跳着，楚灵王对音乐的喜爱可谓是达到了痴迷的地步！

在楚国宫殿中，还汇集了大量细腰女子，为楚王和贵族们表演舞蹈以供欣赏。屈原的《招魂》中就描绘了这些美妙的细腰女子，她们"娇容修态""娥眉曼睩""靡颜腻理，遗视矊些"，不仅脸蛋长得漂亮，身材苗条，而且眉毛像蚕蛾一样，又细又弯，面色如玉，肌肤如脂，双目又常常脉脉凝视，情意绵绵。"细腰"更成为古代楚地女子最大的形体特色。

她们娇好的面容和纤细的腰肢，自然是需要迎合楚王的审美。《韩非子·二柄》中，就对比了当时越王和楚王的爱好对两国国人的影响，其中就写道："故越王好勇，而民多轻死；楚灵王好细腰，而国中多饿人。"《管子·七臣七主》中也写道："夫楚王好小腰而美人省食，吴王好剑而国士轻死。"写得更为具体一些的是《墨子·兼爱中》："昔者楚灵王好士细要，故灵王之臣皆以一饭为节，胁息然后带，扶墙然后起。"这段话说，楚王喜欢

---

[1] 安徽省考古学会楚文化研究小组编：《楚史参考资料》，安徽省考古学会1980年版，第250页。

腰细的女子，于是妃子和宫女们甚至是大臣们，都把腰给束扎了起来，束得紧紧的，以博得楚王的欢心，而且还不敢吃饭，饿到甚至要扶着墙才可以走路的荒唐地步。

"楚宫细腰"这个典故在后世多有使用，故又有"楚宫腰""纤腰惑楚宫"等不同说法。如宋代黄庭坚在《寄晁元忠》一诗中就写道："楚宫细腰死，长安眉半额。"这个词语后来用来形容女子腰肢纤细，体态轻柔，也用来形容某些柔细之物。

二、肩摩毂击

春秋战国时期是我国古代城市建设和发展的高潮时期。无论是北方诸侯国，还是南方的楚国，都城人数甚至多达数十万众。"肩摩毂击"这个成语中的"毂"就是指的车轮中心的圆木，用于插轴。车轴一端向外突出，因而在拥挤的街道上会发生车毂相击的情况。这个词用来形容城市中人们肩与肩相互摩擦，车水马龙，人马纷杂，街道拥挤和城市繁华的场景。

在汉代典籍中，这个成语多用于形容齐、楚两国都城繁华之貌。西汉司马迁的《史记》之中，就用到了"肩摩毂击"这个成语，汉代刘向编定的《战国策·齐策（一）》中也用到了这个成语，其中就记载说："临淄之途，车毂击，人肩摩，连衽成帷，举袂成幕，挥汗成雨。"汉代桓谭《新论·谴非》中，也用此词来形容楚郢都的繁华。

桓谭《新论》是后人的辑本，内容主要是反对迷信神学，倡导无神思想。其中的《谴非》一篇，主要是通过一些具体事例，分析和说明汉代的政令得失。在该篇中，楚郢都是这样的情状："楚之郢都，车毂击，民肩摩，市路相排突，号为朝衣新而暮衣蔽。"这一段文字对楚国郢都的描述略显夸张，富有文学书写的意味。郢都城内车毂与车毂相碰撞，百姓的肩膀与肩膀相摩擦，道路纵横交错，人们早上穿着新衣服去郢都玩，晚上回来的时候，连衣服都被挤破了。由此可见，当时楚国经济实力相当雄厚，城市人口众多，城市经济也相当发达，在当时诸侯中也算得上是数一数二的了。

国家实力的强大，还与楚国有着丰富的矿产资源有关。在古代楚国国境内，发现了大冶铜绿山和麻阳九曲湾两处重要的大型古铜矿遗址，说明楚国当时占有了丰富的铜矿资源。在先秦时期，青铜多用于礼器、乐器和兵器的制造。先秦时期，世界上主要文明古国都已普遍开始使用青铜，青铜成为促进当时世界文明发展的重要物质。先秦时期的人们认为，"国之大事，在祀与戎"，祭祀所需青铜器以及军事战争所需武器装备，都需要以青铜作为原料。载有楚王或贵族之名并带有铭文的出土青铜器也相当多，如春秋时期的楚季苟盘、楚嬴盘、楚嬴匜、王子午鼎、王子戉鼎、王孙诰钟等，还有战国时期的楚王熊章钟等。这些青铜器不仅是当时楚国国力的象征，还成为楚文化的重要载体。青铜资源丰富，青铜器用途广泛，体现了楚国国力的强盛。

楚国丰富的物产资源，也为国家实力的强大奠定了坚实的基础。首先，楚国有着丰富的林木资源。木材资源也大多用于楚人生活用具的制作中，楚墓中出土了大量的楚漆器，漆器胎体也多为木胎。在胎体的制作上也形成了相当系统的技术体系。其次，楚人的农副产品、粮食作物等物产也极其丰富。农副产品主要包括了苞茅、橘柚、桑等；另外还有水产、林产、畜产等。丰富的资源和物产，为楚国城市的发展和当时楚人的生活提供了充足的保障。

经济活动的活跃是城市生命力旺盛的一种表现。春秋战国时期，楚国与各诸侯国争霸。作为霸主，首先需要军事实力相当强大，才能使其他诸侯国屈服。但军事实力强大的背后，还需要国家具有雄厚的经济实力，这样才能支撑国家的整体军事行动。在中国国家博物馆里，保存着两枚形似竹节的青铜器物，考古学家、历史学家对其进行了研究，并命名为"鄂君启节"，两个竹节长短不一，功能不同，一枚叫车节，上面有148个字；一枚叫舟节，上面有163个字，都是相当于现在的免税通行证，是楚国商业活动的见证。

经济的繁荣发展自然也使货币在楚国得到了广泛使用。春秋战国之际，诸侯纷争，竞相称霸，还没有出现统一局面，各国都有着自己独立的货币金融体系。楚国设有专门管理商业的机构，如大府、高府、职岁、事室等，另外还有专门用于管理货币的"三钱之府"。楚国主要有金、银、铜三种货币。金币是主要货币形式之一，楚地产金多，楚国金币又称为爰金，其形制有两种：一种是方形或者长方形金版；另一种是扁圆形金饼，金饼形状像龟甲一样。楚国银币有铲状、钣状和饼状三种。1974年，在河南扶沟就出土了18块楚国的铲状银币。铲状的银币代表珍贵的财富，也常常用于赏赐。

在楚国不同的铜币之中，有文铜贝是最具有代表性的一种。蚁鼻钱为有文铜贝，是楚国的一种便于携带的铜钱，也是原始龟币的一种演变形式。其上有似人的面孔，又像一只蚂蚁，因而后世人们也称其为"鬼脸钱""蚁鼻钱"。这种铜币是仿造天然贝的形状而制成的，形状大同小异，重量有的 7 克，有的只有 0.5 克，还有轻至 0.1 克的。所以，这种铜币是按量使用的，属于称量货币。楚国的货币制度为楚国经济贸易的发展奠定了制度基础，也促进了楚国经济的繁荣。

三、郢书燕说

春秋战国时期的楚国，与北方诸侯国有着密切的经济和文化交流。楚国郢都通往周边各诸侯国的道路非常多，楚国的物产可远及四面八方，甚至在印度古代摩揭陀王国时期的文献中，也有关于楚国丝绸的记载。在今新疆阿尔泰山脉一带，也出土了楚式铜镜。如前所述，在荆州也发现了来自于欧洲地中海的蜻蜓眼玻璃珠，这也就证明了当时楚国纪南城已有通向各诸侯国甚至是世界各地的道路。在《山海经》中，楚人还记载了亚洲东部的"倭""阿伊努"，也证明楚国与亚洲东部广大区域也应有海上交通相连。

同时，随着春秋时期教育的逐步普及，人们也开始学会识字写信。虽然各地文字略有不同，但也可以通过写信的方式进行交流。楚国交通四通八达，不仅有宽阔的大道可以直达周朝和北方诸侯国，还可以到达巴蜀、吴越之地。如此发达的交通体系，自然是有利于南、北方人们的书信交流。

在《韩非子·外储说左上》中，就记载了"郢书燕说"的故事。有一天，楚国纪南城有一位官员，想给燕国的相国郭隗写一封信。郭隗是一位很有作为的谋士，燕昭王在位时，他曾经辅佐燕王进行过政治改革，并一度使燕国强大起来。当晚，因为时间比较紧急，纪南城内的这位官员连夜给郭隗写信。当时人们还没有纸张进行书写，全是写在竹简上面的，加之晚上室内光线也比较昏暗，他便让家里的仆人掌着灯站在旁边。过了一会，因为烛火不太明亮，他对仆人说："把烛火举得更近一些吧，我看不太清楚。"不经意间，他在竹简上也写上了"举烛"两个字。但他并没有太在意这两个字，也没有去修改，而是接着把信写完后就让人送到燕国去了。

过了几个月，这封信终于从楚国纪南城辗转寄到了燕国国都。燕国相国收到这封信后，打开竹简认真地看了一遍。这封信行文通顺，内容翔实，唯独"举烛"两个字在字里行间略显奇怪，旁边的人也都说看不太懂。他细细再看了看，认真想了想，发现这个词还可以解读出另外一种寓意，他心里顿时明白了，他高兴地对旁边的人说："你看，你看，从楚国郢都寄来的这封信，实在是写得太妙了！'举烛'不就是举荐贤能的意思吗？我们想要追求光明的前途，就一定要任用国内外德才兼备的人才！"燕国相国喜出望外，立马把这封信拿给燕昭王看，他对燕王说："大王，我有个楚国郢都的好朋友，他是楚国有名的贤能之士。他在这封信里，用隐语的方式对我们燕国提出了很好的治国建议！他说要'举烛'，意思是说，只有举高了蜡烛，才可以把前路看得更清楚。这不就是在暗示我们要善用国内外的人才，任用德才兼备的贤能之士，才能使燕国变得像楚国那样强大吗？"

燕王听后十分高兴，于是采纳了相国意见进行变法图强。后来，他任用乐毅、剧辛、邹衍等一大批贤能之士，并使燕国迅速变得强大起来。乐毅是一位著名的军事将领；剧辛是法家的代表人物，他主张积极推行变法；邹衍则是阴阳家的代表，创立了五行学说，对后世中国传统文化的发展与演变，都产生了非常深远的影响。

后世人们都认为，燕相郭隗误读楚人的信是可笑的。细细想来，郭隗到底是真的误读了这封信，还是巧妙地借纪南城寄出的这封信，向燕王进行劝谏呢？这就不得而知了。这个寓言故事，后来主要用来反映人们曲解原意、穿凿附会的现象。后世也多用这个词语来讽刺主观臆断、断章取义的治学作风。但是，我们却可以从这个成语中解读出另外一层含义，"郢书燕说"更反映了楚国郢都与北方诸侯各国之间有着长期的文化交流史，而这个南北文化交流的一端，就是今天的纪南城。

四、曲高和寡

战国时期，楚国音乐艺术十分勃兴，楚国宫廷里经常响起"郑卫之音"。楚地考古材料中就有大量的楚地乐器，有钟、鼓、琴、瑟，等等。这些乐器的出土，充分说明楚国有不同于其他诸侯国的音乐风格，"楚乐"即是指独特的楚地民歌。楚郢都内，无日不响起各种各样的音乐。

楚顷襄王时期，楚国郢都住着一位文人宋玉。他是楚国鄢城（今湖北宜城）人。宋玉"好辞而以赋见称"，曾事楚王，初为小臣，后为楚大夫，有人认为他可能是屈原的学生。先秦时期文献对宋玉的生平并无太多的记载，他的零星事迹，散见于《韩诗外传》卷七、《新序·杂事第一》《新序·杂事第五》《楚辞章句》《襄阳耆旧传》《宋玉集序》等古代典籍之中。宋玉的作品有自身特色，描写细腻，寓情于情，辞意婉转，后世学者们认为他的辞赋创作对汉代辞赋的创作也产生了影响。

宋玉在楚国为官之时，生活清贫，但是却尽心尽力侍奉楚王。开始的时候，他的官位还比较低，朝中的官员们都不怎么待见他。后来他做了楚国的大夫，因而开始受到朝中小人们的诽谤。久而久之，楚顷襄王也开始听到朝中有人诽谤宋玉的事情了。这其中就有一个叫"登徒子"的人，他在楚顷襄王面前揭露了宋玉的三大罪行：一个是英俊潇洒，二是巧舌如簧，三是沉迷美色。

但是，宋玉根本就不去理会这些小人们的诬陷。有一天，宋玉进王宫去见楚王，楚王见到他于是就问道："宋大夫，你是不是真的做过什么坏事啊？为何国内士大夫们，都不说你的好话呢？"宋玉只是微笑了一下，向楚王拜了三拜之后，起身向着楚王，并讲了一个故事：

很久以前，有一个人在楚国都城纪南城里面唱歌。开始的时候，当他唱起《下里》《巴人》，这两首曲子是比较通俗的歌曲，因此在郢都之中，有很多人跟着他一起唱这两首歌，大概有数千人会唱；后来，当他开始唱起《阳阿》《薤露》，这时郢都中能跟他一起唱的人，就只有数百人了；再后来，当他唱起《阳春》《白雪》之时，郢都之中会唱的人就只有数十人了。

宋玉通过比喻进行辩解，说明别人不喜欢自己，是因为自己是曲高和寡，别人不懂自己罢了。

宋玉以楚人擅长楚曲为例进行了说明，郢都中唱和的人的多与少，并不是因为唱歌的人，而是因为歌曲本身所体现出来的雅或俗的不同特性。在宋玉看来，"曲高和寡"并不是因为曲子不好，而是因为跟唱的人音乐水平太低、欣赏水平太差。宋玉自比为高雅音乐，认为自己是志向高洁、行为高尚的人，而这一类人往往是不被大多数人所理解的。宋玉不仅很好地为自己进行了辩解，也很好地回答了楚王提出的疑问。楚王也因为他回答巧妙而得体，并没有将他驱逐出楚国。

宋玉的事迹受到后世文人们的推崇和赞扬。唐代诗人李白在《感遇》（其四）一诗中写道："宋玉事楚王，立身本高洁。巫山赋彩云，郢路歌《白雪》。举国莫能和，巴人皆卷舌。一感登徒言，恩情遂中绝。"唐代诗人杜甫也在《咏怀古迹》（其二）中写道："摇落深知宋玉悲，风流儒雅亦吾师。"宋玉也成为后世文人笔下的重要人物形象。

"曲高和寡"这个成语的意思，就是指曲调高深，能跟着唱的人很少。旧时是指知音难得，现在多用来比喻言论或作品不通俗，能了解的人很少。

五、郢匠挥斤

春秋战国时期的楚国郢都，是一个十分繁华的南方大都市。纪南城近一半的城市用地，用于手工业者劳作和居住，还有一半供楚王和楚贵族居住。楚人在青铜冶铸、丝绸刺绣、髹漆技艺、制玉工艺、建筑工艺等各方面都有很高的成就。而这些成就与当时居住于纪南城内的匠人们是密不可分的。

庄子（公元前369－前286），名周，战国时期蒙国（今河南商丘）人，他曾经做过蒙地的漆园吏，一生清贫。他继承并发展了老子的思想，与老子同为道家学派创始人，后世人们合称他们为"老庄"。《庄子》一书是庄周和他的门人后学所作的，体现了庄子道家学说的精髓。据《汉书·艺文志》记载，该书原有52篇，今存33篇，分《内篇》《外篇》《杂篇》，其中《内篇》有7篇，外篇有15篇，杂篇为11篇。人们认为《内篇》为庄周所作，《外篇》《杂篇》是庄周的后学所著。

《庄子·杂篇》中有一篇文章题名为《徐无鬼》，徐无鬼是魏国的一位隐士。该篇由十四个看似各不相关的寓言故事组成。这篇文章在讲故事的同时，又夹杂有一些议论，大多倡导无为思想，规劝人们要顺应自然，保持真性，不要因为外界的干扰而失去自己本真的性情。作者提倡"应天地之情"才是真正的"社稷之福"，对儒家《诗》《书》《礼》《乐》的功用进行批判，认为天下并没有共同认可的、判断是非的标准，并积极阐述"无为而治"的政治主张。

在这些故事之中就有一个"郢匠运斤"的故事。"郢匠挥斤"本是庄子用来说明他和惠施两人之间默契友谊的。故事是由庄子讲给他的弟子们听的，他说："以前的时候，楚国纪南城有一个人，鼻子上不小心沾了点白灰。白灰又薄又小，就像苍蝇的翅膀一样纤薄，他于是让匠人替他削掉这点白灰。匠人挥动斧头，运斧如风，毫不犹豫地向白灰点削去。最后，灰点被削干净了，但那个人的鼻子却毫发未伤。而且，那个人站着一动不动，毫无惧色。后来，宋元君听到这件事情后，就把这个匠人叫到宫中，想让他再表演一下这个难得一见的绝技。但那个匠人却说，自己的朋友已经死了，自己再也没有办法展现这样的绝技了。"

庄子讲这个故事的目的，是为了表达他对好友惠施的深切怀念之情。惠施（公元前390－前317），名施，又名惠子，宋国商丘（今河南商丘）人，是战国时期著名的政治家、哲学家，先秦时期名家学派的创始人。他一生多生活于魏国，学问渊博，并受到了魏王的尊崇和重用。在《庄子》一书中就记载了他"历物十事"，展示了他分析物理的十个命题。他认为，事物都有相同之处，同时也有差别。对于万物的"名""实"关系，他认为"实"是第一性的，"名"是"实"的反映，属于第二性。

惠施与庄子是多年的至交，两人常常一同出游，互相辩论，探讨学术。惠施因此也经常出现在《庄子》一书之中。如《庄子·秋水》一篇之中，就记载了他们之间精彩的"濠梁之辩"。两人在濠水之上，对人、鱼之乐是否可知进行辩论，庄子认为，物我同心，移情同感；而惠施认为，物各有知，富有逻辑。《庄子·至乐》还记载了"鼓盆而歌"的故事，庄子妻子死后，鼓盆而歌，惠施前往吊唁，实为不解，两人于是就"人之生死"进行辩论，庄子认为人的生命只不过是气聚气散，不必伤心。

"郢匠挥斤"这一成语在后世多有使用，人们多用这个成语比喻手法熟练、技术高超，也引申出"知己难求"之意。从知己的角度而言，人们以"辍斤"一词来比喻失去知己，用"郢人"来比喻知己、知音。如唐代卢照邻在其《南阳公集序》中就写道："辍斤之恸，何独庄周；闻笛而悲，宁惟向秀？"从技术高超的角度而言，人们用"斤斧"一词作为请人修改诗文的敬辞，用"郢正""斧正"作为以诗文就正于人的谦辞。

第二节　楚王遗事

一般认为，楚文王将都城迁徙到了纪南城。此后，楚国一共有二十余位楚王在此称王。楚王们在此生活，为后世留下了许多脍炙人口的故事。这些故事有的被记载在先秦时期的史书之中，有的被后世的人们所追忆并加以改编。这些故事的产生、记录与流传，反映了楚国君王群体的独特性。他们既是一国之君，同时也代表了楚人，他们的言论和行为，往往与重要的楚国历史事件密切相关，对当时楚国文化和社会的发展，也产生了较为重要的影响。

一、噬脐莫及

春秋时期，礼崩乐坏，周王室衰微，各诸侯国之间混战不已，相互攻伐兼并，战争频繁。诸侯国时而联盟，时而反目，关系更是错综复杂。楚国在这种大环境中，通过兼并周边小国，提升国家实力，不断扩张楚国的疆域。楚武王熊通继位以后，迎娶了邓国公室之女邓曼。楚国与邓国联姻，取得邓国的支持，国力大增，后来楚灭掉了权国并设权县，令随国臣服，并自封为"楚武王"，率先开诸侯称王之先河。楚武王在位的五十年期间，首创了县制，初步建立了楚国的国家政权，并带领楚国迎来了新的辉煌，中原各诸侯国亦开始正视逐步强大的楚国。

楚武王逝世后，熊通之子楚文王熊赀继位。他自幼受其父楚武王的影响，一心想带领楚国的子民走向新的发展高度，让楚国不再受制于中原诸国。《左传》庄公六年就记载了关于楚文王过邓伐申的故事。

公元前688年，也即熊赀继位的第二年，他想出兵攻打申国。申国位于楚国的北方，攻打申国是楚国向中原进军的重要一步。但是，在申国和楚国两国之间，还有一个邓国。熊赀便以借道邓国为由，来到邓国，并借机打探邓国的虚实。熊赀意欲实现楚国历代国君的心愿，可以傲视中原其他诸侯国，实现"不服周"的夙愿。熊赀虽与邓国国君有亲属关系，但邓国仍然是他对外扩张兼并的重要目标之一。

熊赀的心思还是被邓国内部一些卿大夫看穿了。他们认为，楚国曾联合巴国打败过邓国，且楚文王野心勃勃，继位之后便马上发动对外战争，狼子野心，路人皆知，一旦时机成熟，定会对邓国有所行动。这些卿大夫先后对邓国国君进行了一番劝说，希望邓国国君邓祁侯严防熊赀。其中，邓祁侯的三个外甥——骓、聃、养三人，则向国君请求趁机杀掉熊赀，以绝后患。然而，邓侯认为，按照辈分来说，熊赀还是自己的外甥，有这么一层血亲关系，熊赀不会对邓国出兵。他对三个外甥说："如今熊赀想要攻打申国，路过邓国，我们既是舅甥关系，又怎么能不按照礼数接待他并满足他的要求呢？而且，我现在如果给予他便利，那么他便没有理由来攻打邓国。"

出于这样的考量，邓国国君便想要按照应有的礼仪来接待熊赀。骓、聃、养三人则道："日后灭亡邓国的，一定是熊赀！如果不趁早想办法除掉他，等到将来后悔了，就像雄性麝鹿临死想要咬自己的肚脐，毁掉体内的麝香，但却没有力气，后悔也来不及了！大王，现在谋划杀了熊赀，正是绝佳的机会。"邓祁侯面对三个外甥的谏言，仍然固守己见，说道："如果我采纳你们的建议，我将会被其他人所厌弃，也不会有人来我的国家，接受我们国家的款待。"

骓、聃、养三人苦劝道："如若您不能采纳我三人的建议，国家的土地和谷物之神将无人祭祀，得不到供养。国家逐渐走向灭亡，您又从哪获取多余的食物来款待他人呢？"最终，邓祁侯还是没有采纳骓、聃、养三人的建议。当熊赀到达邓国之时，邓祁侯设宴盛情款待他，并同意楚国借道攻打申国的请求。熊赀在邓国接受款待期间，由于邓祁侯对他并不设防，使他得以窥探邓国国内的情况，对其军事、政治、经济以及综合国力进行考察，进一步坚定了兼并邓国的想法，只待攻打申国胜利后便对邓国采取军事行动。而邓祁侯因为过于信任熊赀，没有听取骓、聃、养三人的意见，失去了杀死熊赀的绝佳机会。

到了第二年，楚文王熊赀出兵攻打申国。凯旋而归后不久，便下令去攻打了邓国，但这一次并没有成功吞并邓国。到公元前678年，楚文王再次率兵攻伐邓国，并一举攻占了邓国的都城，邓国灭亡，楚设邓县。

"噬脐莫及"最初是指被猎捕的雄性麝鹿在临死前，会咬断自己的腺体毁去麝香。在遭受到致命袭击之时，还来不及吃掉肚脐，就死去了。现在多用来形容后悔也来不及了，亦作"噬脐何及"。

二、一鸣惊人

春秋时期，楚人"都郢而强"，依靠江汉平原富饶的土地和物产，以及楚地众多的人口，楚国逐步发展成为当时的强国。楚庄王沉着应对复杂的军事争霸形势，北上与中原诸侯争雄，建立了赫赫功业，使楚国成为"春秋五霸"之一。公元前613年至前591年，楚庄王在位，他是春秋时期最有成就的楚国君主。在古代典籍中，记载楚庄王事迹的文献很多，也留下了很多关于他的脍炙人口的故事，比如"一鸣惊人""问鼎中原""饮马黄河""止戈为武"等。其中，"不鸣则已，一鸣惊人"就是其中最具有代表性的一个。

楚穆王过世后，穆王之子熊旅继位，是为楚庄王。但在他继位的前三年里，"不出号令，日夜为乐"。公元前614年，楚庄王继位后，一直都沉溺于吃喝玩乐之中，从来没有发布过任何政令。每天不是与美人饮酒作乐，便是外出打猎游玩，对国内政事不管不问，甚至还下"敢有进谏者，格杀勿论"的政令，这令忧心国事的卿大夫等人皆十分担忧。

楚庄王即位后，三年之内"不出号令，日夜为乐"，日复一日地嬉戏游玩，全然不顾楚国的国政，引发了楚国国内大臣们的不满。大夫伍举决定进宫劝谏楚庄王，当他进宫之时，听到宫殿中丝竹声乐不绝于耳，看到楚庄王正在一堆美人中饮酒作乐。见到伍举前来，楚王便停止音乐，并问伍举道："伍大夫，你是过来找寡人喝酒的，还是和我一起欣赏美人歌舞的？"伍举回答庄王说："臣不是过来与大王饮酒的，而是有话要讲。刚才，我在宫城之外时，有人对我说了一个隐语。但我比较愚笨，始终不能明白它的含义，所以想请教一下大王。"庄王听到隐语，顿时表现出一点兴趣，便问他道："是什么隐语呀？伍大夫你都不能猜出意思，你且说来我听听，看我是否可以猜出。"伍举说道："有一只鸟停驻在南方土山之上，一停便是三年，不展翅飞翔，也不鸣不叫，这是一只什么鸟呢？"楚庄王听后沉思片刻，然后回答道：

"三年不展翅，是为了使羽翼丰满起来；三年不鸣叫，是为了观察民众的反应与态度。虽然它没有飞起来，但一飞必将冲天；虽然没有鸣叫，但一鸣惊人。伍大夫，你先退下吧，你的来意我已经知道了。"伍举听后，他知道庄王只是在韬光养晦等待时机，绝对不是一个沉溺酒色的昏庸之人，内心倍感欣慰，于是便退下离开了。

但几个月过去了，一切非但没有好转，反而变本加厉，楚庄王的行为也变得更加荒唐起来。苏从不愿楚国就这样下去，便决定冒死进谏。苏从一见到楚王，便放声大哭起来，楚庄王见此，疑惑地问道："为什么你哭得如此伤心呀？"苏从回答道："我是因为自己即将要死，并且楚国也将要灭亡，国将不国而伤心。"楚王道："你为什么会死呀？楚国为什么会灭亡呢？"苏从见状回答道："我是来劝谏大王不要再如此荒淫无道的，所以你会杀了我。我死后，也没有人敢来劝谏大王了，这样下去，先辈为楚国打下的基业将逐渐毁掉，楚国也将被其他诸侯国吞并，走向灭亡。我要说的话已经说完，我愿意为我违背大王的命令而接受惩罚。"

庄王起身扶起了苏从，但并没有惩罚苏从，但是从这一天起，楚庄王便停止丝竹歌舞，开始处理国家事务。他很快任用了伍举、苏从等贤臣，疏远奸邪诡媚之人，惩处欺压民众、贪赃枉法之人，不久便赢得了人民的支持与信任。在后来与晋国的邲之战中，赢得了战争的胜利，问鼎中原，一度成为春秋五霸之一。

楚庄王的一鸣惊人，带领楚国走上了新的征途。但在他刚即位期间，真的就如史料记载的那样不理国事，荒诞无度吗？其实，楚庄王继位之初，由于楚穆王的逝世，斗克与公子燮勾结，挟持幼小的楚庄王，并想就此篡位掌权，国家存在着严重的内部问题，而且庸国反叛、邻近少数民族不断侵扰，可谓是内忧外患。在这样的局面下，楚庄王只能掩人耳目，借此了解国家情况和朝臣动态，并暗中积蓄力量，最终一鸣惊人。

三、名列前茅

春秋战国时期礼崩乐坏，是我国历史上战争频繁的一个时期。战争的胜负与否，与各个国家、政治集团、民族的生存发展状况息息相关。因此，各个诸侯国为了求得自身生存发展，以求争霸，将军事摆在了十分重要的位置。诸子百家中还专门形成了兵家这一学派，专门进行军事理论和实践的研究。

春秋时期，战争主要是单一兵种对战，主要是步兵与车兵，以车战为主，交战双方多是以方阵队形对战。战国时期，骑兵开始出现，兵种的改变，使交战形式也趋于多样化。对于方正阵形对战，吴起在参考借鉴春秋时期的战争经验后，提出了较为系统的军事训练要求："圆而方之，坐而行之，行而止之，左而右之，前而后之，分而合之，结而解之。"意思是说，士兵的训练既要教以圆阵，又要教以方阵，训练他们行军之法，教他们如何分形布阵。吴起在《吴子·治兵》中说道："夫人常死其所不能，败其所不便。故用兵之法，教戒为先。"意思是说，士兵常常战死于没有打仗的本领，败在他不熟悉的战场中。所以，用兵的方法，在于要对军队和士兵进行军事训练。两军对垒，如何布阵用兵的方法，往往可以决定着战争的胜利。

公元前597年，楚庄王亲率楚军入侵郑国，这实际是晋楚争霸的"拉锯战"。史载，楚人伐郑，围郑都长达三个月。郑国一边向晋国求援，一边对楚国的入侵奋力抵抗，但是还是没能坚持到晋国援军的救援便溃败了。晋国派遣大将荀林父为主将，领兵救援郑国，但他们还没到郑国，就听说郑国已经向楚国投降了。楚国还将郑国公子去疾作为人质带回楚国。晋国主将荀林父了解了楚国的情况后，决定撤兵回晋国。在《左传》宣公十二年中，就记载了晋军荀林父对楚军的描述和评价："蒍敖为宰，择楚国之令典，军行；右辕，左追蓐，前茅虑无，中权，后劲，百官象物而动，军政不戒而备，能用典矣。"

当时的楚国军队的确是不可战胜的。楚国以孙叔敖为令尹，刑罚、政令、礼仪制度都非常完备。楚国军队的作战能力也都比较高，军士训练有素，兵丁作战灵活，部队军纪严明。楚军一般分为前、后、左、右、中五路大军。行军之时，前军以楚国特有的茅旌作为旗帜，如果有突发情况发生，则举茅旌以示警，称之为"前茅"，右军跟随主将兵车加以护卫，左军负责军队后勤等问题，中军负责为作战提供策略，后军为精锐部队，负责殿后。作战时军队分工协作，配合周密。但是，晋国大臣先縠却一意孤行，并决定率领军队追击楚国军队，最终晋军惨败。

"前茅"即借指前锋部队。楚人行军,前哨部队以茅为旌,如遇到前方有敌人,就举旌向军队报警。后世多用于指考试成绩优秀,名次在前。

四、问鼎中原

"鼎"在中国古代历史上,一直是作为国之重器而存在的。同时,它也承载着十分丰富的历史文化内涵。鼎最初是用于烹制食物,分为三足圆鼎和四足方鼎两种,又有有盖与无盖之分。随着周朝礼乐制度的完善,鼎也逐渐成为显示阶层身份的重要器物,不同阶层的人们在祭祀时所使用的鼎的大小、数量等,也都有了明确的规定,不可逾越。

公元前606年,楚庄王讨伐陆浑(今河南嵩县东北)地区的犬戎,借机带领楚国大军到达了东周王城的南郊,并在此举行了盛大的阅兵仪式,显示自己强大的军事力量,从而震慑周天子及四方诸侯。对此,即位不久的周定王内心感到忐忑不安,于是决定派大臣王孙满前往楚庄王处查探虚实。

春风得意的楚庄王见到王孙满的到来,知道周天子正在惶惶不安,便有意问王孙满说:"你是否知道天子的九鼎的大小和轻重呢?"楚庄王所说的"九鼎",相传是夏禹之时所铸造的,是国家权力的象征。大禹铸造九鼎,分别代表着九州,即豫州、冀州、兖州、青州、徐州、扬州、荆州、雍州、梁州。而在九鼎之上,还绘制了各州山川名胜、地形地貌和奇异之物。人们只要一看到鼎,便能知道九州地区的基本情况。"九州"是中国古代先民自古以来就有的地理概念,后来也逐渐演变为古代中国的代称。而九州之外便是四夷,是古代先民对中原之外各族的统称,即东夷、南蛮、北狄和西戎。九鼎实际上代表着古代帝王的疆域和政治权威。

春秋时期,齐桓公为取得中原霸主名号,打出"尊王攘夷"旗号,尊奉周王为天下共主。春秋时期诸侯王称霸,多是以此为口号。夏商周时期,皆以九鼎作为传国重器,而九鼎历来皆为天子所有。因此,楚庄王这一问,实际上是对天子之位有非分之想,想取代周天子的地位。

王孙满听出了他的言下之意,大吃一惊,但仍然面不改色地回答道:"九鼎的大小轻重并不重要,重要的是德。"楚庄王见王孙满没有正面回答他的问题,便说:"九鼎没什么要紧的,我们楚国士兵武器上的戈尖矛头折下来，就足以铸成九鼎。"王孙满见状回答道："大禹统治天下九州，九州每年都会送来产出的青铜，他便用这些青铜铸造了九鼎，象征着天子的权威。然而夏桀无道，丧失了天下人民的信任，商则取而代之，鼎也随之传递到了商朝。商有六百年之久，随着商纣王的暴虐成性，武王伐纣后，鼎便传递到了周朝。由此可见，鼎的重量与其本身没有关系，而是和拥有者的德行有关。虽然现在周天子权力有所减弱，但周朝初立之时，占卜得知周朝应该有30个王，传世共七百年。现在时间未到，天命尚在，鼎身的重量，也不是楚王可以过问的。"

听完王孙满的话，楚庄王这才打消了"非分"之想。他也知道，如果自己一旦真的有所行动，必然会遭到其他诸侯的围攻，那样也一定会给楚国带来真正的麻烦。于是，便借道将陆浑戎收拾了一通，饮马黄河后回到了楚国。

五、止戈为武

楚庄王问鼎中原，成为当时诸侯的霸主。在先秦时期，诸侯要想称霸，必然要动用数以万计的兵士。《六韬》记载"故兵者，国之大事，存亡之道"，认为军事是国家存亡的重要保障。先秦时期，诸侯竞相兼并和争霸，也给当时的社会带来了无尽的灾难。针对各国对军事的需求，先秦时期出现了兵家这一学术流派，兵家往往善战，重视研究军事理论，从事军事活动。兵家的代表人物，主要有孙武、孙膑、吴起、白起等。在先秦诸子中，墨家是主张"非攻"的，也就是反对战争、提倡和平的一个流派。

"武"在甲骨文和金文中都是一只手加一只脚的形象，表示作战。许慎在《说文》中将其解释为"止戈为武"。戈是一种古代的兵器，"武"字是由"止"和"戈"两个字组成的，停止兵器的使用谓之"武"，也就有了反对战争，倡导正义、实现和平的延伸之意。因此，"崇文尚武"和"止戈为武"都是中华民族的传统美德。楚庄王"止戈为武"的故事被记载在《左传》中。

春秋时期，晋楚争霸，楚国围困郑国，晋国为救援郑国，便派出以荀林父为首的军队前去同楚军作战。晋军刚到黄河边，就收到郑国投降的消息。

此时，晋军内部也开始出现分歧，以荀林父为首的将领认为，此时应撤军回国，以保军队实力。但是，以先縠为首的战将则认为，既然已经出兵，就要继续前行，与楚军奋力交战以获取军功。先縠单独率领军队渡过黄河，准备同楚国作战。荀林父在司马韩厥的劝说下，也不得不指挥军队渡过黄河以备与楚交战。

楚军此时正在黄河对岸休整，准备回国。听闻晋军已渡过黄河，于是采纳了伍参的建议，做好了迎战的准备。楚军先利用谣言诱使先縠出击，后又袭击晋军的中军。晋军见楚军来势凶猛，加上时间仓促，纷纷强行渡过黄河，造成内部自相残杀，楚军也趁机打败了晋军。

之后，楚大夫潘党建议楚庄王将晋军尸体堆积起来，封土成丘，垒成高大的"京观"，以此来纪念军功。然而，楚庄王一口就拒绝了，他说道："不，我们不能这样做！战争不是为了宣扬胜利，而是为了禁止残暴。"这也即是"止戈为武"一词的来历。

针对潘党的建议，楚庄王还提出了"武有七德"的思想。他解释说："夫武，禁暴、戢兵、保大、定功、安民、和众、丰财者也。也就是要禁止强暴、消除战争，保持强大、巩固基业，安定团结民众，增加他们的财富。现在两国交战，士兵死伤惨重，百姓怨声载道，根本没法安定生活，这七种德行我都没有，拿什么来留给子孙呢？晋国的军卒是为了执行国君命令而死，他们也没有错，怎么能用他们的尸体做京观呢？"于是率兵在黄河边上祭河神，然后班师回国了。

楚庄王不仅称霸了中原，还促进了长江流域荆楚民族和黄河流域华夏民族的交流融合。从他的丰功伟业来看，既是他个人的光辉事迹，也是"武德"付诸实施的表现。"武"的七种德行，超越了武力和战争的层面，达到了追求社会和平、国家安定的思想高度。后世人们多用"止戈为武"一词来指平定叛乱，止息战争，这才算得上是真正的武功。

六、绝缨之会

楚国的强大与称霸，一方面与楚庄王善于用贤任能有关，另一方面也与楚国众多人才的辅佐相关。关于楚庄王的很多故事都流传久远。到了西汉时期，著名的经学家、文学家和目录学家刘向编撰了《说苑》，主要是辑录西汉时期官方和民间藏书中的有关资料，并进行分类整理而成的一本杂著类的书。

在这本书中有一卷为"复恩"，记载了春秋战国至西汉时期的二十七则轶事。"复恩"即是报恩之意，含义有两层，一层是君主不应施恩图报，还有一层就是臣下不应居功而求赏。报恩思想是中国古代封建社会"君臣""父子"伦理体系得以维系的重要精神品格。"复恩"中所引用和记载的这些轶事，有一则讲的就是楚庄王"绝缨之会"。

楚庄王在打了一次胜仗之后，宴请群臣喝酒，一直喝到天黑的时候，酒兴依然很浓，于是命人掌灯继续再饮酒。为了助兴，庄王还把爱妃许姬请过来跳舞和斟酒。突然，外面刮入一阵狂风，把殿堂之上的灯烛一下子全吹灭了，屋内一片漆黑。这时，有个人趁黑拉住了许姬的衣袖。许姬惊慌失措之余，机智地把那个人的帽缨给拉断了。她跑到庄王身边，悄声地告诉他说："大王，有个人趁着酒兴，趁黑暗之时拉了我的衣袖。我顺手把他的帽缨给扯断了，你快点让人把灯掌上来，认出那个人，杀了他为我出气！"说完后还呜呜地哭了起来。庄王一听，内心一惊，刚开始的时候还很生气，但是转念一想："今天本来是赏给将士们美酒的，他们喝醉后才失礼，我怎么能为了显示妃嫔的贞节而使我的臣子受辱。"因此，之后他并没有立刻令人拿灯上来，而是命令所有的大臣说："今天大家开怀共饮，寡人实在是太高兴了。现在，寡人命令大家把头上的帽缨全部都扯断，不扯断帽缨的，就表示还没有喝好！"于是，大家都把自己帽子上的帽缨全给拉断了。之后庄王才令人把灯点上来，大家你看看我，我看看你，帽子上都没有了帽缨，样子都可笑极了。大家都哈哈大笑起来，接着开怀畅饮，到深夜才尽兴而归。

过了两年，晋国与楚国交战，楚军中有一个将领总是异常勇猛地冲在最前面。经过五次交锋，五次都斩下了对方将领首级。后来，在庄王受困之时，他奋力杀出重围，经过浴血奋战，救出了庄王，最后自己却身负重伤。在危机解除后，庄王深受感动，于是亲切地问他是谁，并想要赏赐他，这个将领羞愧地回答说："大王，我叫唐狡，您在前几年已经赏赐我了。其实，我就是前两年那天夜里饮酒后，被您的妃嫔拉断了帽缨的那个人。感谢大王宽宏大量，隐而不诛，当晚并没有杀我，臣下始终不敢忘记您的不杀之恩，所以今天就算是死也要报答您的恩情。"楚庄王听后，感慨良久。也正是楚庄王的恢宏气度，使得楚国的文武将士都为之誓死效命，让楚国登上了霸主之位。

"绝缨之会"这个典故即是用来形容人宽宏大量，这个故事在后世也流传甚久。后世文人创作了大量的小说、戏曲，围绕着"绝缨之会"的故事，通过营造紧张的艺术氛围，赞扬楚庄王的这种精神，对世人起到了教化和启迪的作用。

七、茅门立法

作为春秋时期的霸主，楚国已有相当多的法律条文，用法律来治理国家，才能体现公平和公正。楚庄王在位期间，为了维护君王的权威以及王宫的安全，颁布了《茅门之法》。其实，在楚庄王在位之时，楚国的法律体系已经相当完备，有较为系统的成文法，而且刑罚种类也相当多，基本建立了相对完备的司法体系和法律制度。

在楚国的成文法中，其中有一个就是《仆区之法》。该法典中有一条就是"盗所隐器，与盗同罪"，"仆"就是隐匿的意思，按明代的学者陆德明的解释，《仆区之法》可能是楚国为了防止隐藏逃亡的人所作的一部法典。这部《仆区之法》比公元前536年郑国子产铸在鼎上的"刑书"，还要早一百多年。到了春秋晚期，楚国还形成了一部《鸡次之典》，在吴国攻打楚国之后，楚大夫蒙谷背着《鸡次之典》，逃到云梦之中躲了起来，后来楚昭王复楚国，因为没有法典，国家混乱不堪，蒙谷献出《鸡次之典》，使楚国恢复了法制，可见，《鸡次之典》是楚国的一部国家大法。同时，楚国也形成了完备的司法制度，在离纪南城不远的荆门包山，就出土了一批竹简，称为"包山竹简"。在这一批竹简中，就有大量司法文书，比如《集箸》《受期》等。

"茅门"就是指进入楚王宫殿的大门。《韩非子·外储说右上》中记载了一个太子违反《茅门之法》的故事。《茅门之法》是一部关于宫殿安全管理方面的法典。楚国的茅门法规定，所有的官员和楚国的王公贵族在上朝的时候，必须在茅门的外面停下车马，下马步行进入宫殿，对这些王公贵族在入朝时的活动范围以及行为规范进行了约束和规定。如果有人胆敢让马蹄践踏到宫门的散水，那就必须要把车子毁掉，而且还要把车夫给杀死。

此法并没有引起一些王公贵族的注意。有一天，太子驾车到王宫里去，由于车跑得太快，而且他也没有把《茅门之法》当回事，车轮碾压到了茅门的散水。廷理看到以后，于是把太子的车给砍了，而且还把他的车夫抓了起来，打算处死。太子惊呆了，觉得廷理一定是疯了，居然敢砍太子的车，抓太子的人，看来是不想活了，但又不好和廷理理论，于是就告到了庄王那里，并请求诛杀这个廷理。楚庄王听后，对太子说："太子，你听我和你说。法律，是用来尊宗庙、重社稷的。这些可以立法律、守法律的人，是社稷的重臣，我怎么可以诛杀他呢？那些违反法律、目中无法、不尊重国家政权的做法，都是臣下侵犯君主的行为。作为臣子不尊重君主，君主就会失去威严，臣子侵犯君主，君主的君位就会受到威胁，失去了威严，君位就会受到威胁，国家也就守不住了，我将留什么给楚国子民？"太子听后十分羞愧，于是在宫殿外露宿了三天，并面向北边庄王的宫殿方向跪拜，请求给予他死罪。

八、楚弓楚得

在先秦时期的典籍中，记载了关于楚人遗失弓箭的故事，在《吕氏春秋·贵公篇》《说苑·至公》等文献中都有记载。这个故事在当时有很多不同版本，流传甚久甚广，楚地人也都经常听到或讲到这个故事。那么，这个故事到底有怎样的文化魅力，被后世人们所称道和传颂呢？

《吕氏春秋·贵公》这篇文章，从君主治国"必先公"的角度入手，阐释了只有"公"才可以真正实现"天下公""天下平"。为此，统治者要把天下看作是"天下人"的天下，这样才可以实施有利于人民的政策。阴阳调和，不养育一种特定的东西；甘露时雨，不偏私于哪一个特定的事物。

周公的儿子伯禽将要去往鲁国封地之时，先是向他的父亲周公询问关于治理鲁国的方法。周公，姬姓，名旦，又称叔旦，是西周初期的政治家，他是周文王的第四个儿子，是周武王的弟弟。他的采邑在周（今陕西岐山北），故世称其为"周公"。伯禽，姬姓，字伯禽，是周公旦的长子，也是鲁国的开国国君。西周时期，周天子分封天下，武王伐纣以后，把伯禽分封到鲁。后来发生了武庚和三监的叛乱，周公平定了叛乱之后，把伯禽改封到了曲阜，国号仍然为鲁。在伯禽将要去鲁国时，向周公询问治理鲁国的问题。周公回答说："务必要做有利于人民的事情，千万不要自私自利。"

周公于是给他的儿子讲了"楚弓楚得"的故事。以前的时候，楚国有一个人，丢了自己心爱的弓箭，但是他却很淡定，也并不去寻找他的弓箭。别人问他为何不去找，他回答说："楚国人遗失了弓，楚人会拾到它的，又何必去寻找呢？"后来，孔子听到这件事情后，对身边的弟子说："在这个楚人说的那句话中，把'楚'字去掉就更好了。人失弓而人得弓。至于拾到弓箭的是楚人，还是别国的人，都是一样的，同样还是在人的手里。"再后来，老子听到了这个事情，对身边的人说："这个楚人说的那句话中，把'楚'和'人'字都去掉。失去的弓永远都还在它该在的地方，与人无关，它本身就是自然万物的一部分。"

在西汉刘向的《说苑·至公》中，也讲到了这个故事。题名"至公"就是指最大限度的公正，也就是现在所说的大公无私。这篇文章中的"至公"就是专就帝王、臣子而言，讲的是君臣之道。在《说苑·至公》之中，这个故事的主人公是楚共王。楚共王（？—公元前560），熊氏，名审，是楚庄王的儿子，公元前590至前560年在位。他在位期间，采取了免除百姓税收等措施，稳定了民心，使楚国得以继续发展。同时，他还向南开拓了湘资流域，并北上与晋国争霸，死后谥号为"共"。《说苑·至公》中的"楚弓楚得"的故事讲得更为具体，应是西汉时人对"楚弓楚得"的重新阐释。故事说的是楚共王出去打猎，把自己的心爱的弓给丢了，左右随从想去寻找，共王说，楚人丢掉了弓，楚人可以得到，还找什么呢？孔子说去"楚"更妙，刘向评其为"大公"。

相比之下，这个故事只讲到了仲尼之论，而没有提及老子之论。在汉代的治国者看来，孔子以人为本，老子以自然为本，天地很广大，万物都承受着天地的恩泽和公平。治世者成就了万物，而不以这些作为自己私人的东西，这才是古代三皇五帝应该具有的品德。不同的时代和阶级，对于公正所赋予的意义是完全不同的。在古代封建社会之中，一味地要求封建帝王以天下为公，完全没有私心，那也是不现实的。在古代，虽然也有帝王提出要"以天下为公"，但实质上还是有其私心的，他们是把天下作为自己的私有之物。尽管如此，"大公无私"的美德，依然成为后世中华民族所追求的崇高道德品格，引导并激励着后人。

九、昭王坠屦

"吴人入郢"而导致"昭王出奔"，这是春秋时期吴楚争霸的一个重要史实。楚昭王（？—公元前489）是春秋时期的楚国国君，名轸，共在位27年。公元前506年，吴人入郢之后，楚昭王逃出郢都以避吴难，最后辗转到了随国才得以保全性命。

楚昭王是一个体谅百姓疾苦，重情重义的楚王。有一年寒冬，楚昭王早上起来非常寒冷，又略感饥饿，上午的餐食还没有准备好，就饮了两小杯酒取暖，然后又穿上了两层皮衣站在寒风之中，但仍然感到寒气逼人。于是他问身边的人："这么寒冷的天气，我楚国的百姓们会不会也和我一样感到寒冷呢？"于是当天捐出了皮衣，广开粮仓，赈济郢都里挨饿的人们。楚昭王也因此受到了当世人们的尊重和后世人们的景仰。

"昭王坠屦"也与楚昭王相关，这个成语被记载在贾谊的《新书·谕诚》之中。贾谊是西汉初最具有文才的学者，年少即精通诸子百家之书，是汉初著名的政论家、哲学家。他英年早逝，但却有大量论著传世，《新书》就是体现他思想的重要资料，其中的《谕诚篇》则是通过一些历史故事，说明君王的行为对国家有着很大的影响，进而提倡君王要重视诚信，讲求以身作则。他在书中讲到了"昭王坠屦"的故事。

故事讲的是，春秋时期，楚国与吴国争霸作战，楚国失败，吴人入郢，楚昭王出逃。他先是逃到了郧国，再从郧国逃到了随国。在逃跑的路上，昭王的鞋帮断裂，跑着跑着把鞋子也跑掉了。跑了大约三十步以后，停下来又回去寻找那只鞋子，等到达随国，暂时安顿下来后，身边的随从不解地问他："君王怎么如此珍惜一只旧鞋子呢？"楚昭王说："楚国虽然现在处于危难之际，但国家的实力还在，楚国也不至于贫穷到让我去吝惜一只破旧的鞋子的地步。我只不过是想把这只鞋子带着，让它随着我一起再返回楚国而已。"随从的人听后，都深受感动。自此以后，楚国再也没有随便遗弃东西的陋习了。

后世也有"遗簪坠屦"的说法。汉代韩婴的《韩诗外传》中也记载了一个故事。有一次,孔子在少源之野,看到有一个妇人在那里哭泣,哭得很伤心,就让弟子去问一问是怎么回事。孔子的弟子去问那个妇人:"夫人你为何哭得这么伤心呢?"妇人回答说:"我刚才在砍柴的时候,把簪子给弄丢了,怎么找都找不到了,所以我很伤心。"孔子的弟子说:"只是丢了簪子,这有什么值得伤心的呢?"那个妇人说:"我伤心的不是因为丢了簪子,而是难以忘记旧的东西啊!"这个妇人不忘旧的情感,和楚昭王珍惜旧鞋子的情感是相似的,但是,楚昭王对旧物的珍惜,带着对楚国的深情热爱,也带着复兴国家的坚定信念。

后世多用"昭王坠屦""遗簪坠屦"来比喻破旧的东西,后来也用这两个词来比喻不忘旧物。

十、楚江萍实

西周至秦汉时期,人们往往喜欢将天地中的万物的一些变化,附会于人间的祸福、个人的命运甚至是国家的兴衰之中,通过事物变化来推测人事。所关注的万物的变化包括天文地理、飞禽走兽、鬼怪梦兆,等等。到汉初的时候,董仲舒更是将这种时代文化与"天人感应"学说结合起来,导致当时谶纬迷信思想大行其道。

西汉刘向编著的《说苑·辨物》,就是将万事万物和人间社会联系起来进行论述的篇章。在当时的儒家看来,君子可以通过各类事物的变化,了解这些事物背后的成因,看到风云变幻的世界本真。这与《易经》中所说的"仰以观于天文,俯以察于地理"是同样的道理。懂得了世界发展的基本规律,就可以用"礼""乐"来使自己的行为得到端正,用自身的"仁""义"来治理国家。

《说苑·辨物》中就记载了一个关于楚昭王的故事:"楚昭王渡江,有物大如斗,直触王舟,止于舟中。昭王大怪之,使聘问孔子。孔子曰:'此名萍实,令剖而食之,惟霸者能获之,此吉祥也。'"这个故事讲的是,楚昭王在渡江之时,发现了一个像斗一样大的东西,以前并没有见过。他于是派人去向孔子求教,孔子听后说:"这个东西名字叫萍实,可以剖开了吃。只有称霸的国君才可以获得它,这是个吉祥的征兆。"

楚昭王是一个很有作为的楚王，孔子当然是知道这一点的。也正是基于他对楚昭王的深刻认识，他才将此物与楚昭王的称霸事业结合起来。楚昭王听到这话以后，自然是十分高兴的。据史料记载，当孔子被困于陈、蔡两国之时，最后是楚昭王率大军过去解围的，至于孔子后来为何不能来楚国推行他的儒家思想，主要还是因为楚国大臣的反对，以及不久之后楚昭王的离世。

后来，齐国也出现了一件怪事情。齐国宫殿前的大树上，栖息着一只大鸟，只有一只脚，张开翅膀跳跃而行。齐侯看到这只鸟后，感到十分惊异，于是派人去请教孔子。孔子说："这鸟名字叫商羊，请立即告诉齐国百姓，马上要下大暴雨了，赶快整治河道沟渠，以准备排泄洪水。"齐侯于是按孔子说的去做，过了一段时间，果然下起了大雨。孔子并不是神人，而是基于对自然、气候以及齐国水利工程的认识基础上，所作出的正确判断和合理解释。后来，齐国周边很多国家都遭受了大水灾，唯独只有齐国免于水患。孔子回家以后，弟子们都过来询问这件神奇的事情。孔子说："以前的时候，有小孩子唱童谣说：'楚王渡江，获得萍实，大小就像拳头那么大，鲜红得像红日一样，剖开吃掉，甜美无比。'这个童谣后来在楚国得到了应验，楚昭王后来真的就获得了萍实。小孩子们又一对对地手拉手，单腿跳着唱：'天将降大雨，商羊要跳舞。'现在齐国见到一只脚的鸟，那也就意味着要下大雨了，所以我就事先预料到了。"

汉代人所记载的孔子的这些事情，也并不见得是史实。因为根据孔子学生的记述，孔子从来不谈论"怪力乱神"的事情。当然，《说苑》之中所记载的孔子，要君子坚守正道，看到事物后要记下来，因为这些事情都会得到应验，这也有可能与汉代谶纬学说的影响有一定关系。汉代人们借助孔子的名义，让人们坚信天、人、物之间的联系，这也是汉代文化所使然。

后世多以"楚江江萍"比喻吉祥而又罕见难得的物品。

十一、惠王食蛭

楚惠王（？—公元前432），熊氏，名章，是楚昭王的儿子，春秋战国之际的楚国国君，公元前488年至前432年在位。楚惠王在位时，与随国交好，晚年之时，还为随侯乙铸造铜镈钟。楚惠王在位时期，励精图治，重新使楚国变得强大起来，并成为"战国七雄"之一。楚国这段辉煌的时期，历史上又称作"昭惠中兴"。

在楚惠王时期，楚国得到复兴，理应不会缺衣少食，但楚惠王却到要"食蛭"的地步。这个故事到底又是怎么回事呢？有一天，楚惠王在吃凉腌菜的时候，居然吃到了一条蚂蟥，他迟疑片刻，趁没人发现，就把这条蚂蟥给吞咽到肚子里去了。惠王原来就患有腹疾，此番变得更为严重了，疼痛到不能吃饭了。令尹进了楚宫之后，发现楚王无精打采，可见是旧病复发了，于是就问楚王说："大王，您今天这个疼痛怎么愈发厉害了呢？"楚王不得已，小声地跟他说："我今天在吃凉腌菜的时候，吃到了一条蚂蟥。按照楚国法律，厨师们是应该被处罚的，但是我想，如果责备了厨师，但是又不处罚他们的话，这样就让法令废止，而且威严也树立不起来。但是，如果真的认真起来，那些厨师和管理膳食的官员们也全部都要受到处罚，这样的话我又于心不忍。我当时担心蚂蟥被人发现，所以就把它给吞下去了。"

令尹听到这里，高兴得从地上站了起来，起身再拜后对楚王说："我听说'上天不爱任何人，只辅助那些有德行的人'，大王您富有仁德之心，正是上天所保佑的人，这个疾病不会对您造成什么伤害的，请您放心吧！"果然，到了第二天晚上，楚惠王如厕时就把蚂蟥给排出来了，而且原本的腹疼病也随之痊愈了。王充在《论衡》中说，蛭是一种吸食血的虫，楚惠王因有积血的病症，所以食蛭后他的病也就好了。

记载这个故事的篇章为《新书·春秋》。这一篇主要是通过九则历史故事，说明只有君主具有了爱民之心，坚守仁义之道，国家才能发展得很好。在汉代的文化背景下，人们把这些现象解释为"善恶报应"，并告诫后世的治世者，一定要具有爱民如子之心，还要讲求仁德，这样才可以治理好自己的国家。

"惠王食蛭"的故事，反映了汉代的儒家借用楚惠王这一历史人物，附会儒家治世主张的事实。这个故事本未见于先秦时期的文献，应是当时楚地人在民间所流传的关于楚王的传说。这从另一个侧面，也可以反映出楚惠王是一个具有仁爱之心的楚王，他的事迹被楚国人广泛传颂。

十二、亡羊补牢

楚国中后期，政治腐败，楚王不理国事，重用奸臣，国家日渐衰败。楚顷襄王就是这一时期的楚君王之一。楚顷襄王熊横（？—公元前263），楚怀王之子，公元前298年至前263年在位，共在位36年。他在任前期，重用奸臣，远离良臣；耽于安逸，沉迷享乐，后来楚国在外交上失利，楚人迁出郢都而至于陈郢，但楚顷襄王重用良臣，使楚国在很长一段时期内得以继续发展。

楚顷襄王因为一个人，而获得了后人的赞许，这个人就是楚臣庄辛，他是楚庄王的后裔。他向楚顷襄王进谏，直言他的荒淫无道，他对楚顷襄王说："君王左边有州侯，右边有夏侯，车后跟随着鄢陵君和寿陵君，一味地过着奢靡的生活，不过问国家大事，郢都就会很危险了。"楚顷襄王说："先生是老糊涂了吧，还是认为夏侯他们是楚国的不祥之兆？"庄辛说："臣下确实看到您这种行为的必然结果，但也不敢把他们看成是楚国的不祥之兆。不过，如果大王始终宠幸这四个人的话，那楚国就一定会灭亡的。我请求离开楚国去赵国躲避一下，在那里观察事态的变化吧！"楚顷襄王对他不理不睬，庄辛于是离开了楚国在赵国居住下来。

楚国国都附近有一个小县，县令有一个女儿叫庄姪。有一次，顷襄王又想要到五百里之外的南方去游玩，她于是决定去向楚王进谏。等到顷襄王到了郊外的时候，看到道路旁插着小旗，旗下跪着一个小女孩，并声称要拜见楚王。顷襄王一看，觉得很有意思，于是就召见了她。她对楚王说："大王，我有机密的事情要向你禀告。大鱼失去了水，有龙头却没有龙尾，墙壁快要倒了，而大王却还不知道。"顷襄王觉得很奇怪，于是就问她是什么意思。她说："大鱼失水，就是说大王要到五百里远的南方去玩，失去了立足的中心点，如果一旦战祸一起，就像鱼没有水一样，没有办法再救回来了。有龙头没有龙尾，就是说现在大王都快四十岁了，还没立太子，所以这就是有头无尾。国家没有太子，也没有忠良臣子，那肯定是要出现危机的。我所说的墙壁快要倒了，大王却被蒙在鼓里，就是指楚国就要大祸临头，大王却还看不到。"顷襄王这才恍然大悟，再也不出去游玩了，决定重整旗鼓，专心国事。后来，庄姪还被立为楚夫人。

公元前277年，也即楚顷襄王二十二年，秦国占领楚国的巫郡和黔中，并设黔中郡。楚顷襄王为保国流亡到城阳邑，直到这时，楚顷襄王才让人把庄辛请到城阳邑。见到庄辛之后，楚顷襄王问他关于君子的问题。庄辛说："居住的地方不修院墙，没有人能毁伤他；外出不要随从环绕保护，没有人能残害他；这就是君子的行为。"顷襄王又问："君子如果富有将怎么样？"庄辛回答说："君子如富有，借贷给别人，别人不感恩，君子也不责怪别人；供给别人吃喝，不驱使别人，也不劳役别人；亲戚敬爱他，众人称赞他，不才的人侍奉他，都希望他长寿欢乐而不被祸患所伤害，这就是君子的富有。"楚顷襄王说："你讲得很好！"

楚顷襄王又问庄辛说："我没有听从先生的忠告，如今事情到了这个地步，这可如何是好呢？"庄辛于是用一段楚国的鄙语来进行说明，他听到过这样的楚国俗语："看到兔子再回头唤狗，还不算太晚；跑了羊再修补羊圈，还不算太迟。"他接着对楚顷襄王说："臣下还听说，在以前的时候，商汤、周武王仅凭借方圆百里之地，就使国家繁荣昌盛起来；夏桀、商纣王凭借天下的疆土，但最后还是灭亡了。如今楚国虽然很小，不过要是做到取长补短，方圆还有几千里地，难道只是百里的国土吗？"

庄辛最后又说："您左边是州侯，右边是夏侯，车后跟随着鄢陵君和寿陵君，吃着封地里的粮食，并装载着国库里的钱财，跟他们驾车在云梦泽中尽情游乐，可是却不把国家的事放在心上。可您哪里知道秦昭襄王正在命令他的将士率领军队，阻塞黾塞之南，把您驱赶到黾塞之北。"

庄辛用简单的道理、生动的比喻来告诫楚王，如果只贪图眼前享乐，不顾国家大事，丧失警惕，就会产生严重后果。楚顷襄王听了以后，吓得脸色大变，不禁打起了哆嗦。于是他马上给庄辛封了执珪的爵位，并封他为阳陵君。阳陵君征调了淮水、汝水一带的军队共计10万余人，后来还把黔中郡重新夺回来归楚国所有。

西汉的刘向还评价说："楚顷襄王用庄辛的计谋，一下子把淮北的十二路诸侯集合起来。这也是在失去楚国郢都、楚国政治混乱之后，有力挽回颓败局面的计谋，这都是庄辛的计谋啊。"宋代鲍彪也评价说："这个计策非常好，楚顷襄王虽然失之东隅，但是却收之桑榆。所以在他在位的中后期，能够保护楚国国境，并与邻为善，暂时取得安定，也是因为庄辛计谋得力的缘故。"

第三节 名人轶事

泱泱楚国八百年，留下了数不清的名臣。他们犹如满天繁星，照亮了楚国历史的星空，也正是这些名臣，点缀了楚国灿烂的星河。他们虽然没有像楚国君王们那样气势磅礴，但有的富有思想，有的坚持不懈，有的巧舌如簧，还有的具有极高的人生旨趣。芸芸众生，各有不同，为楚国历史增添了丰富的色彩。

一、和氏之璧

楚人好玉，玉如君子。早在新石器时代，生活于江汉平原的"三苗"部落，就开始制作和使用玉。儒家常以玉来比喻君子的品德。在楚国的历史和传说故事中，就有一个关于和氏璧的故事。人人皆知和氏璧价值连城，但和氏璧是怎么被发现的呢？

当时，楚国人卞和在荆山之下发现了一块其貌不扬的石头。凭借多年的识玉本领，他相信这块普普通通的石头之下，隐藏着的是价值连城的玉料。出于对楚王的尊敬，于是他将这块玉璞进献给了楚厉王。但当楚厉王找来国内相玉师进行鉴定之时，却被告知只是一块普通的石头，并不是什么宝玉，厉王认为自己受到了欺骗，便下令砍掉了卞和的左脚以示惩戒，并将其驱逐出了楚国。后来楚厉王逝世，楚武王继位，卞和知道后，连忙赶回楚国进献玉璞给楚武王，然而却与第一次经历别无二致，相玉师给出的答案仍然是废石一块。这一次，卞和失去了右脚。仿佛是上天在和卞和开玩笑，宝石两次被认定为废石，他也因此而失去了双脚。

几十年后，楚文王继位，卞和又想前往楚都城献宝。无奈历经三朝，早已是风烛残年的他，又失去了双脚，穷困潦倒，无法前往都城。面对献宝被阻、宝石蒙尘、多年的愿望终是难以实现，卞和不由得悲从中来，怀揣玉璞独自前往楚山，在山脚之下放声痛哭起来。

此事传到了楚文王那里，见其如此悲伤，便遣人前往询问卞和："天底下被砍去双足的人很多，为什么你却哭得如此伤心呀？"卞和道："我悲伤痛哭并不是因为失去双脚，而是因为玉璞无人识，被当作废石即将蒙尘，我一心为大王进献宝物，忠贞一片却被当作是欺君之罪，这才是我悲痛至此的原因所在。"文王听到这番话后，便命人将卞和带到了宫城中，并找来了玉工当场切割玉璞，剖开一看，果然是一块举世无双的无瑕美玉。

二、趾高气扬

春秋时期，楚国有一位大夫叫屈瑕，他是春秋初期楚武王时的莫敖，后来封于屈邑，因而以封地为姓。《左传》桓公十一年、桓公十二年都记载了关于他的一些故事。

公元前701年，齐国、卫国、郑国和宋国这四个国家在恶曹（今河南延津县东南）这个地方结盟。齐国作为当时北方的强国，对逐渐强大起来的楚国心存怨恨。楚国为了和北方强大的诸侯国争霸，也必须要拉拢江汉平原众多小国一起对抗北方的诸侯。

时任楚国大夫的屈瑕，意欲与贰国、轸国这两个国家会盟。而当时处于汉水之滨的郧国，想要与随国、绞国、州国、蓼国这四个国家共同对抗楚国。楚国大夫斗廉对他说："郧国军队现在驻扎在他们的郊外，没有太强的戒备，并且天天盼望着和四国联军会师。您可以把军队驻扎在郧都郊外，以防备这四国军队的突袭。而我则可以率领精锐部队，连夜迅速出击进攻郧国，郧国军队因为一心想着四国军队的到来，战斗意志并不是很强，如果我可以打败郧军，那么随、绞、州、蓼这四国闻风丧胆，一定会分崩离析的。"屈瑕仍然有些担心，他说："我们是否可以向楚王请求增加兵力呢？"斗廉回答说："行军打仗，重要的是在于军心一致，不在于将广兵多。古代商纣王的兵该比周武王的多吧？可最后还不是周武王以少胜多了。我们的精锐部队已经出征，又何必再增兵呢？"屈瑕还是有点不放心，又说道："那我们要不先来占卜一下出师的吉凶吧。"斗廉回答说："占卜是用来决断疑惑的，我们没有疑惑，为何要占卜呢？"于是斗廉出兵，在蒲骚这个地方打败了郧国的军队，屈瑕也和贰国、轸国两个国家订立了盟约。

　　第二年，楚国进攻绞国，陈兵绞国南门之外。打过胜仗的屈瑕也开始变得越来越轻视对方了。他在军帐中远望绞国的城楼，幻想着攻下绞国的那一刻。他笑着对楚王说："这小小的绞国，国小而轻浮。轻浮就缺少谋略，去年居然和几个小国来对抗我们强大的楚国。大王，我们先驱赶三十个砍柴人到他们城外去，用这些人来引诱绞国军人，他们看这些人如此赢弱，必然放松警惕，那时我们就可以轻轻松松一把将他们拿下！"楚王听从了他的建议。绞军争抢着出城杀敌，在山上追赶着楚国的砍柴人，以求回国领赏。此时，楚军坚守在绞国北门，并在山下设下伏兵，最后大败绞军，绞国被迫与楚人签订了盟约，楚人才收兵回国。但是，令屈瑕想不到的是，在楚人攻打绞国之时，罗国早就派大夫伯嘉远远地侦察了楚国军情，对楚国军阵人数了如指掌。而屈瑕却得意洋洋，引军大摇大摆地回朝领赏去了。

　　到了第三年，屈瑕引兵去攻打罗国。屈瑕多次获胜，骄傲自满，并不把罗国放在眼里。在率兵出城的路上，屈瑕连走路时都高抬双脚，四处张望，满脸不屑的表情，一副目中无人的模样，可真是"趾高气扬"！令尹斗伯比为他送行，看到他这个样子，心中暗感不妙。在回来的路上，斗伯比对驾车的人说："屈瑕这次一定会失败的，你看他走路的时候，脚抬得那么高，可以看出他没有一丁点的防敌之心。"斗伯比回到郢都之中，还是放不下心来，于是他到楚宫中见楚成王，对楚王说："大王，您可一定要增派军队啊！"楚王不以为然，军队刚刚派遣出去，马上又要增兵，这岂不是成了儿戏？于是果断地拒绝了他的请求。

　　一回到宫中，楚成王就把这件事情说给夫人邓曼听。邓曼听完以后，马上对楚成王说："大王，斗伯比的担心，其实并不是在于兵力多寡，而是在劝谏大王要以信用安抚国内百姓，用美德训诫官员，用刑罚来使屈瑕有所畏惧而不至于骄纵。上次屈瑕在大夫斗廉的建议下，获得了蒲骚之战的胜利，又使绞国对楚国俯首称臣，他必然更加自以为是。那这次他也一定相当轻视罗国实力。大王对他不加以劝诫和提醒，他也不会对罗国设防的。斗伯比当然是知道这些军队已经派遣出去了，他只不过是希望您通过一些具体行动来训诫一下他。"楚王听后，恍然大悟，立马派人去追赶屈瑕，但是没有追上。

当然，在一路前往罗国的途中，军中也有一些军士向屈瑕进谏，让他尽快部署，以应对罗国军队。自以为是的屈瑕，早已被胜利冲昏了头脑，他不仅不听从军士们的建议，而且还在军中发布了通令，只要有人敢就此进谏的，就要受到严厉的刑罚，大家于是都不敢再进谏了。楚国军队到达鄢水之时，因为没有良好的纪律约束，兵士们争先恐后地渡河，毫无秩序，军心不齐。到达罗国都城郊外之时，罗国和卢戎国的军队早已做好充分的准备，两面夹击，大败楚军。屈瑕看到这样的败绩，知道即使是回到楚国也难免死罪，于是逃往荒谷之中上吊自杀了。

在屈瑕领军出征之时，楚令尹斗伯比从他走路时脚抬得很高、神气十足的样子，就判断出他必将失败的结果。后来，人们就用"趾高气扬"这个成语来形容得意忘形，骄傲自大。

三、毁家纾难

《左传》中记载了一个春秋时期名播四方的楚国名士，他的名字叫斗谷於菟，字子文，是春秋时期楚国的令尹。楚国官职自成系统，"令尹"一职是"掌一国之柄"的职官，地位很高。而斗氏本于若敖之族，斗氏家族是楚国的一个公姓大族，是以楚君熊仪的谥号"若敖"为氏，因食采于斗邑，亦称为斗氏。

关于斗谷於菟，在典籍中记载了关于他出生的一件事情。斗谷於菟的父亲叫斗伯比，早年斗伯比与郧国的女子私下生产一子，后被弃之于云梦之中，相传老虎给他喂奶，后来才得以回到郧国宫殿。楚人称"乳"为"谷"，称"虎"为"於菟"，故有"斗谷於菟"之名。

史书中记载，楚成王在继位后不久，他的叔叔也即楚文王的弟弟子元，担任了楚国令尹。楚国统治集团内部出现斗争，并发生了"子元内乱"。楚王平定内乱之后，国家也受到了重大的打击，经济上也受到了重创。此时，楚成王要斗廉出任令尹，但他力荐斗子文出任令尹，国内很多官员也都极力举荐斗子文担任令尹一职。斗子文担任令尹之后，发现经过子元内乱，楚国国力不济，为了使楚国渡过难关，斗子文率先把家产全部捐献出来，倾尽所能帮助国家。根据《左传》庄公三十年记载："斗谷於菟为令尹，自毁其家，以纾楚国之难。"

斗子文认为，国家有难，所有的臣子也都应该为国家贡献自己的财产，并建议凡是百官，俸禄田邑收入的一半，全都要上交给国家。后来，楚国的财力日益雄厚，国家也日益恢复和强盛起来。"自毁其家，以纾楚国之难"的令尹，是辅佐楚王、心系楚国的代表，实现楚国的强大才是真正意义上的"纾难"。斗子文是一个秉公执法，刚正不阿，不徇私情的人，这也是他能推动楚国逐步走上法治之道的重要因素。

斗子文身为令尹，知法守法，受到后世的称道。斗子文家族之中有一个人，常认为自己同族出了个令尹，令尹也一定会包庇公族的成员，因而他有恃无恐，经常在外面胡作非为。大家都对他怒目以视，但因他是斗氏家族的人，都不敢拿他怎么样。有一次，他在郢都市场上买东西，拿了别人的东西却不给钱，农夫找他要钱，却被他打倒在地。当时负责司法的几个小官，五花大绑地把他给抓了起来，送到廷理衙署听候发落。

廷理按程序对他进行审问。他不但不认罪，反而更加嚣张起来，他用手指着廷理的鼻子大骂道："当今令尹斗子文，是我的堂兄，我们关系可好了。他都不敢拿我怎么样，你们还放肆起来了！"廷理本以为他只是郢市中的一个泼皮而已，随便治个罪惩罚惩罚就行了，没想到抓到令尹斗子文的堂弟，这下可慌了神，吓出一身冷汗，马上把手下的人叫过来大骂了一顿，并亲自给犯人松绑，并连声道歉。廷理也是一个贪图功名的人，他心想这下可好了，可以到令尹那里去领个赏或是升个官了。

到了斗子文的家里，廷理把这件事情一五一十地向令尹汇报了。令尹子文听后，皱了皱眉头，不动声色地问他说："这个人的确是你放的吗？"廷理一听，忙答道："是的，是的！人就是我放的，这也是在下应该做的事情啊！"斗子文怒道："廷理你可真糊涂啊，我命令你现在马上去把人给我抓回来，严厉依法处罚！"廷理一听急得满头大汗，一时之间竟不知所措。

斗子文站起身来，语重心长地对他说："国家设廷理一职，就是用来维护国家法令的实施，让人人都知法、守法，这样天下才会清平安定。我听说，正直的官员执行法律的时候，从来都是以法律条文来执行的，从来不会违背法律原则。现在，你倒是知法而违法，擅自释放犯法的人。现在，我身为令尹，自然更是要守法，我的堂弟犯了法，你把他给放了，那其他官员的堂弟犯了法，你是不是也要放了呢？那这样一来，人人都存有私心，国人都在背后骂我们有私心，那楚国将如何治理呢？"廷理听后，倍感惭愧，于是按斗子文的意见把犯人又抓了起来，要依法进行处罚。后来，犯人的母亲还亲自跑到斗子文面前，为自己的儿子求情，但是斗子文仍然不为所动，命令廷理依法处置犯人。楚成王听到这件事情之后，对斗子文说："看来，我们的这个廷理徇私枉法，让令尹您生气了呀，我特地向您道歉来了。"后来楚成王请斗子文兼任了廷理之职。自此以后，楚国国内违法的人也就越来越少了。

楚成王时期，斗子文担任楚国的令尹，颇有军功。公元前655年，曾率军灭弦国（今河南潢川西南）；公元前640年，攻打了随国；楚成王三十四年（公元前638年），楚宋两国进行了一场争霸之战"泓水之战"，斗子文即参与了战役，楚国获得了胜利。后来，子玉攻打陈国有功，斗子文便将令尹之位让给了子玉。

四、南冠楚囚

春秋战国时期，社会生产力得到快速发展，封建生产关系开始产生，各诸侯国竞相变法革新，引发了各诸侯国之间的争霸，形成了"春秋五霸""战国七雄"的政治格局。在激烈的兼并战争中，各国逐步走向融合与统一。在各个强大诸侯国之间的争霸之中，春秋时期的晋楚之争最具有代表性。晋楚争霸之时，晋国的国君是晋景公，楚国的国君是楚成王，他们都励精图治，大力发展各自的势力，在中原展开了长期的争霸。

春秋时期，楚成王与中原的郑国进行战争之时，郑国俘虏了楚人钟仪并将他献给晋国。晋景公到军械库进行视察时，看到了被囚禁的楚人钟仪。晋景公首先注意到囚徒所戴的帽子，是楚地特有的南冠。南冠是一种高冠，是楚国贵族特别喜欢的一种发冠样式。钟仪作为楚国的琴师，世代以弹琴为职业，也是史书中所记载的最早的古琴演奏家。在楚国和郑国的战争中，他被郑人所俘，并被郑人献给了晋国。晋国人把他囚禁在军械库里整整三年，无人问津。晋景公在视察军械库时看到了他，于是问旁人道："这个戴着南方帽子的囚犯是谁呀？"看守的人说："他是郑国人献来的楚国俘虏。"晋景公感到非常奇怪，于是就把钟仪叫过来，询问他的家世及职业，才得知他原来是楚国管理音乐的一名官吏。

晋景公又问他是否还能演奏音乐。钟仪说："从事音乐演奏和管理，是我祖祖辈辈的技艺和职业，我怎么敢从事其他的职业！"他拿起琴便演奏起来，所奏的是南方楚国的音乐。晋景公又问他："你们觉得你们的楚王是怎样的一个人呢？"钟仪回答说："这不是我能知道和评价的事情。"晋景公又再三追问，他于是勉强地回答说："我们的楚王，早先还在做太子的时候，就很尊重大臣，早晨的时候去看望令尹公子婴齐，晚上去看望司马侧，至于其他的事情，我就一概不知了。"

后来晋景公把这件事情告诉了士燮。士燮（？—公元前574），姓士，又称范氏，名燮，谥号文子，世称范文子，他是晋国的亚卿，受到晋侯的重用和厚待。他听闻此事后，对景公说："这个楚国俘虏，是一个真正的君子。您看，在说起先祖的职业时，他不违背，这是不忘根本的表现；您让他演奏音乐，他弹出来的是楚国的南音，琴寄南音，这是不忘故乡的情怀；您让他评价楚王，他举出楚王做太子时的事情，这是没有私心，并不夸饰；在您提到楚国的重臣时，他称的是他们的名字，这是尊敬您的表现。他不忘根本，这是仁德；不忘故乡，这是守信；没有私心，这是忠诚；尊敬大王您，这是敏达。"他还对晋侯说，钟仪能用仁德、信义、忠诚、敏达来处理事情，这都是很有智慧的君子的行为。士燮又进一步劝谏晋侯放钟仪回楚国去，让他成为促进晋楚两国交好的友好使者。晋景公听了士燮的话，觉得他说得非常有道理，于是把钟仪请出囚房，以厚礼接待了他，并让他回到楚国，并代晋国向楚国示好。

钟仪作为囚徒，一直戴着南楚帽子，从来不忘用音乐来坚守对楚国的忠诚，后世人们也多以"南冠""楚囚"来描绘具有爱国情怀的人。如唐代卢照邻《赠李荣道士》一诗中就写道："独有南冠客，耿耿泣离群"；骆宾王《在狱咏蝉》一诗中也有"西陆蝉声唱，南冠客思侵"的诗句。后世人们也多用这个故事来比喻处境窘迫的人，也指在做了囚犯或处于困境之时，仍然能做到忧思国家，志趣深远。

五、蹊田夺牛

"蹊田夺牛"这个成语出自于《左传》宣公十一年，是楚申叔时和楚庄王对话时所讲的一个寓言故事。这个故事涉及楚国和陈国两国关系。陈是妫姓，西周初年立国，据《史记·陈杞世家》记载，陈胡公满，是虞帝舜的后裔。陈国地处黄河冲积扇南沿的颍水中游。春秋时期，楚国北上争霸，曾多次对陈国用兵，陈国积弱而依附于楚国。在楚庄王之时，即发生了多次灭陈、复陈的事件。

这个事件的起因，还要从陈国夏征舒说起。夏征舒的母亲叫夏姬，为人轻浮。孔宁、仪行父都窥见过她的美色，并向陈灵公极力赞誉她的美貌。陈灵公为人亦很轻佻，耽于酒色，不理国政，也与夏姬交好。夏姬的儿子夏征舒知道此事以后，内心十分恼怒，但因陈灵公的身份，也不便发作。陈灵公为了讨好他，就让夏征舒承袭他父亲的司马之职，这也意味着他掌控了陈国兵权。其后，得到兵权的夏征舒，假借在家中设宴感谢陈灵公的机会，杀死了陈灵公。孔宁、仪行父听后，畏罪逃往楚国。夏征舒与大臣们商议，立太子午为陈国新君，即陈成公。

楚庄王听信了孔宁、仪行父之辞，意欲发兵讨伐夏征舒。楚庄王召集一些国家一起，进入了陈国，安抚百姓，直捣夏氏，最后捉住夏征舒，并在栗门外车裂了他，还顺便把陈国设为了楚国的陈县。

回到楚国后，朝中大臣都来向楚庄王道贺，庄王一时之间高兴极了，甚至认为自己是天底下最伟大的王。这时，刚好申叔时出使齐国回来，也听说了这件事情。他到朝堂上向庄王汇报了出使齐国的事情之后，就匆匆退下了。庄王感到十分诧异，心想别的大臣都向我道贺灭陈设县的事，怎么唯独这个申叔时不向我道贺呢？心中大为不解，当下派人去请申叔时回来。

申叔时来到朝堂上，庄王问他："陈国夏征舒杀了陈国的国君，实在是大逆不道，我率领诸侯讨伐了他，并把他杀了。诸侯以及各地县邑官员都来向我道贺，为何你不向我道贺呢？"申叔时回答说："大王，夏征舒杀了他的国君，这当然是罪大恶极的事情，您带正义之师过去讨伐他，这是大义之举。"庄王听后，内心的怒气略消了一些。申叔时接着又说："不过，我听纪南城内的百姓说过这样一句话：'牵牛的人让牛践踏了别人的田，就把他的牛给抢过来。'牵牛的人没有照看好自己的牛，把别人的庄稼给毁了，这自然是有过错的。但我们却把他的牛给夺走，这也未免太过分了吧。"庄王听后，也觉得申叔时说得很有道理。

申叔时接着说："诸侯们听说您是去讨伐有罪的人，都唯您马首是瞻，这是正义的事情。现在，您却把陈国设为楚国的一个边陲小县，这就是贪图这个国家了。您用征伐罪人的名义号召诸侯，而却以贪婪的目的使他们蒙羞，我想这是不妥的吧？"

楚庄王听后，深思良久，恍然大悟，心想这样一来我岂不是成了那个强夺人牛的野蛮人了！他站起来说："大夫，你说得真是太好了，我还从来没有听过你这样有道理的话！那我现在让陈国复国，还来得及吗？"申叔时高兴地回答说："当然可以了，这就是常人所说的'从别人怀里拿出来，再还给他就是了'这句俗语所说的意思吧！"楚庄王立马派人到陈国去，让陈国复国。不过，他还是让人从陈国每个乡邑中，带一个人回到楚国，然后把他们集中在一个地方居住，称为夏州。

六、共商国是

楚庄王时期，楚国是"春秋五霸"之一。在楚庄王的治理下，楚国成为当时的霸主，名震四方。当然这也与楚庄王重用贤能之士，君臣齐心协力共同努力是分不开的。楚庄王的治国之道，可以用"尚武重德"来总结。楚庄王称霸中原，立威定霸，重视德行，律己宽人，任用贤能之士，善于纳谏。当然，楚庄王治国之道虽明，但更离不开楚国群臣的智慧和辅佐，也离不开楚国百姓的民心。

楚庄王即位以后，经过了"不鸣则已"的潜伏期，终于可以"一鸣惊人"了。他几乎整天思考着如何治理楚国，废寝忘食，夙兴夜寐。执掌国政后的楚庄王，充分利用一切机会，向詹何虚心学习治国的方法。詹何是春秋时期著名的哲学家，提出了"修身为治国之本""重生则轻利"的观点。在《淮南子·道应》中就记载了楚庄王向詹何请教的事情。《道应篇》用多个寓言故事或史实，对"道"进行生动的说明，认为"道"是经过实践检验的，是绝对正确的。

楚庄王向詹何请教说："怎么样才可以治理好国家呢？"詹何回答说："大王，我只明白怎样修身，不明白怎样治国。"楚庄王说："我现在得以奉宗庙社稷，担任楚国的国君执掌国政，是真心想要学到治理国家的方法。"詹何回答说："我没听说君王自身修养很好，但是却没有把国家治理好的事情；也没听说君王自身修养不好，而能够把国家治理得很好的。所以治国的根本在于修养自身，我不敢用无关紧要的一些小事，来回答您的问题。"楚庄王赞赏地说道："你已经说得很好了！"

还有一次，楚庄王居然向郢都城内的一个相面术士请教。他听说楚国有一个善于相面的人，他看人从来就没有失算过，在楚国很有名气。他召见相面的人进宫来，通过相面问他看出谁是治国的贤能之士，相面的人回答说："我不是善于给人看相，而是善于观察人们的朋友。观察平民百姓，如果他身边的朋友都很孝顺和睦，忠厚善良，敬畏王命，像这样的人，他的家里一定会日渐富裕，自己也一定会日渐荣耀，这就是所说的吉人了；观察侍奉君主的大臣，如果他身边的朋友都诚实可信，品行良好，心地良善，像这样的大臣，侍奉君主办事能力会日益提高，官职就会渐渐得到升迁，这就是所说的吉臣；观察君主，如果他的朝臣多为贤能之士，侍奉左右的人多为忠良之人，君主有了过错，他们都争着进谏，像这样的君主，他的国家就会日益安定，他就会日益尊贵，天下就会日益顺服，这就是所说的吉主。所以我说我不是能给人看相，我是善于观察人们的朋友啊。"楚庄王听了相面人的话后，深受启发，于是广收天下贤士，日夜不懈。

孙叔敖就是楚庄王在位期间重用的贤才，担任楚国的令尹。有一次，楚庄王问孙叔敖治国的正道。孙叔敖恭敬地回答说："所谓国家发展的正道，往往和旧贵族们的利益是相冲突的。恐怕就算你找到了这个正道，也未必能够实行呢。"楚庄王又问道："做不到难道都是我这个国君的责任？那些大臣们就没有一丁点儿的责任吗？"

孙叔敖又说："一个国家，如果君臣不和，就无法决定国家的大政方针。在历史上，夏桀、商汤亡，都是因为他们只按自己的想法行事，却听不进反对自己的意见，最后才导致亡国。如果国君傲慢地对待大臣，认为大臣不依靠国君就不能富贵；大臣也骄慢地对待国君，认为国君没有大臣的辅佐，国家就不能长治久安。长此以往，君臣不能共同为国家前途尽心尽力，那么国家大事就没有办法处理了，就会导致国家的灭亡。"楚庄王听了孙叔敖的话，连连称赞说："你说得可真好！我决定要与大臣们共商国是，一起决定国家的发展大计！"

从此以后，在楚国君臣的齐心协力下，楚国真正成为春秋时期最为强大的国家。"共商国是"这个成语，即是指共同商讨国家大计。

七、楚囊之情

在楚国的历史星河中，有很多闪烁千古的星星，他们中有很多人忠贞爱国、至死不渝，展现了他们非凡的人格和情感。在这些历史人物之中，就有一位楚国的令尹，其爱楚之心可以说对后世的爱国精神的形成，也产生了深远的影响。

子囊（？—公元前559），熊氏，名贞，字子囊，春秋时期，他曾担任楚共王时期的令尹。他在执政期间，秉公执法，一心为楚，为史家们所称道。在中国古代，爱国与忠君同出一辙，"君君""臣臣"的准则，是臣子所必须遵循的。子囊对楚王的尊重与忠心，在楚共王过世之时就表现得很突出。

楚共王在重病之时，召见了大夫们。他说："我没有突出的德行，侮辱了先君们的霸业，败坏了楚国的军队，这是我无法弥补的过错。如果我还可以死得比较体面，还可以在祖庙中追随先君们，并享受祭祀位次的话，请给我用'灵'或'厉'这样的字样吧！"大夫们听后，心里虽然伤心，但都还是答应了。

楚共王死后，令尹子囊召集大家商量楚王的谥号。大夫们说："先君在世时就已经和我们说了，要给他用'灵'或'厉'这样的谥号。"令尹子囊说："这可不行！侍奉君主的人，在讨论谥号的时候，首先要想到君主的善行，而不能只是考虑到他的过失。先王在世时，使楚国声名远播，把国家治理得很好，安抚和征讨了南方的一些小国，教令也使中原各诸侯国都可以注意到，这难道不是一种尊荣吗？"大夫们听后，觉得子囊说得很有道理。

子囊接着说："有了这样的尊荣，而先王还说自己有过错，这难道不应该是一种谦虚,还不该谥为'恭'吗?如果大家都考虑到了先王的善行的话,那我们就谥他为'恭'吧!"大夫们都纷纷听从了他的意见。

子囊在担任楚国令尹的时期,正是吴楚争霸最为激烈的时期。春秋中期以来,楚人向东扩张,与吴国争霸,从公元前584年吴楚首次交战开始,一直到公元前473年吴国灭亡才得以结束。子囊所生活的时代,正是吴楚交战最为频繁的时期。公元前559年,楚国令尹受楚王之命攻打吴国。吴国军队素有谋略,而楚军又是远道而来,在地理上就失去了优势。等子囊率军到达棠(今江苏六合西北)这个地方的时候,吴人关闭城门,坚守不出,想通过长时间的僵持拖垮楚军。果不其然,楚军长期在外行军,后方补给没能及时跟上,军粮告急,没有办法,子囊只得率军撤退。没想到这正好中了吴人的圈套。楚军在撤退之时,突然遭到了吴军的伏击,无奈之下子囊只好匆忙指挥军队与吴人作战,因反应不及,最终大败。此战楚军损失惨重,楚国公子宜谷被吴国军队俘虏,子囊也身受重伤,在兵士们的全力保护下才得以突围并回到纪南城。

子囊身受重伤,将不久于人世,在临死之前,仍念念不忘与吴国的战争,也不忘告诫楚人要加强郢都的防御。当时,子庚正好在他旁边守候,他转头对子庚说:"你们一定要修筑郢都的城垣,以守卫楚国不被吴人所侵。"说完他就与世长辞了。当时的人们说,子囊是真正的忠诚之士,在国君死了以后,从善的方面为国君立谥,在临死的时候还不忘保卫国家,是楚国的栋梁之材,为后世所敬仰。

八、生死肉骨

春秋时期,在楚庄王和楚共王在位的年代,楚国出现了豢养宠臣的不良风气。宠臣依附于君王和大臣,他们不务正业,扰乱朝政,贪污腐败,对楚国的发展极为不利。不过,豢养宠臣并不是仅见于中国古代的事情,即使在古代的欧洲,也有这样的现象发生。

到了楚康王即位之时,楚国的令尹是子南。子南任职后,手下有一个阿谀奉承的部下,名字叫观起。据《左传》中记载,子南虽然没有给观起增加薪水,但却给他送了几十辆车子的马匹。楚国人知道这件事后,都很担心他们会弄出什么灾祸出来，甚至楚王都有讨伐他们的打算。

令尹子南的儿子弃疾，是楚王的御士。楚王每次见到弃疾，都会痛哭不已，弃疾不解地问楚王说："大王，您每次看到我的时候，都会哭泣，请问是谁惹您伤心了？"楚康王对他说："当朝令尹做了不对的事情，你是知道的吧。现在我要诛杀他，你还会留下做我的御士吗？"弃疾回答说："父亲被杀了，儿子却留下不走，君王怎么能任用？泄露了国家命令是要受到重刑的，这个我是不会干的。"后来，楚王把令尹子南杀死在朝廷之上，并车裂了宠臣观起。身为人子、人臣的弃疾，他不仅不能亲自为他的父亲收尸，而且还不能违背楚国的法律逃离楚国，陷入了不忠、不孝的两难境地。最后，他无法忍受这样的痛苦，于是上吊自杀了，这一切的悲剧都与当时豢养宠臣的不良风气有关。

令尹子南被处死，楚康王于是任命蒍子冯出任新一任的令尹。有一天，蒍子冯上朝之时，看到了大臣申叔豫，想和他打个招呼，但是申叔豫却没有理他，而是远远地逃离了。蒍子冯感到非常奇怪，就跟着申叔豫走，申叔豫往人群中躲；再跟随下去的时候，申叔豫就直接回家了。

蒍子冯为了弄清楚申叔豫为什么不搭理他，就亲自驾车到申叔豫的家里去拜访。蒍子冯见再也没有办法躲避了，于是问他："您在朝廷之上，多次让我受窘，一定是我有什么过错吧！那么请您直接告诉我，您为什么这样讨厌我呢？"申叔豫告诉他说："从前的时候，令尹子南的宠臣观起犯了罪，楚王把他们两个人都给处死了。你看看你现在手下居然有八个宠臣，个个都犯有贪污的罪行，你难道不害怕楚王杀了你们吗？我远离你，是怕你以后会连累我啊！"

听了申叔豫的话，蒍子冯吓出了一身冷汗。在驾车回家的路上，因为心神不宁，就连马车都驾不稳当，摇摇晃晃。回到家后，他马上把手下的几个宠臣召集起来，对他们说："我刚才去见了申叔豫，他这个人真的是传说中的那个能'生死而肉骨'的人啊，能让死者死而复生，能使白骨长出皮肉来啊！"蒍子冯接着对这些宠臣说："你们如果觉得自己是和申叔豫一样的人的话，就可以留下来。不然的话，就请自行离开吧！"最后他让八个宠臣上缴了自己的不义之财，并连夜逃离了楚国。楚康王听后，才开始信任蒍子冯。

对于蒍子冯来说，正是因为有了申叔豫的劝诫，有了辞退宠臣的做法，才使自己不至于步令尹子南的后尘。蒍子冯用"生死肉骨"来形容申叔豫的话具有起死回生的作用。后世多用此语来形容恩情深厚，受惠极大。

九、班荆道故

楚康王时期（公元前559—前545），楚国有位大夫叫伍参。伍参和蔡国的太师子朝是世交，他们的儿子伍举、声子的关系也很要好。当伍举成人后，娶了王子牟的女儿为妻。王子牟是楚国的申公，又称申公子牟，后来他因犯法，畏罪而逃出了楚国。楚国国内憎恨伍举的一些人，诬陷他庇护岳父，伍举百口莫辩，无奈之下只得逃出楚国，打算逃到晋国去避难。在去往晋国的途中，伍举经过郑国的郊外之时，恰巧碰到了好朋友蔡声子。他乡遇故交，两人都非常高兴。于是立马扳倒路边的荆条，将之铺在地上，坐在上面一起吃东西，并谈到了伍举从楚国逃跑的事情。

伍举说明了来龙去脉，声子听后非常同情他。思索良久后，他对伍举说："你继续前往晋国吧，我一定会让你重新回到楚国的。"两人分别之后，声子马不停蹄地前往楚国，并去拜见楚令尹子木。当令尹子木问他关于晋国的情况之时，声子立马说："目前，晋国招揽了大量国外的人才，国家也因此变得强大起来了。"令尹子木听后大吃一惊，不解地问道："晋国难道不用同宗和姻亲的人才吗？"声子回答说："有当然是有的，但仍然有很多人是从楚国跑过到晋国去的。《诗经》中说'人之云亡，邦国殄瘁'，就是说贤能的人如果都逃走了，那国家就会遭受灾难。《夏书》也说'与其杀无辜，宁失不经'，就是说与其杀害无辜，宁可连罪人都不要处罚。现在因为楚国滥用刑罚，有很多有才能的人都无辜受到责罚，所以都逃到别的国家去了。"接下来，他还列举了楚国之前逃到晋国的楚人王孙启、析公、雍子、灵子，都受封于晋国，并给楚国带来了巨大的灾祸。令尹子木听后，若有所思，楚材晋用，可真是一件不忽视的事情啊！

声子所说的也都是真实发生过的事情。像以前楚国的令尹子元遇难以后，有人就跟楚成王说令尹子元儿子王孙启的坏话。其实他并没有做什么坏事，只是被他的父亲连累了，他于是逃跑到了晋国。晋国重用了他，等到楚国和晋国进行城濮之战时，王孙启就参与了军事谋划，洞察了楚军的缺点，最终帮助晋国打败了楚军。声子还列举了申公巫和他的儿子帮助吴人训练军队，最后进攻了楚国的事情。这当然也是楚国流亡国外的人才所做的事情。声子说完后，令尹子木低头不语，若有所思。声子见时机已经成熟，于是接着说："现在，楚国的大夫伍举，因岳父犯法而逃跑，他受到了牵连，楚国国内也有人想要陷害他。伍举百口难辩，我听说他也想跑到晋国去。还好他现在还是一心向楚的，特别想受到楚王的赦免。但时间久了，怕是他也要借晋国来打击楚国，那岂不是楚国的祸患？"令尹子木听后，意识到了问题的严重性，马上请求楚康王免除伍举罪行，派人请他回到了楚国，并给他加官晋爵。

"班荆道故"这个成语现在多用来形容老朋友途中相逢，共话旧情之意。

十、高山流水

春秋时期，有一对好朋友，其中一个人叫伯牙，另一个人叫钟子期。伯牙善于弹琴，而钟子期很善于欣赏琴音。我们常说"知音""知己"，即是说钟子期了解和欣赏伯牙的琴音。《列子·汤问》《渊鉴类函》《警世通言》等古籍，都记载了关于伯牙、钟子期的故事。

相传，伯牙年轻时在晋国担任上大夫之时，就开始专注学习琴艺。他的师傅是著名的琴师成连。伯牙一连学了三年，仍没有什么进展。成连认为他还没有达到心无旁骛、精神静寂的地步，琴师成连突然想了个绝妙的办法，于是对他说："我的老师方子春，他居住在东海蓬莱山上，我带你去见他，让他教你学琴吧。"伯牙听后十分高兴，于是成连将伯牙带到了东海蓬莱山上。蓬莱是山名，古代方士认为是仙人所居之所。到那里之后，他骗伯牙说："你先住下来认真练习弹琴吧，我要下山去迎接我的老师上来。"于是成连划船而去，过了十天还没有返回。

伯牙独自居于蓬莱仙岛，立于东海之畔，远离俗世尘嚣。他日日听海水澎湃，听到海水冲击山石，发出各种各样不同的声音，空灵、震撼、寂静和喧嚣，天籁之音响彻耳畔，又听到山林幽深沉寂，群鸟悲鸣。此时此情，让他渐有所悟，终于明白移情于艺的深刻道理，这也是后人所说的"蓬莱移情"。他于是拿过琴开始弹奏，并即兴作《水仙操》《高山流水》等，音乐中便有了大海的宽阔和气度，从此琴艺日日精进，成为天下数一数二的琴师。

他与楚国结缘，与他出使楚国有关。有一天，伯牙奉命出使楚国。他抵达楚国之时，思绪万千，弹起古琴，琴声悠扬，寄托了他的思绪并渐入妙境。这时，有一位楚国的樵夫听到了他的琴声，连声叫好。伯牙大感意外，马上请他并坐，还为他兴致勃勃地演奏古琴。伯牙手抚琴弦，先弹奏了一曲赞美高山的曲子，只见樵夫沉浸在美妙的音乐之中，微笑地说："真好啊！雄伟而庄重的感觉，就像高耸入云的泰山一样高大！"伯牙感到万分惊讶，没想到这位樵夫居然可以听懂自己的音乐，他于是又弹奏表现波涛汹涌的曲子，樵夫拍手称快："真妙啊！就像无边的大海，宽广浩荡！"伯牙更感到欣喜若狂，于是接下来，他又换了好几首曲子，在不同的曲子里融入了自己不同的情感，而樵夫都能准确地听出来。伯牙最后放下琴，感叹道："太妙了！您可真是一个知音啊！"

这位樵夫就是楚人钟子期。自此，伯乐与钟子期就成了好朋友，并约定第二年还要在此相会。《列子·汤问》里记载了两人共游泰山，于泰山之阴听曲的故事：

> 伯牙善鼓琴，钟子期善听。伯牙鼓琴，志在高山。钟子期曰："善哉！峨峨兮若泰山！"志在流水。钟子期曰："善哉！洋洋兮若江河！"伯牙所念，钟子期必得之。伯牙游于泰山之阴，卒逢暴雨，止于岩下，心悲，乃援琴而鼓之。初为霖雨之操，更造崩山之音。曲每奏，钟子期辄穷其趣。伯牙乃舍琴而叹曰："善哉！善哉！子之听夫！志想象犹吾心也。吾于何逃声哉？"

两人对音乐的理解完全相同。那么钟子期是一个怎样的人呢？说到钟子期，他身世低微，终日以砍柴度日，侍奉年迈的父母，从来不为名利所动。虽然居住于山野之中，但他却博学多才，精通音律。他一边砍柴，一边侍奉父母，还要读书，最终积劳成疾，一病不起。在去世之前，钟子期知道伯牙会在约定的地方等他，于是再三叮嘱自己的父亲一定要到那个地方去通知伯牙。

第二年，伯牙如期赴会，没等到钟子期，却等到一位沧桑的老父亲。老人告诉他说钟子期已经逝世了，说完痛哭起来。伯牙听后，悲痛欲绝，跟随着钟子期的父亲，来到他的坟前为他抚琴，弹完以后，伯牙起身，毅然将琴摔碎，并发誓终生不再弹琴。后来，伯牙就再也没有碰过琴。

后来，人们常常以"高水流水"比喻知己或知音，也比喻乐曲高妙。

第四节　南楚寓言

悠悠楚史八百年，留下了丰富多彩的历史故事。帝王将相的故事固然更加具有哲理，但流传于后世的楚国和楚人的寓言故事，更加生动有趣。这些寓言故事，有的是用于讽谏，有的是用于阐释自己的学说。及至后世，这些寓言故事反倒从历史的话语中抽离出来，为后世人们津津乐道。

一、买椟还珠

春秋战国时期，楚国的漆器艺术非常发达。早在五千多年前左右的江汉平原，人们就已经开始制作并使用漆器了。据《山海经》记载，原始社会时期江汉平原一带，就生长有很多的漆树。20世纪60年代以来，以纪南城为中心的区域范围之内，也发掘了数以万计的精美漆器，造型独特多样，髹漆纹饰精美。因其艺术价值往往很高，受到了当时各诸侯国乃至国外人们的喜爱与追捧。

漆器艺术作为楚人日常生活中常见的事物，也往往被当时学者们用来作为学术讨论的案例。墨子（约公元前468－前376），名翟，是春秋晚期鲁国的重要思想家，是墨家学派的创造人。墨子曾经数次来到楚国，向楚惠王献书以表达自己"非攻"的主张，因为此时楚国以纪南城为都城，经济和军事实力都很强大。后来，到楚国来为官的墨家学者，还有田鸠、田赞等人。墨家主张"兼爱""非攻"，崇尚质朴，善于逻辑推理和辩论，反对"以文害用"，强调内容要切实充分，以理服人。墨家是春秋战国时期重要的学派。战国早期，在儒家思想开始向中国南方传播的同时，与儒家同为"显学"的墨家，其思想在楚国也得以广泛地传播。《吕氏春秋·当染》中说"盛誉流于北方，义声振于楚越"，即是说墨家学派的思想，在北方和楚越之地，都是很有影响力的。

田鸠，又称田俅子、田系、田襄子，是墨家的第四代传人。他曾经想去秦国求取功名，在秦国待了三年见不到秦王，后来到了楚国，获得了楚怀王的信任，并担任了楚国的将军。田鸠在楚为官，楚怀王与他讨论墨家思想。楚怀王问田鸠说："你的祖师墨子，算得上是一个声名显赫的北方大学者了，他的亲身实践倒还算是可圈可点吧，他的言论发表得很多，却并不是很巧妙，也不是很中听，你觉得这是为什么呢？"

田鸠听后，想了一想，然后起身对楚怀王说："臣给大王讲两个故事吧！以前的时候，秦穆王把自己的女儿远嫁到晋国，他想要晋国为自己的女儿打扮，而自己却不事先给她打扮，反倒是陪嫁的七十名女子，穿着彩纹锦缎的衣裳，十分漂亮。到了晋国后，晋国人只喜欢那些陪嫁的女子，却并不待见秦王的女儿。这应该就是所谓的善嫁妾，而不叫善嫁女吧？"楚怀王听后哈哈大笑，心想哪里有这么嫁女儿的傻瓜。

田鸠讲了一个他在北方听到的故事。这个故事记载在《韩非子·外储说左上》中，故事原文是这样的："楚人有卖其珠于郑者，为木兰之椟，薰以桂椒，缀以珠玉，饰以玫瑰，辑以翡翠。郑人买其椟而还其珠。此可谓善卖椟矣，未可谓善鬻珠也。"故事说，纪南城有一个很善于做漆器的人，也是一个做生意的好手，他经常在郑国和楚国之间做生意。有一次，他为了让一颗宝石卖出个好价钱，于是打算做一个漂亮的漆盒。他用木兰做了一个匣子，匣子又用肉桂和花椒等香料进行熏香，再用漂亮的珍珠点缀匣子，还用红色的玫瑰进行装饰，还在上面用绿色的翡翠进行点缀。有个郑国人看到这个匣子后，马上就买下了这个匣子，最后却把珠宝还给了这个楚国人。楚怀王听了这个故事，心里暗暗地骂这个楚国人真是多此一举。

田鸠接着说："大王您看，现在社会上有各种各样的议论，大家都喜欢说一些美妙和动听的话，君主们也都爱听这些好话，这就像郑国人喜欢楚国人的漆匣子一样。我们墨家学说主要是在传播先王思想，论述古代圣人的主张。如果我们墨家想要让别人理解我们的思想，就不会修饰以美妙的文辞，因为文采太繁，就会损害思想的效用，您说是不是这样的呢？"

楚怀王听后，非常赞同他的话，同时也觉得墨家的确有这样的风格。此后，墨家思想在楚国得以传播，出现了"邓陵氏之墨"。后来，楚人既重视经典的研习，也重视"谈辩""说书"和"从事"，楚国政治和文化得到了极大的发展。

二、刻舟求剑

在春秋战国时期，一个诸侯国的强大，往往会带来邻国或其他强国的恐慌。为了打压或丑化对手，有时会产生和流传一些有趣的寓言故事，而故事的主人公也往往与强大的对手有关。"刻舟求剑"就是一个以楚人为主人公的寓言故事。

这个故事被收集在《吕氏春秋·慎大览》的《察今篇》之中。《吕氏春秋》的《慎大览》一共有8篇文章，主要是阐述国君在处理国家事务之时，应特别谨慎，尤其当国家处于强盛之时，更应保持高度的谨慎。《察今》是《慎大览》中的一篇，主要是讲因时顺势，进行变法图强的改革思想。"察今"的意思即是指审察当今的时势。在讲到顺应时势的道理时，作者在同一篇中先讲了"循表夜涉"这个寓言故事，和"刻舟求剑"一样，故事的主人公也是楚人。

我们不妨先来看看"循表夜涉"这个故事。有一次，楚人要去攻打宋国，为了找到浅水河滩，快速地渡过滩水，楚人先用木条在滩水中设置了一些过河标记。过了一段时间，滩水突然发起了大水，但是楚人却不知道，事先设置好的木条也被冲得到处都是。楚兵在过河时，仍循着这些漂浮的木条渡河，结果死伤近千人。《吕氏春秋》的作者用这个例子来说明，君主们在效法先王的法令制度之时，有时往往会犯这样的错误。社会改变了，那么变法就是应该实行的事情，更不能因循守旧，故步自封。

作者接着进一步讲述了关于去除守旧、顺应时势的话题。作者认为，平民百姓是不会议论法令的，一般的小官吏也都是墨守成法的。能够跟随时代、引导时代变法的，只能是那些贤能的人才。所以，天下有很多不同贤能的君主，他们的法令都不尽相同，有的甚至是相反的，这是因为他们了解时势并顺应时势要求。他于是又引用了一个关于楚人的寓言故事。

有一个楚国人乘船过江，船行至江心之时，他不小心把剑从船上掉到了河中，但这个人好像一点都不着急。船公对他说："你的剑掉下去了，快点下去把剑捞起来呀！"只见他不紧不慢地拿出一把铜刀，在船上刻上一个记号，告诉船公说："这是我的剑掉下去的地方。"船公十分不解，暗自好笑。等船靠岸后，这个人从所刻的记号那里下去寻找剑，但是他不知道船已经前行了，而剑并没有前行。这样去找落到水里的剑，难道不是糊涂吗？作者由此得出的结论是：法令不变，却用不变的法令来治理国家，是不可取的。

"刻舟求剑"这个故事还是深刻地启示我们：任何事物都是在不断发展和变化之中的，应该以发展的眼光来看待和处理问题，墨守成规、不知变通的话，注定只能四处碰壁。

三、自相矛盾

韩非子（公元前280—前233），战国后期韩国人，是法家学派的重要代表人物。他的著作被辑录于《韩非子》一书之中。他与李斯同拜于荀子门下，作为法家思想的代表者，韩非子主张法治，"立法术，设度数""以法为教"；他还主张反对"仁义"，认为君主在用法行刑之时，却感到悲伤，这就是"仁"在作祟，这并不是治理国家的人应有的情感；他还反对"法古"，即不要期望远古时代，也不要什么事都向古代先王学习和效法，因为这更是一种不明智的做法。最后，他还反对"事鬼神"，同时还强调要"使民以得富"，这样国家才会真正强大起来。

韩非子所反对的"先王"，包括被儒家尊为圣人的尧、舜二帝。儒家虚构了很多他们的事迹，描绘了舜治理社会的一些令人振奋的场景：历山一带的农夫常争执耕地，而舜到那里一年，争执就消失了；河边的渔夫争夺河中的高地，舜到那里一年，渔夫们就懂得了相互谦让；东夷一带的制陶工制作的陶器粗制滥造，舜到那里一年，陶器就坚固多了。

韩非子质疑了儒家"夸大其词"的内容。他在《难一》中进行了有力的反击：当舜在民间治理政治之时，那尧又在何处呢？儒家们回答说，尧在做天子。韩非子又问道，孔子高度赞扬尧帝，那又是为什么呢？儒家们又回答说，因为尧是圣人，圣人在位的时候，他可以明察一切，天下就没有奸诈和邪恶。那韩非子又问，既然如此，那天下农夫为何要争田，渔夫为何要争高地，陶工为何制作不精？如此一来，那舜去治理天下，就说明尧没有治理好天下，那尧就不是圣人。如果要肯定尧是圣人的话，那么舜的圣明就要被否定掉；如果肯定舜的圣明，那么就得否定尧的贤明。因此，尧的圣明的名号和舜的德化之举，是不可能同时成立的。儒家对此是没有办法反驳的。

接着，为了使这个推理更加清晰、更加具有说服力，韩非子还讲了一个他听到的关于楚人的故事。这个故事讲的是，有一个楚国人，在郢都的市场上卖矛和盾。他首先夸耀他的盾说："我的盾这么坚固，没有什么东西是可以刺穿的。"然后他又夸耀他的矛说："我的矛如此锋利，天下没有什么东西是它刺不穿的。"有人就问他："用你的矛刺你的盾，怎么样呢？"那人就哑口无言，不能回答了。

其实，韩非子在这个推理中运用的是后来逻辑学中所说的"二难推理"。他将此推理的方法运用得非常好。他还指出，舜这样的人是有限的，他的寿命也是有限的，而天下错误却是无穷无尽的，用有限贤人去克服无尽的过错，这是不现实的。相反，天下可以被纠正的错误非常少。韩非子进一步地提出，还是要实行赏罚，施行法制，这样才可以使天下的人不得不遵行法度。

这个寓言中的楚人的确很愚蠢，但是这个绝非出自楚人之口，而是从北方士人笔端而出。后世通过这个故事，来嘲笑那些违反逻辑的人。这也说明凡是为了私利而违背真理和原则的人，其言论往往就是表里不一的。

四、狐假虎威

楚宣王重用昭姓大臣昭奚恤，并让他担任楚国令尹。昭奚恤，他的封地在江，故而又被称作江君奚恤。他的这个封地又远又小，故而受到了楚国贵族们的轻视。但是，昭奚恤后来受到了楚宣王的重用，这就引起了楚朝廷中很多大臣们的嫉妒和怨恨。

江乙是一个魏国人，他离开魏国之后，就来到楚国做官。他一心求取功名利禄，故而也很嫉妒昭奚恤，他经常在楚宣王面前中伤昭奚恤。有一次，他对楚宣王说："在下位的人结党营私，那么居上位的人就岌岌可危；在下位的人互相争夺，那么居上位的人就高枕无忧。如果有人喜欢在您面前宣扬别人善良的地方，大王认为这个人怎么样？"楚宣王说："这人就是君子，应该亲近他并重用他。"江乙又说："有人喜欢宣扬别人丑恶的地方，大王认为这个人怎么样呢？"楚宣王回答说："这人一定是小人，应该疏远他。"江乙说："既然这样的话，那么有一个做儿子的杀了他父亲，做臣子的杀了他的国君，然而大王最终却不知道，这又是为什么呢？因为大王喜欢听别人的好事而讨厌听别人的坏事。"楚宣王说："您说得很有道理！那以后我既愿意听别人的好事，也愿意听别人的坏事。"楚宣王的回答非常巧妙，他既尊重了江乙，又接受江乙的建议，重视了外臣的重要性。

有一次，江乙又给楚宣王讲了一个狐假虎威的寓言故事，再次中伤昭奚恤。楚国君臣在王宫处理完政事，楚宣王一时兴起，便问群臣说："我听说咱们的令尹昭奚恤，让北方的一些诸侯国闻风丧胆，果真是这样吗？"大臣们都没有回答，江乙于是给楚宣王讲了一个故事：

一只老虎抓到了一只狐狸，狐狸非常害怕老虎吃掉他，于是心生一计，便对老虎说："您肯定不敢吃我，因为我是上天派来做兽中之王的，如果您吃掉我的话，就违背了上天的旨意。如果您不相信我的话，那我们便来验证一下吧！我在前面走，您跟着我到森林里走一走，看看百兽到底怕不怕我。"老虎就和狐狸同行，百兽见了老虎，都纷纷逃跑了。老虎信以为真，觉得狐狸真的很厉害，以后再也不敢吃它了。大王现在国土有方圆五千里，大军有数百万众，却由昭奚恤独揽大权。北方诸侯害怕昭奚恤，其实是因为害怕楚国的军队，这就像群兽害怕老虎一样。江乙多次中伤昭奚恤，这反映了他自私自利和心胸狭隘的一面，不过楚宣王却并没有因此而疏远他，从楚宣王多次与江乙的对话记载来看，他们之间的君臣关系还是不错的。

但是，楚宣王对待昭奚恤也一样，他把江乙对他说过的话，也直接坦诚地说给了昭奚恤听。昭奚恤听了之后，惴惴不安地说："臣朝夕为君王尽忠听命，而像江乙那些魏国人却离间我们君臣之间的关系，我十分惶恐。我并不害怕他们，我所担忧的是这些离间君臣关系的言辞，一旦传出去，天下都相信了他们的话，那我将无地自容了。我经常在外面领兵打仗，有人却在都城内散布关于我的流言蜚语，这样我随时随地都可能成为罪人啊！"楚宣王说："寡人知道就行了，令尹何必担忧呢！"后来他仍然十分信任昭奚恤，昭奚恤始终对他很忠诚。

五、画蛇添足

齐国位于北方，楚国位于南方，两个强国一南一北，都曾经当过中原的霸主。《战国策·齐策二》中就记载了一个北方人所编撰的楚人的故事——"画蛇添足"。讲这个故事的人叫陈轸。陈轸生活于战国时期，往来于列国之间，权变多谋，当初他与张仪共同在秦国做事，两人的才能都不相上下。后来张仪任秦相，陈轸便离开了秦国。

公元前323年，楚国发兵攻打魏国。率兵攻打魏国的楚国将领名叫昭阳。昭阳是楚国的名臣，精通兵法，素有战功，至楚怀王时期，担任楚国的令尹。昭阳带领着楚国的精兵，打败了魏国的军队，杀死了魏国的将领，楚军士气高涨，一举拿下了魏国八座城池。势如破竹的楚军，威震天下。此时的昭阳不可一世，意欲直接麾军北上，直捣齐国都城。齐国上下一片恐慌，于是齐王打算派陈轸作为齐国的使者去拜见昭阳。

见到昭阳之后，陈轸首先向昭阳祝贺战争胜利。然后，他站起来问昭阳："在楚国的法令中，如果击溃了敌军，杀死了敌将，那么在官爵上的表彰办法是什么呢？"昭阳略有喜色地说："官位就是上柱国了，爵位的话，就是上执珪了。"陈轸说："那么比这个更为显贵的官爵又是什么呢？"昭阳想了想又说："那就是令尹了。"陈轸说："令尹是够显贵的官爵了！可是，楚王应该不可能同时设置两个令尹吧。"为了更好地说服昭阳不去攻打齐国，陈轸给昭阳讲了一个关于楚人的故事：

有一个楚国人，在完成了重要祭祀活动之后，就把一壶祭酒分给前来帮忙的门客们喝。有一个门客就和其他的门客商量说："这壶酒大家都一起喝的话，不够，一个人喝还是可以的。不如这样吧，我们每个人都在地上画蛇，看谁画得好、画得快，那么这壶酒就可以给这个人独享。"大家听后，都觉得这个主意不错。于是，一声令下，大家各自找了一个地方，开始画起蛇来。有一个门客很快就画好了，而且画得还不错，他见其他人都还没有画完，于是得意洋洋地左手拿着壶，右手继续画起来："我画得多好多快呀，我还可以给这条蛇再添几只脚呢!"可没等他画完蛇脚,另一个人已经画完了蛇,那人起身,看到这个人拿着酒壶,还在画蛇脚,他一把抓过酒壶,说:"蛇哪里有脚,你怎么还给它画上了脚了呢,加上了脚,那就不是蛇了。"说完,便一口把壶中的酒全喝了下去。

讲了这个故事,昭阳若有所思。陈轸接着说:"当下,您在楚为官,带楚军攻打魏国,也击败了魏军,获得了城池,这个功劳已经是相当大了,您现在已经是楚国的令尹了,您的头上再也没有什么可以再加的爵位了。您现在又要去攻打齐国,打齐国倒罢了,打胜了官爵也只不过是现在这个样子,但是打输了呢,不但有可能战死军中,爵位也要被楚王削去,而且还会毁掉楚国的威名。您这个做法,和我刚才讲的'画蛇添足'的故事不是一样吗?在下看来,您不如引兵回到楚国去,这样不仅齐国人会感恩戴德,而且您也是军功满满,载誉而归,何乐而不为呢?"

昭阳听后,觉得陈轸说得还是挺有道理的,于是对陈轸说:"好吧,我就不去攻打齐国了。"带领着胜利之师回楚国领赏去了。

六、螳螂捕蝉

春秋战国时期,诸侯争相称霸,相互攻伐兼并。因为力量的相互牵制,各个诸侯国都不敢贸然派遣全部兵力攻打某个国家,这样就会出现被他国灭掉的危险。对于这种境地,我们多用"螳螂捕蝉"来形容,"螳螂捕蝉"这个故事,被记载在《庄子·山木》中。

有一天,庄子在雕陵的果园里游玩,看到了一只奇特的大鹊,眼睛有一寸长,翅膀有七尺多宽。它从南方飞过来,碰到了庄子的额头,后来落在了果树之上。庄子于是拿着弹弓追了上去,在旁边伺机等待着。鹊看到了树丛之中的一只螳螂,想找机会吃掉他。而螳螂看到了一只正在享受绿荫的蝉,也想吃掉它。庄子看到这一幕,马上顿悟了一个道理:"原来万物都是相互伤害的,二者之间可以相互招引着!"庄子用这样的寓言故事旨在说明,人要想处世免于灾难,就要虚己顺物,抛弃自恃之心。庄子因看到了利害关系,又感到无可奈何,无能为力,只好超然于物外,以便使自己远离祸患。

楚庄王时期,楚国实力大为增强,不仅兼并了周围的一些小国,攻打了郑国和陈国，一些小国家也纷纷依附楚国。楚国力量强大到一定地步之时，楚国便开始向北方谋求中原霸主。楚庄王即位之后，无时无刻不在想着成为中原的霸主。他担心大臣们阻止他北上的步伐，甚至还在国内下达了"有敢进谏者，杀无赦"的命令。

令尹孙叔敖认为，楚国与晋国之间进行决战的时机还并未成熟，楚国根本没有胜算，如果贸然出兵，一定会酿成大错。于是，他不顾个人安然入宫进谏。孙叔敖说："我听说，一个人如果因为害怕父亲的鞭笞，就不敢向父亲进言，那么他就不算是一个孝子；一个大臣如果害怕君王的刑罚，就不敢向君王进谏，那么他就不能算是一个忠臣。"为了让楚庄王能够更好地接受自己的意见，他没有直言楚国对晋国采取军事行动带来的危害，而是给楚庄王讲了一个寓言故事："在我家的庭院里有一棵榆树，树上有一只蝉。蝉停留在高高的树上，一边放声地叫着，一边吸饮着露水，却不知道有只螳螂在自己的身后；螳螂弯曲着身体贴在树上，想扑上去猎取蝉，但却不知道自己身后有只黄雀；黄雀伸长着脖子想要啄食螳螂，却不知道自己的身后有个小孩举着弹弓要射杀它；这个小孩正在射杀黄雀，但却不知道自己的前面有一个深坑，身后有一个洞窟。"

孙叔敖接着说："这个故事讲的是只知道前面有利可图，而不知道身后祸患无穷的道理。大王发兵攻打晋国，是贪念晋国的土地而不考虑后果的行为。"楚庄王听了孙叔敖的话后，认为他讲得很有道理，就暂时放弃了攻打晋国的打算。

楚庄王始终没有放弃与晋国决一死战的打算，他派遣大夫豚尹去观察晋国的国情。豚尹回来向他汇报说："晋国不可以伐。在晋国，忧愁的事全由上面的人承担，快乐的事都让百姓们分享，而且朝中有位名叫沈驹的贤臣处理政事，政治清明，晋国的百姓都安居乐业，可谓国泰民安。"听了豚尹的汇报，庄王暂时打消了攻打晋国的念头。

又过了一年，楚庄王再派豚尹去晋国观察情况。豚尹回来向汇报说："现在可以攻打晋国了。当初的贤臣沈驹死了，晋君的身边的人全是一些势利小人，国君整天只知吃喝玩乐，而且蛮不讲理；百姓们整天提心吊胆地生活着，恨透了当官的，上下离心离德。如果此时起兵讨伐晋国，晋国的百姓也一定起来造他们国君的反。"在对晋国国内的情况有了充分了解之后,楚庄王才决定出兵北上,争霸中原。

第五节　楚地神话

　　马克思在《黑格尔法哲学批判》的导言中曾经说道,古代人类各民族的史前时期,都是在幻想和神话中度过的。这是很符合历史实际的一种推断。神话是人类文化的序曲,也是不同民族文化的重要源头。我国是世界文明的发祥地之一,而楚国文明又是我国古代文明的重要区域性文明。在漫长的历史发展过程之中,楚国曾经产生了丰富多彩、瑰丽无比的神话。

　　早在夏商时期,江汉平原一带就已经受到了商文化的影响。商文化甚至还穿越了江汉平原,到达了今湖南沅湘流域一带。这当然是原始社会以来南北方的部落不断进行战争、文化交流的结果。可惜的是,在先秦时期的文献中,对于楚地原始神话的记载或者图像,大多可能随着原始部落的南迁或解体而逐渐消失不见了。但是,楚地大量丰富多样、神秘莫测的神话故事,却在生活于楚地的人们的口口相传中传播了下来,这其中也包括了楚人观念中对楚地以外区域的神话的收集与接受。虽然不像西方古希腊神话那么具有体系性,但是却保存了先秦楚地神话的精华。据学者研究和统计,先秦神话比较多地集中在《山海经》、《庄子》、《楚辞》、楚帛书以及汉代的《淮南子》之中。

一、女娲补天

　　女娲是中国古代神话中的创世神。先秦时期产生于楚地的文献中,多有对女娲的记载和描述。但传世的先秦时期的中原文学作品中,却很少见到女娲的神话形象。在我国古代的传世文献之中,到了《淮南子》这部楚地文献中,才对这个神话故事有比较完整和明确的记载,这更加有力地说明了女娲补天的故事是长期流传于楚地的神话。在《淮南子·览冥训》之中,就生动地记载了"女娲补天"的故事。名为"览冥",即览观幽冥,去了解深藏在事物内部却难以察觉的一些规律,至精感天而通达无限,所以称之。"女娲补天"的故事是这样记载的：

> 往古之时，四极废，九州裂；天不兼覆，地不周载；火爁炎而不灭，水浩洋而不息；猛兽食颛民，鸷鸟攫老弱。于是女娲炼五色石以补苍天，断鳌足以立四极，杀黑龙以济冀州，积芦灰以止淫水。苍天补，四极正；淫水涸，冀州平；狡虫死，颛民生；背方州，抱圆天；和春阳夏，杀秋约冬，枕方寝绳；阴阳之所壅沈不通者，窍理之；逆气戾物、伤民厚积者，绝止之。

这是一个多么令人瞠目结舌、惊天动地的楚地神话！女娲为何要补天呢？楚人相传，当时是因为擎天的四根柱子倾倒了，九州大地也都裂开了，天不能把地全部盖住，地也不能支撑地面上所有的东西，天崩地裂引发大火蔓延不止，洪水也泛滥不息，猛兽四处追赶和吞食人们。于是女娲修炼五色石来修补苍天，把鳌脚砍下来当作大地四方的四根擎天柱，把芦灰积聚起来去堵塞洪水。背靠着方正的大地，拥抱着圆圆的苍穹，让春天变得温暖无比，夏天变得烈日炎炎，秋天秋风萧瑟，冬天寒冷无比。她头枕着矩尺，躺在墨绳之上。她疏通阴阳二气，使危害万物、妨害人民积聚财物的逆气得到消除。

自此以后，天空清澈，大地宁静。人们生活得无忧无虑，睡觉的时候也不用担心，起床后神态可掬，舒适无比；恍惚之间，一会以为自己是马，一会又以为自己是牛。他们都得到了天然的平和，幼稚而天真。没有人知道自己从哪里来，大家随意地生活着，除了基本的食物之外，也没有什么别的需求；大家随性地生活着，也没有什么特别的目标。而此时的猛兽毒蛇，也全都藏起了爪牙，再也没有捕捉人们的欲念了。

楚地的人们为女娲的丰功伟绩而欢呼雀跃，她的名声与远古楚人的先祖一样流传后世，光照万事万物。女娲又乘坐着雷车，让应龙在前面驾车，让青虬在两边配合。手里拿着世上少有的瑞玉，车上铺着罗图车垫，干净而温暖，天空有黄云缭绕，瑞光照耀着大地，无比的平和，车前还有白螭开路，后面腾空飞起的群蛇簇拥在车后，上下遨游，自由自在。鬼神更是在更远的地方引导着她去登临九天，在灵门上，她朝见了天帝，还安静地在大道始祖那里休憩。这是多么美好、安静而又令人愉悦的"出游"呀，和屈原在《离骚》中的"登天"又是何其相似啊！

二、精卫填海

《山海经》是一部由楚地人所写的"楚巫书"，自然是记载楚地神话最为重要的文献。今本的《山海经》一共有十八卷，分为《山经》五卷和《海经》十三卷，其记神语怪、志山明水的文字，亦真亦幻，让人捉摸不透，又欲罢不能。波澜壮阔的场景、瑰丽雄奇的画面，又宛若真实存在过的世界。《山海经》研究学者袁轲认为这本书是"神话之渊府"。《山海经·北山经》之中，就记载了一个在楚地流传的神话故事：

> 又北二百里，曰发鸠之山，其上多柘木。有鸟焉，其状如乌，文首、白喙、赤足，名曰精卫，其鸣自詨。是炎帝之少女，名曰女娃，女娃游于东海，溺而不返，故为精卫，常衔西山之木石，以堙于东海。漳水出焉，东流注于河。

这座发鸠之山，是北山的三个山系之中的一座山脉。精卫鸟就住在这座山上。我们不妨来一起看看这个曾经以不同方式流传于楚国郢都的神话故事。相传，在远古时代，炎帝神农氏生养有一个小女儿，她的名字叫女娃。女娃从小就聪明伶俐，乖巧可爱，而且爱打抱不平。炎帝非常喜欢她，并把她视作掌上明珠。

有一天，女娃趁父亲外出，一人驾着小船来到东海之滨，向着太阳升起的地方努力划去。一阵狂风吹过，一个大浪打过来，小船被卷入大海，女娃也葬身于东海之中。炎帝知道这个消息后，悲痛不已，日夜在东海边独自流泪。女娃的魂魄在天上看到伤心的父亲，她也十分难过。于是，她让魂魄化作一只美丽而勇敢的小鸟，样子像乌鸦一样，脑袋上长着精致而美丽的花斑羽毛，有着白色的嘴巴和红色的脚爪。由于她在飞翔的时候，口中会不断发出"精卫、精卫"的悲鸣之声，所以人们都称她为"精卫鸟"。

前面我们已经知道，精卫鸟是住在北方的发鸠山之上的，她被大海夺去生命，还让她的父亲日夜伤心怀念，因此她对夺去自己生命的大海有着无比的怨恨之情，她于是发誓一定要把这无情的大海填平。咆哮的东海嘲笑她说："可怜的小鸟儿，你还是算了吧，就算你填一千年，也别想把我给填平！"飞翔在高空的精卫鸟毫不犹豫，也毫不退缩，她回答道："就算是填一千年、一万年，填到沧海桑田，海枯石烂，我也要将你填平，让你以后再也无法夺去人们无辜的生命。"

从此以后，精卫鸟就开始不分昼夜地从发鸠山衔去一粒粒小石子，或是一根根的小树枝，然后穿越崇山峻岭，飞到东海。她在波涛汹涌的海面上盘旋，不停地把石子或树枝投到海里。就这样一天又一天、一年又一年，精卫鸟仍然还在不间断地飞翔、投掷，意欲填平大海。

"精卫填海"这个成语，过去的时候是用来比喻有深仇大恨，立志要报复仇人。后来，人们多用这个成语比喻不畏艰难困苦，不达目的不罢休。

三、夸父追日

楚人屈原在其《天问》之中，就有这样一句仰天发问的诗句："角宿未旦，曜灵安藏？"意思是在问，太阳在没有出来之前，阳光又藏在什么地方呢？太阳神在楚人的精神世界里，是最为重要的自然神祇，楚人多称太阳为"东君"，楚人有尚东的习俗，也都是因为太阳是从东方升起的缘故。

由楚地人所写的《山海经》一书中，也记载了另一则关于太阳的神话——夸父追日。这个故事记载在《山海经·大荒北经》之中，《大荒北经》的神话极为丰富，从东北海外的附禺山开始讲起，其中最为重要的神话就是黄帝大战蚩尤的故事，其中还记载了关于女魃、夸父、九凤、强良等神话人物。关于夸父和他"逐日"的故事，《山海经·大荒北经》是这么记载的：

> 大荒之中,有山名曰成都载天。有人珥两黄蛇,把两黄蛇,名曰夸父。后土生信,信生夸父。夸父不量力,欲追日景,逮之于禺谷。将饮河而不足也,将走大泽,未至,死于此。

这个故事讲的是：相传在远古时候，炎帝神农氏部落的后裔中，有一个叫后土的人，他是幽冥世界幽都的统治者，幽都在北海。后土长着老虎的头，头上还有一对尖利的角，额头上有三只眼睛，身子比牛还要大。后来，他生下了他的儿子信，信又生下了一个儿子，名叫夸父。这个部落里的人们，身材都很高大，而且力大无穷，跑得也很快。他们都住在大荒之中的成都载天山一带。夸父长大以后，他的耳朵上经常挂着两条黄蛇一样的玉佩，手上也握着两条黄蛇。这个形象可真是太奇怪了。在《山海经·大荒南经》之中也记载，在南海的岛屿上，住着一个神，长着人的面孔，耳朵上挂着两条青色蛇，脚底下也踩踏着两条红色的蛇。在后来楚人的玉器中，所见的人乘龙玉佩和乘龙升天玉佩，有乘龙、操龙的形象。夸父所在的这个部落居住的地方日短夜长，一年中有很长一段时间都是漫漫长夜，所以，这里的人们非常向往光明。

《山海经·大荒北经》认为"夸父逐日"的具体原因是夸父自不量力。有一天清早，太阳刚刚升起，可是很快又要落下了。夸父觉得自己的个子很高，步子迈得也很大，于是打算在禺谷一带追上太阳。可是，太阳的温度太高了，离它越近，就越觉得口渴难耐。夸父感觉身体中的水分都要蒸发完了，嗓子像冒烟一样难受，于是就到处找水喝，他来到了黄河边，大口大口地喝起黄河的水来，结果把黄河水都喝干了，可还是不解渴。他又跑到渭河，把渭河里的水也喝干了，但还是觉得口渴。后来，他想到北方的大泽里去喝水，可是还没走到那里，就在半路上渴死了。《列子·汤问》中，将夸父的故事情节进行了创作，在他死后，他的身体还化作了大地。

四、羿射九日

后羿在历史上是真实的历史人物，他是夏朝时期有穷国的首领。后羿发动了叛乱，把夏朝的王太康赶走了，他于是成了夏朝的君主。但是，羿是神话传说中射日的天神，他一口气射下了九个太阳，让天下旱灾得以结束，受到了人们的尊重。当然，羿的功绩不仅仅是射下了九个太阳，同时，他还为人间斩除妖怪，相传他杀死过猰貐，也杀死过凿齿，还除掉过北方凶水里的怪兽九婴，以及东方青丘之泽中的大风怪鸟，为人间带来了安宁。

在古代传说之中，太阳里本身是有金乌的，与之相对应的，月亮之中就有蟾蜍。《山海经》中多处对"羿"以及"十日"有所记载。《大荒南经》记载的是南海一带的事情。其中，写到在东海之外、甘水之间有一个国家，里面住着一个叫羲和的女子，她是帝俊的妻子，后来她生下十个太阳，因为每个太阳的中心是只鸟，他们就像小鸟那样栖息在东海边的一棵大树上。羲和有时还在甘渊给这些太阳之子洗澡呢！洗澡的地方叫汤谷，滚烫无比。

太阳负载在三足乌的身上，于天空之中运行，这三足乌是太阳精魂的化身。九只太阳住在树的下枝，一个太阳住在树的上枝。开始的时候，十个太阳都是很讲规矩的，一个个地轮流出来，天下百姓的生产和生活都很正常，但是后来太阳们一起出来了，民间河流干涸，庄稼干枯，粮食没有了，草木被晒死了，禽兽毒虫泛滥成灾，人们无法忍受炎热的天气。

在《淮南子·本经训》中，就记载了"羿射九日"的故事。《本经训篇》主要是为了阐明实行道治的重要性，认为实行道治才是天下长治久安的根本。"本"就是始的意思，"经"即是常的意思。本经就是指根本性的、经常性的治国平天下的原则。"羿射九日"故事的引用，就是用来说明这个原则的，其中记载道：

> 逮至尧之时，十日并出，焦禾稼，杀草木，而民无所食。猰貐、凿齿、九婴、大风、封豨、修蛇皆为民害。尧乃使羿诛凿齿于畴华之野，杀九婴于凶水之上，缴大风于青丘之泽，上射十日而下杀猰貐，断修蛇于洞庭，擒封豨于桑林。万民皆喜，置尧以为天子。

帝尧向上天祷告，帝俊为了解救人间，赐给羿一张红色的弓和一支白色的短箭，并派他来到了人间。羿当即拿出天帝所赐的神弓箭，对准天上的一个太阳射出了一箭，过了一会儿，一个太阳猛地爆裂了，火光迸射，散落金色的羽毛，天上掉下来一只金色的三足乌。后羿接着射出第二支、第三支、第四支箭，太阳一个个都掉了下来。最后，留下了一个太阳为百姓提供光热。后来又斩杀了四处的禽兽毒虫，使人们可以生存下来。

这个惊心动魄的故事，在楚地长久地流传，其中饱含了人们对于太阳的浪漫想象，同时也是人们与干旱天气作斗争的一种神话表达。这个关于自然天体的神话，寄托了当时楚地人对于美好生活的向往，同时也赞美了那些造福百姓的英雄。

五、鲧禹治水

在中国古代人的历史记忆中，关于洪水的神话，一般与鲧和大禹有关。春秋战国时期，楚人生活在今荆江流域，人们与洪水抗争，流传着大量与洪水抗争的神话，"大禹治水"的神话在楚地也有着相当大的流传空间，同时也反映了上古时期天下洪水泛滥的情况。这些神话被楚地人记载在《山海经》中。

据《山海经》记载，鲧是一匹白马，鲧的父亲叫骆明，骆明的父亲是黄帝，鲧是黄帝的孙子。相传，大禹的名字叫文命。神话中洪水泛滥，其起因是天帝看到人间子民做了错事，降下洪水来警告世人。天帝派水神共工到人间引发了大洪水。人们只好躲到山上的洞穴里，把房子建到树上以躲避洪水，十分凄惨。天上很多神灵，对人间所受水患都无动于衷，只有一个神鲧胸怀天下，对天下子民有着怜悯之心。他对祖父这种虐待人民的措施非常不满，他一心想把子民从洪水中解救出来。他于是向天帝去求情，希望他可以网开一面，赦免子民们的过错，把洪水收回去。但天帝并没有听从他的意见，反倒把他说了一通。

但是鲧还是想要自己想办法去平定洪水。有一天，他听说天帝有一件法宝叫息壤。息壤只需要倒出一点点，就可以积起像山一样高的大堤。息壤是荆江洪水神话的重要载体，一直到清代荆州的地方史志文献之中，人们仍然在追述和总结人们对抗洪水的历史记忆。"鲧窃息壤"的神话故事，在荆江流域一带也有着广泛的流传。息壤之说起于《山海经》《归藏》等文献。《山海经·海内经》记载：

> 洪水滔天。鲧窃帝之息壤以堙洪水，不待帝命。帝令祝融杀鲧于羽郊。鲧复生禹。帝乃命禹卒布土以定九州。

这段记载行文如论史实，人物真切，事迹明晰，读来更令人惊心动魄，

190

是多么令人浮想联翩的上古神话故事！鲧把天帝的息壤想办法偷了出来，他把息壤放在大地之上，形成了一条条大堤，这时大地之上又出现了一片片新的绿洲，人们从洞穴中走出来，从树上爬下来，回到过去的土地并重建了家园。这些子民对鲧非常敬佩，大家都对他感恩戴德。但是不久后，这件事情被天帝知道了。于是他派遣火神祝融到人间，找到了鲧并把他杀死在羽山之上，还把息壤重新夺了回去。

鲧被杀之后，因为他治水的夙愿还没有达到，精魂也没有散去，所以他的尸体也没有腐烂。神话里说，鲧的肚子里居然开始逐渐孕育新的生命，就是他的儿子禹。在远古母系氏族社会转变为父系氏族社会之后，男性生育则开始大行其道。小生命越长越大，而且也开始具备各种神力。

天帝知道了这件事情，非常诧异，于是派了一个天神，拿着一把"吴刀"到人间。天神奉命行事，到达羽山，用吴刀把鲧的尸体剖开了。就在这时，鲧的肚子里飞出一条虬龙，长着一对龙角，飞腾到天空之中。这条龙就是禹。而鲧也化作一条黄色的龙，跳进了羽山旁边的羽渊之中，再也找寻不见了。

禹的出生让天帝更加诧异，他于是开始反思自己的所作所为。鲧因为叛逆而被处死，现在居然有了儿子，所以叛逆的种子又遗传到了禹身上。世世代代进行反抗，就很难再控制了，于是天帝打算改变办法。禹长大之后，向天帝说明了他要拯救天下子民的想法。天帝很快就答应了他，还把息壤送给他，同时还派遣曾经杀掉过蚩尤的大臣应龙，去协助禹治理天下洪水。

禹带着息壤，后面跟着应龙，到了人间打算治理洪水。这一举动让水神共工非常生气。他为了对付禹，从西方最高处倾泻洪水，洪水四处泛滥施虐，一直淹到了东海边。禹率领天下群神和共工斗争，最后共工被禹赶走了。禹不仅采用他父亲堵塞洪水的办法，而且他还经过实地勘察，认为洪水需要疏导，才可以解决洪灾的问题。相传，应龙化而为龙，为禹在前方开路，尾巴指向的地方，就被开凿成河渠，洪水最终被治理好，人们也可以安居乐业了。后来，禹受舜的禅让做了国君。

六、混沌之死

汉代东方朔所著的《神异经》中，记载了一位混沌："昆仑西有兽焉，其状如犬，长毛，四足，似罴而无爪，有目而不见，行不开，有两耳而不闻，有人知性，有腹无五脏，有肠直而不旋，食径过。人有德行而往抵触之，有凶德则往依凭之，天使其然，名为混沌。"因为本身混沌就是上古的神兽，或者是人们对于自然界初生状态的一种理解。汉代《白虎通·天地》就说："混沌相连，视之不见，听之不闻。"至于他们说的是不是同一个神，这不重要。

在楚人的心目之中，这个混沌的形象却是各有不同的。《庄子》中的"混沌"，就是一个处于初始状态的一个神，没有感知世界的各种器官。《庄子·应帝王》主要讲的是庄子的外王之道。在庄子看来，理想的君王应该超越物我，德行纯真，达到无为而治的境界。另外，圣人之治的本质，是通过自治其身，顺便达到天下大治的境界。同时，文中还借用列子的理论，阐述了大道隐而不显的特征，认为治理天下，主要是在于虚心接纳万物，不要有任何私心。这样圣人才不会为名声、智巧和俗事所牵制，心灵处于虚静的状态。之后，文中的"混沌"比喻才顺应而出，文中写道："南海之帝为倏，北海之帝为忽，中央之帝为混沌。倏与忽时相与遇于混沌之地，混沌待之甚善。倏与忽谋报混沌之德，曰：'人皆有七窍以视听食息，此独无有，尝试凿之。'日凿一窍，七日而混沌死。"在这个故事中，庄子虚构出了三个神的形象。南海、北海和中央分别由不同的神主宰着。南海的大帝名字叫倏，北海的大帝名字叫忽，中央的大帝名字叫混沌。这三位大帝都是好朋友，经常一起出游。有一次，倏和忽来到了中央大帝混沌管辖的地盘，混沌热情好客，非常盛情地款待了他们。受到混沌的热情招待后，倏和忽觉得很过意不去。于是，他们在一起商量如何报答混沌。倏和忽左思右想，终于想到报答混沌的好主意。倏和忽观察到，人人都有目、耳、口、鼻七窍，用眼睛来看，耳朵来听，用嘴巴来吃饭，用鼻子来呼吸，人人都有七窍，而混沌一窍不通。于是，倏和忽商议并做出了一个决定，他们要亲自动手，给混沌凿出七窍，让他也具有七窍的功能，能更好地感知这个世界。说干就干，倏和忽开始每天在混沌的身上开凿，每天凿出一窍，一连凿了七天，总算完工了。混沌的身上有了七窍，但混沌却被他俩活活地凿死了。

在老子看来，治理社会要强调"无为"；庄子更是强调要"无为而治天下"；老庄主张要"绝圣去智"，眼睛、耳朵不明不聪，心中没有智慧，就可以自然地生长，要是开凿了眼睛、耳朵，人就会变得愚钝，最后还会死亡。

第四章　楚风文苑

　　荆城郢都，文脉千年。荆州古城北五公里的纪南城遗址，是春秋战国时楚国的故都，史书上载其为"郢都"。这里曾有"一唱众和"的《下里》《巴人》与《阳阿》《薤露》，这里曾有雄才大略、力战群雄的数位楚王，这里曾有技艺高超的匠石能"运斤成风"，这里还曾有一位忧国忧民的伟大诗人，他留下了世人传颂的楚辞佳篇。这里有编钟乐舞，这里有《采莲》《激楚》，这里有简书钟铭，这里有漆绘雕塑。荆城郢都，它记录了楚国的强盛，也承载着楚国的沧桑。当我们回溯郢都的历史，可以窥见昔日耀眼的荣光，更可以循着一条绵长的千古文脉，感受楚国昔日的辉煌。

第一节　楚风歌谣

　　楚地歌谣极盛。早在上古时期，南方江汉地区就有关于《候人歌》的传说：大禹在南方巡视水土，他的新婚妻子涂山氏之女思念至极，便唱着"候人兮猗"的歌等待他。《候人歌》虽只有一句，却是满含深情的呼唤，体现出南方乐歌的婉转动人。据说这首歌是"南音之始"，若真是如此，那便也是楚风歌谣的前身了。正是在南方风情的养育下，楚人留下了一首首优美缠绵的歌谣。

　　自文王迁都于郢中之后，楚国持续进入上升发展期，至庄王时更是称霸天下。楚地从西周初年以来，即已拥有了具有独特风格的民歌，而随着楚国的强盛，楚风歌谣也盛作广传了。据《左传》记载，春秋时期居于黄河中游的晋国人，便对"南风"非常熟悉。想来当时流传于各国的"南风"歌谣中即有不少楚歌。这些楚风歌谣中，有的叙述了名人轶事，有的歌颂了情爱相思，还有的记录了一个个令人感叹的故事。

一、《楚人为诸御己歌》

西汉刘向的《说苑·正谏》中记载了一首《楚人为诸御己歌》，这也是一首广为流传的楚风歌谣。春秋时期，楚庄王曾修筑层台，耗费了大量的人力物力。层台地处郢都，这里是江汉平原、长江之滨，因此修筑高台的材料要从远处长途迁运而来，当时"延石千重，延壤百里"（《说苑·正谏》），这两句话是说，庄王命民工跋涉千里采石，远征百里采土。民工们往来于工地与料场，往往需要带上三个月的粮食，可见路途的遥远。楚庄王是"春秋五霸"之一，是楚国极有作为的君主，他统治期间是楚国历史上的鼎盛时期，但楚庄王也有刚愎自用的时候。他修筑层台无非是为了宴饮游乐、炫耀声威而已，如此劳民伤财自然不可取。朝臣们纷纷进谏，但庄王充耳不闻，甚至处死了七十二位直谏的大臣，一时间朝中人心惶惶。楚国有一位隐士名叫诸御己，本在楚国郢都百里之处农耕而居，听说了这件事之后，便对和自己一起耕地的人说："我将入宫去见楚王。"同伴劝他说："我曾听人说，那些劝说人主的，都是达官贵人，而且去劝谏还被处死了。你只不过是个草莽村夫，岂不更是凶多吉少？"诸御己不顾同伴的劝阻，还是坚持去见了楚庄王。庄王颇为不悦，问他："诸御己，你今天来，是要对我有所劝谏吗？"诸御己不慌不忙地说："君主需要坚持正义而行为合乎于法。我听说，土壤如果被水冲刷就会变平坦，木材如果被绳规范就会变方正，君主如果接受劝谏就会成为圣明之君。您现在建层台，从千里之外运来石料和土壤，那些有过失的人都会被处罚，人们都不敢进谏，我哪有胆量进谏呢？不过我也听说了几个历史故事：虞国因为不听宫之奇的劝告，最后被晋吞并；陈国不听子家羁的建议而被楚吞并；曹国不用僖负羁的谏言而被宋兼并；莱国不用子猛便被齐吞并了；而吴国不听子胥的良言最后被越吞并；秦国听不进蹇叔的话而陷于危机。夏桀杀了关龙逢，最终被汤夺位；纣王杀了比干后便被武王灭国；周宣王杀了杜伯而导致了周王室衰微，这三位天子、六位诸侯，都是因为不能尊重贤士，不能用辩士之言，而最终身死国亡啊！"诸御己说完便快步从宫殿中走出，楚庄王急忙起身追上他，并说："请先生回来吧！我将听取你的进谏！先前那些劝我的人，他们的谏言不能打动我的内心，而且还使我恼怒，所以都被处死了。今天你的说法能够让我深切认可，所以我会用你的谏言的。"第二天，楚庄王下令："如果再有向我进谏者，我将和他结为兄弟。"于是庄王命人推倒了层台，也让那些民工回家了。老百姓们为了纪念诸御己的谏言之德，便作了一首歌赞颂：

> 薪乎莱乎，
> 无诸御己，讫无子乎！
> 莱乎薪乎，
> 无诸御己，讫无人乎！

人们的这首诗中唱着："打柴啊摘菜啊，我们能过上安定的生活。如果没有诸御己，这种生活从哪里来？"这首歌谣一共四句，一二句和三四句意思基本一样，就是词语顺序和个别字不同，相当于重章复唱。歌谣中每句的末尾都有一个"乎"字，很容易让人们联想到楚辞中常用的"兮"字。虽然形音不同，但用法是一样的，都起到强化声调、点断音节的作用，使歌谣有了节奏之美。楚国的百姓们将自己的安乐生活都归功于诸御己，可见人们对他的衷心赞美。

楚庄王统治时期，正是楚国最强大的时期，这不仅与先代楚王艰苦创下的功业有关，也和楚庄王的雄才大略有关。他不仅接受了诸御己的建议，而且在其后也对自己和臣下严格要求。唐代余知古的《渚宫旧事》记载了这样一个故事：令尹子佩曾建议庄王登临荆台（又名京台、强台）游赏，庄王说："我听说荆台南望猎山、下临方淮，那种欢乐会让人忘却衰老甚至忘掉生死。我是德薄之人，不能承受这样的享乐。"于是拒绝了子佩的建议。从这几个故事来看，楚庄王虽然也曾经听不进建议，但总体而言还是能够讷谏的。他能成就千秋霸业，也是他严于律己、励精图治的结果。

二、《优孟歌》

关于优孟作歌而进谏楚庄王的故事，在楚国民间流传很广，《优孟歌》便是这位叫孟的优伶在劝诫楚王时所唱的歌谣。孙叔敖，芈姓蔿氏，名敖，字孙叔，是楚国期思邑（今河南信阳市淮滨县）人，人们以"孙叔敖"来尊称他。他曾经在期思邑主持兴修水利，在他的规划下，楚国建成了中国最早的大型渠系水利工程——期思雩娄灌区；他还主持修建了芍陂，在如今的湖北荆州一带也修建过水利工程，是一位治水名人。楚庄王非常赏识孙叔敖的才能，便拜他为相，让他担任楚国的令尹。孙叔敖担任令尹后，尽心尽力辅佐楚庄王，并帮助庄王成就霸业。司马迁在《史记·循吏列传》中将孙叔敖列为"本法循理之吏"，认为他是一位遵循法纪、清正廉洁的好官员，并称赞他在担任楚相期间，楚国奸邪不生、盗贼不起，这得益于他能教化引导百姓，让他们各得其所、各安其生。正是由于孙叔敖的治理，楚国在庄王统治时期政治、军事、经济都获得了巨大的进步，人们对君臣二人都称赞不已。可惜的是，孙叔敖因太过于劳心而积劳成疾，在三十八岁的时候便英年早逝。

孙叔敖一生为官清廉，家无余财，在他去世以后，家中一贫如洗。《史记·滑稽列传》记载，孙叔敖在临终时，曾经嘱托儿子有事可以求告当时的宫中优人孟。所以，当孙叔敖之子生活困顿时，便向优孟陈述了自己的处境。优孟是楚庄王面前的红人，但在当时地位并不高，作为宫中优伶，只是供君王娱乐取笑的。但孙叔敖在位时，并不因为优孟地位卑贱而瞧不起他，而是对他待之以礼。因此优孟对孙叔敖常怀感激之情。优孟对孙叔敖之子的境遇非常同情，也对庄王不恤重臣之后而不平，几番考虑，他想到了一个办法：他每天在家中穿着孙叔敖的衣冠，并模仿孙叔敖的言行，过了一年，优孟对孙叔敖的模仿已经到了惟妙惟肖的程度，外人看起来和孙叔敖一模一样。一次在楚庄王举行的宴会上，优孟便穿着孙叔敖的衣冠来到庄王面前祝酒，庄王见了以后大吃一惊，以为是孙叔敖死而复生。当他认出是优孟之后非常高兴，便请优孟入朝为相。优孟说："我想请求您允许我回家与妻子商议，三天后再来回复您。"庄王应允。三天之后，优孟又回到楚宫中，对庄王说："我妻子说，千万不要去做楚相。当年孙叔敖做楚相时，尽心尽忠、廉洁奉公，楚王正是在他的辅佐下才得以称霸。然而，现在孙叔敖死后，他的儿子却无立锥之地、贫困潦倒。你如果当上了楚相，结局肯定也和孙叔敖一样，那还不如自杀呢！说完这番话，优孟张口扬袖，徐徐唱起歌来：

> 山居耕田苦，难以得食。
> 起而为吏，身贪鄙者余财。
> 不顾耻辱，身死家室富。
> 又恐受赇枉法，为奸触大罪。
> 身死而家灭，贪吏安可为也？
> 念为廉吏，奉法守职。
> 竟死不敢为非，廉吏安可为也？
> 楚相孙叔敖持廉至死，方今妻子穷困负薪而食，
> 不足为也！

在《史记·滑稽列传》中，这首歌谣只到"竟死不敢为非，廉吏安可为也"为止，后面的三句是宋代费衮《梁溪漫志》中的"优孟孙叔敖歌"中记载的，可能是后来人们在传唱时又进行了补充。歌谣中的"鄙者"是指在郊野农耕的人。优孟在歌谣中感叹了那些劳动者的辛苦无食，同时也谴责了贪官污吏。贪官污吏搜刮民脂民膏，有的贪赃枉法身死家覆，有的触犯刑律而身死家灭；而像孙叔敖一样的廉洁之官，到死也不敢为非作歹，却也落得个妻儿穷困的下场。所以优孟告诫世人："廉吏安可为也。"优孟正是借这段歌谣揭露了当时楚国的官政状况：既不能当贪官，也不能当廉吏，因为都没有好下场。据说庄王听到优孟所唱的歌，不觉心生感慨，同时也万般惭愧，便召见孙叔敖之子，封给他寝丘四百户，持续十世。

优孟是一个优伶，在当时本是地位低下之人，但他却有着超于常人的睿智和胆魄。他在庄王面前的表演，形式上非常滑稽，但并不只是为了逗楚王一乐，而是面带着笑意揭露出人世的辛酸，并严肃地劝谏楚王应当善待功臣

良吏之后。优孟之歌句句是实话，语言朴素却一字千钧，毫不夸张地描述了两种截然相反的为官之道。这两种为官之道看似可能结局相同，却透露出迥然不同的处世境界。优孟是在告诫楚王：如果忠奸不辨，会使官员们寒心，这对楚国的政治稳定是极为不利的。楚庄王能够听从优孟的建议并封赏了孙叔敖之子，也说明他能从谏如流，是一位心胸开阔的明君。这段《优孟歌》成就了一段脍炙人口的佳话。

这首歌章法严谨而句式富于变化，类似口语却绝不粗鄙，歌中运用了对比、反衬的手法，同时又注意押韵和节奏，体现出楚风歌谣的优美艺术性和实用性。

三、《楚狂接舆歌》

接舆是楚国的一位隐士，也是有名的狂人。宋儒邢昺的《论语注疏》依据晋代皇甫谧的《高士传》中的记载，认为接舆本姓陆名通，字接舆。当然，也有人认为，《论语》之中记载的隐士的名字，其实都不是真名，而是"皆以其事名之"，所以"接舆"这个名字，其实是指"接孔子之舆者"。考虑到《论语·微子》中记载的"长沮、桀溺耦而耕"中，"长沮""桀溺"即是指"在水田里干活的一个高个子和一个壮汉"，这种说法也有一定的道理。所以接舆到底是不是真实的名字还有待考证。

《楚狂接舆歌》有两个版本，分别见于《论语·微子》和《庄子·人间世》。两个版本虽是同名，但是其内容和形式都有相当大的差异。在此我们分别引述这两个版本的歌词并作一比较。

《论语·微子》记载，孔子在楚国时，有一个狂人唱着歌从他的车前走过，歌词是：

> 凤兮凤兮！何德之衰？
> 往者不可谏，来者犹可追！
> 已而！已而！今之从政者殆而！

孔子听了楚狂接舆的歌，觉得这是一位高士，便连忙下车想与他交谈。

但那位狂人加快了脚步，并不愿与孔子谈话。司马迁《史记·孔子世家》中认为此事发生在孔子六十三岁时，当时大约是鲁哀公六年、楚昭王二十七年。歌词中的"凤"是比喻孔子，开篇两句即是感叹：凤啊、凤啊，为什么德行如此衰微？这是在讽刺孔子周游列国希望寻求能实现其儒家主张的当权者。在这位楚狂隐士看来，孔子本是一只有德之凤，但如今却四处投告，违背了隐退之德。后两句说"往者不可谏，来者犹可追"，则是暗示过去的事情还来得及挽回，未来的事还赶得上改变。接舆在这里是告诉孔子："四下奔波是没有意义的，相反有辱贤者之名，如果现在放弃周游列国而隐退，还是来得及的。"歌谣最后一句的"从政者"是指像孔子一样关心政治、干预政事的人，也可能是指执政的当权者，如列国诸侯。最后两句是在劝谏孔子："算了吧算了吧，如今干预政治实在是危险啊！"若"执政者"依后一种解释，则又可以将此句理解成："算了吧算了吧，如今这些执政者造成的乱世，实在是危乎其危！"

在《庄子·人间世》的末节也叙述了类似的故事。据说孔子去楚国，一位楚国隐士接舆来到孔子的门前唱歌：

> 凤兮凤兮,何如德之衰也!
> 来世不可待,往世不可追也。
> 天下有道,圣人成焉。
> 天下无道,圣人生焉。
> 方今之时,仅免刑焉。
> 福轻乎羽,莫之知载。
> 祸重乎地,莫之知避。
> 已乎已乎。临人以德。
> 殆乎殆乎,画地而趋。
> 迷阳迷阳,无伤吾行。
> 吾行却曲,无伤吾足。

这首歌可能是根据《论语·微子》中的记载改编而来。《庄子》中的

《楚狂接舆歌》与《论语》中的相似歌词只有"凤兮凤兮，何德之衰"以及"往此不可谏""已而""殆而"这有限的几句，主题都是劝阻孔子去周游列国干预政事，但整个内容上还是有很大的不同的。《庄子》中劝孔子的话是"来世不可待"，而《论语》中则是"来者犹可追"，所以后者的观点是只要及时隐退就可以避祸全身，而《庄子》中却说"未来的世道是不可期待的"。这是一种悲观的论调，也是对乱世的无奈。《庄子》中认为，天下若政治清明，则品格高尚的人能成就事业；而在天下无道时，即使是圣人也只能求得保全性命。可惜如今，天下无道已是社会现实，生逢乱世，人命福祉轻于鸿毛，如果能免遭刑罚杀戮，便已是巨大的幸运！歌谣中的"迷阳"是楚地的一种带刺的草，常在走路时划伤路人，而"却曲"则是绕弯行走的意思。于是接舆便唱道："迷阳迷阳，你不要妨害我们走路。我们绕弯走吧，只要你不刺伤我们的脚。"

《庄子》中的接舆之歌充满着无奈。生活于乱世的人们，只要能免受刑罚便已是万幸了，至于如何关注世事、如何推行主张，根本是行不通的！歌谣的落脚点当然还是劝诫孔子停止参政的活动，去故国隐居修养德性，这与《论语·微子》中的记载是一致的。不过相较而言，《庄子·人间世》中的《楚狂接舆歌》的主旨不仅是劝诫孔子，更是对当时黑暗社会的揭露。歌中反映了人们遭受的重压和苦难，对老百姓的艰辛也抱有深切的同情。庄子作文，常是"寓言十九，重言十七，卮言日出，和以天倪"，其中"重言"即是借重先哲时贤的言论来阐述自己的观点。《楚狂接舆歌》即是《庄子》中运用重言的典型例子。

四、《忼慨歌》

《忼慨歌》收录于《隶释三·孙叔敖碑》。《隶释》是宋代洪适的书法著作，共二十七卷，著录了汉魏隶书石刻文字一百八十三种，也是现存年代最早的一部辑录和考释汉魏晋石刻文字的专著。该书前十九卷荟萃汉隶一百八十九种，上起东汉光武帝建武年间，下迄魏文帝黄初、魏明帝青龙年间，以西晋《张子平碑》殿后。其中收录了不少珍贵的碑文，而《孙叔敖碑》即为其中一种。

《楚相孙叔敖碑》立于东汉桓帝延熹三年（公元160年），位于汝南郡期思县，此处是孙叔敖的故乡。本书之前收录了一篇《优孟歌》，是楚国伶人优孟向楚庄王陈述孙叔敖之子不幸并为其求封的歌谣。而这首《忼慨歌》的内容也基本相似，同样也是以歌谣叙述孙叔敖的功业和其子的落魄。因此，《忼慨歌》可视为《优孟歌》的又一个版本。《孙叔敖碑》原文说："楚相孙君讳饶，字叔敖。临卒，将无棺椁。令其子曰：'优孟曾许千金贷吾。'孟，楚之乐长，与相君相善，虽言千金，实不负也。卒后数年，庄王置酒以为乐。优孟乃言孙君相楚之功，即《忼慨商歌》。曲曰：

> 贪吏不可为而可为，廉吏可为而不可为。
> 贪吏而不可为者，当时有污名；
> 而可为者，子孙以家成。
> 廉吏而可为者，当时有清名；
> 而不可为者，子孙困穷被褐而负薪。
> 贪吏常苦富，廉吏常苦贫。
> 独不见楚相孙叔敖，廉洁不受钱。

优孟涕泣数行，王心感动，即求孙叔敖子而加封。孙叔敖在临终之前告诉其子，优孟一定会帮助他的。优孟虽然是"乐长"，但毕竟只是个伶人，他在数年之后仍然能记得孙叔敖曾经给他的托付，借着庄王酒宴的机会上前陈述了孙叔敖之功，最终为孙叔敖之子争取到了封赏。这个故事与《史记·滑稽列传》中记录的"优孟衣冠"之事是一致的，不过更多地强调了孙叔敖对楚国的功绩，而略去了其中扮演孙叔敖的细节。《隶释》中完整地记录了这个故事和歌谣。

《忼慨歌》又名《楚商歌》。歌中将"贪吏"和"廉吏"进行了对比，并以欲抑先扬的形式，讽刺了楚国贤臣不能保全家人，而贪吏却能安居乐业的现实。结尾再直陈孙叔敖子孙的不幸，并点明主旨，对孙叔敖加以赞颂。相对于前文所录的《优孟歌》，这首《忼慨歌》句式较为整齐，语言简洁明了，基本上是隔句押韵，将"贪吏""廉吏"以及"可为""不可为"两两对照比较，层层渐进，一波一折，最终直抒胸怀。而其中"贪吏常苦富"是指贪吏常因害怕触犯刑罚而惴惴不安，"廉吏常苦贫"则指廉吏常因家贫如洗而子孙落魄。这一组对比真实而又犀利，难怪楚庄会幡然顿悟，并马上给予孙叔敖之子以封赏。当然，与《史记·滑稽列传》中记载的《优孟歌》相比，这首歌谣诗味更浓，但也明显有后世民间口语的痕迹。很可能这首歌并不是优孟的原作，而是后人依据《优孟歌》在"优孟衣冠"故事的基础上加以改创的。

五、《渔父歌》

《渔父歌》一共三首，是吴楚边境的一位渔父所唱，故事发生在楚平王杀害伍奢父子，其子伍子胥逃奔的途中。三首歌皆短小，应当是渔父即兴而发。歌词古朴苍凉。

《吴越春秋·王僚使公子光传第三》记载：公元前522年，楚平王因听信费无极的谗言拘捕太子太傅伍奢。伍奢长子伍尚因自己无力为父亲报仇，又不忍父亲独自受死，便坚持陪同父亲前行，结果父子二人一同被杀害。伍子胥见父亲被杀，便从楚国出逃，先逃到宋国，投奔当时流亡到宋国的楚太子建，但适逢宋国内乱，伍子胥与太子便只能离开宋国投奔郑国。在经过晋国时，太子建与晋国国君密谋到郑国后里应外合灭亡郑国，结果消息走漏，到达郑国后，太子建被杀。伍子胥与太子建一路被楚兵追杀，如今太子建又死在了郑国，伍子胥便只能从郑国、许国经过再出楚地昭关投奔吴国。昭关有一条大江，伍子胥逃到江边，后有追兵，一筹莫展。这时他见到江中有一位渔父乘船逆水而上，便呼唤渔父，请他帮助渡江。渔父发现旁边"有人窥之"，便唱了一首歌：

日月昭昭乎寝已驰，与子期乎芦之漪。

渔夫是在提醒伍子胥，现在太阳明亮，等太阳落山之时，请伍子胥在芦苇荡岸边等他。伍子胥欣然会意，便按照渔夫的指点躲在了芦苇丛中。傍晚时，渔夫又唱了一首歌：

日已夕兮，予心忧悲；

月已驰兮，何不渡为？

事寝急兮，当奈何？

　　这首歌是说：太阳已经落下了，现在正值傍晚。我心中也很担心，希望您早日脱险。月亮已经升起来了，现在不渡江还待何时？逃奔之事不能犹豫，赶紧出来渡江吧！歌中的"寝"，是"浸"的意思，即逐渐。这里是说事情越来越急迫了。伍子胥听到这首歌，知道是渔父给他的信号，便从芦苇荡中走出，乘渔父的船渡过了江。渔父见伍子胥面露饥色，又为他取来些饭食。伍子胥此时却又起了戒心，担心渔父如此待他是心中有鬼，很可能这次是去找人来抓捕自己。于是伍子胥又躲到了芦苇丛中。当渔夫取来饭食却不见了伍子胥，便又唱了第三首歌：

芦中人，芦中人！

岂非穷士乎！

　　"穷士"，指处境艰危的人。这首歌唱了两遍，伍子胥见渔夫的手中果然拿着饭食，才从芦苇中走出，饱餐了一顿。伍子胥感念渔夫的恩德，便将自身佩戴的祖传宝剑赠给渔夫，但被渔夫谢绝了。伍子胥又想问恩人的姓名，渔夫也不肯告知。伍子胥只好与渔父告别，继续流亡。临行时，他嘱托渔父，千万要把刚才盛汤的罐子掩埋起来，以免有人发现。渔父让伍子胥放心。伍子胥没走几步，渔夫便故意弄翻了渔船，与船一起沉于江底。

　　这个故事的版本很多，内容都大同小异。《越绝书·越绝荆平王内传》中也有相似的记载，不过其中渔父所唱的歌有所不同。第一首云："日昭昭，侵以施，与子期甫芦之碕。"第二首云："心中目施，子可渡河，何为不出？"两首歌的内容与《吴越春秋》中的记载相似，不过更加简洁。而第三首，在《越绝书》中并没有记录。明代冯惟讷《古诗纪》中说《渔父歌》一作《渡伍员歌》，这便是以其事件为此歌命名了。

　　故事中的渔父是一位隐士，也是一位侠义之士。他之所以帮助伍子胥，应当是出于对落魄志士的同情，也有对楚平王昏聩的愤恨。他作为一位满怀正义感的楚人，一定也知道伍奢父子无辜被杀的悲剧，他无私地帮助伍子胥，其实是他个人正义感的显扬。当伍子胥身后有追兵时向他求救，他不仅没有因害怕牵连自己而拒绝，反而主动暗示伍子胥躲过了敌人的追踪。甚至当他看到伍子胥面有饥色时去为他取食物，却受到伍子胥的怀疑，他非但没有恼怒，反而更有耐心地再唱歌一首，希望伍子胥能打消戒心。歌谣中的"予心忧悲""事寖急兮"透露出他对伍子胥的深深同情，而三首歌更显出他过人的胆识和智慧。伍子胥临走时告诫他要掩埋汤罐，他欣然应允，自然是为了让伍子胥放心。而最后渔父却自沉江底，更体现出他无私地救人于危难的决心。渔父是可敬的，他是一位坚强的义士。据说伍子胥逃到吴国后，每天进食时都要祝祷："江上之丈人，天地至大矣，至众矣，名不可得而闻，身不可得而见。"可见伍子胥对江上渔父的救命之恩一直铭记于心。

六、《沧浪歌》

《沧浪歌》又名《孺子歌》，是最著名的楚地歌谣之一。这首歌谣之所以有两个不同的名字，在其不同的记载。《孟子·离娄上》曰："有孺子歌曰：'沧浪之水清兮，可以濯吾缨；沧浪之水浊兮，可以濯吾足。'孔子曰：'小子听之！清斯濯缨，浊斯濯足矣。'自取之也。"孺子，是对小孩子的称呼。这首歌谣因为是儿童所唱，所以便被称为《孺子歌》了。但这首歌谣又常被称为《沧浪歌》，主要因为其中有"沧浪之水"几个字。而在《楚辞·渔父》中，这首歌是一位渔父所唱，当然仍称为"孺子歌"便不合适了。宋代真德秀《文章正宗》中选录这首歌时，便以《沧浪歌》命名。宋代郭茂倩《乐府诗集》中收录时则又称为《渔父歌》。

《楚辞·渔父》中记载，屈原被流放之后，在江畔徘徊，"颜色憔悴，形容枯槁"，一位江中的渔父见到他，便问："您不是三闾大夫吗？为什么来到这里呢？"屈原说："举世皆浊我独清，众人皆醉我独醒，所以我便被流放了。"渔父便对屈原说："所谓圣人，便是能灵活对待事物，并能随着世道变化而变化。世人皆浊，你为什么不一起搅起泥、扬起浪呢？众人皆醉，你为什么不也一起痛饮呢？何苦要显得高出世俗，自己导致自己被流放！"屈原说："我听说有句古话：刚洗过头的人，一定要弹弹帽子；刚洗过澡的人，一定要抖抖衣服。我的个人是洁白的，怎么去忍受世间的污浊？"见屈原坚持己见，渔父便微笑着摇着船桨离开了，边划船边唱道：

> 沧浪之水清兮，可以濯吾缨；
> 沧浪之水浊兮，可以濯吾足。

渔父在这里唱的当然不是童谣，而是高士之歌。"沧浪"是一条河的名字，《尚书·禹贡》记载："嶓冢导漾，东流为汉；又东为沧浪之水。"嶓冢是山名，在今甘肃省境内。在《史记·夏本纪》中又写为"苍浪"，郑玄注释说："漾水……至武都，为汉，至江夏，谓之夏水；又东，为沧浪之水，在荆州。"《水经注》中记载："水出荆山，东南流为沧浪之水。"荆山在今湖北，可见这条河本身即与楚地有关，而且与楚国都城郢都很近。当然，也有人有不同的说法，如清代卢文弨《钟山札记》即说："仓浪，青色；在竹曰苍筤，在水曰沧浪。"这么说来，"沧浪"便只是用来形容河流的颜色，而并非是河流之名了。濯，即洗的意思。缨，指帽带，平时戴帽时从帽子两侧拉过系在颌下。

这首歌的歌词短小，字句也很浅显，最初可能真是儿歌，不过是儿童们在水边戏要时所唱，唱的是眼前之景和戏水的动作而已。这首歌谣中奇句以"兮"字结尾，体现出楚地民歌的风味，而且其句式整齐，又似乎为五言诗的雏形。歌词句式反复，却有一种特殊的韵律之美，难怪清代刘熙载在《艺概·诗概》中评论这几句歌谣为"平淡天真"，而王国维在《人间词话》（删稿）中则认为它是"已开楚辞体格"。《孟子·离娄上》中记载这首歌是一首童谣，想来其最初确实是童子们口中传唱的。孔子听到了这首童谣，说："小子听之！清斯濯缨，浊斯濯足矣。自取之也。"这是对他的弟子们说的话。孔子事实上是用这首童谣中的"清濯缨""浊濯足"来教育弟子：水之不同，它的用途也不同；与之相应，人生中也要由自身的特殊性来领悟如何创造有益的价值。可以说，这首歌在孔子的理解中，是蕴含了儒家积极入世的主张的。

　　然而，在《楚辞·渔父》中，这首歌谣却从渔父口中唱出，便又有了新的内容。这位渔父当然并不只是以打渔为业的山野村夫，而是一位避世的隐者。他之所以唱这首歌，是为了再一次劝导屈原。在渔夫的观念中，人的行动应当与客观现实相适应，人的决定也应当随着时势而灵活变化。屈原太过于刚直，因此不能见容于世界，最终只能自沉于汨罗，这不仅是屈原的悲剧，更使楚人乃至世人深深痛惜。时世清明，就应当戴上冠缨而侍君；时世不明，则应当保留自身高洁而潇洒于世外。渔夫认为，既然他们现在生存于这个乱世，就应该"淈其泥而扬其波""铺其糟而歠其醨"，这是道家与世推移、齐身于物的主张，他是在劝诫屈原不要与乱世作无谓的抗争，更不要牺牲自己的性命，只有合于世俗，方能恬然自适、隐退自全。这当然又包含了道家的出世思想了，与孔子当初听到《孺子歌》时对弟子所讲的那一番话又是不同的论调。

　　屈原自沉汨罗，楚国少了一位骨鲠之臣和忠诚义士。屈原爱国却遭排挤和流放，正是楚国当时黑暗政治的牺牲品。屈原是刚直而不愿使自己的品格有丝毫玷污的，他虽然没有听取渔父的睿智建议，却以自己的忠贞爱国情怀在历史上留下了浓重的一笔，至今为人们所赞颂。

第二节　屈骚宋赋

　　在楚地民间乐歌的滋养下，楚国的文人们也创作了千古流传的文学作品——楚辞。"楚辞"是战国时期楚国的一种新兴诗体，它是以民歌为基础，并吸收了楚地方言，描写楚地风物、抒发楚人情怀的诗歌。楚辞是继《诗经》之后中国先秦文学史上又一颗璀璨夺目的明珠，也是最能体现楚地特色的，最为楚地人骄傲的伟大文学成果。西汉刘向将屈原等人的作品整理编辑成书，并以《楚辞》命名，从此，楚辞既是一种诗歌体裁之名，也是我国最早的浪漫主义诗歌总集。在楚辞作家中，屈原是最具有代表性的一位，其《离骚》一篇，更是屈原的代表之作，而"风骚"一词，更是《诗经》与《楚辞》的合称，代表着极高的文学成就。

　　屈原之后，宋玉是当时最著名的辞赋大家。史书记载，"宋玉好辞而以赋见称",可见宋玉发展了楚辞,并开创了"赋"这一文学体裁。汉代时,许多文人模仿战国时期的楚国文学,并形成了一个创作辞赋的高潮。而"屈骚宋赋"作为楚国文学的代表,在后世也产生了巨大的影响。

一、《离骚》

《离骚》是屈原的代表作,也是最著名的楚辞长篇。关于屈原的生平,如今尚无法考证,从相关的史书以及他创作的楚辞作品中大致推算,他大约生于公元前340—前355年,死于公元前278年左右。屈原生活的时期正是中国社会文化发生巨大变化的战国中后期,也是群雄辈出、人才济济的时期。作为楚国文学史上最伟大的诗人,屈原的人生与楚国的兴衰也息息相关,他对楚国的热爱和忧虑,都在《离骚》等楚辞作品中充分展现。

《史记·屈原列传》记载,屈原名平,是楚国王族的同姓。屈原出身高贵,曾任楚怀王左徒,而且深受宠幸,与怀王一起图议国事,接遇宾客,而且善于与他国交际。但屈原的得宠却招来了忌妒,楚国有一位上官大夫,因为与屈原同列而想与之争宠,便常思量着谗害屈原。一天,屈原正在为怀王起草宪令,草稿未成。上官大夫见到之后,想夺走这份宪令,但未能成功。于是上官大夫在怀王面前进谗言道:"大王您使屈原起草宪令,屈原太过得意忘形。每次起草一令,屈原都自我炫耀,以为非他不能做。"楚怀王昏聩而听信了谗言,便一怒之下疏远了屈原。屈原内心忧愤不已,他既担心怀王被谣言所蒙蔽,又害怕太多的谗言颠倒了黑白,更担心邪曲之人为害公室,方正之臣不为所容。在这种极度的忧愁之下,屈原抒发自己的忧愁幽思,写下了《离骚》这一千古佳篇。

《离骚》是一篇抒情长诗,全诗共373句,2490字,这里只是选取了开篇的数句。屈原在诗中自述了身世,以独白的口吻反复叙述自己的道德和才干,认为自己既有先天的禀赋,又有后天的修养,自然应该立志修身,为楚国干出一番大事业。他喜爱用香草香花装饰自己,他保持着高洁的志趣,一心盼望能在有限时光中为国效力。可惜世事难遂人意,楚怀王并不是一位能明辨忠奸的君主,他的偏听偏信让屈原受到沉重的诟病,从一位王前红人而变成落魄无助的耿介孤臣。屈原在诗中痛斥"惟党人之偷乐兮""夫唯捷径以窘步"，可是面对险恶的政治环境，他仍然坚持正义，坚定地维护着自己的修洁美德，秉持着自己的高尚节操。"虽体解吾犹未变兮，岂余心之可惩"，这两句表明了屈原虽死而无悔的坚定志向和决心。

《离骚》中，作者在一再反复表达了自己的高洁志向、坚定信念和不折的精神之后，转入浪漫的想象。诗中出现的"女媭"，可视为女神的化身，也有人认为，她是屈原的姐姐。女媭历数了古代贤人的悲剧，她看透了世界的虚伪和痛苦，奉劝屈原只有随波逐流才能明哲保身。但是诗人不以为然，他坚定的信念绝不能因为外界的纷乱而动摇。于是他转而在幻想中遨游天地、上下求索，只希望寻找志同道合的知己，发现能够实现理想的途径。然而，现实如此的黑暗，"闺中既以邃远兮，哲王又不寤"，但屈原还是百折而不回，"怀朕情而不发兮，余焉能忍与此终古？"他清楚地认识到自己理想的不可追寻，但他仍固执地不与世俗同流合污。

于是诗人开始周游而求索，漫游而求女，希望他的信念能够被人理解，他的一番苦心能够得到当权者的肯定。然而，屈原再一次失望了。他在无奈之中请求灵氛和巫咸给他以启示，然而，灵氛与巫咸也劝他远行，择明君而事，这也使诗人领悟到他留在楚国毫无出路，"及余饰之方壮兮，周流观乎上下"。他择好吉日，经历了一番漫长的旅行。诗人驱使神灵、驾驭龙凤，希望远走高飞，投向能有自己容身之所的异国他邦。然而，当他以乐舞娱乐，本当是自适惬意时，却忽然看到了自己的故乡。

王逸在《楚辞章句》中注解说：彭咸是商朝的贤大夫，因其对君王多次进谏而不听，最后自投江水而死。屈原的最终投江，似乎是效法彭咸。他在国内不能见容，却又因爱国情怀而不忍去国。这种极端的矛盾使屈原别无选择，最终他决定为了祖国而自投汨罗。这首《离骚》详细叙述了屈原人生受挫之后的心路历程，最后几句"乱辞"是全诗的尾声，表明了屈原四处求索无门而内心极度抑郁时的决定。《离骚》是屈原浪漫的自传。在《离骚》中，屈原为自己的人生做出了最终的决定：他将永远保持着高洁的志向，为了自己热爱的楚国而以死明志。

《离骚》是伟大的浪漫主义篇章。诗人在诗歌中叙述了心中的痛苦，更是运用了充分的想象力，让自己的精神去无限漫游、自由追求。现实如此残酷,诗人不得不另寻能够容身之所。然而,诗人的从容闲暇、凤鸾云绕、轻松愉快都只是暂时的,只是他为自己创造出的快乐表象。当他再一次看到美丽的楚国时,心中的眷恋之情再度涌起,现实的无奈又让他悲从中来。他无法改变现实,更无法改变自身,于是他只能选择效仿彭咸,纵身投入滚滚江水之中。这也是他对自己执着信念的最终安慰。

《离骚》是我国古代最长的抒情长诗,作为楚辞作品的代表,具有极高的艺术性。诗歌结构宏伟,虽是浩浩长篇,却内容翔实,词藻华赡。诗中运用了大量新奇的比喻、动人的典故和夸张的描写,将人物性格和外在形象表现得淋漓尽致。以《离骚》为代表的楚辞,体现出楚地深刻而丰富的浪漫因子,意境深远,雄奇瑰丽,是先秦楚地最华美的乐章。汉代时将《离骚》题为《离骚经》,可见汉人非常尊崇《离骚》在楚辞中的地位。关于“离骚”之名,历来皆有争议。汉代司马迁在《史记·屈原列传》中指出:“离骚者,犹离忧也”,而东汉班固在《离骚赞序》中也说:“屈原以忠信见疑,忧愁幽思而作《离骚》。离,犹遭也;骚,忧也;明己遭忧作辞也。”如此来看,“离骚”可理解为“遭遇忧愁”之意,是对内心忧愁情绪的抒发。这种说法目前被多数人所接受。

二、《九歌》

“九歌”之名很早就有。如今在《楚辞》中收录的《九歌》题为屈原所作,虽是事实,但可能是屈原根据楚地民歌而改制的作品。在《左传》《离骚》《天问》《山海经》中都提到了“九歌”,而且都说它是夏代的乐章,想来“九歌”应当是一首古老的乐歌。《山海经·大荒西经》中记载:“在西南海之外、赤水之南、流沙之西,有一个人,耳戴着用两条青蛇做的耳饰。这个人骑着两条龙,名叫夏后开。夏后开,即是夏后启,是传说中夏朝的开国之君。夏后开三次到天庭去做客,并得到了天帝的乐曲《九辩》《九歌》,再回到人间。夏后开在高达二千仞的天穆之野上,开始歌唱乐曲《九招》。”这是一段非常离奇的故事,认为《九辩》《九歌》这两支乐曲是夏后开从天上得来。而《九招》,有学者认为是《九韶》,也有人认为其实就是《九歌》的别名。虽然这段文字记叙得比较粗略,但从众多的史籍都有相似的记述来看，《九歌》应当是一首传自夏代的古老乐歌。

细读《九歌》，我们可以看出其中的奇丽诡谲之美。《九歌》共有十一篇，前九篇祀神祇，《国殇》祭人魂，而《礼魂》为送神曲。在前九篇祭神乐章中，每章祭祀的是不同的神祇，目前大多数学者公认的祭祀之神主要是这几位：《东皇太一》所祀之神最为尊贵，应当是天上的总神；《云中君》祭云神；《湘君》《湘夫人》祭一对配偶神，即湘水之神湘君和湘夫人；《大司命》祭掌人间生死之神；《少司命》祭掌孩童寿夭之神；《东君》祭日神；《河伯》祭祀河神；而《山鬼》则祭祀山神。《九歌》为祭祀之曲，正反映出春秋战国时期的楚地重巫淫祀、笃信神鬼的风俗。

王逸在《楚辞章句》中说："《九歌》者，屈原之所作也。昔楚国南郢之邑，沅湘之间，其俗信鬼而好祀，其祀必作歌乐鼓舞以乐诸神。屈原放逐，窜伏其域，怀忧苦毒，愁思沸郁。出见俗人祭祀之礼、歌舞之乐，其词鄙陋，因为作《九歌》之曲。"这段话交代了屈原作《九歌》的缘由。屈原被流放到沅湘之间，那里正是楚国南方地区，巫风最盛，人们信鬼神、多祭祀，而且多用乐舞来取悦于神。屈原看到民间的祭祀乐章颇感兴趣，但又发现民俗的舞乐歌辞太过于粗俗鄙陋，便在民歌的基础之上改制乐章，最终作成了文辞典雅优美、风格浑然统一的《九歌》组词。屈原在创作过程中，肯定对楚国民间流行的祭祀歌辞有所因袭，但也进行了较大的改动。如今我们再来看《楚辞》中的《九歌》作品，其中的文人气息浓郁，应当确是屈原的创作。

（一）《东皇太一》

《东皇太一》是《九歌》中的首章。东皇太一，是楚地神话传说中凌驾于自然神及人类万物之上的"上皇"尊神。因此，在整套祭祀中，将东皇太一的祭歌放在首位，同时也作为迎神之曲。全诗雍容典雅、气势恢宏。

诗歌开篇即说，选取良辰美时来恭敬肃穆地为上皇祭祀，希望上皇愉悦欢乐，方能降福人间。之后便是对祭祀礼器及巫者服饰的描写，巫者佩着长剑、戴着玉做的耳饰，摆好香茅、铺好菖席玉镇来陈设祭品。这些祭品珍贵又丰盛，都是用香草包裹，用香料浸过，再配以桂花和花椒浸泡的酒，足见楚人的祭祀之诚恳。陈设完祭品，楚巫们开始奏乐高歌。他们敲击着祭祀的鼓，又用竽瑟来伴奏。那些扮演成神灵的巫女们翩翩起舞，令人眼花缭乱，美不胜收！正所谓"灵偃蹇兮姣服，芳菲菲兮满堂"，祭堂中充满着美妙的音乐之声，人们衷心地祝愿主神东皇太一快乐安康。

有学者认为，诗歌中的"东皇太一"其实就是楚人崇拜的天帝颛顼，这也可备为一说。因为全篇是礼赞天地之总神，显得肃穆而高雅。诗中有对祭祀场面和乐舞的描写，烘托出欢乐而又神圣的气氛。虽然与其后几章相比，《东皇太一》中多是礼赞与描写，其中的情感渲染尚不浓郁，但可能是由其迎神曲的性质决定的。

（二）《云中君》

《云中君》是楚人对云神的祭祀。云神可能是南方楚地的特有之神，在其他典籍中较少见到。湖北天星观一号楚墓中出土了一批记录楚人祭祀及卜筮的竹简，其中即提及了对"云中君"的祭祀。想来《九歌·云中君》这一篇，也是出于同样的祭祀目的。在《离骚》中有"吾令丰隆乘云兮，求宓妃之所在"的诗句，王逸对其的注解是："丰隆，云师。一曰雷师。"之后宋代洪兴祖在《楚辞补注》中也解释"云中君"说："云神丰隆也，一曰屏翳。"这样来看，基本上后世的学者对"云中君"为云神是持肯定态度的。"丰隆"二字，似乎是模拟雷声，由雷而兴雨，必然有云起云涌、遮天蔽日的情状，所以，基本上可以肯定，《云中君》是祭祀云神。风、云、雨、雷、电本是自然现象，但楚人在原始神话中都将它们人化了，赋予了人的情貌，也给予了人的喜怒哀乐。云、雨、雷、电不可截然分开，《云中君》应当是祭祀云雨雷电的诗歌，表现了对自然的仰慕和对神灵的赞美。

诗中描写的是在拂晓之前，巫女们沐浴更衣，虔诚地迎接云神的降临。她们穿着华服，看着"灵"（即云君）神采奕奕、灵光闪闪从天而降，她们唱响对神灵的赞美诗，歌颂他风采华茂、从容逍遥。在对云神极尽美颂之后，又写到神灵远去回到天上，只留下群众久久的念想。因此，《云中君》最后两句曰："思夫君兮太息，极劳心兮忡忡"，此时的云中之神似乎成为巫女们依依不舍的爱人，他轻盈飘渺又令人无法捉摸，他影掠神州、形隐四海，让人强烈地迷恋和崇拜，又给人深切的幻想。

诗歌中有许多关于乐舞的描写，这体现出先秦时期的楚地巫祭活动中常用乐舞娱神的特点。作者在诗中想象神灵降临并遨游幻境，场面亦真亦幻、虚实相生，浪漫而生动。在整个祭祀活动中，神与人一样是有神思、有情感的。当神灵降临，祭祀充满了欢乐的气氛，而当神君离开而回到天上时，巫女们又体现出哀伤和不舍。这是上古楚地人民对神灵的真诚信仰和对美好生活的向往。

（三）《湘君》和《湘夫人》

《湘君》和《湘夫人》可视为《九歌》中的姊妹篇，因为它们祭祀的是一对配偶神。在秦汉以后的楚地传说和文献中，记载了虞舜巡视南方却死于苍梧，葬在了九嶷。他的两位妻子娥皇和女英追随到洞庭，因舜的去世而悲伤万分，最终投水殉节。人们为了纪念舜及其二妃，便将他们尊为湘水之神——湘君和湘夫人。王逸在《楚辞章句》中称湘君为湘水之神，尧之二女为湘夫人，可见这一观点在汉代是比较盛行的。不过，在《史记·秦始皇本纪》中还有另外一种说法：秦始皇问博士，湘君是什么神？博士回答说："我听说，湘君是尧、舜二妻。"因此，在唐代时诗人们又进一步将娥皇视为湘君，将女英视为湘夫人，诗人韩愈在《黄陵庙碑》中即有相关的叙述。宋代文人也多半遵从唐人的观点。

事实上，从现有的资料来看，先秦时期，楚地并没有关于舜及二妃的传说，虽然有湘君、湘夫人二神，但是与虞舜并没有关联。先秦楚国对湘君及湘夫人的记载是很多的，如楚辞《远游》中即曰："张《咸池》奏《承云》兮，二女御《九韶》歌。使湘灵鼓瑟兮，令海若舞冯夷。"汉代王逸在注解《远游》时，便将"二女"注为"尧二女"，可见这种说法主要出现在汉代。此外，也有学者认为"湘灵"与"湘君""湘夫人"是不同的神灵，因为《山海经·中次十二经》中即记载："洞庭之山……帝之二女居之，是常游于江渊。"这里的"帝"很明显不是上古圣君尧，而应是上天的主管之神，即"上帝"。所以从这些传说中可以推测出，最初楚地民间即有"帝之二女"的传说，其后由于舜死于楚地、二妃投水而死的故事，便使人们渐渐将"二女"的身份与尧之二女融合了。《博物志》中还说，尧之二女即帝舜之二妃，因为帝舜去世，二妃哭泣而泪洒在竹上，所以竹上留下了星星点点的斑痕。在后世，人们便将斑竹又称为"湘妃竹"。所以，关于《湘君》《湘夫人》中的神灵身份不用太过于拘泥，而仅将其视为配偶神即可，从《九歌》中的这两篇来看，湘夫人也应当仅有一个人。不过正是由于这些美丽的传说，才使《湘君》《湘夫人》二篇充满了浪漫动人的色彩。

《湘君》是以湘夫人的口吻，表达对湘君的爱慕与思念。湘夫人久久等待湘君不来，所以便乘坐桂舟北上洞庭去寻找。她久寻而不得，以至于忧愁百结、心生惆怅。在祭祀时，正是基于这一情节设置，巫女便扮演成湘夫人的模样，唱着悠扬而轻柔的思念之歌，开篇即唱出了对湘君的思念和盼望。但是"君不行"，湘君迟迟未来，虽然湘夫人精心打扮，而且已经布置妥帖，却仍然掩饰不住失望之情。她想象着湘君吹起了参差（名笙、排箫一类的乐器），更令她思念不已。湘夫人驾舟北征，一路情思绵绵却痛苦欲绝，当她到达北渚之后，仍然没有见到湘君的踪影。她开始胡思乱想："心不同兮媒劳，恩不甚兮轻绝。……交不忠兮怨长，期不信兮告余以不闲"，她认为湘君对她的情意不深，于是常对她有所欺瞒；她想两人既然不再同心，那还不如早日分开。于是她一气之下把自己珍藏而打算献给湘君的信物都抛弃了，她在水边徐徐漫步，只是为了排遣自己的深深的忧愁。

如果仅读《湘君》或《湘夫人》中的一篇，我们会为他们的爱情不能成就而深深叹息。但是如果将这两篇结合起来读，却又发现这是一出情侣之间因误会而生嗔的喜剧。《湘夫人》写的是湘君思念湘夫人，因此，这应当是一首由男巫演唱的祭祀之歌。男巫们装扮成湘君的样子而歌唱，用以祭祀湘水女神。在《湘君》中，是湘夫人在场歌唱，而湘君却始终没有出现。而在《湘夫人》这首乐歌中，则是湘君对湘夫人苦苦思念和盼望，但湘夫人却始终没有出现。诗歌开篇，由男巫扮成的湘君便对心上人表达了浓浓的思念："帝子降兮北渚，目眇眇兮愁予。袅袅兮秋风，洞庭波兮木叶下。"帝子，是湘君对湘夫人的尊称，因为湘夫人是天帝之女。湘君登高而远望，盼望着自己心爱的人会降临在北面的水洲之上。如今正是深秋季节，秋风吹拂，洞庭的落叶袅袅而下。这几句诗歌脍炙人口，已成为后世用以表达悲秋思人的名句。然而，湘君望眼欲穿，湘夫人仍未露面。湘君踩着白薠放眼远望，仿佛看到鸟儿聚集在萍藻之中，渔网却张结在树上。这些景象，不正好与人世之常理相悖吗？湘君似乎有一种不好的预感，但心中充满了对恋人的深情的他，仍然忙碌地布置婚房。他用香花香草精心布置，在水中建造了他们的婚房。他用荷叶做成了屋顶，用荪草做成了墙，用紫贝做成庭院，又用香椒之粉洒满房屋，使新房中充满了阵阵芳香。房屋的栋梁是桂木，橡子是木兰，辛夷做成门楣，白芷做成房间。他编结薜荔做成帷幔，又张起一张蕙草织成的床帐。庭中铺设了地席，并以白玉为镇，周围又布满了石兰，让它们散发着芬芳。他在荷叶做成的屋顶上加上白芷，再用杜衡围绕在屋子四方。这是多么美丽的新房！然而，湘夫人却仍然没有出现。湘君太过于失望了，他把自己精心准备的礼物抛向江心。他采摘来了芳花香草，却无法送给自己的心上人。他在水边徘徊惆怅，因为爱人爽约将他戏弄了一场。

然而，当我们对读《湘君》和《湘夫人》，却发现这是一番有趣的情境：这对恋人虽然会合无缘，对彼此的爱情却是始终不渝的。在《湘君》中，湘夫人久久盼望湘君却不至，便北上洞庭去探望湘君。湘夫人离开之后，湘君又来到湘水下游寻找湘夫人，正是在这阴差阳错之中，两位爱人却不得见面！他们都失望了、恼怒了，甚至将送给对方的信物扔到了江中。但是这会合无缘的背后，却是二人的心心相印和刻骨相思，原来，他们对彼此的思念和爱意是一致的！当我们分开读这两首诗，这是两首悲情的思念之诗；而当我们将两首诗结合起来对读，却发现一切都只是"美丽的误会"！有情人一定能终成眷属，湘君和湘夫人也一定能有美满的生活。

《湘君》和《湘夫人》是《九歌》中最动人的乐歌。被祭之神不可能出现在当场，但巫师化妆成神灵载歌载舞并表达人神、神神之间的爱恋，却是楚辞中最有诗意的内容。诗中将人对神的敬仰与恋人之间的爱情融为一体，打通了神话与现实、人情与神意的界限，显示出作者在构思中的精妙匠心。诗歌想象丰富、情意悠长，最能体现出楚辞飘渺迷离的浪漫主义风格。

（四）《大司命》

《大司命》是掌人生寿命之神的祭祀乐章。大司命不仅是楚地之神，《周礼·大宗伯》《礼记·祭法》中即有司命之称，汉代司马迁的《史记·天官书》中也有"司命"。因此，司命之神，应当是黄河流域和长江流域共同的信仰。在湖北江陵望山1号楚墓、江陵天星观1号楚墓以及包山楚墓中出土了一些记录楚人祭祀活动的竹简，里面也记载了楚人祭祀之神有"司命"

"司祸""司骨"等。因为大司命掌管的是人的寿命长短，最令人敬畏，本篇中也充满了严肃神秘的气氛。

大司命为男神，依照楚地风俗，也由巫女来迎神。全篇采用的是对话体的形式，由扮演大司命的男巫与祭祀的女巫对唱，意蕴悠长而颇有情味。总体而言，诗中也蕴含着人神恋爱的意味，体现出楚地祭祀乐歌的特点。诗歌开篇即是大司命的独白："广开兮天门，纷吾乘兮玄云。令飘风兮先驱，使冻雨兮洒尘。"大司命有着宏大的气派和超人的气魄，他令天门广开，自己驾着乌云，以旋风为先驱，让暴雨来洗尘。其后的一部分，则由巫女们演唱。她们赞美神君旋飞下降，愿意翻过空桑山永远追随。这时，大司命又唱道："纷总总兮九洲，何寿夭兮在予！"这是大司命意气风发的宣言："九洲之上的芸芸众生，你们的生死都由我来掌管！"

大司命有执掌人类生死的大权，自然也具有巨大的威力。于是巫女们继续演唱，极力烘托大司命在天空中的高翔腾飞，也再次表达了对神君的紧紧跟随和无限崇拜。大司命的唱词中，描写了自己迎风高举的神袍和随身佩戴的光彩陆离的美玉。他歌唱自己掌握着阴阳，所以人们对他既敬又畏。巫女们代表着人世间的芸芸众生，人们对大司命无限热爱而又敬畏。这种复杂的情感就好像是男女之间的爱情，因此巫女们一再在歌唱中表达对大司命的眷恋，她们要"折疏麻兮瑶华，将以遗兮离居"，希望能够将最美丽的如神麻一样的玉色的花，赠送给自己最心爱的人。诗中有"折麻"的意象，依闻一多《九歌解诂》中所言，麻是隐语，是借花草中的疏字以暗示行将分散。果然，大司命匆匆降临又匆匆离去，只在人间留下了无尽的思念。当他乘着龙车高驰冲天时，人们对他既有不舍又有忧愁。巫女们拿着桂枝久久地向天空凝望，越是思念便越是万分感伤。可是感伤忧愁又有什么用呢？人生的命运又有谁能把握呢？因此她们唱道："愁人兮奈何，愿若今兮无亏。固人命兮有当，孰离合兮可为？"这是对人世悲欢和多情的感叹："光是伤心啊又有什么用，只能愿他永远如今天一样康宁。人生的命运啊本有所定，悲欢离合啊岂能由人？"人们认识到，离别是不可避免的，人的生命是有定数的，如果说大司命掌握着人类的寿命，那又是谁掌握着人世的悲欢离合呢？这是人类千百年来苦苦思索的问题，这首《大司命》中也凝聚了人类的哲理之思。

（五）《少司命》

《少司命》则是另一首关于生命和爱情的赞歌。少司命与大司命的职掌同类，但她是主宰人间子嗣和儿童命运的神。与《大司命》相比，《少司命》这首乐歌中主人公的形象不那么鲜明，但在诗篇的中间是几段优美的情诗，体现出少司命虽为女神，却也同样有着清丽委婉的内心。诗歌应当是由男巫与扮演少司命的女巫对唱，歌唱着爱情的美丽动人。也有学者认为，此时歌唱的男巫扮演的是大司命，如此来看，则大司命与少司命如湘君与湘夫人一般，也是一对配偶神。开篇是男巫扮演的大司命歌唱着少司命的职责："秋兰兮蘪芜，罗生兮堂下"，这既是对少司命的赞美，也是对其职责的暗示，可能也说明了这场祭祀是为求子嗣。歌者进一步唱道："绿叶白花相辉映，阵阵香风扑面。人人都有好儿女，你为什么要愁苦挂怀？"中间几段可能是少司命的自述，她歌唱的是自己与爱人之间的款款深情。少司命说："秋兰的叶儿青青，绿叶映衬着紫茎。济济一堂都是美人，你却只对我眉目传情。你来来去去都不说话，乘着飙风、驾着云旗回到天庭。悲哀啊，最大的悲哀莫过于生生别离；欢乐啊，最大的欢乐莫过于遇到了新的相知。"如果我们将对唱的男巫所扮演的角色视为少司命，这段旖旎的情歌是多么缠绵悱恻！大司命对少司命有着深深的关心，少司命对大司命更有着浓挚的深情。她的徐徐歌唱宛如一位情窦初开的少女，对恋人既是温柔却又敏感得不近人情。于是她唱道："日暮时你投宿在天郊，你是为谁而停留在云霄？"当然，这种不愉快很快便烟消云散了，少司命对恋人仍然一往情深。

少司命说："我想与你一起在咸池沐浴，又想到日出之处把头发晾干。我盼望爱人啊，可是爱人没有来到，我只能神思恍惚而临风高歌。"这是少司命对爱人的深情表白，同时又有对爱情捉摸不定的深深担忧。诗歌的最后四句则又是对少司命职责的歌颂，尤其是"竦长剑兮拥幼艾，荪独宜兮为民正"，是对少司命齐声的赞美，赞美她挺着长剑抱着儿童，是老百姓最爱戴的保护之神。

这是一段炽热的恋曲，充满着浪漫而多情的想象。乐歌情思烂漫而柔情万千，尤其是中间的部分，更显细腻缠绵。不过，开篇与结尾的一段是对少司命职能的赞美，似乎与中间部分没有严密的连贯性。可能少司命、大司命与湘君、湘夫人不同，他们是掌握着人世寿命之神，所以在祭神乐歌中并不能纯粹地歌唱配偶神之间的情感。从这两首诗中也可以看出楚人的浪漫情思，即使是在祈求长生和祈祷子嗣的祭祀中，也贯注了浓郁的浪漫深情。

（六）《东君》

《东君》则是一篇高亢热烈的祭歌。东君是太阳神，与前面的几篇不同，这篇祭辞中似乎没有涉及恋情。楚国的祭祀之俗多是男巫迎女神，女巫祭男神，因此，在对东君的祭祀中，应当是由女巫主唱的。这是一段完整的祭祀记录，首先是迎接东君，设想太阳出来之后人世间的景象；再是描绘东君的出场，有云旗舒卷、声势如雷之感；其后是描写人间祭祀的热烈，表达了对东君的诚挚崇拜；最后一部分可能是由扮演东君的男巫独唱，用非凡的想象渲染了太阳下山、群星毕现的景象。全诗写出了一天的始末，又围绕着东君的太阳神身份，极力表现了太阳的温暖和宏大气魄，抒发了对太阳神的猛烈赞美。诗歌的开篇曰："暾将出兮东方，照吾槛兮扶桑。抚余马兮安驱，夜皎皎兮既明。"这是破晓之时旭日将出的景象。太阳本栖息在东方神树——扶桑之上，如今太阳神即将降临，一片日光出现在东方，照耀着神木扶桑。太阳徐徐出现，就像是东君牵着马儿在安详地行走，于是夜色渐退，东方露出了曙光。这是一段动人的描写，是日出带给楚人的美丽想象。而这首诗的最后一段，更是用拟人化的笔墨，通过东君的口吻，表现了太阳神的刚强雄健和乐观豪迈。

东君在享受完祭祀之后，即将回到天上。在他离开之际，他向人间的众生高歌："我穿着青云上衣，披着白色霓裳，我架起长箭射杀天狼。我收起大弓往西边沦降，我高举着北斗痛饮桂浆。我抓紧缰绳腾飞急驰啊，在漆黑的夜晚我又要匆匆赶往东方。"这里的东君充满了阳刚之气，与前面几位神灵的细腻缠绵迥然不同。在这首诗中，我们似乎看不到东君的儿女情长，只有巫女在歌唱中对他的深深思念。诗中的东君不再是恋歌中的男主人公，而是一位纵横驰骋、保卫人类的英雄。他以北斗为酒斗，以星宿为弓箭，他一心惩恶护善，更是潇洒不羁。诗中充满了大胆的狂放的想象，同时又有酣畅淋漓的洒脱气势。东君的形象，正如太阳的形象，他是热烈而豪壮的，是楚国人所崇拜的温暖之光。

（七）《河伯》

相较于《湘君》等几篇，《河伯》一首在《九歌》中似乎并不那么突出。其中的原因，可能在于河伯本是黄河之神，而楚地处于长江流域，似乎并不是楚地的本土神祇，便也失去了特点。楚人祭祀河伯，可能也说明了楚族本来与华夏族同源。据史书记载，夏代时楚人祖先芈姓季连居于楚丘（在今河南滑县），便将其部落以楚命名。楚丘临近黄河下游，因此也受到了中原河伯文化的影响，尊河伯为自己的神祇，楚地便有了祭祀河伯的传统。在屈原生活的战国中期，楚人已经自黄河南滨迁到了长江之滨，时间也相距了千余年，但楚人祭祀祖宗河神的传统却仍然得以保留。春秋末期楚昭王统治时期，由于楚国郢都被吴军攻破，楚国势力大为削弱，楚人曾经一度萌生的打回黄河之滨的理想也破灭了。王室逐渐放弃了对中原河神的祭祀，但在楚地民间，老百姓们却仍然保持着这一古老的祭俗。屈原的《九歌》本源自民间，因此也便保存了《河伯》的祭祀之章。

在民间传说中，河伯之妻即是洛水女神宓妃，在这篇作品中，描写了河伯与妻子之间的爱情和游乐。在祭祀时，男巫扮演河伯，女巫主祭迎神。若以此来理解，则本篇中的"美人""子"等，应都是指河伯之妻宓妃。

诗歌共分为四部分，首先是河伯对宓妃所说的话。开篇几句叙述了二人去九河游历的经历。据说禹治水时将黄河分为九道，因此诗中便以"九河"泛指黄河的支流。他们乘风破浪，在暴风中遨游，以两龙驾车，旁边又有两条无角的小龙为骖。这里描写了河伯乘舟飞越的动态，显得气势宏博。第二段则写了河伯与宓妃登临昆仑。在古人的传说中，昆仑山是河水的源头，更是西方的神灵所居之地。他们流连忘返，甚至在日暮之时也忘记回家。我们无法想象屈原是否游历过黄河，但是在诗人的笔下，黄河是雄伟壮阔的。河伯虽然对昆仑无比留恋，但最终还是回到了自己的故乡。河伯的家美丽而辉煌，第三部分即是借助巫女扮成的宓妃之口，描述了河伯宫殿的壮丽：屋顶上画着蛟龙，又有紫色贝壳筑成城阙，朱红涂满宫中。巫女发问："神君你为何住在水中？乘着白鼋把文鱼追赶。我将与你一起游弋在河上，看着浩浩河水缓缓地向东流淌。"而最后的四句应是河伯的唱词，此时的他将与祭者分手，回到他居住的黄河下游："与子交手兮东行，送美人兮南浦。波滔滔兮来迎，鱼隣隣兮媵予。"这几句点明了河伯的水神身份。他与主祭者握手道别，因为南方水滨毕竟不是他的久留之地。他和宓妃乘着波浪回到河中，热烈的鱼儿成群结队来陪从。楚国祭祀乐歌虽然常以恋歌的形式表达对神灵的爱慕，但在《河伯》这首诗中却并不明显。诗歌主要描写了河伯的游历，他从奔腾如雷的黄河浪涛中来，又忽然登上了昆仑山四望，他的宫殿华美无比，最后他又在水族的簇拥之中回到了水中。黄河虽然不在楚地，但在楚人的想象之中，黄河拥有比长江更惊心动魄的力量！诗中对黄河的伟力极力讴歌赞美，渲染出一种欢乐奔腾的气势。与《湘君》《湘夫人》的清丽哀婉不同，《河伯》之篇显得爽朗豪迈；与《东君》的雄健阳刚不同，《河伯》又显得奇诡欢腾；与《大司命》一样，《河伯》也体现出宏伟的气势，但少了前者的凝重肃穆而更显得浪漫雄奇。《河伯》是《九歌》中的特殊篇章，其中既有对黄河的礼赞，也有对河伯、宓妃故事的演绎，诗中创造了鲜明的人物形象，富有积极浓烈的浪漫主义精神。

（八）《山鬼》

《山鬼》是《九歌》中最缠绵的乐章。山鬼即山中女神，也有学者认为，山鬼是楚襄王所梦的巫山神女。从诗篇中看，山鬼是美丽的，她温柔多情、楚楚动人。山鬼又是孤独而寂寞的，她对爱人情感笃深，却不知爱人的真实心意。诗篇中充满了忧愁，仿佛是一位孤独而无助的少女，在乐歌中倾诉着自己的心声。诗歌开篇即描写了山鬼的外貌，山鬼居住在深山林坳之中，她以薜荔为衣，以女萝束腰，她面目含情、优美巧笑，体态婀娜，形貌美好。山鬼精心装扮，将去赴心上人的约会。她以赤豹拉车，以文狸为随从，车上装饰着辛夷，又以桂花扎成彩旗。她身披石兰，腰束杜衡，还折了香花打算送给爱人。但她的赴约是艰辛而孤独的，她处在竹林中幽暗而看不见天，她要走的路途也充满了艰险。她孤零零地站在山上，而她的脚下是茫茫的云海。她苦苦盼望爱人却始终不见，直到有东风吹拂又有神灵降下雨点。她痴痴地等待着，却始终不见爱人归来，她甚至觉得自己的容颜在渐渐老去，却仍然只能独守空山。于是她在山中采摘灵芝，看到的只是山石磊磊、葛藤蔓蔓。但她是善良而乐观的，她虽然埋怨公子不该忘返，却仍然在幻想："莫非是他对我也非常眷恋，只是没有时间、不得空闲？"山鬼在山中久久徘徊，漫长的盼望也让她开始胡思乱想。她心中思念着公子，却始终不见爱人的身影，此时她也渐渐怀疑了："你究竟想我吗？我现在已经信疑参半。"天空又开始下雨，在隆隆的雷声中，山鬼的乐观正在一点点逝去："雷填填兮雨冥冥，猨啾啾兮狖夜鸣。风飒飒兮木萧萧，思公子兮徒离忧。"风吹着树林发出飒飒的响声，树木也在萧萧私语。我思念公子但是念而不得啊，如今我只能空自感伤！

《山鬼》是《九歌》中最有情味的诗篇。诗歌纯粹以女子的口吻，抒写了内心的曲折和思绪。开篇几句描写了山鬼美丽的外貌，而她以薜荔为衣、以女萝为带，乘赤豹、从文狸，则点明了她的山神身份。山鬼对爱人的情感是深切的，她对爱人的思念更是缠绵悱恻。她的内心情绪如此的复杂，先是责怪自己迟到，再又埋怨爱人失信，之后又马上为他辩解，希望他只是因为没有时间，而爱恋之心未变。但是，爱人迟迟不来，山鬼的内心也更加痛苦。最后几句，她以自白心迹的手法，表明了对爱人的深深失望，更是对内心苦痛的宣泄。与湘夫人不同，山鬼的性格是更加内外而忧郁的，爱情似乎是她的全部，一旦失去了爱人，她的整个世界便变成了灰色。作者在诗中运用景物衬托了山鬼复杂多变的心情，具有极强的艺术感染力。难怪唐代沈亚之在《屈原外传》中说：屈原在写完《山鬼》之时，"四山忽啾啾若啼啸，声闻十里外，草木莫不萎死"。这一说法虽然夸张，但确实表现出了屈原《山鬼》的艺术魅力。

（九）《国殇》

《国殇》是《九歌》中最震撼人心的一章。汉代孔鲋《小尔雅》曰："无主之鬼谓之殇。"这一篇题名为"国殇"，应是指死于国事的人。所以，本篇的主旨是哀悼为国阵亡的将士。这是《九歌》中一首风格迥异于他篇的祭歌。

与其他多数篇目中以男女恋情为主线不同，《国殇》中并没有恋情成分，而纯是对将士们英勇杀敌、阵亡沙场的描写。因此，与其他篇目的纤丽相比，这篇显得尤为壮美。全诗共十八句，可分为两大部分。前十句写战争场面，描写了当阵地被敌人冲入，将士们奋勇抵抗的场景；后八句则写出了对阵亡者的赞颂，即使这是一场失败的战争，但为战争而死的英魂是永垂不朽的！当我们读起这篇诗歌，也会血气飞动、情不能已，为这些阵亡于几千年前的英勇而深深感慨。

诗歌开篇曰："操吴戈兮披犀甲，车错毂兮短兵接。旌蔽日兮敌若云，矢交坠兮士争先。"这是一场惨烈的战争。士兵们手举锋利的吴戈，身穿坚韧的犀甲，车驰马啸，短兵相接。战斗如此激烈，以至于战旗遮住了日光，敌人却越来越多，好像层层压面的乌云。战争中的箭矢如林，飞啸的箭甚至相碰落到了地上，而勇士们却毫不畏惧，依然奋勇争先。清末学者马其昶在其《屈赋微》中曰："怀王怒而攻秦，大败于丹阳，斩甲士八万。乃悉国兵复袭秦，战于蓝田，又大败。兹祀国殇，且祝其魂魄为鬼雄，亦欲其助却秦军也。"若依马其昶的说法，则这次战争是秦楚两大强国之间的战争，其激烈和悲壮，在诗歌中有充分的展现。楚国这次的伤亡是巨大的，即使士兵们奋勇杀敌，却仍然全部阵亡。诗人以凄美的诗句描写了这一片悲凉的景象："天时坠兮威灵怒，严杀尽兮弃原野。"苍天在此时已经快要坍塌，鬼神也被激怒了。战士们全部阵亡，原野上暴尸遍地，鲜血已经成河。这是一片多么悲壮的景象！这是一场殊死战斗，楚军付出了惨痛的代价，他们杀尽了敌人，却也全军覆没。诗中的场面雄浑悲壮，既有气势万钧，又有悲情难抑。在其后的八句中，则是以静态描写展现了这场地动山摇的拼搏之后，平原凄风怒号、战场上尸横遍野却依然壮气凌云的景象。战士们出征后便永远不会返还，原野上路途遥远、尘雾弥漫。他们虽然战死了躺在地上，手里却还紧紧握着弓箭。他们虽然身首分离，壮志之心却仍然未变！他们既勇敢又具有武功，他们的精神刚强不阿，不可受到任何凌辱！他们的肉体虽然已经死亡，浩气却长留于天地，他们的魂魄虽然与肉体分离，却将永远成为鬼雄！

这既是一首长长的悲歌，更是一首飞扬凌厉、气薄云天的壮歌。两千多年前，楚国的将士们奋斗在沙场而为国捐躯，幸得屈原的如椽大笔将这场战争记录下来，让战士们的精神千年不朽。清代林云铭《楚辞灯》说，屈原在这首《国殇》中叙述了楚军将士"方战而勇，死而武，死后而已"的气概，这种极力描写不但用以安慰死去的灵魂，也用以壮大士、张扬国威。《国殇》一章，确实是一首脍炙人口的英雄赞歌。

（十）《礼魂》

《九歌》中的最后一首《礼魂》，是礼成送神之辞，也是祭典的最后一个环节。清初学者王夫之《楚辞通释》中说：《九歌》的前十章，都是有所祀之神，从而作歌赞美。而这一章是为前面所祀之神通用的，作为送神之曲。这一说法基本上为历代学者们接受。与前十章相比，《礼魂》较为短小，类似于楚地乐歌之后的"乱"辞。其辞曰："成礼兮会鼓，传芭兮代舞。姱女倡兮容与。春兰兮秋菊，长无绝兮终古！"诗中有"成礼"二字，应该是完成了祭礼。人们敲起祭鼓，传递着鲜花，在轮番起舞中完成了祭祀。美丽的巫女们齐声歌唱，歌声美好而安舒。春天用兰花祭祀，秋天则献上清菊，春秋之花永不凋谢直到终古。在这首短歌中，我们仿佛看到《九歌》中祭祀的众多神祇，他们的音容笑貌纷纷浮现在我们眼前。这是一首总祭众神之歌，宏大的祭祀虽然结束了，却将先秦时期那些古老的神灵久久留在人们心间。

三、《天问》

《天问》是楚辞中一首离奇的长诗，依王逸的说法，也是屈原所作。顾名思义，"天问"即问天，在诗中，作者从天地分离、阴阳变化、日月星辰等自然现象开始发问，一直问到神话传说乃至圣贤凶顽以及历史的兴衰治乱。这是一首具有探索精神的诗歌，体现出诗人对人世万物的大胆怀疑和永恒的思索，也表现出楚国人追求真理的求知精神。

东汉王逸说："《天问》者，屈原之所作也。何不言问天？天尊不可问，故曰天问也。屈原放逐，忧心愁悴。彷徨山泽，经历陵陆。嗟号旻旻，仰天叹息。见楚有先王之庙及公卿祠堂，图画天地山川神灵，琦玮僪佹，及古贤圣怪物行事。周流罢倦，休息其下，仰见图画，因书其壁，呵而问之，以渫愤懑，舒泻愁思。"依照王逸的观点，屈原之所以创作《天问》之诗，是因为他在被放逐之后，忧愁抑郁，彷徨于山泽之间、游历于平原丘陵，时常悲叹呼号，仰天叹息。有一天，当他走进楚国先王之庙和王室公卿的祠堂，看到墙壁上满绘着天地山川神灵，又有古代圣贤的一些故事。屈原在这些神奇诡异的图画前久久徘徊，更是心有所感，便在墙壁上书写了这首长诗，以此来抒发心中的愤懑之情。当然，后世也有学者并不认同王逸的观点，如清代王夫之即认为，《天问》是屈原讽谏楚王而作。

《天问》是一篇奇文。依王逸的观点，因为天是最尊贵的，不可向天发问，所以诗歌不名为"问天"，而以"天问"命名。从《天问》这首诗中，可以看出屈原宏博的学识和惊人的想象力。诗人一口气提出了一百七十多个问题，从天地混沌之初而最终成形，再到楚国的历史和现状，从天文地理之谜到历史传说，从远古神话到民间典故，屈原无不一一发问。鲁迅赞叹这首诗说："怀疑自遂古之初，直至百物之琐末，放言无惮，为前人所不敢言。"

全诗有三百七十多句，一千五百多字，确实是一篇洋洋长诗。从诗篇开始，作者便向天发问：远古混沌的初态，是谁传告给后代的？当时天地还没有形成，又是由什么考证？最初天地日夜未分，谁能了解穷尽？如今昼夜终于分明，这又是经历了怎样的过程？阴阳之气掺合变化，哪里是本原，哪里又是演化？诗人问遍了传说中的天地及天体，同时对昼夜和阴阳现象也提出了质疑。诗人对天空中那些庞大的星体发问，一些人们本已是习以为常的自然现象，在诗人的笔下却有了更丰富的想象。

诗人紧接着追问："天上的日夜是如何安置，而众多的星辰又是怎样铺陈？太阳每天出发于旸谷，从天亮到黄昏，又走了多少路？月亮如何在每一个月都有盈亏又都能死而复苏？为什么它的肚子里会有一只蟾蜍？女岐还没有婚配，可是她为什么有九个孩子？风神伯强又住在何处，寒风又是从哪里吹来？为什么门一关天就会暗，门一开天就会亮？那在天门未开的时候，太阳又藏在何处？"诗中的"顾菟"，本指月中的阴影。有人认为，"菟"即兔子，但"顾"是何意却令人费解。闻一多在《天问·释天》中认为，"顾菟"是蟾蜍之异名。事实上，在古代神话传说中，月中阴影既有蟾蜍一说，也有兔子一说，而蟾蜍之说较早。本文也基本遵从这种说法。"女岐"则是女子之名，王逸注解中说，女岐是"神女，无夫而生九子也"。所以女岐又被称为"九子母"。西汉时尚有女岐生九子的壁画，可能是从战国时期一直流传下来的。"伯强"又名禺强、隅强，是居于北方的一位风神。在《山海经》中说禺强是"人面鸟身"，甲骨文中将"风"写作"凤"，可能禺强确实是一位人面鸟身之神。总之，《天问》的第一部分都写天象，从鸿蒙未开写到建立天盖，再写到日月星宿，显得秩序井然而又想象丰富。

诗歌的第二部分，则是写古代传说中关于地球的一些巨大变故。从"不任汩鸿"开始，写的是大禹治水，紧接着写到禹之父亲鲧的治水经过，并对鲧被天帝处死表现出同情。诗人还写道共工怒触不周之山的神话："康回冯怒，地何故以东南倾？"这部分写的是神话，与上一部分是纯写自然现象不同，其中的内容与《山海经》相近，显得浪漫奇异。据说共工在与颛顼争帝失败后盛怒，一头撞坏了北天柱周山，周山因此改称为不周山，大地也因此而向东南倾斜。在描写鲧禹治水时，诗人却插入了共工触不周之山的神话，可能是因为共工使天地倾向东南，为禹治水导洪准备了地理条件。诗人在《天问》中提及了共工的功劳，虽然他在争夺帝位时失败了，却在改造自然方面立下了不朽之功。

从这一部分开始，诗人对大量的神话故事和历史传说提出了自己的疑问，他从禹之治水追问九州的形成，再提出了大地东西南北的长度、昆仑之山的根基等一系列的问题。他还问到日光在什么地方照射不到，什么地方冬天温暖，什么地方夏天严寒，什么地方石树成林，什么地方野兽能言等奇异的问题。诗人的想象是天马行空的，常由一个神话跳跃至另一个神话，由一个传说勾连至另一个传说。在诗人的笔下，那个美丽而诡异的传说故事都是值得探究的，无论是《山海经》中的奇异怪兽，还是诸子著作中的神奇之人，诗人都是追根问底。后羿射日是流传甚广的传说，但屈原却仍然追问："羿焉彃日？乌焉解羽？"他关心的是后羿是怎样射下九日，而他射落的三足神鸟金乌又死在了哪里。

在《天问》中，屈原常常想人之所未想，问人之所未问。楚地神话中，记载了夏后启上天得到天乐《九歌》《九辩》，屈原却进一步发问："何勤子屠母，而死分竟地？"夏启得到天乐《九歌》《九辩》本是他的功业，但是他的诞生却使母亲失去了生命。传说大禹之妻涂山氏怀孕时，因见到禹化身为熊的形象而变成了石头。禹高呼："归我子！"石即碎裂，启从石中诞出。启的名字便是由此而来。《天问》中的"勤子屠母"即由这个神话而来，二者形成对比，有厚此薄彼之意。史书记载，启是个淫君，但上帝却对他非常偏爱，为了使他出生，不惜使其母碎裂；天帝又送给他天乐《九歌》《九辩》，更助长了他的淫乐生活。屈原在这里的发问，颇有对天帝及夏启的批评之意。

在其后的诗篇中，诗人继续对历史人物发问，他问到后羿为什么射瞎河伯，嫦娥从哪里得到了仙药，为什么雨师屏翳能让大雨瓢泼，为什么尧将两个女儿嫁给了舜？女娲的形体能够一天七十变，她的身体是由谁所造？为什么上帝派伊尹授以天机，为什么夏桀被放逐后，老百姓个个欢天喜地？诗人还问到简狄诞下契，成汤到东方巡视，纣王被商汤杀死，周穆王周游天下，周幽王昏庸无常，后稷被抛弃而最终成长，这一切的历史故事背后，又是什么力量在主使？在诗歌的最后部分，屈原还问到了楚国的历史，他提醒楚王，"荆勋作师，夫何长？吴光争国，久余是胜"，楚国与吴国的争战历久不息，吴公子光即吴王阖闾，他曾经在楚昭王时攻破郢都，对楚用兵屡打胜仗。有的学者认为，这句话可能体现出屈原作此诗的本意：楚怀王时，受到张仪的蒙骗，楚国曾倾全国之力伐秦，结果兵败地削。这里屈原是在借历史教训提醒楚怀王，不可轻易用兵。如果这个说法接近原意，那这首《天问》的创作大约也就在楚怀王统治之时。

《天问》是一首奇诗，也引起了历代研究者们的兴趣。前已言及，王逸认为这首诗是屈原被流放时所作，但也有人认为，当时不可能有这么大的壁画，将自亘古以来的神话传说全部涂画于此。不过我们也可以这样理解：当诗人看到壁画时，心中涌起了无数的联想。诗中所写的神话传说，并不一定全部是壁画中显示的内容，更多是出于诗人的想象。《天问》的结构是宏大的，基本上可分为三大部分，第一部分写开天辟地，并对天地和天体发问；第二部分则写神话传说到三代的兴亡，是对人世和神话发问；第三部分则写吴、楚、秦诸国的情况，是对历史和现实发问。《天问》不仅有着丰富的情感和华丽的语言，而且其中包含着大量历史和神话，是人们研究先秦神话传说的重要资料。

四、《九章》

人们通常认为，《九章》也是出自于屈原之手。王逸说：屈原放逐于江南，思念君国，忧心无比，便又作了《九章》，以此来表达自己的忠信之道。因为屈原的忠心并不被楚王所认可，他只能自沉以明心志。楚国人哀怜屈原的自沉，便将他的《九章》之诗流传了下来。

　　《九章》是一部短篇抒情诗集，包括九篇作品，分别是《惜诵》《涉江》《哀郢》《抽思》《怀沙》《思美人》《惜往日》《橘颂》《悲回风》。总体来看，《九章》中作品的风格和内涵基本是一致的，都抒发了"思君念国，忧心罔极"的沉重情思。在《九章》中，屈原倾注了自己对楚国的眷眷之心。关于"九章"之名，最早应来自于西汉刘向。刘向在编辑《楚辞》一书时，作了一篇《九叹》置于篇末，而其中即提及"九章"。因此也有人说，刘向是"九章"的命名者。因为《九章》并非一篇作文，而是诗歌作品集之名，其中的诗歌的创作时间、地点不尽一致。有一种观点认为，《九章》创作于顷襄王之时，屈原被流放到江南之后，作《九章》以讽谏，但最终并没有被采纳。汉代的王逸和班固是持此说法的代表。还有一种观点认为，《九章》的各篇并不是作于一时一地，而是屈原在被放逐之后，由于思君念国，随事感触而写成，后人将《九章》收集起来合为一卷，并不是出于一时之言。持这种说法的主要人物是南宋的朱熹。清初学者林之铭则在其《楚辞灯》中认为，《惜诵》《思美人》《抽思》三篇是屈原在楚怀王时作于汉北，而其他六篇则是在顷襄王时作于江南。无论其创作时间如何，《九章》中的诗篇都表现出了诗人在生存环境和内心情感的剧烈冲突中的痛苦，这种痛苦具有强大的感染力，其中浓郁的抒情特征，受到历代诗人的激赏。

　　（一）《惜诵》

　　《惜诵》是《九章》中的第一篇，其题名应来自于诗歌的第一句："惜诵以致愍兮。"这一诗歌主要陈述了屈原在现实生活中遭遇的打击，传达了诗人被冷落的缘由，表达了深切的愁思。诗开篇曰："惜诵以致愍兮，发愤以抒情。所作忠而言之兮，指苍天以为正。"诗人在开篇即直抒自己内心的忧愤，为了表明忠诚，他愿意让苍天来作见证。他接着说，自己的忠心愿意请五方天帝来判断，愿意让六神来审讯，让山川来陪审，让上古法官皋陶来断案。他对君王竭尽忠诚，却被小人构陷，他请求君王能更了解臣子，这样就可以通过观察来看到他的忠心。在《惜诵》中，诗人直抒胸臆，如滔滔江水一般倾泻自己的悲愤情感。他反复剖白自己的内心，向君王表达忠贞，又在梦中占卜，希望能改变艰难的处境。他百思而无路，身心疲惫，他"欲横奔而失路兮，盖志坚而不忍"，虽然也想过放弃正路去随波逐流，但是坚定的志向又让他无法做到。他想全身远退，却又忠怀弥满，他希望自己能随意发挥性情，却又无法摆脱理性意识的监督和强烈的道德责任感。在《惜诵》中，诗人是痛苦的，他在内心矛盾中左冲右突，却最终无法放弃自己的操守，诗中的强烈情感也升华为一种凛然自立的崇高美德。《惜诵》中的情感受到后世诗人们的激赏。唐代诗人李贺曾说《九章》："其意凄怆，其辞瓌瑰，其气激烈。"可见《惜诵》能引起古往今来失志者的深深共鸣。

（二）《涉江》

《涉江》是《九章》的第二篇。据其题名来看，这一篇可能写于屈原放逐江南时期，叙述的是自己的行程和心情。这首诗写的是他渡过长江、溯沅水而上，到溆浦一带幽居独处深山的历程，同时又穿插了自己在行程中的所思所见所感，具有浓郁的情味。从诗中开篇两句："余幼好此奇服兮，年既老而不衰"，可以推断这应当是屈原晚期的作品。屈原此时或许已五十余岁，诗中的心态也与其他的作品略有不同。诗歌在开篇即借用自幼喜好"奇服"来衬托自己从小即有的高尚志趣和崇高理想，以外美而衬托内心的写法与《离骚》十分相似，作者在诗中将自己幻化成一位神话般的人物，他能够在理想世界里驰骋，似乎是在浪漫地游历，他歌唱道："驾青虬兮骖白螭，吾与重华游兮瑶之圃。"事实上，屈原此时遭遇的却是前途未知的流放，因此他的理想很快落回了现实，他如今身在江南而要渡过大江。诗人写道：他登上鄂渚回头远望，看到秋冬的余风阵阵凄凉。他又乘着篷船逆沅水而上，船儿被漩流拖着迟缓不前。他清晨离开枉陼，晚上投宿到辰阳，诗人感叹道：只要我内心正直，即使被流放到穷乡僻壤，又有什么悲伤！这一部分写自己的旅途经历，并抒发了心中的感慨。诗人登上鄂渚，回望走过的路，他虽然经历了艰难险阻，却从来不曾回头。走过的路途是艰辛的，正如他所经历的人生，但他在人生中始终坚持着"端直"的信念，因为他无论如何也不能损害自己的心灵，违背自己的操守。诗人接着写了自己进入溆浦之后独处深山，他也一度彷徨而不知该去向何方。深山中虽然杳无人迹，但诗人也不肯因为隐居而变节从俗。他再一次表明心迹："吾不能变心而从俗兮，固将愁苦而终穷"，即使自古以来忠良经常不被任用，甚至像比干和伍子胥一样曾经遭遇了祸难，但诗人想到的是：前代尚且如此，我又何必埋怨当世？"余将董道而不豫兮，固将重昏而终身！"他最终以自己独立的人格消除了内心的阴霾，哪怕如古代贤臣一样被逼而死，哪怕一辈子都陷于幽暗的处境！最后一段乱词，是诗人以隐喻的手法叙述了楚国当时政治的黑暗：鸾鸟和凤凰已经飞翔去了远方，而燕雀乌鹊这些小人之属却在朝堂筑巢。露申辛夷一般的贤者枯死在了野林旁边，腥臭之物充满朝廷，而芬芳美好没人欣赏。如今的世道是阴阳易位，时令节序也紊乱不当。我满怀着忠诚却惆怅失意，此地不容我，我只能飘然流浪他乡。

《涉江》是一首充满哀怨的作品。与《惜诵》不同，《涉江》虽然也一再坚持自己的耿直内心，却更多体现出灰心丧意之感，也许与屈原当时的年岁有关，诗篇中的情感显得格外消沉。屈原无法改变自己自幼便坚持的节操，却在如今黑白颠倒的楚地不被接纳，他胸怀忠信却被流放，只能远走南郢他乡。诗人此时是抑郁而悲观的，但他对理想的坚持和笃信，仍然为他这沉重的悲观中涂上了一抹亮色。

（三）《哀郢》

《哀郢》，即哀悼郢都。这是一篇充满感伤的诗篇，表达的是对都城郢都的深深眷恋。清初王夫之《楚辞通释》中认为，《哀郢》篇写于楚顷襄王二十一年（公元前278年），这年春天，秦将白起攻破了郢都，顷襄王东迁于陈（今河南淮阳县）。但也有不少学者认为，屈原在当时不可能还活着。宋代洪兴祖《楚辞补注》中说："此章言己虽被放，心在楚国（郢都），徘徊而不忍去，蔽于谗谄，思见君而不得。故太史公读《哀郢》而悲其志也。"相对而言，这一说法是比较贴切的。这首诗写得十分悲痛，屈原此时身负着家国之恨与身世之感，又见到朝中所用非人，而自己却无能为力。这种情感深切地交织在一起，酝酿出动人的诗篇，也体现出屈原的爱国情怀和艺术才华。

郢是楚国国都之名，而楚国历史上却无数次迁都，都城都称为"郢"。其中建都时间最长、对楚国历史最具影响力的郢都位于湖北省荆州市纪南文旅区，历史上称为"纪郢"。纪南郢都始建于春秋时楚文王时期，至楚顷襄王二十一年沦于秦军而止，共历时四百余年。这个时期，是楚国历史上最强大、最鼎盛的时期。本诗所哀之"郢"即是纪郢。《哀郢》可分为四层，前三层从开篇"皇天之不纯命兮"开始，直至"哀见君而不再得"，写在郢都危亡时，自己却被流放。诗歌第二层从"望长楸而太息兮"一直到"思蹇产而不释"，书写的是思君、思国之痛。第三层则从"将运舟而下浮兮"至"悲江介之遗风"，写自己继续东行时的心情，他"登大坟而远望"，"哀州土之平乐"，"悲江介之遗风"，真可谓是一桨九回头，把对郢都的依依不舍表现得淋漓尽致，令人潸然泪下。这三层中多是写回忆，通过一路中的记叙来抒情，用景色衬托了诗人的心境。而在后面的内容中，诗人则是直接抒情。诗人放眼四望，只希望自己能再回到郢都。他想到鸟死也不离故巢，狐死也必然会头朝着山冈。可是如今，诗人耿耿忠心却被流放，他只能日日夜夜缅怀故乡。

（四）《抽思》

《抽思》是《九章》中的第四篇。抽，通紬，即理出丝缕的头绪。抽思，可以理解为缕述思绪，即相当于如今所说的抒情。这篇诗歌应当是作于诗人在楚怀王时被流放到汉北的时期，大约写于流放的第二年夏季。诗中充满了希望能回朝实现政治理想的强烈愿望，更抒发了对国君和郢都的思念之情。诗中也对君主"言而不信"、反复无常表现出怨恨，确实是一篇充满着浓郁情思的作品。诗歌在结构上很有特色，不仅有开场歌、主歌，还有"少歌""倡"和"乱"，是一篇结构完整的长篇歌辞。这在《楚辞》中也是别具一格的。

《抽思》一篇中最大的特色，是流贯于全篇的缠绵深沉的怨愤之情。诗歌一开首即以忧伤入题，并以鲜明的感情抒发了内心的复杂情感。诗人的悲伤如此浓郁，以至于当他看到秋风使草木凋落也为之动容，他看到北极星仿佛都在天空中浮动。他真切表达了自己想远走他乡的愿望，但却无法放下楚国的人民，也无法背弃自己的君王。因此他愁肠百结，只有在诗歌中一诉衷肠。诗歌以男女之爱作比，象征了臣子对君主的忠心，并批评了楚怀王的轻诺寡信。在主歌部分，几乎全部是诗人的怨愤倾诉，这既是内心的真诚剖白，也寄寓了深邃的哲理，在浓郁的情感中又赋予诗篇以理性的色彩。"少歌"部分，可视为副歌。此时的叙述角度有所转换，诗人独处汉北，愁思沸郁，想抒发内心的忧愤却无人倾听。而在"倡"部分，诗人又描写了一段梦

境，诗人的灵魂在星月微光之下直向郢都飞去。然而，现实却毁灭了他的梦
境，诗人连短暂的慰藉也没有得到："曾不知路之曲直兮，南指月与列星。
愿径逝而不得兮，魂识路之营营。"诗人想回到楚国，灵魂却无法认清回去
的路，他想直接前行又无路可通，只能白白奔忙，却劳而无功。最后的"乱
辞"则完全照应了开头，也照应了诗题。诗人以起兴的手法进一步表达了自
己的情绪，他唱的仍然是失望之辞，他只能以咏诗来抒展自己的心扉，只能
靠倾诉来排解自己的愁苦。可是他的心怀却无人可诉，他只能陷于极度的矛
盾之中却无可奈何。

（五）《怀沙》

《怀沙》是《九章》中悲壮的一篇，也是屈原的绝命辞。《史记·屈原列
传》中将全诗录入，可见司马迁对这篇诗歌的深切同感。"怀沙"的含义历
来有两种解释。南宋朱熹认为，怀沙是"言怀抱沙石以自沉也"，清代蒋骥
则认为，怀沙之名与"哀郢""涉江"同义，即是指怀念长沙。史书记载，
屈原自沉于汨罗，而汨罗在长沙附近。长沙死节，也体现出屈原的乡国
之情。

诗歌开篇即写出了诗人南行时的心境："陶陶孟夏兮，草木莽莽。伤怀
永哀兮，汩彼南土。"诗人离开时正值初夏，草木繁茂，却内心哀伤。他的
心像急流一样奔向江南，此时诗人的悲愤情绪难以自抑。诗人紧接着写到自
己四顾时的景象，他看到大地一片寂然，而内心却如刀割般绞痛。诗人在直
抒胸臆之后，又以一系列的比喻斥责楚国的时局黑暗，更将这些比喻集中到
一点，以表述自己的清白、忠诚，却不为现实所容。他感叹道："贤臣从来
难遇明主，大禹成汤离得太远，如今的我无法追慕！"诗人的情绪到此时已
经难以抑制，巨大的悲愁使他下定决心唯有以死明志。结尾的乱辞是诗人情
绪达到高潮的表露，他历述现状和历史，发现自己已经无法生存于世。在诗
人看来，理想是美好的，但现实是悲哀的。他无法因为悲哀的现实而放弃美
好的理想，唯有以己身之一死以为理想殉节。这对他来说，才是最美好的结
局。诗人平静地思索着："人生之命各有天定，成败寿夭也自有规律。我的
心志已坚，绝不会再怕死贪生。我知道死已不可避免，何必再爱惜自己的性
命？我要向光明磊落的先贤们宣告，我将与你们同道，我愿将你们追寻！"

屈原的《怀沙》之章，与其他的篇章也有不同。全诗语句短促有力，颇有气促情迫之感，反映出诗人复杂而激烈的心境。诗人对现实无法改变，但他的心志却更加坚定。当他最终死志已定时，却反而心情平静下来，他在娓娓陈述中表明了自己的内心，并坦然表达了对先贤们的崇敬，正是视死如归。

（六）《思美人》

《思美人》与《惜诵》《惜往日》《悲回风》一样，都是取篇首的二三字为题，这是先秦诗文普遍通行的命题方式。关于篇中的"美人"，有的学者认为是喻怀王，是屈原看到怀王昏聩时的劝谏。也有学者认为，"美人"喻顷襄王，本篇是屈原在顷襄王即位初期被流放到江南途中的作品。诗人反复表述了对楚王的思念，并倾诉了与思念相伴的深沉的忧伤。屈原对楚王之思，在于一位臣子对楚国的忠诚。此时他在政治上虽然屡遭打击和挫折，但还没有到灰心绝望的地步，因此他对楚王还是抱有深切的忠诚和幻想的。他要救国，便只能凭借君王对他的信任，他的《思美人》正是对楚王寄予的厚望，这也是他强烈爱国思想的曲折反映。诗篇从头至尾都贯穿着坚持修洁志向与降身辱志以迎合大势的两种矛盾。诗人在矛盾中挣扎，最终仍然是先贤战胜了楚王，理想压倒了现实。诗歌开篇即抒发了对美人的思慕和忠诚，然而由于客观条件的限制，使他无良媒而不可与美人接近。他想托归雁以告心曲，无奈它飞得太高，诗人无法追到。诗歌在写美人时，又衬以香花香草，以这些高洁之物"以配忠贞"。诗人采摘"芳茝"，又拔取水洲上的"宿莽"，这里的香花美草都可用以烘托诗人的志向。可惜"美人"对这些植物并不赏识，以至于诗人只能发出"惜吾不及古之人兮，吾谁与玩此芳草"的感叹。诗人表示，他绝不可能向群丑妥协，因为美好的品质一定会从污臭中脱出，他绝不会被污浊所掩盖。他坚持自己的信念，认为内心充溢着美丽的情感，必然会洋溢在外。他认为感情实质全部都是可靠的，所以即使自己被放逐，仍然会美名远扬！诗人希望以芳草为媒，为自己思念的美人牵线搭桥。他想直接向美人求爱，却又没有勇气而徘徊不定。他能做的，只是坚持自己的志向走自己的正道，绝不会改道而变化态度。最终他表示，自己思慕的是彭咸，他的心志已定，永不回头。

《思美人》是一篇浪漫的抒情诗，其抒情手法与《离骚》类似，都是借香花香草以表高洁，同时又将人间与天国、仙境，历史与神话、现实大胆融合在一起，既具有浓烈的浪漫主义风格，又具有强烈的情味，想象奇特，神思飞扬。诗歌的立场和出发点是对国君的思慕与忠诚，但同时又有对国君的怨恨与讽谏。全诗贯穿着"香草美人"的意象，又超越了时空的局限，是一篇优美的浪漫主义抒情乐章。

（七）《惜往日》

《惜往日》公认是屈原的作品，但也有学者认为其中叙述了一些身后之话，伪作的可能性较大。从诗中来看，如果《思往日》是屈原的作品，应当距他自沉汨罗的时间不会很久，也可视为绝命诗。如果确实是后人的作品，因为其中叙述了屈原的一些生平和思想，创作时间也应当离屈原生活时期不远，具有重要的史料价值。

诗歌回忆了自己早年被怀王信任的美好经历，又叙述了自己遭谗被黜、进谏无门的愤懑之情，抒发了对君王不察的悲怨。诗歌以"惜往日"贯穿全篇，几乎写出了一生的经历，同时又显得浅显平易，可能是创作时脱口而出。当然，语言风格的不同，也使这一篇作品在《九章》中独出茕立，有不少学者视其为伪作。对此诗的真伪我们无法考证，但是诗中的情感是丰富而真实的，仍是楚辞中的优秀篇章。

诗歌开篇即曰："惜往日之曾信兮，受命诏以昭诗。奉先功以照下兮，明法度之嫌疑。"这里叙述了自己当初与楚怀王君臣相处的美好处境，并陈述了自己所建立的功勋。然而，屈原早年的受重用、得信任却受到谗人的嫉妒，最终导致了他被怀王疏远。诗人在诗中陈述了自己所受的冤屈，但他却无法吐露真情。他宁死也不愿苟且偷生，他为国忠诚却报国无门。他羡慕百里奚和吕望，他们能遇到信任自己的君王；他又想起伍子胥和介子推，他们因为不受信任，最终死于非命。他痛恨如今的楚王不能明察实际，竟使小人有了可乘之机。可惜君王的耳目受到了蒙蔽，小人日渐猖狂，如今的楚国已经没有了他的容身之处。于是诗人在绝望中下定了决心：他宁愿暴死也不愿再流亡，他决定倾诉完心声立即自沉于大江。他如今已经了无留恋，只是痛惜昏庸的君王始终无法理解他的忠诚。

（八）《橘颂》

《橘颂》是《九章》中的优美篇章。诗人借对橘树的赞美，歌颂了人之坚贞不移的美德。《橘颂》运用了拟人和象征的手法，抒发了对橘树的满怀倾慕，可以视作古代咏物诗的范例。这首诗歌的创作年代难以确定，其中的风格是平静而优美的，几乎没有丝毫悲愤激情。从这一风格来看，这可能是屈原早期的作品，以诗来托物以言志，实际是自己高洁人格的表白。此外，诗中有"嗟尔幼志""年岁虽少"等句，可能也说明了这首诗确实是屈原年轻时之作。当时他在朝中颇受信任，因此在诗歌创作中也是赞颂居多。

诗歌称赞橘树为"后皇嘉树"，而且肯定了它"受命不迁"的坚贞品质。橘树是南方的物种，在楚地应是为人所熟悉的。诗人选取了这一人人熟悉的植物大加赞美，正是将心灵寄托其中。他赞美橘树的"深固难徙"，更是对待故土一心一意。橘树的果实皮色鲜明，内瓤晶莹纯洁，又象征着人之外美与内美互相映衬。在其后的部分中，诗人对橘树的精神进一步赞美。诗歌以纯粹的四言体式描写了橘树的优秀品质：它从小便有志气，独立而坚贞不移；它的根深因此不能迁走，心胸旷达又别无所求；它与世独立，始终坚守节操；它谨慎自守，从来不会犯过得咎；它秉性端正无私，同天地一样不朽。诗人称赞橘树是为人师表的典范，它的榜样可以照耀千古。南宋诗人刘辰翁称《橘颂》为"咏物之祖"，它其中托物言志的艺术手法，也是后世文人咏物诗的常用手法之一。

（九）《悲回风》

《悲回风》是《九章》中的最后一篇。"回风"即旋风，本篇以回风摇曳起兴，以"悲"字为线索，笼罩着忧郁悲凉的气氛。从情感上来看，《悲回风》与《惜往日》《怀沙》类似，都具有浓郁的哀愁，可能也写作于诗人沉江前夕。诗歌描绘了秋风的肃杀和悲凉，抒发了缠绵悱恻的悲愁之情，同时又倾注了对一生不幸的痛苦反思。诗篇全部是抒情，完全状写心理，并没有叙事。因此从其抒情方式来看，又与《抽思》有相似之处。

诗歌共分为五部分。从开头到"窃赋诗之所明"，是以秋之季节而起兴，抒发了自己的悲哀愁苦，同时又表白自己的耿介情怀，陈述了自己写诗的缘由。诗人对古代贤臣彭咸无限仰慕，这也是他精神的源泉。但他的坚贞却与世俗格格不入，所以他只能写诗以表达衷肠。诗歌的第二部分写到自己被放逐的经历。

他在流放的途中仍然对美人（楚王）念念不忘，但自己已不再受信任，虽然内心痛苦，却无法申诉。在第三部分中，诗人写到自己已无所留恋，死志已决。他登上石峰眺望故国，却路途太远而眼前渺茫。他已对事实完全绝望，于是开始不再幻想。楚国本是个疆域广阔的强国，却因为君王不明、佞臣当道而江河日下。诗人如今已经万念俱灰，他只想随风而流，如先贤彭咸一样投水而亡。

第四部分写的是诗人设想自己死后灵魂不灭，神游天地。他随波逐流、志洁行芳，诗人幻想自己自昆仑下至江水而往来江上，他神游故国，对楚国依然恋恋不舍。一刹那，他在生死之间似乎下不了决心，但在最终，他仍然决定追随先贤的脚步。在诗末的乱辞中，诗人继续表白心迹：他愿意赴死，但决不轻于一死。往昔的希望全然落空，他希望追随伍子胥和申徒，让自己的身体沉入大江。但是，他又惧怕自己的死仍然唤不回怀王的警醒，因此他又深深感叹："骤谏君而不听兮，任重石之何益？"如果君王始终不悟，自己抱石自沉又有什么用处？

在这首诗中，诗人的情感是复杂的。既有对过去的回忆，又有对现实的怨恨，还有对自己死而无意义的恐惧。宋代洪兴祖在《楚辞补注》中评价说：这一诗篇是说小人之盛，而君子忧心不已，因此只能托游天地之间以泄心中的愤懑。屈原最终自沉汩罗，追随伍子胥等先贤，使自己的志向千古流芳。在艺术风格上，这首诗多用双声叠韵的联绵词和对偶句，显得章节协美，一唱三叹，使诗歌具有强烈的音乐之美。

《九章》的内容和思想与《离骚》大致相近，但是艺术手法却有很大的不同。屈原在《离骚》中运用了浪漫主义手法表达内心的苦闷，而《九章》却主要是用写实的手法来反映作者在当时具体的生活片段和思想情绪。因此，与《离骚》相比，《九章》更具有史料价值，是了解屈原生平的重要资料。在《九章》中，我们可以了解到屈原被流放的地点，可以解读出屈原的游历之地，更可以从《怀沙》一篇中看到屈原从湘西奔赴长沙最终死节。

《九章》记载了屈原被流放之后的心路历程和旅行遗迹，也真实地反映了屈原走投无路却九死未悔的伟大精神。

五、《招魂》

《招魂》是一首浪漫优美的作品，但它的作者是谁，至今仍没有定论。王逸认为，《招魂》是战国时期宋玉的作品。魂，是人生之精华。宋玉哀怜屈原忠诚却被疏斥，愁苦无比而精神散佚，甚至命将不长，所以作了《招魂》，希望能以此恢复屈原的精神，延其年寿。宋玉在诗中谱写了楚国之外四方之恶和楚国内部之美，不仅招屈原之生魂，也以此来讽谏怀王，希望君王能够觉悟。但司马迁《史记·屈原列传》则认为，《招魂》的作者是屈原，所招的是楚怀王的灵魂。他将《招魂》与《离骚》《天问》《哀郢》等作品并列，并指出这些作品中寄托了屈原的志向。明代学者黄文焕在《楚辞听直·听二招》中则认为，《招魂》是屈原自招生魂，这一观点得到清代林云铭的认可。林云铭进一步说，屈原被流放之后，愁苦无法宣泄，便借题寄意，希望以此来自招生魂，在诗歌篇首自叙和篇末乱辞中都不用"君"字，而是用"朕""吾"等第一人称来代称。此外，近代学者梁启超、著名文学史家游国恩等也赞成此诗是屈原自招生魂的观点。如今学者们较认可的是司马迁的说法，认为此诗大约作于楚顷襄王三年（公元前296年）。当初怀王被秦人所骗而入秦，结果被拘留，以至于客死于秦。顷襄王即位三年之后，秦欲与楚修好，便允诺将怀王归楚安葬。楚人对怀王之死十分同情，虽然怀王为君昏聩，但毕竟是楚国先王，他不肯割地屈服，也颇有骨气。屈原曾受怀王信任，即使之后遭谗被疏却仍念旧主，于是写作了《招魂》之诗以招怀王之魂，哀悼怀王入秦不返、身死他乡，又极力颂扬楚国之美丽富饶，也有对秦的敌忾之意。

招魂这一习俗来自于民间。人们认为，魂为人之精气，人之病弱或死亡时，灵魂会离开人的躯体。举行招魂仪式是呼唤灵魂归来，以使精气回归。这首楚辞《招魂》即是借用了楚地民间的招魂习俗，以序引、招魂辞、乱辞三个部分统领全篇，运用夸张、铺陈的手法，极力渲染"四方之恶"，又极力强化"楚国之美"，体现出鲜明的浪漫主义色彩。

在序引中，诗人交代了招魂的缘由。诗人先自叙了长期遭受的愁苦，再以上帝告巫阳之词，引出"有人在下，我欲辅之。魂魄离散，汝筮予之"的招魂之事。巫阳，是神话传说中的巫神。诗中引出巫阳受命招魂，既写出了招魂的缘起，也是符合楚地的巫祀习俗的。

诗的主干部分，是巫阳的招魂辞，运用铺叙的手法，抑扬结合，先写出四方的恐怖，再描述楚国的豪华。前一部分从东、南、西、北、天上、地下六个方面描写楚国之外的可畏与诡异。巫阳召唤："魂兮归来！在神秘的东方，有长人千丈、十日喷火，人若滞留，会被烧成灰烬；在可怖的南方，有野蛮土著杀人祭鬼，还有毒蛇横行、狐狸成妖；在怪异的西方，有飞沙走石、雷霆深渊，蚂蚁巨大如象，地上五谷不生；在僻冷的北方，有层层冰封，飞雪千里；在遥远的天上，有虎豹守关，有九个头的怪物，还有豺狼伤人性命；在幽暗的地下，有残酷的魔王、吃人的怪兽……"诗人在描写楚国之外的阴森可怖之后，词风一转，以楚国之美与上述的险恶形成鲜明对比，呼唤魂魄的归来。

诗人借巫阳之口发出深切的呼唤："魂魄啊，快回郢都城吧！楚都有高明的男巫来引导，秦国的薰笼，齐国的丝，郑国的网罩做笼衣，招魂的装备已备齐。楚人都长声呼唤着你，快点回到故乡旧居！"紧接着，诗人开始铺叙魂魄位于楚国郢都的美丽故居。这里有深深的庭院，有高大的楼阁，屋子冬暖夏凉，山间溪流潺潺，蕙草丛兰散发着幽香；这里有玉石墙壁、翡翠珠被，这里有奇珍异宝，还有众多的美人服侍；厅堂里富丽堂皇，池苑中菱荷飘香；远方山坡上有卫士站岗，近处的门廊前有客人的轩车。宫殿中开起一场盛大的宴会，宗家大族齐聚一堂。面前的案儿上摆满了珍馐美味，杯杯美酒甘洌如琼浆。

不仅如此，宴会上还有美妙的歌舞。美味佳肴还没有全上，女乐歌舞已经登场；乐师们撞起钟、敲起鼓，将新创的乐曲献上：先是一出《涉江》，再是一支《采菱》，还加上《扬荷》的美妙歌唱。席上的美人已经喝醉，红润的脸庞更添红晕；她们目光撩人，眼波斜视，身着纤柔华美的丽服，秀发梳成最时兴的式样；十六位美人列队起舞，旋转起来衣襟飘摇；伴奏的竽瑟乐手们如痴如狂，鼓声如雷鸣般敲响。忽然整个宫廷都为之震动，原来是

《激楚》乐舞登场；吴国的歌曲、蔡国的民谣，黄钟大吕一起伴奏；士人女子相间杂坐，忘记礼节欢聚一堂。官绶帽带随意乱放，序次杂乱不分尊卑，郑卫的美女也来陪坐，这时到了《激楚》的尾声，欢乐的气氛蓬勃高涨。

诗歌很长，描写楚国宫廷之丽、宴乐之乐、乐舞之新、佳肴之美的部分尤其精彩，在乱辞中又补叙了楚君游猎的盛况和江南的美丽春景，将一个美丽、富饶、繁华的强国展现在人们眼前。诗歌运用了铺陈夸张的手法，极力表现楚国生活之乐，楚地物产之丰，用细腻的笔触和丰富的情感表达了对楚国的深深热爱，更将楚国之美与六方之恶形成对比，呼唤魂魄的归来。诗中有大量以"些"作为结尾的语气词，这是极富有楚地特色的巫咒之语。北宋沈括《梦溪笔谈》中说："今夔、峡、湖、湘及南北江獠人，凡禁咒句尾皆称些，此乃楚人旧俗。"可见在北宋，即使在中原文化的强势影响下，楚地南方的少数民族中仍然保留着以"些"作为巫咒之句尾语气词的特点，这是先秦楚国巫祭风俗的遗存。

《招魂》对汉赋产生了深远的影响，尤其是在结构和创作手法上开了汉赋之先河。其中丰富的想象、奇特的夸张，鲜明的浪漫色彩和华丽的语言具有强烈的艺术魅力，丰富的词汇、整齐的句子，富于变化又充满音律的诗句，都具有极大的创造性。南朝刘勰在《文心雕龙·辨骚》中即称："《招魂》《大招》，耀艳而深华"，极精确地概括出《招魂》的艺术特点。

六、《九辩》

《九辩》是楚国辞赋家宋玉所作，目前没有异议。宋玉生活的年代稍晚于屈原，与唐勒、景差同时，大约在秦灭六国时去世。宋玉主要生活于顷襄王时期，曾入朝做官，但不被重视，最终因谗被罢官而流离在外，一生郁郁不得志。宋玉是屈原之后楚国最伟大的辞赋家，人们常以"屈宋"并称，而楚国的辞赋作品，也常被称为"屈骚宋赋"。

王逸《楚辞章句》中对《九辩》的解释为：辩者，变也；九者，阳之数，道之纲纪也。因此，"九辩"之题，其实是多次陈说道德之变以劝谏君主。这一说法有些牵强。朱熹的《楚辞集注》中则说，宋玉之所以作《九辩》，是闵惜其师屈原忠诚而被放逐，所以作长诗以述其志。现在学者大多数认为，《九辩》是代屈原立言，而另一种说法则认为这是宋玉自悯身世之作。

依据其他的古籍来看，"九"并不是数词，"九辩"与"九歌"一样，是古代神话中的乐曲名称，因此《九辩》应当是流行于楚地的古曲。《离骚》中曾提及："启《九辩》与《九歌》兮，夏康娱以自纵。"可见在传说中，《九辩》与《九歌》都是天上的乐曲，之后由夏启登天窃得。宋玉创作《九辩》应当只是借重其盛名。从诗中的悲秋主题来看，是借用大自然的变化而引出对人事浮沉的感慨，这是一首失意之辞。诗歌在开头即点出了主题："悲哉，秋之为气也！萧瑟兮草木摇落而变衰。"诗中感叹道："秋天多么让人悲伤啊！萧萧瑟瑟，草木飘零而衰残。凄凄凉凉，好像人在远行，登山临水见到送者已归。"在秋季的悲凉之中，诗人也想到自己的悲哀。满目的苍凉为全文奠定了写作基调，再以"薄寒之中人"引出了秋季的凉风对人之精神意绪的影响，于是顺理成章地进入对诗人心绪的描写："贫士失职，而志不平"，在诗人的眼中，世界是黑白颠倒的，世俗之人只知投机取巧，却使真才实学者无用武之地。诗人如今在异国他乡孤独而无侣，只有影子伴随着身体。"时亹亹而过中兮，蹇淹留而无成"，如今自己年岁已大，事业理想却一无所成！诗歌以秋天的萧索起兴，引出自己的身世之感，诗人抓住秋天萧瑟凄凉的景象，烘托出自己的悲愁曲折。这一段历来被称为悲秋之绝唱，对后世文人的悲秋诗赋产生了深远的影响。

诗人以弃妇自喻，抒发了自己被谗见疏的悲哀境地："专思君兮不可化，君不知兮可奈何！"诗人想到楚君因为昏聩偏听而使楚国无法振兴，心中的悲愤和苦闷几乎喷薄欲出："私自怜兮何极？心怦怦兮谅直！"他无人赏识甚至无人理解，这种顾影自怜何时是个尽头？内心一片忠诚，可惜楚君不仅不见反而疏远，这颗心只能在胸膛怦怦直跳。诗人的痛苦是难以言说而又深沉的，志士有才，却无法施展；机遇不见，贫士可悲。在秋风飒飒、秋草摇摇的水边，诗人只能仰天悲叹。

诗中的后一部分继续抒发岁月流逝的感伤和秋天带给人的深深悲哀：上天分为一年四季，但秋景更让我叹惜；白露降下，百草凋零，繁花已尽，岁月迟暮。秋天肃杀带来的是冬天的严寒，草木零落的悲伤，正衬托出志士未遇圣王！诗人在失望中不得不远走他乡，可是对家乡无比留恋而一再彷徨！诗人怨自己生不逢时，却只能徒然感伤，内心忧惧却又无人倾诉。他只能仰天长叹，将自己的无穷愁绪融入到秋天的悲凉之中。

《九辩》是一篇极具艺术感染力的作品。诗歌进一步深化了悲秋的主题，又以萧瑟的秋景烘托内心的感伤。这种情景交融的艺术手法，使诗歌更增添了浓烈的情味。可以设想，诗人一片忠心却被君王流放，虽然孤苦而艰难却仍然怀着对楚国永远的忠贞。在漫长的秋夜中诗人辗转难眠，他怨恨进谗的小人，又感叹时光流逝。这种浓郁的愁绪渗透在诗歌的字里行间，使秋景中也浸入了深深的情味。悲秋是中国文学中常见的题材，从汉武帝的《秋风辞》到曹植的《秋思赋》再到曹丕的《燕歌行》，后世产生了大量动人的作品。宋玉的《九辩》可视为悲秋之祖，其原创之功不可磨灭。

七、《卜居》

《卜居》是《楚辞》中的一首叙事诗，也可视为文。卜，即占卜，问卦，以此决疑。居，即处世的方法和态度。"卜居"即是通过问卦来决定自己在生活中的处世方法和态度。王逸认为《卜居》是屈原所作，因其坚持忠贞之性，以至于被嫉妒。他感慨那个谗佞小人因能揣摩君主之意而获得富贵，但自己却因为耿直而被流放，以至于心意迷惑不知所为。所以他来到了太卜之家，请求太卜能代自己请教神明的旨意。因此便命名为"卜居"。事实上，现代许多学者认为，《卜居》可能是楚国人在屈原死后为了悼念他而创作的。《卜居》与《渔父》同类，虽是楚辞，却与之前的作品不同，是采用对话体表达作者的思想，形式上更接近于散文，可视为楚辞文体的一个变种。

本篇开头即交代了事件发生的背景："屈原既放，三年不得复见。竭知尽忠，而蔽障于谗；心烦虑乱，不知所从。"屈原被流放，三年不能见怀王。他虽然竭尽智慧效忠于国，却被谗言所伤。他心烦意乱，不知如何是好。于是，屈原只能求助于太卜郑詹尹。屈原内心疑虑，希望太卜能为他指出立身处世之路。他陈述道："我是应该忠诚质朴，还是应该攀缘奉迎？我是应该勤奋耕耘，还是应该追求虚名？我是应该奋不顾身，还是应该贪图富贵？我应该如千里马一样驰骋，还是应当跟从驽马的足迹？……"他的一系列疑问其实是内心情感的蓄积，与其说是向太卜请教，不如说是向太卜宣泄心中的积郁。他的语言是疑虑的，但他的志向却是鲜明的，他的意志是坚定的，这一系列的疑问其实是无疑而问，只不过是他借此来发泄对黑暗现实和污浊世风的不满。他感叹道：如今在这个黑白颠倒的社会中，世道如此的浑浊不清！蝉翼被视若千斤，千斤的担子反倒说是轻！黄铜编钟被毁弃，陶制的土锅却响如雷鸣！谗佞小人嚣张跋扈，贤士能人却默默无闻！我虽然坚持着廉洁坚贞，可是谁又能知道我的品行？太卜听完屈原的言论，放下蓍草。他告诉屈原，世界无法辨别曲直，甚至神灵有时也会变得糊涂。为人处世还是应凭借内心，占卜的龟壳蓍草对此无法预料。

《卜居》在艺术手法上颇有特点，其中最突出的是大量比喻的运用。当屈原描述现实的黑白颠倒时，以"蝉翼""千钧""黄钟""瓦釜"分别比喻了坏人得势、好人受贬的不公平现实，形象鲜明生动，音节浏亮晓畅而又平添诗味。此外，《卜居》几乎全部以散句写成，但句式又整饬对仗，虽长短参错却变化自然。最后，这篇楚辞作品中还运用了大量的疑问句，虽问而不疑，一气贯注而不容辩说。这些问句只是屈原借以抒发自己的见解，表达个人的情感而已。

后世对《卜居》评价颇高。唐代诗人李贺曾说，《卜居》为骚之变体，而"辞复宏放，法甚奇崛"；清代吴楚才在《古文观止》中也称，本篇是"设为不知所从"，但并不是真有疑虑；郭沫若也在《屈原赋今译》中说："即使不是屈原所作，（这篇作品）在研究屈原上仍然是很可宝贵的先秦资料。"这些都说明了《卜居》一篇取得了优异的文学成就，对后世文学具有突出的影响。

八、《渔父》

东汉王逸在《楚辞章句》中认为："《渔父》者，屈原之所作也。"屈原被放逐之后，流浪于江、湘之间，每日愁思苦叹，以至于容貌憔悴。有一渔父在川泽之间与屈原相遇，见到他的形象颇感奇怪，便与之相问答。渔父是一位避世的隐士，每日钓鱼江滨，不受世俗的约束而欣然自乐。渔父与屈原的对话，其实是屈原的内心展露，是对屈原高尚节操的赞美。这篇作品与

《卜居》可视为姊妹篇，都是通过对话来表现屈原的内心。二者不同的是，《卜居》偏重于对黑暗政治的揭露，而《渔父》则主要表明自己的高尚品德。朱熹、洪兴祖、王夫之等楚辞研究者认为《渔父》《卜居》两篇都是屈原所作。现当代不少学者对《渔父》是否为屈原作品持有疑议，如茅盾、郭沫若都认为本篇应当是屈原弟子宋玉或者是战国时期的楚人所作，蔡靖泉在《楚文学史》中也同意这一观点。不过姜亮夫先生在其相关研究著作中则认为《渔父》《卜居》都是屈原的作品。

本篇相对短小，记叙的是屈原被流放之后"游于江潭，行吟泽畔，颜色憔悴，形容枯槁"。这是诗人穷途无路时的形象，体现出当时的屈原已是心力交瘁、形销骨立。江泽之中有一位渔父认出了屈原，于是询问他"何故至于斯？"渔父对屈原的询问，应是出于对他的关心。而屈原的回答则颇有深意："举世皆浊我独清，众人皆醉我独醒，是以见放。"屈原的回答蕴有强烈的褒贬，他强调自己正是因为不合于污浊的流俗，又不肯妥协而被流放。屈原的话引起了渔父的进一步辩论："一个圣人不会拘泥于外部外事，而是能随着世俗的改变而应变的。既然世人全都浑浊糊涂，你为什么不一起把水搅混而使泥浆飞溅呢？既然众人皆醉，你为什么不一起吃点酒糟、喝点薄酒呢？何必非要想得更多、高风亮节，却让自己遭到放逐？"但屈原仍然坚持己见。他认为，刚洗好头应该弹弹帽子，刚洗完澡应该要抖抖衣衫，洁净的身体不能沾染外界的污秽。他宁愿跳进江中葬身鱼腹，也不愿让自己蒙受世俗的尘垢！渔父不再回答，击桨而歌，划船离开了。他一边击桨一边唱歌，所唱即是著名的《沧浪歌》。因前已言及，此处不再赘述。

屈原无法认同渔父的观点，他给予了有力的反驳。他批评了所谓的"圣人"的处世之道，又斥责了"与世推移"的荒谬。他是坚强而果断的，无法为了顺应流俗而改变志向。因此他说"宁赴湘流，葬于江鱼之腹中"，也不可能屈从于污浊的现实。这是屈原对真理的坚守，也是他对现实的猛烈抨击。渔父所歌的"沧浪之水"固然是智者的与世俯仰之道，但屈原的"举世皆浊我独清"仍然显示了志士的崇高精神。

九、《风赋》

这篇辞赋作品是战国时期文学家宋玉所作，不过也有学者认为是后人托宋玉之名而作的。目前一般公认作者是宋玉。宋玉好辞而以赋见称，前已叙及其代表作《九辩》。本篇以风为描写对象，运用夸张的手法，分别描述了"大王之雄风"和"庶人之雌风"，委婉地讽谏了楚国的苦乐不均及楚王流连于富贵而不察民情的现状。

《风赋》的开篇即交代了创作的背景：楚顷襄王游于兰台之宫，而宋玉与景差陪侍。此时一阵风飒然而至，襄王敞开衣襟迎着风，不禁感叹道："快哉此风！这难道不是我与老百姓们共同享有的吗？"宋玉听到之后，便上前对楚王说："这只是大王之风，庶人哪里能共同享受呢？"楚顷襄王颇感意外："风，是天地之气，不会选择贵贱高下。你今天却说这是我独有的雄风，是为什么呢？"宋玉回答："所依托的环境条件不同，风势自然不同。"楚王又问："那风是如何产生的？"于是宋玉展开了陈述。他认为，风生于地，而起于青苹之末端，它顺着山势而疾走，在松柏之间飞舞。风势旋转不定，它能吹翻石块，折断树木，肆意冲撞；而风势渐衰时，便又四散开来，冲撞门缝和门闩……使人清爽的雄风，进入深邃的王宫，它催动花草而使之散发着芬芳，它又在洞穴回旋，在山林冲撞，又在殿堂中徜徉，吹拂着帷帐。这种风使人耳聪目明、身心安宁，对人有益。这便是大王之风。而庶人之风，则是回旋于穷陋的小巷，吹散灰尘，刮起尘埃，扬起腐烂的垃圾，又歪歪斜斜地吹进老百姓的草屋里。这种风会让人忧郁苦闷，会赶走温暖、带来湿气，甚至使人生病、中风痉挛。这种不祥之风，便是老百姓的雌风。

这篇辞赋在形式上已经不同于楚辞，而开汉代大赋之先河。正如西晋陆机《文赋》中说："诗缘情而绮靡，赋体物而浏亮"，《风赋》即体现出赋体善于咏物、铺陈的特点。其气势恢宏、辞采华美，更有铺张扬厉之感，与汉赋的某些物质类似，也难怪不少学者认为其是汉人托名宋玉所作。在思想内容上，《风赋》并非仅仅只是体物而已，它更具有重要的政治教化功用。当楚襄王在兰台宫感叹"快哉此风"时，作者不失时机地抓住了机会，揭露了王侯贵族与庶民百姓之间贫富不均、苦乐不同的生存状态，更批判了楚国不公平的等级制度。

《风赋》长于描写，是一篇优秀的咏物之作。它运用了对比的手法，先写"大王之风"的形态、声响、气势、力量，使此风如在目前。试读其中描写宫中之风的句子："抵华叶而振气，徘徊于桂椒之间，翱翔于激水之上，将击芙蓉之精。猎蕙草，离秦衡，概新夷，被黄杨，回穴冲陵，萧条众芳。然后徜徉中庭，北上玉堂，跻于罗幢，经于洞房。"这风是如此的美妙柔和，给万物带来生命的气息！它吹动宫苑中的香花异草，又徜徉于中庭，进入幽深的内室。而当写到庶人之风时，作者便极力突出此风吹扬尘土，吹动腐臭之物，带来疾病和愁郁。作者在铺排和夸饰中又使得这种对比表现得更明显，以此深化了主题。

《风赋》中语言华美、句式灵活，三言、五言、七言交错，而又韵散结合，具有一种错落有致的形式之美。作者意在讽谏，却并无议论，仅仅借助描写、想象与烘托，表现了王公贵族的养尊处优、淫乐逍遥，又将庶民生活之所的脏污恶贫与之相对比，希望楚王能豁然开朗而心有所感。写作这篇辞赋时，楚怀王已困死于秦，楚顷襄王继位之后，进一步亲小人而远贤臣，其昏昧甚至有过于先君。在这种情形之下，宋玉不失时机地借咏风之赋劝谏襄王关注国内矛盾，减少享乐而力挽国之危困，也是颇有苦心。

十、《高唐赋》

本篇辞赋相传为宋玉所作，主要叙写楚顷襄王与宋玉游于楚国的云梦之台，望见高唐之观上的缭绕云气，楚王有所感慨，宋玉为其作赋的故事。篇名中的"高唐"也称"高阳"，是楚人祭祀先祖之台。也有一说法认为高唐是山名。事实上，本文写的是巫峡山水之美，名为"高唐"，其实应是"巫峡赋"。赋中描写了巫峡的高山、密林、飞湍、芳草、惊禽、危石，都体现出刻意形容、铺陈华彩、穷极工巧的特点。此篇与《神女赋》可视为姊妹篇，都写出了深远的意境和丰富的想象，其中又间有楚王的艳遇情事。而到赋文的最后，作者则以"思万方、忧国害"点出规谏之意，具有极高的艺术成就。

《高唐赋》采用的是客主问答的形式，前有序言，交代了作赋的背景和缘由。楚顷襄王问高唐之上的须臾变化之气，宋玉对之曰"朝云"。当楚王追问"何谓朝云"时，宋玉则说："当年先王曾游于高唐，因困倦而入睡，并梦见一女子，自称为巫山之女。这位女子在离开之时，曾告诉楚王她的居所：'妾在巫山之阳，高丘之阻，旦为朝云，暮为行雨。朝朝暮暮，阳台之下。'因此楚王为她立庙，号为'朝云'。楚王颇为心动，便又追问：朝云出现时，情状如何？如今我能得以一游吗？'宋玉便以此展开铺陈，描写巫峡之美。作者首先铺叙了巫山的高峻之势，又描写了其下的江水汹涌，鸟兽虫鱼及花卉草木之情状，其中又有悲风低吟，不禁引人愁思："清浊相和，五变四会。感心动耳，回肠伤气。孤子寡妇，寒心酸鼻。长吏隳官，贤士失志。愁思无已，叹息垂泪。"这一段描写不正是对当时楚国社会的反映吗？大自然的声响，也反映了人世的悲欢，而奔腾雄伟的巫峡山水，也是人们苦闷情绪的寄托。作者又写到江岸高峡，这奇伟的自然景观令人遐想万千。在感慨和震撼之余，作者又进一步铺叙巫峡中异卉奇鸟之景，描写了楚地巫祝祭祷的情景：人们"进纯牺，祷璇室。醮诸神，礼太一"，方士们主持着祭祀，他们献祭纯色祭牲，又在美玉装饰的宫室里祈祷福祉，祭祀太一之神。当祷祝已毕，楚先王便乘着青色骏马、驾着的美玉之车离开。楚王听到了雅正之音，与凛冽的寒风相结合，更令人感到悲伤。楚王"传言羽猎"，奔射山林、大获禽兽。楚地风物华茂，而巫山神女也成为楚人浪漫的想象。

在赋文的最后，宋玉则提出规谏：顷襄王听到宋玉的描述，对赴巫山神女之会也颇为向往。诗人劝谏襄王应先斋戒，再选择时日，并顺势进言，为王应"思万方，忧国害，开贤圣，辅不逮"，能够思虑四方之事，并忧念国家之利害得失，任用贤圣之人，以辅佐君王自身之不足。赋文到此作结，体现出规谏之意。

此赋写作时间无法确定，如果确实是宋玉的作品，则应当作于他在顷襄王时期任文学侍臣并取得信任之时。赋文中的主人公其实是"先王"，而序中襄王与宋玉的对话，不仅是为引出赋之正文，更是为借先王之事而对襄王加以规谏。襄王心生向往，是听闻了先王在巫山的艳遇；而赋文中极力美盛巫峡的浪漫迷离之势，也体现出赋体长于咏物的特点。不过赋中因见到奇伟景象而产生的"寒心酸鼻"之感，可能也寄托着作者的忧思，而最终借襄王欲赴约会加以劝谏，则体现出赋以铺陈而顺势讽谏的结构特点。

本篇句式以排偶为主，又间有散句，行文流畅，遣词富有音乐之美，使人读之朗朗上口，实在是楚地辞赋的代表作。赋中夸张、排比手法的运用，描绘了巫山的奇丽壮美。后人对《高唐赋》的评价很高，明代孙鑛曾说，《高唐赋》"古雅清腴，是《子虚》《上林》所祖"。

十一、《神女赋》

《神女赋》在内容上紧接《高唐赋》，可视为《高唐赋》的续篇。《高唐赋》中是以回环流荡之笔描写先王与神女的浪漫艳遇，同时以夸张铺叙之法展现了巫峡风物之美，并言襄王也对神女心生向往进而加以规谏，但行文到此即戛然而止，并未写襄王与神女之事。而在《神女赋》中，则写的是襄王在梦境中见到了神女，但神女虽对其深有情意，却并没有像与先王一样有枕席之事。襄王梦醒之后不禁感慨，并嘱宋玉将他梦中的情景描写一番。因此，在《神女赋》中，铺陈的是襄王的恍惚神游和神女的神采风貌，并对其心理情态也进行了细致的描写。两篇赋文相比较，《高唐赋》主要写巫峡风物，而《神女赋》主要写美人之姿，二者相辅相成，同为楚地辞赋名篇。

在《神女赋》的序文中，写出了楚襄王夜梦神女但恍惚不明，醒来之后，则"罔兮不乐，怅然失志"。于是襄王向宋玉陈述了他的梦境。梦中的神女"上古既无，世所未见。瑰姿玮态，不可胜赞。其始来也，耀乎若白日初出照屋梁。其少进也，皎若明月舒其光。须臾之间，美貌横生"。这是一段极为精彩的形容，语言整饬，辞采华丽，其中"白日""明月"的比喻更是引人遐思。从襄王的描述中，神女是艳丽多情而又性情温婉的，襄王对梦中之景颇有遗憾又意犹未尽，于是让宋玉作赋再一次进行详细描述。

赋之正文大约可以分为三层。第一层描写了神女的容貌神态。作者先是用对比的手法，称"毛嫱鄣袂，不足程式；西施掩面，比之无色"，古代的美人毛嫱舞动长袖，与神女相比也不再动人；西施掩面令人爱怜，但与神女相比也了无姿色。接着诗人又采用"赋"法，分别描写了她的面容、眼睛、眉毛、嘴唇以及身段的美好。赋文运用了比喻、夸张、对比之法，生动展现了神女无与伦比的美貌和超绝尘俗的神韵，这种美貌和神韵既有仙女之姿，又有人间丽质，使得神女的形象生动而令人印象深刻。第二层则写的是神女内心的复杂波动。她想与楚王亲近，但由于某种原因，却又犹疑不定。神女的心理也是通过她的神态表现出来。

神女久久注视着襄王的床帐，眼神流盼，似乎内心泛起波澜。她举起长袖整理衣襟，却又慢步徘徊，迟疑不定。她神情安静而和顺，性情沉静而娴稳。她时而闲适自得，时而内心波动，实在令人难以捉摸。她的意态似乎是想与襄王接近，可是却又远远回避；她好像要向襄王走来，却又转身离开。这段神女的神态、动作描写非常细致精彩，体现出神女内心的激动、犹疑、挣扎和变化。她与襄王本是两情相悦，可是当她爱意渐浓而不能自持时却又突然变卦。她忽然意识到自己应该保持"贞亮之洁清"，她的尊严是凛然而不可侵犯的。于是她最终整顿衣服，抽身而去。神女的离开，是赋中的第三层内容。这是一场有情的离别，情绵绵而意决决，神女的内心也是忧伤而复杂的，所以她"似逝未行，中若相首；目略微眄，精采相授。志态横出，不可胜计。意离未绝，神心怖覆"。神女似乎将要离去，心中却又充满了思慕；她目光微微斜视我一眼，却已经蕴含着千般的神采；她的意志和姿态表露无遗，无法一一描述；她想要离开却又心意未绝，以至于心神惶恐，怅惘不安。神女的楚楚动人令襄王如痴如醉，但神女已决意离去，襄王也只能忧思悲叹、泣下沾襟。这篇赋描写的是神女与襄王之间深挚的情意，以及高尚的节操和高洁的精神世界。这是一场未成的爱恋，但情意摇曳，令人动容。

与《高唐赋》写山水、田猎不同，《神女赋》主要写人物。如果说《高唐赋》中的神女只是一个缥渺模糊的影子，那《神女赋》中的神女则是一位形态鲜明的丽人。作者先用对比的手法虚写，烘托出神女的气质和神韵。再用比喻、夸张等多种艺术手法实写神女的美貌，进一步加强了形象性和生动性。最后，再从她的服饰、步履、体态等方面进行细致的刻画，反复渲染她美丽的气质和动人的神韵，又将她丰富的内心世界展现得淋漓尽致。正如明代孙月峰在《古文辞类纂评注》中所言："深婉而溜亮，说情态入微，真是神来之文，非雕饰者所能至。"

《高唐赋》和《神女赋》对后世有深远的影响，其中塑造的巫峡神女的形象更是成为后世诗文中常见的意象，用以代指美丽的女子，或比拟心中追求的高洁理想，而"巫山神女"的故事，更是令人们心驰神往。此外，这两篇辞赋铺张扬厉、辞采飞扬的特点,对赋体文学的发展起到了很好的先导作用,而其中一些描写神女的词句,如"浓不短、纤不长""婉若游龙乘云翔"等,也都成为成语,在文学作品中被广泛使用。

十二、《登徒子好色赋》

这篇小赋相传为宋玉讽谏楚襄王而作。楚顷襄王时期,宋玉颇为受宠,甚至能出入后宫。朝中大夫登徒子即向楚王进言而诽谤宋玉:"宋玉为人,文雅英俊,而且能言善辩,口多微辞。宋玉好色,希望大王您不要让他出入于后宫。"楚顷襄王便以登徒子的话责问宋玉。宋玉听后并不心惊,而是不急不徐地说:"我外表英俊,是上天所赐;我善于言辞,是师长所教;至于说我好色,则是从来没有的事。"宋玉继续对襄王说,天下的美女,以楚国女子最美,而楚国的美女,又没人能超越我家乡东边邻居的女儿。这位东邻家的小姐长相如何呢?在《登徒子好色赋》里面有精彩的描写:"东家之子,增之一分则太长,减之一分则太短;著粉则太白,施朱则太赤。眉如翠羽,肌如白雪,腰如束素,齿如含贝。嫣然一笑,惑阳城,迷下蔡。"这位女子可真是绝代佳人!她的身段,若增加一分就太长,减掉一分则太短,她的肤色,若擦上脂粉则太白,施上胭脂又太红;她的眉毛像翠鸟的羽毛一样美丽,肌肤像白雪一样莹洁,腰身像一把素丝一样纤细,牙齿像一排珠贝一样整齐。当她甜美地一笑,阳城、下蔡两地的公子哥儿都为她倾倒。宋玉接着说,可是这么一位美丽绝伦的女子,她趴在院子的围墙上脉脉含情地看了我三年,至今我仍没有和她交往。但是登徒子却和我迥然不同:登徒子的妻子,蓬头垢面,耳朵蜷曲,嘴唇外翻,牙齿稀疏,而且走路歪斜、弯腰驼背。这样一个丑陋的女子,登徒子却非常喜爱她,而且还和她生有五个孩子。请问大王,究竟谁才是好色之徒呢?

恰在这时,出使楚国的秦国章华大夫也在旁边,听了宋玉的话之后也极有感触,便进一步对楚王说,他在年轻的时候,也曾在郑卫两国的溱水、洧水边逗留,在夏日的温暖阳光中,看到一群群美丽的采桑女。这些女子容貌艳丽、光彩照人,而且章华大夫还用《诗经·郑风·遵大路》中的"遵大路兮揽子袪"之句来表达爱慕。那位姿容艳丽的女子却将来未来,虽然情深意切，却又很疏远。于是章华大夫又继续吟诗："树木啊被春风唤醒，风华正茂啊就像那美妙的少年。那美人啊内心纯洁，她正等待我赠与佳音。可是我因礼防而不能与她结合，内心悲伤啊还不如死去！"正是因为人们都想着遵守礼仪而没有任何差错，自然也不会有越轨的行为了。章华大夫说，我本来以为自己已经很守道德，却没想到我如此愚钝，与宋玉相比，我是远远不如啊。听完这些话，襄王颇为信服，便让宋玉留了下来。

这是一篇妙趣横生的小赋，而赋文又分为两个层次，两个层次又以登徒子诽谤宋玉而贯穿。第一层次是宋玉被谗，叙述了东家之子的美丽以及她对自己的爱慕，而自己并未心动。东家之子之美，可谓风韵天成、姿容绝世，《登徒子好色赋》中的这一段描写历来为人称道。这是这篇赋中的亮点，以至于"东家之子"成为了后世美女的代称。第二层次则是秦国章华大夫听说了宋玉的陈述之后，进一步讲述了自己年轻时遇到美人的经历，并以此进一步称赞宋玉更为高洁且遵守道德，这是对宋玉之说的补充。至此，楚襄王对宋玉完全信任不再猜忌。

赋中的登徒子应是一位虚构的人物。登徒是姓，子，则是古代对男子的尊称。自这篇赋之后，登徒子也就成了好色之徒的代名词。其实从宋玉的陈述来看，宋玉固不好色，登徒子也并非好色之徒，甚至可以算得上是对自己的妻子极为专情的好男人。宋玉在此将自己与登徒子相比，固然有点诡辩的意味，但也确实是对登徒子无端进谗的有力反击。赋中的章华大夫应该也是一位虚构的人物，他在宋玉之后的补充陈述，其实是为了进一步说明男女之间应当"发乎情、止乎礼"，使本赋最终达到曲折委婉地讽谏楚王的目的。近于人性而又合乎礼制，这是古代社会中士大夫对待两性关系的代表性态度，而在宋玉的另一篇赋作《神女赋》中，神女与襄王的关系也确是止乎于此。在楚顷襄王统治时期，楚国已经走向衰落，宋玉作此赋应当也是有讽谏襄王申男女之大防而专注国事的意味在里面。

十三、《对楚王问》

《对楚王问》的作者也是宋玉，与《登徒子好色赋》一样，这是一次面对他人诋毁所作的自我辩解。史书记载，宋玉又名子渊，战国时期鄢城（今湖北宜城）人，是屈原之后著名的辞赋家。相传他的赋作甚多，《汉书·艺文志》中录有他的作品十六篇，但现多亡佚。目前流传的作品中，《对楚王问》是极有特色的一篇。楚顷襄王时期，秦国已经强大，楚国从昔日的大国逐渐衰落。顷襄王本非贤明之君，在他统治时期，楚国朝政日非、贤士日疏。这一篇赋文采用了问答的方式，通过对比和比喻，表现了宋玉的清高孤傲和高洁自许。这篇赋文在先秦楚国文学中影响很大，其中"阳春白雪""下里巴人""曲高和寡"等词已经成为人人熟知的典故。

赋文开篇，即是楚顷襄王责问宋玉："先生其有遗行与？何士民众庶不誉之甚也？"楚顷襄王问宋玉，先生你是不是有一些不太检点的地方？为什么楚国上自士大夫、下至庶民，都不称赞你呢？关于宋玉的品性，我们不得而知，但从相传为他创作的《登徒子好色赋》《讽赋》以及本篇《对楚王问》来看，当时批评宋玉的人确实很多。这可能是因为宋玉在楚国大臣中出类拔萃、特受宠爱而被忌妒，也有可能是宋玉确实为人轻浮。不过从这几篇作品来看，宋玉都以自己的辩才说服了楚王，打消了楚王的疑虑。与《登徒子好色赋》不同，本篇并没有具体说明是谁在楚王面前批评宋玉，因此宋玉也并不能如反讥登徒子一样直接回应。他巧妙地运用了一个楚国郢都城中常见的"和歌"现象来为自己辩解。他似乎讲述了一个与别人对他的批评无关的故事：有个外来的人在楚国郢都城中唱歌，起初他唱的是《下里》《巴人》这样的歌曲，都城里的人们都跟着他一起唱，甚至达到几千人；后来他唱的是《阳阿》《薤露》这样的歌曲，郢都城中跟他一起唱的有几百个人；后来他唱《阳春》《白雪》的时候，跟他一起唱的不过几十个人；而当他最后高声发为商音，低声发为羽音，又夹杂着运用徵声的时候，跟他一起唱和的不过几个人了。所以，歌曲越是高雅，一起唱和的人就会越少啊！宋玉在这里做了一个非常巧妙的比喻：越是低级通俗的歌曲，唱和的人就越多；而越是高雅动听的歌曲，唱和的人就越少。可见"曲高和寡"，人也如此。一个智慧和才干高过普通人的人，注定是得不到别人的理解和认同的。

紧接着，宋玉又做了另外一组比喻：天上的飞鸟中有凤凰，水里的鱼类中有大鲲。凤凰起飞，会展翅千里，穿越云彩，背负青天，翱翔在极远的高空；而那些篱笆下的燕雀哪里能了解天之高大？鲲鱼巨大无比，早上从昆仑山脚下出发，中午在海边晒背鳍，而夜晚在孟诸过夜。那些小池塘里的鱼儿，又怎么能知道海的广阔呢？这个比喻更加鲜明，宋玉以凤凰和大鲲自比，说明了鸟、鱼之中皆有杰出之物，而士人中也有杰出之才。所以，圣人的伟大志向和美好的言行，是超出常人存在而只能独处的。一个普通的世俗之人，又怎么能知道我的所作所为呢？

本篇辞赋具有极强的可读性，是以两个小故事作类比而成章。全文结构简洁明晰，一问一答，不蔓不枝。与其他的辞赋一样，《对楚王问》运用的是对话体，在本文中体现出典型的问对。楚襄王的谴责和宋玉的比喻形成鲜明的对比，更体现出宋玉胸有成竹、安定坦然。作者将自己比喻为高雅之乐、鸟中之凤、鱼中之鲲，更直接说自己是人中之"圣"。宋玉认为，自己情操高洁，所以令小人忌妒而遭其诬陷。这是在他意料之中的，所以他不慌不忙。小人的谗言，其实正说明了他们的软弱和庸俗，作者运用两组比喻不仅有力反驳了楚王的责问，更自然地陈述了自己的孤芳自赏和孤介清高。全文辞藻流利、比喻形象，道理自然寓于比喻之中，且层次清晰、逻辑严密。在阐明了自己的志向之后，便干净利落地收尾，令人回味无穷。《对楚王问》受到后世学者的极高评价，如清代吴楚材、吴调侯的《古文观止》中即称赞这篇辞赋"意想凭空而来，绝不下一实笔，而骚情雅思，络绎奔赴，固轶群之才也"，二吴认为，此赋文字虽短而意义简约，虽然不说尽、不说明，却余音绕梁，确实是绝妙之作。

第三节　荆艳楚舞

春秋战国时期，楚国是乐舞繁盛之地。楚国虽地处长江流域，却是由中原华夏族一支迁徙而来，且北面又与中原毗邻，曾经深受中原乐舞文化的浸染。但楚人迁居江南之后，又与江汉南方土著长期杂处，所以楚文化又受到南方山地民族文化的影响。因此，先秦楚文化兼有中原文化和蛮夷文化的特点。梁元帝《纂要》中说："齐歌曰讴，吴歌曰歈，楚歌曰艳，浮歌曰哇。""艳"几乎成为楚地乐歌的代称。荆艳楚舞，是楚地文化的瑰宝，在春秋战国时期取得了极高的艺术成就。如今我们从古代典籍和现存的文化遗迹中，还能看到楚地乐舞的相关记录。虽然经过了几千年，荆艳楚舞仍然散发着独特的魅力和夺目的光彩。

一、楚宫雅乐

周王朝建立之后，创制了一整套等级严密的礼乐制度，希望以"尊礼"取代夏商时期的崇巫祭鬼，实现由神本文化向人本文化的转化。但在春秋战国时期，随着社会经济的发展和诸侯国的强大，礼乐典章制度逐渐被破坏，诸侯大夫们甚至在仪典、用乐、车马、建筑上纷纷僭越，以显示自己的势力和权威。不过，虽然周王室衰微，但它作为天子的地位尚在。礼乐制度虽被破坏，却仍然是各诸侯国都需要维持的符号仪式。因此，金石雅乐在中国古代社会中是长期存在的，即使是受到南方蛮夷文化影响的楚国也是如此。如今，我们在不少文字记载和乐舞文物中都可以看到，楚国宫廷有宏大的雅乐乐队，而郢都王城更有完备的礼乐设置。

春秋战国时，楚国宫廷乐舞中，雅乐是重要的组成部分。雅乐演奏的乐器常有编钟、编磬。钟以青铜铸成，色泽金黄，典雅厚重，敲击时能发出悠扬的乐声；而磬则以石料或玉制成，敲击时声音清脆。钟、磬常被编制成套，悬于木架上，能演奏不同的音阶。因此，雅乐又常被称为"金石之音"。

作为春秋战国时期的一大强国，楚国宫廷中有庞大而完备的金石乐队。雅乐表演时，不仅有奏乐，还伴随有具有固定程式的舞蹈。关于楚宫雅乐的文字记载虽不多，在一些文物中却有所反映。如出土于湖北荆州李家台楚墓的龙凤纹漆盾，大约是战国时期的制品。李家台距如今的荆州城大北门二公里，其中发现了四座古墓，4号墓中有一件漆木盾牌，上面绘有华丽奇诡的乐舞图案：图中有彩绘龙凤，而在龙凤绘饰的下方又有左右两组对称的人物图案。这两幅图中的二人都是头戴羽毛装饰，双腿分开作下蹲之姿，双臂向外弯曲成弧形，看起来很像是在表演舞蹈。值得一提的是，盾本来是古代用以战争防护的用具，但这面漆盾上的图案繁复鲜艳，似乎并不适合在战场上使用，很可能是一件礼乐仪式用具。周代雅乐中，有文舞和武舞之分，两舞表演时的服装和所持舞具都不同：文舞着宽袖长袍，手持龠翟（一种用野雉尾羽装饰的管状乐器）；武舞则穿着战袍铠甲，手拿干戚（作战用的宽斧和盾牌）。雅乐的舞是有其深意的，龠翟象征着礼乐统治，而干戚象征着武力征讨。所以，在这件漆盾上绘有乐舞图绝不是巧合，正说明它是一件制作精美的武舞道具。这也显示出在战国时期的楚国宫廷中，雅乐舞是占有重要地位的。

楚宫雅乐中最具代表性的乐器是金石钟磬，但也有琴、箫、瑟等丝竹类乐器伴奏。所以在许多诗歌中，形容雅乐演奏时常是"铿钟摇簴，揳梓瑟些"（《招魂》），"叩钟调磬，娱人乱只"（《大招》），可见这些乐器带来的艺术效果是极为震撼的。如今我们在楚地出土的音乐文物中，尚能发现大量的春秋战国时期的钟、磬等乐器。如1970年，在荆州市楚国郢都故址纪南城附近发现了一组25件彩绘编磬，上面绘有以凤鸟为主体的图案，还印有羽纹，非常繁复美丽。这些凤鸟昂首挺胸，造型精美，体现出当时楚国的工艺水平。这组乐器出土于郢都城故址，而且仍能奏出优美的乐音，说明当时楚国都城具有完备的雅乐系统和高超的乐器制作水平。此外，在荆州市观音垱乡清代天星道观故址也发现了一组战国中期的乐器，其中包括了编钟、笙、瑟、鼓、磬等。这些乐器陈列有序，造型华美，结构稳重合理，很明显是一组雅乐队。据考古工作者研究发现，这组乐器所在的墓葬大约是在公元前361至前340年间的战国楚宣王时期，发现地点约距楚故都郢都30公里，墓主的身份大约是令尹之类的高官。可见在楚国郢都城中，高级官员的府宅中也是有相当完备的雅乐队的。

从一些楚辞作品中，可以看出楚国宫廷中雅乐舞的使用。西周时期建立的雅乐制度，最具代表性的是《六舞》和《六小舞》。《六舞》又称为《六代舞》，据说《云门》创自黄帝，《咸池》为尧时之乐，《大韶》为舜时雅乐，《大夏》则颂夏禹，而《大濩》则颂商汤。此外，还有周代新编的《大武》，本是歌颂周武王灭商建周之功，其后成为周人祭祀天、地、祖先的乐舞。战国时期的楚国宫廷，娱乐乐舞大兴而且取得了极高的艺术成就，但雅乐仍然是存在的。屈原《离骚》中曾有这样几句："奏《九歌》而舞《韶》兮，聊假日以婾乐"，虽然这里写的是诗人漫游于天地之间，用《九歌》《大韶》来使内心愉悦，但也说明了诗人对《九歌》《大韶》是很熟悉的。《九歌》据说是夏后开从天上得来，在楚国非常流行，而《大韶》则是著名的雅乐。《离骚》是浪漫主义的乐舞，我们不能将这些乐舞的表演场景与社会现实一一对应，但是至少可以看出，在屈原生活的楚国，《大韶》是上层王侯贵族常见的乐曲，否则诗人也不会以此表达内心的高洁志向。当然，这几句诗句也说明了楚人对雅乐的使用场合与形式更加灵活，《九歌》和《大韶》乐舞的表演，应当不是出于"声音之道与政通"的儒家等级观念，更多的是为了娱乐。

在《左传》中记载了一个故事：鲁成公十二年，晋国上卿郤至使楚，当时楚国的令尹是子反。郤至来到楚国之后，楚王设宴款待，突然钟鼓齐鸣，郤至大惊，扭头便走。原来，楚王在宫廷中建造了一座地下乐宫，内置钟鼓乐器，以能产生更良好的混响效果。这令郤至颇感不悦，他说："楚君在请我宴饮时，演奏全套宴飨之乐，这是金石大礼。当我们两国国君相见时，又以什么礼仪音乐替代此乐呢？"从郤至的责问中可以看出，当时楚君宴请上卿郤至时却奏响了金石雅乐，这是僭越等级、于礼不合的。楚宫中竟然建造了地下乐宫，又可见楚王对音乐效果有相当高的要求，对音乐等级毫不在意，这是楚国音乐文化发达的表现，当然也可能体现出楚王的骄矜自大。

随着社会经济的发展，诸侯及士卿势力的扩大，春秋战国时期，象征着周天子权威的雅乐也逐渐衰落了，西周时建立的等级分明的礼乐制度已经失去了实际的控制功用。鲁国本是诸侯"望国"、姬姓宗邦，受有天子乐舞，但在鲁哀公时期，鲁国的雅乐也终于衰落，乐人星散，乐器残颓。不仅在中原国家，处于江汉流域的楚国也是如此。楚国是乐舞文化繁荣之地，尤其是在战国时期，楚国的乐舞达到当时的先进水平。但楚国乐舞的发展却一直体现出娱乐性强而仪式性弱的特点。随着雅乐的衰落，各国所谓的"桑间濮上"之乐蓬勃发展起来，而楚国民间更是对雅乐进行了改良，有时候还在民间演唱。如《对楚王问》中，郢客所唱的"引商刻羽，杂以流徵"的乐歌，本应当来自雅乐，只不过是通过民间歌者之口将其变得较通俗化了。不过从其中的记载仍然可以看出，楚国的雅乐即使经过改造而流传到民间，相较于《下里》《巴人》这样的流行乐歌来说，仍然与普通民众保持着较大的距离，这也是当郢客唱这一类乐歌时，"国中属而和者"仅有数人的原因。

二、楚地宴乐

春秋战国时期的楚地乐舞在不断地发展和繁荣，而纪南郢都作为当时楚国的政治、经济和文化中心，乐舞文化更是非常发达。此时的楚都郢城，不仅有宫廷雅乐，还有楚地新声，王侯贵族们宴乐频繁，宴乐歌舞也欣欣向荣。此时楚地民间乐舞也十分热闹，水乡小调流行于巷陌，郢都城内一唱众和。在当时代表楚国乐舞文化的最高水平的，正是楚地的宴乐歌舞。

所谓宴乐，是指在上层社会的大型宴会中表演的歌舞活动，是统治阶层奢华生活的体现，也是当时广受喜爱的娱乐方式。如今在已出土的楚国文物中，有丰富的食器文化遗物，造型丰富、材质多样、工艺精美，体现出当时楚国贵族王侯钟鸣鼎食的生活。食器也是礼器，不仅具有盛装食物的实际功用，还具有在宴飨、祭祀中区别等级、维护统治的作用。《史记·楚世家》记载，春秋楚庄王统治时期，楚国再次强盛。公元前606年，楚庄王伐陆浑之戎，一直打到洛水边，并在周都城洛阳城外陈兵示威。周王意识到楚国势力强大，便派王孙满去犒劳楚君，没想到楚庄王向王子满询问"鼎之大小轻重"。这看似一句不经意的闲话，却透露出楚庄王的野心。西周时，鼎之大小及数量代表着统治者的身份与等级，鼎与簋配合使用，也是礼乐文化的体现。在商周礼制中，青铜鼎与簋通常在祭祀、宴飨时以奇偶的形式组合，如天子用九鼎八簋，诸侯七鼎六簋，士大夫五鼎四簋，元士三鼎二簋。楚庄子问鼎的典故，体现出其觊觎周王室之意。楚地出土有丰富而精美的饮食器具，说明楚国的宴乐活动发达。

楚辞《招魂》和《大招》中，都对宴乐歌舞有详细的记载。《招魂》中以楚国的华屋美食吸引着魂魄归来，其中描写了一场宗族宴饮：主食有小米、大米和新麦，其中掺杂着黄粱；滋味咸酸适中，还以辣与甜来调和；桌上有炖烂的肥牛蹄筋，还有甲鱼和羔羊；天鹅野鸭、大雁小鸽等野味摆满桌，还有味道浓烈的肉羹，香甜的点心和麦芽糖，再配以晶莹如玉的美酒佳酿。宴席上的珍馐美味还没有撤去，女乐歌舞就已经登场。乐师们击鼓敲钟，奏出新制乐歌；还有《涉江》《采菱》《扬荷》等舞蹈表演。这场宴会的高潮是《激楚》乐舞，表演时似乎连宫廷都被震动。宴乐中还有吴国、蔡国的民歌，郑国、卫国的美人，更有钟磬之乐、弦索之音。这是一场盛大的宴乐狂欢，虽然只是诗人吸引魂魄回归的夸张描写，但也确实反映了当时楚地的宴乐之盛、饮食之美。

楚辞《大招》与《招魂》类似，以宫阁楼观、宴乐集会、佳酿美酒和乐舞美人来吸引灵魂的回归。诗中对宴乐场景的描写极尽夸张，希望取悦于游离在楚国之外的灵魂。当然，艺术来源于生活，从这些诗歌描写中我们同样可以了解到当时楚国都城郢都的宴乐盛况。

《大招》中对楚国生活之乐的描写，较《招魂》更为夸张。诗中先描写了楚国之外的险恶，继而围绕着楚国生活的声色之美展开描写，而其中最具有艺术感染力的即是宫廷宴乐。诗中写到宴会的食物，五谷粮食高堆十几丈，鼎中煮熟的肉食也香气扑鼻；桌上摆满了各种野味，既有新鲜肥美的大龟肥鸡，又有狗肉和香菜、鲫鱼和山雀，让人食之唇齿留香。人们品味着美食，饮着美酒，又有盛大的乐舞登场。这里有代、秦、郑、卫各国的乐章，还有伏羲时代的古曲和楚地的传统乐歌。最令人动容的是楚地乐舞《扬阿》，让人观之不倦，流连不已。宴会中有婀娜的美人，她们美目流盼，楚楚动人。当美人们跳起舞，更是让人心神荡漾、无比舒畅。可以说，《招魂》与《大招》两篇楚辞，集中描写了楚国宫廷的盛大宴乐，反映了战国时期楚地宴乐的辉煌。

宴乐歌舞是中国古代重要的仪式节目和娱乐活动，而从先秦的文献资料记载来看，这些乐舞体现出鲜明的娱乐性，表现了楚国人不重礼乐而追求艺术享受的特点。楚人对乐舞艺术性的重视，使楚国乐舞拥有了巨大的活力，而并未流于死板的程式。事实上，以宴乐舞为代表的楚国乐舞，寻找到了一条健康而广阔的发展之路。

《礼记·乐记》中记载，魏文侯曾对孔子的学生子夏说："我端端正正地坐着，戴着高高的帽子去听古乐，则会感到疲倦；而当我欣赏郑卫之音时，却一点都不会厌烦。请问这是什么原因呢？"魏文侯因为自己欣赏雅乐感到疲倦而惭愧，说明在战国时期，雅乐已经失去了对人们的吸引力而成为僵化的形式，以郑卫之音为代表的娱乐歌舞则具有巨大的生命力。以楚地宴乐为代表的楚乐楚舞，正是楚文化处于上升发展期的体现。

楚国的宴乐歌舞为什么会具有如此强大的艺术感染力？楚乐舞既吸收了中原乐舞的八音和谐、钟鼓齐鸣，又融入了南方蛮族乐舞的激越活力，再加之富有创造性的乐师舞人们的新创改制，使其呈现出兼收并蓄又自成体系的独特艺术风貌。

楚地宴乐歌舞具有激烈狂放的特点，反映在乐调上则高亢优美，而非平静缓慢；反映在舞蹈上，则显得急促轻快，具有极大的欣赏性。例如在楚辞《招魂》《大招》中，描写宴乐活动时，都显得热闹非凡，与其说是宴乐，不如说是一场乐舞狂欢。试读《招魂》中的描写：美人们跳起舞时"衽若交竿"，她们挥动衣袖仿佛围绕着竹枝飞快地旋转；当乐师们奏起乐时，是在狂热地合奏、猛烈地击鼓；当《激楚》乐舞登场时，似乎整个宫殿庭院都受到震动……这些激昂狂放的宴乐，与舒缓纤徐的雅乐歌舞截然不同。

楚地宴乐歌舞还具有强烈而美妙的视觉效果。虽然楚乐楚舞节奏迅疾、动作激烈，但又带给人一种轻盈飘逸之感，这其实是得益于楚地宴乐舞蹈的视觉效果。从许多现存的乐舞图像来看，楚地乐舞有较为典型的艺术造型，即手袖"S"形造型和翘袖折腰的造型。在许多楚地的乐舞图上都能看到长袖而舞的造型。目前保存在荆州博物馆中的一幅战国织锦上织有一组舞人图。从图案上看，这一对舞人的双臂高高地举过了头顶，衣袖向脑后反甩，具有流畅的动感，正体现出"衽若交竿"的动态之美。长长的衣袖是楚地宴乐舞蹈中的重要装饰，衣袖可以将手臂的舞姿动作进一步夸大，而使舞蹈塑型被强化、美化。不仅如此，战国时期的楚国还是重要的丝织品生产地，轻柔的丝绢是制作舞服的绝佳材料，更能增加舞蹈的轻盈飘逸之美。现保存在荆州市博物馆中的楚国龙凤虎纹绣罗即是春秋战国时楚国丝织业发达的明证，虽然已经经过了几千年的岁月，这片绣罗仍然柔软轻盈、薄如蝉翼，上面绣的图案清晰可见，确实是一件精美的艺术品。试想想，当楚国的舞女们身披纱罗舞衣蹁跹而舞，将是怎样美丽的情景！

楚国宴乐舞蹈中的典型造型除了长袖反拂之外，还有"S"形造型，也就是俗称的"三道弯"造型。这是一种非常美丽的形态，当代学者费秉勋在其《楚辞与楚舞》一文中曾这样描述："舞者运用臂的含蓄力量将长袖横甩过头部，在头顶之上形成一个弧形；在此同时，另一臂反方向将袖从体前

（或体后）甩过髀间。这样，两袖形成一个弯曲度很大的'S'形，身躯的出臀也同时形成一个弯曲度较小的'S'形，两个'S'形套在一起，形成一个极优美的塑型。"因此，"三道弯"的构成正在于臂、臀、腰的完美线条，这使得楚舞格外妩媚动人。当然，这种看似轻柔的动作其实也体现了楚舞的力度和动感，如果手臂绵软无力，是无法把长袖甩过头顶并使其形成舒卷之姿的。

在宴乐舞蹈中，"翘袖折腰"也是一个代表性的动作。事实上，在先秦典籍中并没有关于翘袖折腰的记载，只有晋代葛洪在《西京杂记》中说："（汉）高帝（刘邦）戚夫人……善为翘袖折腰之舞。"虽然这是关于汉代戚夫人舞蹈的记载，但楚国的乐舞在汉代产生了极大的影响，楚辞、楚乐、楚歌、楚舞基本都被汉代继承并改制，所以我们也可以认为，戚夫人跳的"翘袖折腰"之舞可能是楚舞。而且，汉代司马迁《史记》中说，汉高祖刘邦曾经想立戚夫人所生之子如意为太子，但是遭到吕后势力的阻挠而没有成功，在伤心失望之余，汉高祖曾对戚夫人说："为我楚舞，吾为若楚歌。"戚夫人并不是楚地人，但是她却善跳楚舞，而"翘袖折腰"的舞蹈应该是从楚舞中继承发展而来的。如今在春秋战国时期的楚地出土文物中，我们仍然能看到翘袖折腰的形象，在河南省信阳楚墓中发现的战国彩绘漆瑟图中即绘有一组宴乐图像，其中有二人对面跪坐，正在饮酒，右边是一组乐队，在弹奏各种乐器；而图像的中间则是一位舞女，衣袖纤长，腰部弯折，手臂举到头顶，虽然图案有残损，但也能看出是"翘袖折腰"的形象。虽然这幅图并不是出自湖北荆州地区郢都城旧址的墓葬中，但河南信阳也是战国时楚国的核心区域，那里的流行乐舞想来在郢都城也流行。而且也有可能，目前没有在荆州地区发现相关的乐舞图，只是因为它们仍然埋藏在地下还未见天日而已。

三、楚式乐器

"楚式乐器"是春秋战国时期，位于江汉流域的楚国的乐器。之所以称其为"楚式乐器"而并非仅以"楚国乐器"称呼，是因为这些乐器具有自己的鲜明特点，并体现出与其他诸侯国乐器不同的装饰风格。总体来说，楚式乐器装饰精美，图案丰富，而且喜爱使用繁复的雕饰和抽象浪漫的图案，显得华丽美观。此外，楚式乐器又有许多以鹿、凤等动物形态来装饰，具有极强的辨识度。楚式乐器是楚国乐舞文化发达的标志，也是春秋战国时楚国人民精神的象征和智慧的结晶。目前在楚地出土的文物中，有不少楚式乐器，体现出楚国乐舞的高度发展。

楚国乐器较中原更为丰富，而郢都城作为楚国繁荣之时的都城，当然也留下了数量极多的文物遗产。在目前已经发掘的两百多座周代楚墓中，楚式乐器无疑是数量极多、种类丰富的一类。就荆州城及周边地区所出土的文物来看，天星观1号墓、望山楚墓、雨台山楚墓、马山楚墓群等处发现的音乐文物最为丰富。楚式乐器种类繁多，造型优美，实用性与美观性兼而有之，确实是楚地乐舞文化的瑰宝。其中较有代表性的有钟磬、琴瑟、笙竽、律管以及漆木鼓等。

鼓是"八音"之一。所谓八音，即以金、石、丝、竹、土、革、匏、木八种不同材料制成的乐器。春秋战国时期，楚国乐舞文化发达，乐器制作也领先于当时的制作水平，再加之完备的乐制、绝美的乐舞，可称为"八音和谐"。楚式乐器中最具代表性的是鼓类，其中又以虎座鸟架鼓最为著名。顾名思义，这类楚式鼓有虎形底座，鼓架则饰为鸟形。虎座鸟架鼓是楚地常见的乐器，也是楚式乐器的代表作，在湖北荆州地区发现最多，其中比较著名的有望山1号楚墓出土的1件，天星观1号墓出土的1件，雨台山楚墓发现的15件，而在拍马山4号墓中也发现了1件。总体而言，虎座鸟架鼓形制基本是相同的，区别只在于器物的大小。虎座鸟架鼓是悬鼓的一种。以天星观1号墓出土的虎座鸟架鼓为例，这座鼓通高超过1米，作为底座的两只木雕虎踞伏于地，虎背上各立一只凤鸟，昂首伸颈、气宇轩昂。两凤背向而立，凤冠及凤尾处各系有一条鼓绳，将鼓悬挂在两凤之间。整座鼓身髹黑漆，以红、黄、金三色漆彩绘，色彩艳丽、设计巧妙，反映了楚人浪漫的想象力和高超的乐器制作工艺，是楚式乐器的典型之作。

鹿鼓也是楚国常见的乐器。荆州市博物馆藏有一件精美的鹿鼓，出土自拍马山11号楚墓。这件鹿鼓造型优美，是一只卧伏的小鹿形状。小鹿通身髹黑漆，身上有黄、朱漆装饰的点状花纹；小鹿昂首向左侧视，头上有一对枝形鹿角，显得灵动可爱。小鼓斜插在鹿身后臀，虽然在出土时已经与鹿身脱离，但是保存完好，鼓、鹿上都有凹凸接榫，可以复原。楚地出土的鹿鼓很多，有的制作比较粗糙，但形制基本上都差不多，小鼓插在鹿的后臀。这些鹿鼓大多是战国时期的制品，说明当时鹿鼓是十分流行的。

在荆州地区的东周楚墓中，还出土了不少木鼓，但多数鼓已经朽烂，可能是因为木、革制品不耐保存的缘故。较有代表性的是荆州川店镇藤店村出土的木鼓，为皮革制成，但皮面已朽，从其木制边框上还能够清楚地看到朱漆彩绘的花纹。春秋战国时期，楚国的漆器制作已达到了极高的水平，髹漆彩绘工艺广泛运用于乐器及人们日常生活器物的装饰上，常以朱红、黑、黄等颜色绘成奇诡的图案。这件木鼓上的图案繁缛华丽，体现出典型的楚地彩绘的特色。

楚地出土的金石类乐器，则以钟磬为代表。钟、磬是典型的雅乐器，敲击的声音悠长嘹亮，余音袅袅，颇具有雅乐温厚典雅的特点。荆州市观音垱天星观1号墓出土的编钟虽然经过了盗扰，但仍然能体现出当时楚国贵族乐队的宏大编制。从编钟架上现存的二十二个大小相似的长方形挂钟孔来看，这套编钟应共有二十二件，可惜由于盗扰，目前仅存四件。这套编钟配有高大的钟架，钟架髹金色底，上以黑线绘有华丽的浮雕云纹和黄、红色谷纹。而上、下梁及钟架的中段部分又有菱形、三角形彩绘。这套编钟虽然不全，但由这造型稳重、纹饰华美的钟架可以想见当时楚式乐器的精美绝伦。

出土于战国时楚国郢都故址纪南城附近的彩绘编磬也是楚式乐器的代表作。由于年代久远，这套编磬中有的磬块受到溶蚀，但形态尚存。尤其值得一提的是，编磬上彩绘有美丽的凤鸟图案。这些凤鸟图案大多昂首挺胸，或昂首曲颈，形态较为抽象，有的呈现出引颈仰天之姿。彩凤是楚式乐器中常用的装饰图案，这可能与楚人的崇凤习俗有关。在楚人观念中，凤鸟是重要的神物，这可能是源自于楚人的拜火崇日习俗。《史记·楚世家》记载，楚人是高阳氏的后裔。高阳是黄帝之孙，生子名叫称，称生卷章，卷章生重黎。重黎是帝喾的火正，因为有功业，能"光融天下"，所以被帝喾封为祝融。其后重黎因罪被杀，帝喾又让他的弟弟吴回做火正，也将他封为祝融。因祝融为火正之职，掌管天下的火事，所以后人将其称为火神。凤鸟本有驱火的属性，传说中有赤凤（三足鸟）居住在太阳之中，所以凤鸟便成为楚人的图腾。在楚式乐器尤其是鼓、钟架上常绘有凤鸟图案，可能在楚人的意识中，凤鸟向阳的属性正是楚人精神气质的体现。

琴瑟是丝类乐器的代表。虽然荆州地区目前尚未发现春秋战国时期的古琴，但在古籍传说中却有不少相关的记载。《古琴疏》曰："宋华元献楚王以绕梁之琴，鼓之其声嫋，绕于梁间，循环不已。楚王乐之，七日不听朝。"据说楚庄王在得到这架"绕梁"琴之后，整日沉迷于琴乐之中，幸得他的贤妃樊姬进谏才幡然醒悟，因此将琴碎为数段，表示之后不再沉溺。这则故事只是民间传说，但也说明了楚庄王生活的春秋时期，楚国是有琴乐的。此外，著名的伯牙、子期的知音之交也是流传于世的楚国琴乐佳话。很有可能，琴的制造工艺和弹奏技巧在春秋战国时期的楚已经相当成熟了。荆州发现了不少东周时期的瑟，在雨台山楚墓群，天星观1号墓，马山2号墓，望山1号、2号墓，藤店1号墓，枣林岗楚墓等处都有出土。这些瑟大多保存完整，体制有大有小，弦数在二十五根左右。瑟身多髹黑漆，与其他的乐器相比较为朴素。

四、荆郢乐舞

自楚文王都郢至楚顷襄王时白起拔郢，楚国经历了一段辉煌的时期。作为当时南方最大的诸侯国，楚国拥有灿烂的文化，楚人也是文采卓然、能歌善舞。当时的楚国物阜民丰、诗情飞扬，而楚乐舞更是独领风骚。楚风歌谣流播于民间，还在其他的诸侯国流传；楚声楚辞名满天下，对汉代文化也产生了深远的影响。在楚国的都城郢都，楚乐楚舞更具特色。楚乐楚舞既是来自民间，又吸纳了中原乐舞的丰富营养，最终发展为令后世艳美不已的至妙之容、至美乐章。

楚国的祭祀巫舞极有特色。楚人好巫，在出土的楚简中，常有关于占卜的记载，多是预测国家大事。如武王为其子选择师保时即曾占卜，而楚惠王在决定攻打陈国时也曾占卜以定统帅。最迷信巫祀占卜的是楚灵王熊围，据说他意欲独霸天下，曾占卜以求吉。巫祭是向神灵寻求旨意并获得保佑，为使神灵愉悦，便常以乐舞祭神。殷商时期重神好巫，艺术与巫祀相结合，音乐活动中便充满着巫祀色彩。西周制礼作乐之后,中原礼乐制度虽然对楚国有一定的影响,但楚国偏于江南,又长与南方土著蛮族杂处,在其文化中较多地保留了殷商以来的神本主义思想。因此,在楚国乐舞中,巫祭乐舞占据了重要的部分。当时的楚国宫廷中不仅有雅乐、宴乐,还常有巫祭乐舞。东汉桓谭《新论》中记载,楚灵王骄奢轻逸,偏好鬼神之事,而不重选用贤能。他最信仰的是巫祝之道,甚至会亲自手执羽绂在祭坛前起舞。当吴国军队攻入郢都城时,国人向灵王报道战事危急,灵王却仍然若无其事地在祭坛前跳舞,并说:"我正在祭祀上帝和神祇,一定会蒙受他们的降福,不能去救援前线的军队。"结果吴兵攻入城中,将太子及后妃都俘获了。从这个故事中可见,在春秋战国时期的楚国上层社会,人们对巫祭非常重视,这也进一步刺激了巫祭乐舞的发展。

在楚国民间,巫祭活动更盛。传统的巫祭乐舞与当地的民间音乐融合起来,在荆楚大地上得到极大的发展,而楚人"其祀必使巫觋作乐,歌舞娱神"的传统也在楚地上深深扎根。随着楚国国力的强盛和疆域的拓展,巫祭乐舞也在荆郢大地上兴盛起来,在楚国南部具有鲜明的地域特色,成为一种风味独特的南国文化。楚辞《九歌》即是热烈的祭祀歌词,王逸在《楚辞章句》中说明了屈原创作《九歌》的原因:"昔楚南郢之邑,沅湘之间,其俗信鬼而好祀,其祀必作歌乐鼓舞以乐诸神。"这段话明言《九歌》其实是民间的巫祭乐舞,只不过是经过了屈原的改创重制而已。想来当时流行于楚地民间的《九歌》,歌辞应当更粗朴通俗,更富于民俗气息。从《九歌》之题,我们即可以看出每一首乐歌祭祀的神鬼。《九歌》中对乐舞的描写浪漫空灵,情感哀婉缠绵,正体现出楚人在巫祭时的风貌。

春秋战国时期,楚国还有丰富的劳动乐舞。楚国地处长江流域,以江汉为中心,尤其是荆州地区水资源丰富,物产富饶,可称为鱼米之乡。西晋孙楚在《论屈建文》中说:"楚多陂塘,菱芰所生",在楚国,采莲、采菱是常见的水乡劳动。而在劳动中,采莲女、采菱女们歌声悠扬、和声优美,其绰约的风姿、旖旎的情味实在动人。因此,在战国时期,《采菱》《采莲》乐歌广泛流行于江南地区,不仅见于楚地,也常见于吴越。

与其他的民间乐歌一样,《采莲》与《采菱》的歌唱内容多是男女情爱。

宋代罗愿在《尔雅翼》"菱歌"一条中说："吴楚之风俗，当菱熟时，士女相与采之，故有《采菱》之歌以相和，为繁华流荡之极。"采莲和采菱在楚地民间常见，劳动使女子们走出了闺门，这一活动也成了青年男女相会的绝好时机。少男少女们借劳动的机会对歌相戏，又以对唱、和歌来表达情意，想必是风光浪漫。劳动时人们不仅唱歌，在休息闲暇之时也有舞蹈与之相伴，因此，《采莲》和《采菱》不仅是楚地民歌，也是有名的舞蹈。由于民间《采莲》《采菱》歌舞的流行，士大夫们也纷纷加入了创作队伍，想来他们的创作心理，也如屈原改制《九歌》一样，是希望将民间的俚俗乐歌改写得更雅致吧。文人乐师的创作使《采莲》和《采菱》乐舞的艺术性迅速提高，至晚在屈原生活的战国中期，这类水乡劳动乐舞已经进入了宫廷。楚辞《招魂》中有诗句曰："肴羞未通，女乐罗些。陈钟按鼓，造新歌些。《涉江》《采菱》，发《扬荷》些。"这里描写的是宫廷中的宴乐歌舞，当酒肴尚未撤下，女乐已经登场。乐师们敲钟击鼓，演奏着新制的乐歌。表演的乐舞中，有《涉江》《采菱》，还有《扬荷》。有学者认为，"扬荷"即是"发扬荷叶"之意，如此解读，则《扬荷》很可能就是采莲乐舞的别称。王逸在注解中说，《涉江》《采菱》《扬荷》是"楚人歌曲也"，应当是有歌有辞有舞的。诗句中说，乐师们演奏的是"新歌"，这应该是与"古乐"相对的。魏文侯曾问子夏："吾端冕而听古乐，则唯恐卧；听郑卫之音，则不知倦。敢问古乐之如彼何也？新乐之如此何也？"（《史记·乐记》）既然将郑卫之音与"古乐"相对，那么郑卫之音就应当是"新乐"了。以《采菱》《采莲》为代表的楚地民间乐舞，当然也属于"郑卫之音"一类。虽然在当时的统治者看来，郑卫之音不登大雅之堂，却受到上至王侯、下至百姓的广泛喜爱。事实上，在楚国的乐舞中，艺术性最高的正是这一类乐舞，它们产自民间，又经过文人的润色而进入宫廷，成为风靡各国的流行新乐。"采菱""采莲"不仅是先秦楚国的代表性乐舞，在其后还发展为代表着水乡风情的文化意象，在后世的文学作品中经常出现。如唐代诗人刘方平即有《采莲曲》诗，诗句为："落日晴江里，荆歌艳楚腰。采莲从小惯，十五即乘潮。"这里直接将《采莲曲》称为"荆歌"，可见在唐人的观念中，《采莲》《采菱》仍然是荆楚民歌的代表。

《激楚》可算作是楚国乐舞中最具代表性的一支，不仅在楚辞中被反复提及，在汉唐及其之后的诗文中也经常出现，甚至在当今的舞台上仍有复现。如2012年，湖北艺术职业学院便推出了女子群舞《激楚》，并获得了"桃李杯"舞蹈比赛二等奖。在这支当代楚舞中，《激楚》被阐释为巫祭之舞，编创者在舞蹈中阐释了对楚地神、巫形象的理解。当然，将《激楚》视为巫祭乐舞，有一定道理，毕竟楚地乐舞中很大一部分都体现出鲜明的巫祭功用，但目前尚没有确凿的实据，我们只能从相关的文学作品中，大致窥见《激楚》的乐曲特点及舞容。"激楚"之名，最早出现在楚辞《招魂》中："竽瑟狂会，搷鸣鼓些。宫廷震惊，发激楚些"，还有："郑卫妖玩，来杂陈些；激楚之结，独秀先些。"从诗句中的"狂会""震惊"等词中可以看出，《激楚》在表演时是十分热烈的，几乎是震惊全场，声势巨大，并具有极强的艺术感染力；而从"激楚之结，独秀先些"来看，这是一支极为优美的乐舞，尤其是结尾格外出色。南宋朱熹在《楚辞集注》中对"激楚"的解释为："《激楚》，歌舞名，即汉祖所谓'楚歌''楚舞'也。此言狂会、搷鼓、震惊，激楚即大合众乐，而为高张急节之奏也。"他是将《激楚》当作楚地乐舞的总称。但事实上，并不是所有的楚舞楚乐都是热烈而兴奋的，朱熹将《激楚》与所有的楚舞画上了等号，这是不恰当的。

汉代傅毅《舞赋·序》中，记录了楚襄王与宋玉针对乐舞娱乐的一段讨论：楚襄王游于云梦，大臣宋玉陪侍并作有《高唐》之赋。当襄王问及宋玉，如果宴饮群臣，应以什么乐舞来娱乐时，宋玉回答说："《激楚》《结风》《阳阿》之舞，材人之穷观，天下之至妙。"可见在汉代，《激楚》《结风》《阳阿》一类的楚舞，也是具有极高的艺术价值并被人所激赏的。宋玉进一步提出，虽然楚地的娱乐乐舞确实是"郑卫之风"一类，但它的艺术性超越了大多数乐舞，只要使用的场合得当，并没有什么不合适。楚人在宴乐的使用上具有如此灵活而变通的态度，为荆郢乐舞的健康蓬勃发展奠定了基础。

许多文学作品中，将《激楚》与《阳阿》《结风》并提。汉代距战国时期不远，从汉代的文学作品中也可以看出楚乐舞的特点。汉代司马相如《上林赋》中说："鄢郢缤纷，《激楚》《结风》"，边让《章华台赋》也言："扬

《激楚》之清宫兮，展新声而长歌。繁手超于《北里》，妙舞丽于《阳阿》"，而傅毅《舞赋》中也称："《激楚》《结风》《阳阿》之舞，材人之穷观，天下之至妙"，可见这三支乐舞应当都是一类，代表着楚乐舞的最高水平。尤其是《激楚》，在汉代之后几乎成为慷慨悲歌的代名词，体现出后人对楚文化中慷慨激昂的气势的认同。

《阳阿》也是战国时期楚国的著名乐舞，有不少学者认为，《阳阿》其实就是《扬阿》或《扬荷》的别称。关于《阳阿》的名称来源与舞容，相关的记录比较繁杂，而且众说纷纭。李善对傅毅《舞赋》中"阳阿"一舞的注解引用了《淮南子》中的话："歌《采菱》、发《阳阿》，鄙人听之：不若此《延路》《阳局》。非歌者拙也，听者异也。"《文选》收录的宋玉《对楚王问》中又称："客有歌于郢中者，其始曰《下里》《巴人》，国中属而和者数千人。其为《阳阿》《薤露》，国中属而和者数百人。"可见《阳阿》应该也是流行于楚国的通俗乐舞曲，不过和《下里》《巴人》相比稍显雅致。在楚辞《大招》中也有："讴和《扬阿》，赵箫倡只。"王逸在注解中认为："徒歌曰讴。扬，举也。阿，曲也"，这似乎是说"扬阿"只是发声唱歌的意思。不过洪兴祖在《补注》中明确地说："《扬阿》，即《阳阿》，已见《招魂》"，这一说法是将《扬阿》与《阳阿》等同起来，可能是由于民间方言发音相似，所以便有了不同的名称。楚辞《招魂》中又有关于《扬荷》的记录："《涉江》《采菱》，发《扬荷》些。"王逸认为，《扬荷》是"楚人歌曲也。言已涉大江，南入湖池，采取菱茭，发扬荷叶"，这里则认为"扬荷"与"采菱"一样是动宾结构，是一种模仿水乡劳动的舞蹈。所以王逸认为《扬荷》与《阳阿》并不是同一种乐舞，这与洪兴祖的观点不一致。目前，关于《阳阿》的讨论仍然没有定论，不过它是一支与《激楚》《结风》相似的乐舞，大多数学者是公认的。

《涉江》也是一支楚国乐舞，但是记载较少，对它的舞曲、舞容，我们不得而知。楚辞《招魂》中称"《涉江》《采菱》，发《扬荷》些"，看起来《涉江》应该与《采菱》《扬荷》是同类的。考虑到楚国多水的地理环境，《涉江》可能也是一支水乡舞蹈。不过，在《楚辞》中也有屈原的作品《涉江》，姜亮夫先生解释为"济江"之意，可以看出这首诗写的确实是济渡江水。由此可以推断，《涉江》可能也是楚国的一支乐舞曲，大约是涉江渡水时演唱的，不过在《招魂》中来看，《涉江》应当是女乐，在楚国宫廷中这支舞蹈是由女子表演的。

总之，这些荆郢乐舞都具有极高的艺术性和审美价值，带给人强烈的声色之美，在当时的儒家正统观念中，当然是与礼乐格格不入的。梁元帝在《纂要》中说："古艳曲有《北里》《靡靡》《激楚》《流风》《阳阿》之曲，皆非正声之乐也"，应该是代表了封建社会中对楚乐舞的看法。不过，虽然这些乐舞并非"正声"，却是受人欢迎的"新乐"，所以在当时影响极大，楚国的乐舞在当时达到了一流的水平，成为人人称美的"至妙之容"。

在春秋战国时期的郢都，《阳春》《白雪》《下里》《巴人》也是非常有名的乐歌。从文献记载来看，这几支乐歌似乎只有歌唱而并没有舞容。关于这些乐歌的记载，最著名的当然是宋玉的《对楚王问》。这篇辞赋中，作者将楚国郢中的流行唱和歌曲分为四个层次，最通俗的是《下里》《巴人》，因为城中几乎有数千人对这两支歌曲熟悉；其次是《阳阿》《薤露》（有的版本也记作《阳菱》《采薇》），大约有数百人熟悉；较为高雅的是《阳春》《白雪》，因为只有数十人一起唱和；最高雅的则是以"引商刻羽，杂以流徵"之类技巧演唱的乐歌，这一类乐歌，在国都郢都中，不过数人会唱而已。《对楚王问》中的记录反映出当时郢都城中常常有和歌齐唱的音乐盛况，体现出当时楚国乐舞文化的繁荣。

《下里》《巴人》，有时候也被并称为《下里巴人》，这可能是楚国最通俗的乐歌了，类似于如今一听就会的流行俗乐。但是《下里》《巴人》来自哪里，最早产生于何时，甚至这两支歌曲的名称是什么含义，也一直没有定论。不过可以想见，《下里》《巴人》之所以风靡楚国，其音乐肯定是非常动听的，而且歌词俚俗简单，适合大众的口味。

关于《下里》《巴人》的名称含义，周武彦在《宋玉〈对楚王问〉新解》一文中认为："'下里'与'巴人'是指同一事物并互相补充说明的词组结构，即'下里巴人'亦即'巴人（的）下里'，意指'巴人'的'乡歌俚调'。"这一观点也有不少学者认同。依这种说法，"下里巴人"可以理解成"巴人的乡歌俚调"，这说明"下里巴人"是一类乡土歌谣，而且来自于巴地，应当不是两支歌曲，而是一支。不过，这支产生于巴地的乐歌，却在楚都郢都大为流行，这说明巴、楚二地不仅地缘相近，而且彼此的文化交流也是非常频繁的。既然这是一支乡土歌谣，其中可能歌唱的内容主要是劳动，具有浓郁的地方特色。关于《阳春》《白雪》的记载不多，不过从这两支乐歌的名字可以看出，应当是描写季节风物的歌谣，而且乐调优美，措辞优雅。

总之，春秋战国时期的楚国郢都歌谣遍地、风情绮丽。楚国乐舞代表着当时先进水平，这既是楚文化繁荣的表现，也是楚地经济发达、人们生活相对安定的体现。虽然在历史的发展长河中，楚国与其他诸侯大国一样，最终无法避免灭亡的命运，但是楚地灿烂的文学艺术却一直散发着夺目的光彩。楚辞、楚舞、楚乐、楚歌成为后世诗人常用的意象，楚文学、楚乐舞是荆楚大地瑰丽的明珠！当我们翻阅具有楚风楚韵的古谣，欣赏楚人奇诡华丽的诗赋，聆听楚地优美悦耳的古曲，畅想楚国浪漫、曲折而饱含着历史的辛酸与厚重的生活时，我们深深地为之震撼，我们也久久地为之骄傲。

第五章　文物撷英

四百年的楚都岁月，铸就了辉煌的楚都文化。纪南城地上文物星罗棋布，地下宝藏难以计数，国宝文物珍品迭出。在纪南城及其周边出土的大量文物中，铸造精湛的青铜器、巧夺天工的漆木器、五彩斑斓的丝织品、熠熠生辉的古玉器，是楚文化物质文明辉煌成就的杰出代表，反映了楚人的卓越智慧和精良工艺。

第一节　吉金重器

青铜是以铜为基础原料，加入铅或锡等金属经冶炼而产生的铜合金。青铜是人类历史上的一项伟大发明，自从青铜发明后，极大地加快了人类文明前进的步伐，人类历史从此从野蛮的石器时代进入到文明时代——青铜时代。

纪南城的青铜冶铸技术取得了令人瞩目的成就。考古工作人员在纪南城西南部区域发现有铸炉、炼渣以及与冶铸有关的鼓风管、耐火泥等遗存，说明这一区域是以金属冶铸为主的手工业作坊区。青铜在这里被加工制作成各种礼器、兵器以及日常生活用品，成就了楚国青铜文化的辉煌。

青铜器类型多样，各种礼器、兵器以及日常用品琳琅满目，令人目不暇接。礼器是古人在举行宴飨、祭祀、征伐等大典时使用的重要器物。在礼制社会中，贵族的社会身份、阶级等级以及政治权力，都要通过礼器的类型和多寡表征出来，以示区别。根据用途来划分，青铜礼器又包括乐器、食器、酒器、水器等多种类型。青铜乐器是青铜礼器的重要组成部分。在祭祀、宴飨等大型典礼上，都要有乐舞表演，并形成了严格的礼乐制度。由于兼并战争的需要，大量的青铜器除被用来制作礼器外，还被用来制造适应战争需要的各种冷兵器。在纪南城周边出土的春秋战国时期兵器中，主要有剑、戈、戟、矛等。春秋战国时期，为适应社会大变革的需要，青铜的运用开始由礼乐文化向世俗生活转变，部分青铜被用来制造满足人们日常生活需要的用品，如铜镜、铜带钩、铜灯、铜熏杯等，使青铜文化具有了浓郁的生活气息。

一、楚式升鼎

在周朝礼乐文化中，鼎是体现贵族地位和等级的标志性重器，居于青铜礼器之首。楚国的鼎一方面继承了西周传统器型，另一方面也创造性地制造出新的器型，升鼎正是独具楚文化特色的青铜礼器。升鼎的主要特点，一是敞耳，二是束腰，三是平底，因此又称为"束腰平底鼎"。"升"是指祭祀时将已经煮熟的牺牲（供祭祀用的通体纯色牲畜）放入鼎中，这就是郑玄注《仪礼·士冠礼》时所说的："煮于镬曰亨，在鼎曰升。"

荆州天星观二号楚墓出土有5件升鼎，其中2件制作精致，器形规整，装饰繁缛，另外3件制作粗糙，器身变形，高度不一。但5件升鼎从大到小，次第有序，显然是祭祀时使用的一套组合鼎。

天星观二号楚墓出土的5件升鼎中，以编号为M2：128的升鼎体型最大，制作最为精良。该鼎口径51.6厘米，通高42厘米，重32.35千克。口沿上两个长方形立耳向外敞开，形成较大的外撇弧度。器身的中部向内束紧，形成楚式升鼎典型的束腰。在腰部缚有一周圆形凸棱，似一条腰带。器身底部为平底，底部下装有三个兽面蹄足。在升鼎的耳部、口沿、束腰凸棱及凸棱以上的器身部位，满饰细密繁缛的浮雕蟠螭纹，凸棱以下部位则满饰浮雕蟠虺纹。蟠螭纹细密而繁缛，蟠虺纹相对稀松，显得错落有致。

升鼎的腹部附有四只精致的龙形爬兽，兽首上立有两只呈盘旋状的立角，兽背有一角突起；卷尾上翘，在尾端焊接有一单首双身龙形怪兽，怪兽有两只盘旋状尖角。升鼎上龙形爬兽的兽身装饰有陶纹和涡纹，兽首饰有鳞纹等纹饰，兽面装饰繁缛细致，生动传神地表现出龙形爬兽的怪诞与神秘，栩栩如生。

楚式升鼎的典型特征之一是细腰，这一特征使人联想到《汉书·马廖传》中引用的两句佚名古诗："楚王好细腰，宫中多饿死。"相传楚灵王喜爱腰身纤细的女子，宫中多有被迫节食以致饿死的宫女。据《墨子·兼爱中》记载，楚灵王不仅喜爱细腰的女子，他也喜欢细腰的大臣。在朝中为官的大臣们为了迎合灵王的喜好，不得不每天只吃一顿饭来节制饮食，以至于饿到要用手扶着墙壁才能站立的程度，在上朝前还要深呼吸收缩腹部后再系上腰带。这样过了一年，满朝大臣都饿得人瘦面黑的了。《墨子》关于楚灵王好细腰的记载可能有夸大之辞，但楚人确有好细腰之美的风尚，还可以找到更多的证据。《诗经·周南·关雎》是一首楚人的作品，诗云："窈窕淑女，君子好逑。"诗中说，细腰的淑女，才是君子的佳偶。《楚辞·大招》描写楚国宫女时写道："小腰秀颈，若鲜卑只。"这里所写的"鲜卑"是楚人服饰上所用的一种带钩。这种带钩一端大一端小，中部呈细腰状。在楚墓出土的带钩中，这种形状的带钩经常可以见到，可视为楚人好细腰的实物证据。楚式升鼎的细腰，与楚人崇尚细腰的人体审美风尚是存在一定的关联的。可以说，升鼎的细腰正是楚人以细腰为美的审美观念物化的表现。

二、龙凤纹铜尊

战国时期，随着青铜铸造技术的发展，嵌错、鎏金等青铜装饰工艺更加成熟。嵌错工艺是在青铜器表面的凹槽内嵌入金属、松石等材料的丝片，再用错石在青铜器的表面磨错平整，由此构成纹饰或文字的一种装饰工艺。"错"的本字为"厝"，是一种用细砂岩做成的厝石，以此作为磨平的工具。嵌入的材料可以是金、银、铜、铁、绿松石等。如果嵌入的材料是金，则称为"错金"；嵌入的材料是银，则称为"错银"。嵌错工艺利用各种材料的不同质感和色泽，在青铜器的表面形成有色彩、亮度和光泽的纹饰或文字，和青铜沉稳厚重的色泽和质感形成较大的反差和对比，使青铜器产生既庄重大气又富丽堂皇的装饰效果。

在荆州博物馆"江汉平原楚汉青铜文化展"上展出的一件战国时期的青铜尊，以其精湛的嵌错工艺，给人留下深刻的印象。这件铜尊出土于荆州黄山 617 号战国楚墓，由器盖和器身扣合而成，通高 16.5 厘米。盖顶铸有 4 个凤鸟形盖钮，腹部装有 2 只铺首衔环，底部有 3 个兽面蹄足。在全器的表面以嵌错的技法满饰龙纹和凤纹，纹饰细密繁缛，制作精美。

在楚都纪南城周边的楚墓中还出土有多件形制相同、风格一致的嵌错龙凤纹铜尊。如在江陵（今荆州区）望山 2 号墓、荆门包山 2 号墓中，各出土一件同类型的青铜尊，与黄山出土的青铜尊相比只是大小略有差异。其中以江陵（今荆州区）望山 2 号墓出土的龙凤纹铜尊最为精美绝伦，繁缛之至，美不胜收。

望山 2 号墓出土的铜尊口径 24.4 厘米，通高 17.1 厘米。在铜尊表面錾刻的凹槽里，采用错银工艺满饰繁缛的纹饰。器盖的纹饰由纤细的云纹和变形的龙凤纹组成，共有 24 个龙凤纹，以 4 只立凤为界，分为 4 个单元，每个单元中有 6 龙 6 凤，回环相连。龙纹粗壮有力，凤纹纤细柔弱，在龙凤纹之间填充有云纹，营造出龙行云际、凤舞九天的神秘浪漫氛围。铜尊的腹部纹饰以变形龙纹为主，纹饰由 6 个单元组成，每个单元有 6 条龙相互连接，共计有 36 条龙。腹部的龙纹与盖面的龙纹略有不同，龙身较为粗短，虽没有龙游长空的动感，但给人以肃穆和庄重之感。如此繁复的龙凤纹饰通过嵌错的工艺装饰在铜尊表面有限的空间内，构成有序而又变化的图案，技艺精湛，独具匠心，这件铜尊无疑是楚国青铜装饰工艺达到巅峰时期的精品。

三、青铜编钟

在周代礼乐文明中，鼎是礼器的代表，钟则是乐器的代表，故而后世常以钟鼎连称，如将青铜器上的铭文称之为"钟鼎文"。钟与鼎是古代贵族身份的象征和财富的标志，人们将钟和鼎作为衡量贵族生活奢华程度的尺度，如张衡《西京赋》所说的"击钟鼎食"，王勃《滕王阁序》中所说的"钟鸣鼎食"，等等，都以钟和鼎形容贵族的豪奢排场。

天星观 2 号楚墓出土了一套战国中期的楚国编钟，共计 32 枚，其中镈钟 10 件，钮钟 22 件。钟架有上下两层横梁，供悬挂编钟之用。荆州博物馆依据出土资料对这套编钟进行了复原。复原后的钟架下面一层悬挂一组镈钟，上面一层悬挂两组钮钟。

所谓"镈钟"是指形体较大的钟，是指挥乐队的节奏性乐器，如郑玄注《仪礼·大射礼》所说："镈如钟而大，奏乐以鼓镈为节。"天星观2号墓出土的10件镈钟，器身皆如椭圆桶状，呈合瓦形，钟口平齐。10件镈钟由大至小，依次排列。最大的通高38.5厘米，最小的通高19.7厘米。10件镈钟的形制一致。位于钟体最上的是钟钮，由两条圆雕的龙组成，龙身弯曲，龙首相背，回首相顾，龙首顶部立有一圆弧形蟠钮。龙身饰有涡纹、云纹和鳞纹，蟠钮上饰涡纹和三角形雷纹。舞部（钟体顶部）的浮雕龙纹，大多铸造得较为精致，呈对称布局，图案完整。钟体上有乳状（枚）和带状（篆）装饰，图案繁缛，布局讲究。

大型编钟中的钮钟多用来演奏旋律。天星观2号墓出土的两组钮钟较之镈钟要小，其中一组钮钟最大的通高26.3厘米，最小的通高12.7厘米。另一组钮钟最大的通高22.1厘米，最小的通高12.6厘米。钮钟钟体与镈钟一样呈合瓦形，但钮部和钟口形状与镈钟迥异。镈钟的钮为圆雕双龙，钮钟的钟钮呈倒"U"字环形。镈钟的钟口平直，钮钟的钟口呈弧形，两侧形成尖角（铣）。钟钮上多装饰勾连云纹，舞部装饰有浅浮雕龙纹，钟体上有复杂的乳状（枚）和带状（篆）作为装饰。

编钟在形制上呈扁状的合瓦形，这种形状有别于西方的圆钟。正是这种独特的形状，使得编钟发展成为一种乐器，而圆形的钟则没有发展成为独立的乐器。宋代沈括在《梦溪笔谈》中指出，合瓦形的钟和圆形的钟具有不同的发声特点："古乐钟皆扁，如合瓦。盖钟圆则声长，扁则声短。"圆形的钟发声时音程长，当演奏节奏紧、速度快的曲调时，旋律会显得非常模糊。合瓦形的钟两侧有钟棱，当敲击钟体时，钟体的振动受到钟棱的阻碍，发声的声音音程短，即使在演奏快节奏的乐曲时，也能发出清晰的乐音。

经对天星观2号墓出土编钟的音域进行测试，全套编钟的音域有4个八度，并且每个八度的音列设置密度相当，能演奏出完整的七声音阶。[①]这套

---

① 邵晓洁:《楚钟研究》,人民音乐出版社 2010年版,第114页。

编钟钟架齐全，钟体制作精致，对研究楚国音乐文化乃至中国古代乐器发展史都有着重要的价值。

四、"兵辟太岁"戈

在楚国诗人屈原的不朽之作《离骚》中，诗人展开想象的翅膀，驰骋浪漫的情怀，上天入地，呼神叱鬼，令读者莫不叹服。诗人大胆新奇的想象与楚文化神秘浪漫的文化背景是有着密不可分的联系的。1960年5月，在湖北荆门漳河车桥西南端的一座小山岗上发现了五座战国墓，其中一座出土了一件形制特殊的青铜戈。这件铜戈以雕塑艺术的形式再现了楚人无比丰富的想象力，将人们带入到诗人屈原所呈现的神秘浪漫的意境之中。

车桥出土的这件青铜兵器全长20厘米，内长8.3厘米，宽6厘米。兵器正反两面浮雕有着相同的图像。图像的主体为一神人，全身饰有鱼鳞般的纹饰，正面而立，圆瞪双目，口略张开。他的头上戴有羽冠，四支翎羽向两侧分开；两耳佩戴耳环，两只耳环居然是两条蟠曲的小蛇。神人一只手持四足龙，另一只手持双头龙。在他的腰部系有一根腰带，这根腰带也是一条长蛇。在神人的胯下，骑着一条四足龙。尤其让人目瞪口呆的是，在神人的双脚之下，一只脚踩着太阳，一只脚踩着月亮。浮雕图像构思神奇，不可思议。创作者驰骋奇异的想象，在神人身上表现出了驱遣一切的气概，日月供其驱使，天龙让其乘驾，生动地表现出了楚人浪漫的天性，体现了楚人"法天""齐地"的宇宙意识。

车桥楚墓出土的兵器上有四字铭文，位于戈内（"内"是指戈戟等兵刃下接柄之处）处。关于四字铭文的释读，学术界一直存有争议。有学者释为"兵辟太岁"，意思是打仗要避开太岁神。也有学者释为"大武辟兵"，意思是通过演习周朝大武之舞来止息战争。无论是哪一种解释，都说明这件兵器并非实战兵器，而是带有巫术或术数性质的一件道具。

这件兵器上的浮雕图案以直观的方式表现楚人的神灵信仰和巫术手段，将我们带到远古时代楚人的精神世界中，让我们领略到楚人神话思维的魅力和无与伦比的想象力。

五、人骑骆驼铜灯

春秋中期以后，青铜的使用范围进一步扩大，不再局限于服务于礼制和军事的需要，而用于制作青铜礼器、乐器和兵器，也开始用于满足人们的日常生活需要，用来制作一些精巧的日常生活用品，生活化和世俗化的味道渐浓。

在楚都纪南城周边的楚墓中，陆续出土了多件楚人使用过的照明用具，如江陵（今荆州区）望山2号墓、荆门包山2号墓以及荆门后港楚墓中，分别出土了数件造型别致的青铜灯具。这些灯具有的是简单的豆形灯，也有采用圆雕制作的立体雕塑灯，如铜人挈灯、人骑骆驼灯等。楚墓中共出土了3件人骑骆驼灯。一件出土于江陵（今荆州区）望山楚墓，现藏于湖北省博物馆；另两件出土于荆门后港镇古定桥天鹅冢楚墓，这两件分别收藏于荆州博物馆和荆门市博物馆。

人骑骆驼铜灯是一件日常照明用具，同时也是一件很有生趣的实用工艺品，体现了实用与审美相结合的设计匠心。全器由底座、人物、骆驼、托柱、灯盘几部分组成，通高18.7厘米。在长方形的底座上，伫立着一头双峰驼，驼背上骑坐着一人，铜人双腿蜷曲，坐于驼峰之间，胸部挺直，双手合掌抱一根立柱，立柱上端托着一个灯盘。整件作品表现手法极为质朴、洗练，不加纹饰。以曲线为主导勾勒轮廓，旨在传神，不着意于细部逼肖。骆驼收颈昂头，隆背，四肢稍呈屈蹲状。驼背上的掌灯人直腰挺胸，双手稳稳地把握灯柱，举重若轻，足见这件铜雕在造型比例、重心处理方面的艺术功力。

灯具的使用在楚国诗人屈原的作品中有过描写。《楚辞·招魂》云："兰膏明烛，华镫错些。"屈原在诗中所写的"镫"也叫"膏镫"。《急就篇》（卷三）颜师古注谓："镫所以盛膏，夜然（燃）燎者也。其形若杆而中施釭。有柎者曰锭，无柎者曰镫；柎谓下施足也。"意思是说，镫是有足的灯具，可以装入并点燃动物的膏脂，用以照明。人骑骆驼铜灯将镫足进行艺术化处理，用人骑骆驼代替了简单的镫足，制作精美，这应该就是屈原所说的"华镫"了。

值得注意的是，从掌灯人圆胖的脸型上看，其人并非南方人，明显有着北方游牧民族人种的特征。骆驼也不是南方楚地所产，而是生活在北方沙漠边缘的动物。人骑骆驼铜灯出现在南方楚国，说明当时楚国与北方游牧民族有着频繁的人员交往和经济往来，是楚文化与西域文化交流的见证。

第二节　漆光溢彩

漆器是指经过髹漆工艺处理过的器物。漆器具有经济实用、防腐防潮、结实耐用、便于携带等特点，成为上古时期日常生活用品的首选。漆器的胎骨根据材质的不同，可分为木胎、竹胎、皮胎、夹纻胎、藤胎以及积竹胎等，而以木胎制品最多。木胎漆器多采用斫制、卷制、镟制、雕刻等方法制作胎体，然后在胎体上漆饰彩绘。在出土漆器中，以木胎漆器最多。木胎漆器往往是集雕塑、彩绘于一体的实用生活用品，有着极高的艺术欣赏价值。

斫制是将整块的木料通过砍、削、凿、磨、剜等工序加工而成漆器胎体。所谓"斫"，就是"斧砍刀削"的意思。楚墓中出土的漆耳杯多是采用这种方法加工成型的。随着木工加工工艺的发展，漆器胎骨出现了卷木胎。其制作方法是将木材加工成长条形薄木板，经过浸泡、加热等方法使其变得柔软，卷曲成圆筒状，再将两端黏合在一起。卷木成型制胎工艺的出现是楚国漆器胎体制造工艺的一大进步，也是木工技术向精细加工方向发展的结果。外形为正圆形的漆器，除了采用卷木成型的方法制作外，还可以使用镟制的方法来制作。厚木胎的漆圆盒、漆樽等器型，其内空采用挖制的方法制作，外形则通过镟床一类的木工加工机械来完成。文献中最早记载镟床的是元代陶宗仪的《辍耕录》，但镟床最早应早在战国时期就已出现。江陵（今荆州区）雨台山楚墓中出土的圆盒、卮、樽等漆器，其外形均由镟床镟制而成。

在纪南城周边出土的古代漆器中，有一类有较高艺术价值的作品是通过雕刻的手法完成后，再通过榫接、粘接等方法拼接在一起，使之成为雕刻与榫卯结合成型的胎体。像楚墓中出土较多的虎座立凤雕像、彩绘木雕座屏、镇墓兽等就是采用这种方法加工成型的。雕刻的手法有浮雕、圆雕、透雕等，如虎座鸟架鼓的凤鸟，是分虎座、凤首、凤身、凤足四部分使用圆雕的技法制作，然后通过榫卯结构合成一体的。

与制胎工艺同步发展的，还有制漆工艺。楚国漆器上使用的漆料有原生漆、脱水漆、油性漆等。原生漆是指从漆树上采集后没有经过加工处理的漆料。原生漆含水分较多，漆膜的色泽、透明度等都比较差，漆膜较硬，又易脆断，一般用于木胎的粘接和器物背面的涂刷，而很少用于器物表面的装饰。脱水漆是对原生漆经过脱水处理后形成的漆料，通常采用晒、煮等加热方式使原生漆脱水，俗称"晒漆""煮漆"。经过脱水处理后的漆料其亮度、色泽、韧性等方面都优于原生漆。用脱水漆制造的黑漆黑色纯正、庄重、古朴。在这种黑色漆膜上进行彩绘，能形成强烈的对比，更能显出彩绘鲜艳，面漆深沉。为了获得色泽鲜艳的各种色漆，将植物油与漆料混合后进行熬制所得到的漆就是油性漆。漆器上所使用的红、黑、金、银、蓝、绿、白、黄等多种色漆都是油性漆。生漆在加热脱水或加入植物油熬制的过程中，都会产生高分子化合物的聚合效应，这可以说是我国漆化学的萌芽。油、漆并用工艺的产生，标志着我国最早的涂料从单一材料向复合材料的进步，是髹饰工艺的重大进步和发展。

一、浮雕龙凤纹豆

在先秦时期的祭祀仪式与宴享筵席上，总少不了笾、豆这两种容器。如《诗经·伐木》有云："笾豆有践，兄弟无远。"笾是竹编器皿，用来盛放果脯之类的食品；豆是木制漆器，用来盛放肉脯之类的食品。因为笾与豆的形状大致相同，所以经常会以"笾豆"连称。曾子曾说："笾豆之事，则有司存。"意思是说，礼仪方面的事是有专门的主管负责的。曾子以"笾豆之事"指礼仪之事，可见笾豆在礼制社会中是十分重要的礼器。在飨食宴饮或祭祀仪式上，笾豆一般成对使用。笾豆使用的数量多少，标志着贵族的身份和社会地位的等级。按周礼规定，天子之礼使用的豆多达120只，诸侯之礼也依爵位的不同，要用到24只到40只数量不等的豆。

笾因为是竹编而成，埋藏在地下容易腐烂，所以至今已难得一见其真容。豆通常为木质的，也有青铜和陶质的。木质的豆通常会用生漆髹饰加以保护，不易腐烂，所以先秦时期的漆豆至今在博物馆里仍然能见到。

豆的形状，是由豆盖、豆盘、豆脚组成的高脚盘。"豆"字本是一个象形字，最上面的一横，代表豆盖；中间的"口"字，象豆盘之形；下面的两点一横，则是豆的高脚。应该说明的是，在先秦时期豆类植物并不称为"豆"，而称为"菽"。清朱骏声《说文通训定声》说："菽者，众豆之总名。"到秦汉以后，人们才把"菽"称为"豆"。

在楚墓中，出土了不少漆豆的实物。在荆州博物馆里，就收藏着多件既具实用价值又有艺术观赏性的漆豆。荆州天星观2号楚墓出土的浮雕龙凤纹漆豆，其外形保留了传统的豆的形状，但装饰上除了使用彩绘外，还采用了浮雕的方法，在豆盘、豆柄和圈足上都浮雕有龙、凤、蛇等动物组成的图案。在豆盘上雕刻出以龙、凤、蛇为表现对象的两组相同的图案，龙爪与凤爪分别抓住蛇尾与蛇身，龙、凤、蛇三者相互叠压、穿插和缠绕。豆柄上浮雕一龙一凤，底座上浮雕一凤二蛇。浮雕图案虽然结构复杂，但将对象呈现得异常清晰。浮雕动物身上用红漆描绘龙蛇的鳞纹、凤鸟的羽纹以及卷云纹等。

楚人素有尊龙崇凤的传统。在漆豆上浮雕龙凤纹图案，正是楚人尊龙崇凤的体现。浮雕龙凤纹豆在整体器形上虽然与传统的漆豆没有太大的差别，但由于采用了浮雕的技法表现龙凤，丰富了漆豆的造型手段。

二、彩绘鸳鸯豆

浮雕龙凤纹豆在基本形态上并没有改变传统漆豆的形制，只是在整体器表进行了浮雕装饰处理。楚国的工匠们似乎并不满足于此，他们对漆豆的改造朝着更加艺术化的方向发展。战国时期，楚人制作的漆豆形成了自身的特点与风格，其形制出现了动物形漆豆的样式。这一时期的漆豆在装饰艺术上具有华丽浪漫的风格，漆色艳丽、纹饰优美、装饰华丽。出土于江陵（今荆州区）雨台山427号楚墓的彩绘鸳鸯豆朝仿生塑形方向迈出了一大步，呈现给人们全新的漆豆造型。

彩绘鸳鸯豆由豆盖、豆盘和高脚组成，通高25.5厘米。漆豆的下部分仍然保留着传统形态，有着喇叭形的高脚，但上部豆盘部分则改变了传统的圆形豆盘形状，采用圆雕的技法，将豆盖与豆盘合雕成一只鸳鸯鸟的形态。鸳鸯盘颈侧视，双翅自然收合，神态安详恬静。

彩绘鸳鸯豆根据器形设色，精细描绘。上部以红、黄两种明亮彩色为基调，以橘红为主色，间以灰绿彩漆，而以金黄作点缀，着意描绘出三种不同的羽毛纹样，形成不同的层次。两端为小弧形直行错综排列，中部则是横行排列，翅翎粗壮整饬，羽毛丰满，给人以富赡充实之感。在鸳鸯豆的高脚上，以黑漆为底彩绘不同的纹样，有勾连云纹、卷云纹、三角云纹等，圆转灵动，匀称优美。鸳鸯豆的纹样、色彩、节奏、韵律变化最强烈的是器体的上部，鸳鸯的周身以朱红、金、黄色勾绘出各个部位和精细的羽毛，在尾部两侧还各绘有一只昂首侧立的金色凤鸟。

在先秦文化中，鸳鸯是幸福、长寿的象征。《诗经·小雅》中有一首题名为《鸳鸯》的诗，其诗曰："鸳鸯于飞，毕之罗之。君子万年，福禄宜之。鸳鸯在梁，戢其左翼。君子万年，宜其遐福。"这首诗翻译成现代白话文，意思是："鸳鸯鸟儿双双飞，捕它用罗又用网。好人万年寿而康，福禄一同来安享。鸳鸯双双在鱼梁，嘴巴插进左翅膀。好人万年寿而康，一生幸福绵绵长。"诗中以鸳鸯起兴，赞美有情男女情意绵绵，祝福他们生活美满、富足。诗中在写到鸳鸯小憩的神态时写道"戢其左翼"，即将鸟喙插到左翅膀里休憩，一副悠然自在的神态。这一描写与鸳鸯豆表现的鸳鸯小憩神态是惊人的一致。可见无论是诗人也好，还是漆工也好，他们都对鸳鸯小憩的神态有过仔细的观察，故而能通过不同的艺术形式作出精准的表达。

彩绘鸳鸯豆造型精致、色彩艳丽，美观与实用结合，造型与纹饰统一，可谓冠绝群伦。

三、凤鸟莲花豆

凤鸟莲花豆是楚国漆器工艺达到顶峰时期的作品。在这件作品中，楚人将雕刻艺术和绘画艺术完美地结合在一起，使漆豆制作达到了超乎想象的艺术高度。

凤鸟莲花豆出土于荆州天星观2号楚墓，全器以厚木为胎体制作，通长28厘米，通宽21.8厘米，通高25.9厘米。凤鸟莲花豆以全新的造型实现了对传统漆豆形态的改造。首先是对豆盘的再创造，制作者在豆盘的外壁上浮雕了14瓣莲花，这在漆豆的制作上是一次全新的尝试。通过艺术的再现呈现出来的莲瓣造型，在西周时期的青铜器上就已经出现。最早的莲瓣造型出现在陕西扶风任家出土的西周晚期的梁其壶上，在这件壶的盖上，出现了10个镂空的莲瓣造型。进入春秋时期后，带有莲瓣造型的青铜器多起来，如曾仲斿父铜方壶、曾伯琦铜圆壶、莲鹤方壶、蔡侯申铜方壶都是带有莲瓣造型的青铜器。进入战国时期后，青铜器上的莲瓣造型被移植到漆器上，丰富了漆豆的造型式样。莲花是楚地方物，自然会成为楚国艺术的表现对象。楚国诗人屈原在《离骚》中写道："制芰荷以为衣兮，集芙蓉以为裳。"王逸注："荷，芙蕖也。芙蓉，莲花也。"楚人将莲花的形象艺术地呈现在漆豆上，寄寓了楚人对莲花的喜爱之情。

凤鸟莲花豆对传统漆豆的高足也进行了全新的再创造，将传统的喇叭形高足以凤鸟践蛇的立体雕塑取而代之。在豆盘之下，一只张开双翅、昂首向上的凤鸟顶托着盘豆，凤颈向上弯曲，凤头仰面向上，凤嘴极限张开，尖形的鸟喙成为两个支点，托顶住上面的豆盘。在凤鸟张开的口中，衔着一根方形榫木，插入豆盘底部的榫孔之中，将凤鸟与豆盘牢牢地连接在一起。凤鸟的双腿呈并列蹲立之势，两只凤爪紧紧地抓住一条蜷伏的蛇。修长的蛇身蜷曲成十字形，细长的蛇尾向上翘起，正好顶住凤鸟的尾巴，非常巧妙地构成凤身的一个支点，起到保持凤鸟平衡的作用。这一设计表明，制作者在这件器物上已能很好地运用物理学中受力均衡的原理。

彩绘纹饰也是凤鸟莲花豆的一大看点。全器髹黑漆为底，用红、黄二色描绘装饰性纹样。豆盘内髹红漆，豆盘口沿外壁绘变形凤鸟纹和卷云纹；豆盘腹壁的莲花瓣上绘二方连续变形凤鸟纹和卷云纹。凤身上彩绘有龙纹、凤纹、蛇纹、蟾蜍纹和鸟羽纹，纹饰极其繁缛。凤背和凤尾上绘有一只双首凤和两条龙，张开的双翅上各绘一龙一凤，凤身两侧的腹部和凤腿上缘用红漆各绘一龙一蛇，凤鸟圆鼓的前胸脯上绘有一只金色蟾蜍。画面所绘的龙、凤充满动感，龙身叠压盘绕，凤鸟展翅欲飞，营造出龙飞凤舞的艺术氛围。

凤鸟莲花豆大胆创新，构思巧妙，它既是一件实用的生活器皿，同时也是一件艺术佳作。

四、彩绘木雕蟠蛇卮

在楚地的河湖沼泽之中，多有长蛇蛰伏其中。古人对蛇的情感是复杂的。一方面，他们对蛇有着一种莫名的恐惧，以至于到了谈蛇色变的程度。我们今天使用的汉字中，用"它"指称人以外的其他事物。在甲骨文和金文中，"它"字均像蛇之形，原本就是指蛇。古人因为害怕遇到蛇，路人相逢时，都要相问"无它乎?"意思是说:"没有遇见蛇吧?"由此可见，蛇给古人的心理造成了巨大的心理阴影。正因为如此，在楚文化的纹饰中，蛇多属于被压服和制伏的对象，如在楚国的丝织品纹样中，就有凤鸟啄蛇、践蛇的图案。但另一方面，古人又希望人能与蛇彼此接受，和谐相处，因此在艺术中也出现了表现蛇的正面形象的作品，如《诗经·斯干》说:"维虺维蛇，女子之祥。"意思是说，梦见蛇是生女孩的吉兆。在楚人的青铜器、玉器、漆器的装饰图案中，蛇也经常以正面的形象出现，成为吉祥的象征，彩绘木雕蟠蛇卮就是一个例证。

蟠蛇卮出土于江陵(今荆州区)雨台山471号楚墓，通高20.9厘米，口径11厘米，底径10.8厘米。卮是古人使用的一种圆筒形的酒器，是楚人宴会上的常用的酒器。《战国策·齐策》记:"楚有祠者，赐其舍人卮酒。"据《史记·项羽本纪》记载，在鸿门宴上，项羽见刘邦的部下樊哙神勇，称赞其为壮士，也是"赐之卮酒"。

蟠蛇卮分为卮盖与卮身两部分。在卮盖上浮雕有8条蛇，其中4条红色的蛇头部朝向盖顶，4条黄色的蛇头部朝向盖沿四周。在盖顶正中，绘有涡形纹。8条蛇围绕着涡形纹均匀排列。在卮身外壁四周浮雕有12条蛇，其中有4条蛇分别彩绘红、黄两色，一红一黄间隔排列，另有8条短粗的黄蛇寓居盘绕在长蛇之中。红、黄两色的长蛇可能是雄蛇与雌蛇，而较短的黄蛇则是它们繁育的幼蛇。雌雄长蛇和幼蛇彼此盘绕交织，象征着家庭成员的和睦相处，和谐共生。

蟠蛇卮通高只有20.9厘米，制作者在如此狭小的器表浮雕20条彼此蟠绕交织的蛇，整个布局若网在纲，有条不紊;蛇身彼此纠缠，充满着活力。蟠蛇卮采用了浮雕与彩绘相结合的表现手法，器表髹黑漆为底，用红、黄、蓝色描绘蛇的头、眼、鳞、身各部位，器内髹红色。全器造型别致，雕绘技法精细，布局整齐而不凌乱，是楚国实用工艺品中不可多得的佳作。

五、夹纻胎漆盘

荆州楚墓中出土的漆器大多为木胎，也有少量的夹纻胎、竹胎和皮胎漆器。江陵（今荆州区）马山1号墓出土的一件漆盘就属于夹纻胎漆器，极其珍贵。

夹纻胎是一种有别于木胎的胎体，它是由多层麻布用漆灰黏合而成的。这种胎体的制作方法是，做好成型的内胎后，在内胎上铺上麻布，再在麻布上涂上漆灰；然后覆盖麻布，再涂漆灰，反复多次操作后，形成麻布与漆灰层层相叠的黏合体；待胎体晒干脱水后去掉内胎，就得到一个夹纻胎的胎体。夹纻胎胎体有较多优点。首先，相比木胎而言，夹纻胎器壁较薄，更加轻盈和轻巧，便于携带。其二，麻布由苎麻编织而成。苎麻的纤维细长而有较强的韧性，拉力强，不易损坏。其三，夹纻胎的制作方法简单，且可以自由塑形，更易用来制作相对复杂的器形。此外，它还有在气候变化时不容易发生变形和开裂的优点。因此可以说，夹纻胎的发明是漆器胎体成型工艺的一大进步。

马山1号楚墓出土的夹纻胎漆盘口径27.1厘米，深5.1厘米，器壁极薄，只有0.2～0.4厘米厚。漆盘的内外壁均以黑漆为底，用暗红色和朱红色漆施以彩绘。外壁口沿绘有勾云纹，腹部绘有上下交错的大三角形纹，三角形内填以云纹和圆圈纹。内壁口沿绘变形凤纹，内底正中绘4对对称的凤纹，辅以云纹和圆圈纹。在内壁的底部与口沿之间填朱红彩带。

夹纻胎漆器在湖北荆州、湖南长沙等地的楚墓中都有发现。比较有代表性的夹纻胎漆器有1964年在湖南长沙左家塘3号楚墓出土的黑漆杯及彩绘羽觞、1959年在湖南常德德山楚墓中出土的深褐色朱绘龙纹漆奁、1965年在江陵（今荆州区）望山1号楚墓出土的漆剑鞘、1987年在湖北荆门包山楚墓出土的彩绘车马出行图漆奁等。目前所能见到的我国早期夹纻胎漆器实物，大都出自楚国墓葬，因此有学者推测，夹纻胎漆器的制作工艺很可能最早就是在楚国诞生的。到秦汉时期，楚人发明的夹纻胎漆器得到了大力推广，夹纻胎的制作工艺已相当成熟，使得漆器的造型有了极大的发展。1972年，湖南长沙马王堆1号汉墓出土的彩绘双层九子漆奁是汉代夹纻漆器的代表性作品，9件小奁巧妙地放置在圆形漆盒里，装饰华丽，美观协调，有效地节省了空间。

六、彩绘猪形酒具盒

彩绘猪形酒具盒出土于荆州天星观2号楚墓，现藏于荆州博物馆。酒具盒，顾名思义，就是装酒具的盒子。猪形酒具盒在出土时，盒中装有3只漆耳杯，可见这件器物是专门用于装漆耳杯的收纳器。猪形酒具盒用厚木胎制作而成，全器通长64.2厘米，宽24厘米，高28.6厘米，由器盖和器身两部分组成。器盖与器身大小相等，平口扣合。器内采用挖制的方法挖出内空，器表则采用浮雕和彩绘相结合的手法进行造型。在长椭圆外形的两端各雕刻有一个外凸的圆形猪头，圆睁着一对大眼睛，猪耳后张，猪嘴前拱，十分可爱。整个器物看上去，就像两只猪头共用一个身躯，是两只连体的猪。在猪形酒具盒两端头部的两侧，各浮雕一只像羊角一样的盘角。由此看来，这件器物的造型不仅是连体的猪形，还长着4只羊角，显然不是现实中实有的动物，而是某种神话传说中的神物。

在古代神话中，有一种雌雄同体、牝牡相合的怪物名叫并封，其长相正是连体猪的形象。据《山海经·海外西经》载："并封在巫咸东，其状如彘，前后皆有首，黑。""彘"，就是猪。《方言·第八》云："猪，关东西或谓之彘，或谓之豕。"《山海经》中记载的并封"前后有首"，又如猪形，与猪形酒具盒的造型正好是一致的。因此，这件猪形酒具盒或许正是楚人按照他们想象中的并封制作出来的。

猪形酒具盒不仅外形奇异，器表上所绘的纹饰与图案也颇值得深究。酒具盒内部髹以红漆，而器表则以黑漆为底，用红、黄、灰、棕红等色彩绘龙形图案。在器物的中部，绘有4条双身龙。龙首伏足部上方，以对称的形式分布于器身和器盖的中部。龙为双身龙，共有8条龙尾，蜷曲于四角的内侧。在两端龙首的附近，还绘有变形凤鸟纹、卷云纹等装饰纹样。就在这虚幻的神龙之间，作者又画了8组写实题材的"插画"。在龙的首、尾空隙处，精心绘制了8组不同题材的小幅绘画。所绘内容分别是：其一，建筑人物图。在一栋两层楼房里，楼上一人站立，倚抱房柱；楼下二人，一人佩剑起舞，跪坐观赏，合掌击节。其二，走兽飞鸟图。绘有两只动物，一只在地上行走，一只在天上飞翔。其三，牵马抓鸡图。画中一人穿长袍，牵一马从阙门后走出；另一人为长发飘飘的女人，正在抓捕一只鸡。其四，人物捉猪图。画中一人正在捉捕一只猪，猪仓皇而逃。其五，人物御车图。画中一人驾驭四驾马车，远处有两只野兽。其六，人物拦马图。画中一马脱缰奔跑，一人张开双手试图拦截奔马。其七，狩猎归来图。画面中有四人，前面三人抬着一头猎物，另有一人尾随其后，表现的是猎人狩猎到野兽后，兴高采烈回家的场景。其八，野鹿奔跑图。表现两只野兽正在欢快地追逐奔跑。8组小品绘画点缀在蟠龙之间，有的表现室内生活，有的表现车马出行，有的表现狩猎归来，虽然各不相关联，但总体来看，这是一组表现楚人日常生活与劳动的画面，具有浓郁的生活气息。

猪形酒具盒人物装饰纹饰图案极富生活气息，为我们再现了两千多年前楚人的日常娱乐、劳动等生活场景。绘画的风格类似于我们今天所说的简笔画，对人物、动物的动作形态把握得准确到位。这些装饰画对于研究楚人的服饰、建筑也极有价值。在装饰的纹样中，滋生出了具有独立主题的绘画作品，它预示着，在不久的将来，绘画将要从装饰纹样中分离出来，成为一门独立的艺术。仅从这一点来看，猪形酒具盒器表的装饰纹样与绘画作品在艺术史上的价值就不可小觑。

七、虎座凤架悬鼓

春秋战国时期，楚国乐器的"八音"体系已经形成，可谓是"八音俱全"。所谓"八音"，是按照制作乐器的不同材质对乐器所进行的分类，即金、石、土、革、丝、木、匏、竹。按照"八音"的分类，鼓属于革类乐器，是乐舞最常使用的打击乐器之一。楚国诗人屈原在《招魂》中写道："陈钟按鼓，造新歌些；《涉江》《采菱》，发《扬荷》些。"生动地描写了楚国宫廷中八音齐鸣、鼓乐喧天的场景。

虎座凤架悬鼓是楚墓中出土较多的一类乐器，在河南、湖南、湖北等地发掘的楚国贵族墓葬中多有出土，其中以荆州一带楚墓出土的此类乐器最多。各地出土的虎座凤架悬鼓造型大致相同，通常以两头卧虎为底座，以两只立凤为鼓架，鼓则悬挂于相背而立的凤鸟中间。

在荆州天星观1号墓和2号墓中，各出土有一件虎座凤架悬鼓。但两座墓中出土的悬鼓造型风格有异，1号墓出土的悬鼓通高139.5厘米，鼓径75厘米，凤鸟体态纤弱，伏虎静卧于地，造型风格优雅。2号墓出土的悬鼓通高149.5厘米，鼓径75.5厘米，高出1号墓出土的悬鼓10厘米，造型风格更显厚实稳重。

2号墓出土的悬鼓鼓架为一对曲颈向上的凤鸟，凤鸟双目圆鼓，凤冠直立，双翅下垂。凤鸟的双腿粗短，凤爪张开，紧紧地抓住伏虎的背部。被凤鸟按伏在地上的伏虎，前腿向前伸出下蹲，似被凤鸟按住难以动弹，但后腿直立起来，努力反抗凤鸟的重压，意欲起身向前逃脱。伏虎的嘴巴张开，虎牙外露，圆眼突鼓，似乎正使出全身的力气，配合身体对凤鸟的压迫进行反抗，表现出一股不屈不挠的精神。在两只老虎的足下，分别用榫卯与长方形木板器座连接。木板器座的四角各安一个铜质铺首环，用于在移动时作为抓手之用。

为了使立凤与伏虎牢固地结合在一起，除了凤鸟的双腿与虎背形成结合点外，又巧妙地利用凤翅的羽毛和老虎的尾巴作为支点，增强整体的稳定性。在凤鸟两侧的双翅下，各延伸出一支卷曲的羽毛，与伏虎的臀部相连。老虎卷曲的尾巴上翘，与凤鸟的后部相连，多个连接点增加了整体结合的牢固度。

2号墓出土的悬鼓全器通体髹黑漆为底，凤、虎的身上以及鼓上用红、黄、灰等色描绘花纹。凤鸟身上绘有鸟羽纹、鸟纹，两鸟双翅的外前侧各绘有一只凤鸟。鼓腔外侧也绘有变形凤鸟纹、勾连云纹和卷云纹。

虎座鸟架鼓构思奇特，造型巧妙，猛虎伏地欲起，鸣凤引项向上，与圆形鼓浑然一体，构成一件完美的艺术精品。

八、彩绘木雕座屏

楚墓出土的小型木雕座屏是供人观赏的工艺品，具有极高的艺术欣赏价值。有的楚国贵族墓中会出土多件木雕座屏，如荆州天星观2号墓就出土有5件木雕座屏，这说明收藏这种工艺品是楚国贵族们的一种时尚。楚墓所出土的木雕座屏的形制大致相同，一般由雕屏和屏座两部分组成，雕屏的内容以鸟兽虫蛇等动物为主。楚国木雕座屏的制作方法主要有斫制、透雕和浮雕等方法，制作精良的座屏会施以彩绘，而简单制作的座屏则是素面，不施彩绘。

在现今所能见到的楚国木雕座屏中，以天星观2号楚墓和望山1号楚墓出土的彩绘木雕座屏最为精美。

天星观2号墓出土的彩绘木雕座屏现藏于荆州博物馆。这件座屏长51.2厘米，高14.2厘米，由斫制和透雕两种方法制作而成。以雕屏正中为界，左右对称，各雕刻4只凤鸟和两条蛇。4只凤鸟两两一组，每组一大一小，相背而立，构成左右对称图案。两只小的凤鸟相向而立，凤鸟中间雕刻有一对蟠蛇。两蛇相互盘绕，凤鸟正用长喙啄食蛇尾，以双足践踏蛇头。左右两侧的两只大凤鸟也各衔一条蛇，蛇身呈蜷伏爬行状，似欲逃离。全器髹黑漆为底，用红、黄二色在屏座和雕屏的框架上彩绘花纹，在透雕的鸟、蛇身上绘鸟羽纹和蛇鳞纹。

望山1号墓出土的彩绘木雕座屏现藏于湖北省博物馆。这件座屏长51.8厘米，高15厘米，采用透雕和浮雕相结合的方法，塑造了凤、鸟、蛙、蛇、鹿5种动物，动物总数达到55个，同时期出土的漆木工艺品中没有可以与之相媲美的。雕屏上的动物啄咬搏斗，交织盘绕。底座上浮雕有众多相互盘缠的蛇和作挣扎状的鸟。座屏雕刻精巧，动物形态各异，栩栩如生；组合层次明朗，穿插交错，变化复杂；整体布局疏密得宜，对称严谨；浮雕与透雕手法并用，线条圆润流畅，可谓精美绝伦。

从构图方式来看，楚国的木雕座屏多采用二方连续纹样的构图，布局精巧，疏密有致。二方连续纹样是由一个单位纹样向上下或左右进行反复连续循环排列构成的图案。这种纹样早在原始社会时期的彩陶装饰图案中就出现了，在商周青铜器和漆器上也是装饰纹样的主要形式之一。楚人将这种平面构图形式成功地运用到木雕工艺中，取得了极大的成功。望山1号墓出土的彩绘木雕座屏的主体部分运用了传统二方连续纹样的构图方式，由跳跃的凤、奔跑的鹿、俯冲的鸟、蟠绕的蛇构成一个单元，向左右方向四次重复；天星观2号墓出土的彩绘木雕座屏也是采用二方连续的动物图案作为主体雕刻内容。这种构图方式是平面造型中的二方连续纹样在木雕中的运用。左右连续纹样的重复构图，使座屏产生了富有节奏和韵律的效果。

楚国木雕座屏以动物题材为主，制作者能准确地把握各种动物的运动姿势和情态，并通过雕刻手段再现出来。座屏中雕刻的动物没有处于静止状态的，各种动物或奔跑，或争斗，形态逼真，栩栩如生，充满了生命的灵性和动态美感。为了精细地刻画动物形象，还用彩绘的方法表现动物身体的局部特征，如望山1号墓出土的彩绘木雕座屏上用红、蓝、黄等描绘凤鸟的羽毛、鹿的梅花斑纹、蛇身的鳞片等，强化了对动物形象的逼真再现。

九、漆竹扇

我国的扇子起源甚早。据西晋崔豹《古今注·舆服》记载："五明扇，舜所作也。"按照这个说法，扇子在远古虞舜时代就被发明出来了。商周时期的扇子多用鸟的羽毛制成，如商代的"翟扇"就是用五光十色的雄雉尾羽制成的。扇字从"羽"，也说明早期的扇子多用羽毛制作。在荆州博物馆收藏的文物中，有一件战国时期的漆扇。但这把漆扇并不是用羽毛制作的，而是采用竹篾编制而成的。

荆州博物馆收藏的漆竹扇出土于马山1号楚墓，由扇柄和扇面两部分组成。扇柄由两片宽竹片和两片窄竹片拼合而成。扇面又分为两部分，外侧扇面为单层，由竹篾编织而成，起花部分三纬一经，其余部分三经一纬。竹篾加工极为精细，每根篾宽只有0.1厘米。编织扇面的竹篾经过上漆处理，分为黑色和红色两色。编织时，经篾用红色篾，纬篾用黑色篾，黑红两色竹篾纵横交错地编织成矩形和十字形花纹。内侧扇面为双层，由三段不相连接的篾制品制作，编织有长方形矩形花纹。内侧扇面一侧与扇柄相连接，另一侧通过捆绑的竹片与外侧扇面相连接。在扇面的外缘，还缝有一条2厘米宽的黑色锦缘，锦缘内侧通过红色竹片与侧面夹紧。漆竹扇加工精细，制作工艺精湛，是战国时期竹编工艺的上乘之作。

马山1号楚墓出土漆竹扇的扇柄在扇面的一侧，形制像一扇单开门，可以以扇柄为轴摇动生风，如门户绕户枢转动一般。单开门在古代称作"户"，"扇"字从"户"，可见早期的扇子都是这种单开门形状的。

楚人的方言将竹编的扇称为"箑"。《淮南子·精神训》云："知冬日之箑、夏日之裘，无用于己。"汉高诱注曰："箑，扇也。楚人谓扇为箑。"可见，马山 1 号墓出土的这把漆竹扇，在当年楚国人的方言中是被称为"篓"的。"篓"字从"竹"，专指以竹制成的扇子，以区别于用羽毛制作的"扇"。

曹植《九华扇赋·序》说："昔吾先君常侍，得幸汉桓帝，时赐尚方竹扇。其扇不方不圆，其中结成文，名曰'九华扇'。"赋中所说汉桓帝赏赐的九华扇"中结成文"，与马山 1 号楚墓出土的竹扇以彩篾编织的花纹正相吻合，大致应是这一类的竹扇。

扇子在古代的用途并不仅限于天热扇风，还有遮面的功用。扇子在古代又称为"便面"。《汉书·张敞传》颜师古注曰："便面，所以障面，盖扇之类也。不欲见人，以此自障面则得其便，故曰便面，亦曰屏面。"古人出于礼仪需要，用扇子遮住面部。扇子因便于遮面，故而称之为"便面"。此外，扇子还可以作为舞蹈的道具。

十、根雕凭几

现存先秦时期的根雕艺术作品，大都出自于楚人之手。楚人的根雕艺术作品以天然树根为材料，依据树根的自然形态进行巧妙构思，采用浮雕、打磨、漆绘等方法进行加工处理，形成具有极高艺术审美价值的作品。1982 年江陵马山 1 号墓出土的一件战国时期的根雕作品是目前所见最早的根雕艺术品，堪称是我国根雕之祖。

马山 1 号墓出土的根雕作品在考古发掘报告中被称为"木辟邪"。全器用树根雕成怪兽形象，怪兽为虎头龙身，长有四足。虎头五官俱全，眼、耳、鼻、须、嘴、齿均清晰可见；口微张，齿稍露，作若有所见而欲吞噬之状。怪兽的两条前腿均位于身躯的右侧，两条后腿均位于身躯的左侧。四条腿都雕成竹节状，并浮雕有六个小动物。右前腿较短，浮雕一条爬行的蛇自下向上游走；右后腿上浮雕一条蛇与一只蛙，蛇欲吞噬蛙，蛙拼命向前挣脱；左前腿上浮雕一条蜥蜴和一只小鸟，蜥蜴欲扑食鸟，小鸟奋力挣扎；左后腿的根部浮雕一只安静小憩的蝉。神秘的怪兽，竹节状的四肢，形态各异的小动物，被作者巧妙地集合在一起，蕴含着对自然与生命、运动与静止、和谐与对立的哲学思考。

马山 1 号墓出土的这件根雕作品，之所以被称为"辟邪"，是因为它的造型形态怪异，于是有学者就认为，楚人将其放入墓中随葬，其目的是用它来驱鬼赶邪，于是以"辟邪"来称呼它。这种说法目前流传甚广。不过，也有学者认为，这件根雕作品并不是一件宗教性的作品，而是一件实用性的作品，它是我国古代使用的一件家具，名叫"凭几"。凭几在我国古代家具史上使用时间相当长。先秦两汉至魏晋时期，人们并不像今天坐在有背靠的椅子上，而是踞坐在席、床和榻上，踞坐的时间长了，腰部会感觉很累，于是就制作了一种名为"凭几"的用具，放在腰后部，供腰部倚靠或肘部支撑，以缓解身体的疲劳。据《语林》记载，凭几的形制是"狐蹲鹄膝，曲木抱腰"，即有狐狸的蹲足、鹄鸟的弯腿，弯曲的横木环抱腰部，这种形制与马山1号楚墓出土的"木辟邪"十分相似。马山1号楚墓出土的"木辟邪""其器面所形成的半弧形和利用树枝（根）形成的足，以及适当的高度，都非常适合人们'曲木抱腰'，凭倚顿颡，有较强的实用性"。由此我们可以看出，这件"木辟邪"应该就是古人使用的家具凭几。[①]

马山1号墓出土的根雕凭几采用一支完整的天然树根制作。艺术家凭着独特的灵性，依照树根自然形状稍加雕饰，雕制成一件虎头龙身的实用工艺品。作者充分利用了树根的殊姿异态，依形度势，象形取意，以树根的四根分枝雕成神兽的四条腿，呈现出游走扑腾之势，妙趣天成。根雕凭几造型奇特，寓意神秘，化静为动，化腐朽为神奇，表现出一种浪漫、神秘、具象与抽象结合的意趣，具有极高的艺术价值。

十一、木雕虎座立凤

在具有楚文化特色的文物中，绝大多数文物都会在楚国地域范围内多地出土。木雕虎座立凤是一个例外，它只在楚故都纪南城周边地区等级较高的楚墓中出现，因而成为荆州楚文化的一个标志。

木雕虎座立凤，又称虎座飞鸟、虎座鹿角鸟。它以生动别致的造型，丰富的文化内蕴，成为楚文物中最富有特色的器物之一，是鼎盛期楚文化的象

---

① 聂菲：《"木辟邪"应为凭几考》，楚文化研究会编《楚文化研究论集》第11集，上海古籍出版社2015年版，第84页。

征。不同墓葬中出土的虎座立凤造型和细节上会略有差异，但基本造型都是一样的，由虎、凤、鹿三部分组成。以天星观2号楚墓出土的一件虎座立凤为例，这件木雕作品以虎为全器的底座，虎身踞伏，虎头昂起，虎尾翘卷。凤鸟立于虎背之上，两翅平展，气宇轩昂，昂首张口，作长鸣状。凤鸟造型伟岸英武，是全器的主体。在凤鸟的背上插有一对鹿角，鹿角枝丫横生，角端尖锐。全器通体髹黑漆为底，用红、黄、赭、银等色分别绘鸟羽纹和虎纹，神采飞扬，绚丽壮美。

木雕虎座立凤采用的是"打散组合"的造型方法。所谓"打散组合"，是对一种现代艺术创作方法的表述，具体而言，是指在艺术创作中将不同的对象拆分后，提取具有代表性的部分重新组合成一个新的艺术形象。在上古神权社会中，人们在创造神的形象时，通常采用的就是类似现代艺术中所谓的"打散组合"的方法。如《山海经》中所记载的上古神灵，其形象都是由人或多个动物的肢体或器官组合而成的，有的是人面龙身，有的是人面鸟身，有的是龙首人身，有的是蛇首鸟身，等等，都是将人或动物的部分肢体组装在一起，从而创造出一个神灵形象。木雕虎座立凤将虎、凤和鹿角组合在一起，正是在原始思维的影响下创造出来的一个神的形象。

木雕虎座立凤造型与楚人崇拜的风神飞廉的形象很是接近。在屈原的作品《离骚》中提到过飞廉："前望舒使先驱兮，后飞廉使奔属。"《汉书·武帝纪》颜师古注说，飞廉是"神禽能致风气者"，"似鹿""有角"。木雕虎座立凤的"凤"属神禽，凤身长有鹿角，与风神飞廉的形象是一样的，应该就是楚人制作的风神飞廉的造像。在楚人的宗教信仰中，风神飞廉不仅能致风气，还具有引导人的灵魂升天的作用。楚国贵族将飞廉神造像放入墓中，其用意是由飞廉引导死者的灵魂升入天国。

天星观2号楚墓出土的飞廉造像，凤鸟展开双翅，昂首伫立，引吭长鸣，呈现出一种向上升腾的态势。鸣凤的昂扬之气，加上伏虎的威严、鹿角的张扬，尽显了风神的神秘和奇伟。飞廉造像收放自如的造型，冷暖对比的色调，内蕴着高贵典雅的气质，彰显着昂扬向上的精神，即使是从现代艺术欣赏的角度来看，仍是一件不可多得的浪漫主义杰作。

十二、漆羽人

中国上古的雕塑对人体并没有投入太多的热情，楚人对此也一样，至今我们没有见到能真正称得上是人体艺术的雕塑作品。以人物为表现对象的雕塑多与宗教信仰有关，如木雕羽人、木俑等。

在天星观2号楚墓中出土的木雕羽人像，是一件具有宗教性质的雕刻作品。羽人像由羽人、凤鸟和蟾蜍三部分组成，羽人高33.6厘米，凤鸟高20.13厘米，蟾蜍底座高17.6厘米，通高71.33厘米。羽人立于凤首之上，虽然是人首人身，但却长有一个弯钩状的鸟喙，在其背部还长出一条长长的鸟尾。羽人的双脚立于凤鸟的头顶之上。凤鸟双翅展开，凤尾呈扇形张开，似欲展翅飞翔。凤鸟的双脚并成一根方形木榫，插入蟾蜍状底座的背部。蟾蜍状底座有着蟾蜍的外形特征，它匍卧在地，头上昂，嘴张开，眼外突。但它的双耳为鸟形，后臀上长出扇形鸟尾，头顶长出双角。显然，这只蟾蜍不是普通的蟾蜍，而是有着鸟、兽特征的神物。蟾蜍的四足呈匍匐前弓状，它的爪子紧紧抓住一条长蛇。长蛇沿蟾蜍腹部盘绕一周，蛇尾上翘抵住蟾蜍的下颌。木雕羽人全器髹黑漆为底，用朱红、黄和蓝色描绘纹饰。羽人的鸟尾和凤鸟的周身彩绘有羽鳞纹和羽纹。蟾蜍底座上用灰、浅红、深红、朱红等色绘龙纹、凤纹、鸟纹等纹样，使纹饰具有一定的立体感。

楚人制作这样一件神异的木雕作品，究竟是出于什么目的呢？要讲清这个问题，先要讲清神仙思想及其对楚文化的影响。战国时期，起源于齐、燕沿海地区的神仙思想开始传入楚国，相信人能长生不死的神仙思想在楚地极为盛行。神仙思想以追求长生不死为目的，幻想着人能得道成仙，像鸟儿一样自由自在地飞翔。在这种思想的影响下，人们普遍相信，人可以通过修炼仙道，长出鸟的翅膀和羽毛，最终成为可以自由飞翔的仙人。信仰神仙思想的人，每个人都幻想着自己能像鸟一样长出翅膀，轻举飞升，到达永恒不死的天国，于是就创造出了长有羽毛和翅膀的羽人形象。在屈原的《远游》中就有"仍羽人于丹丘兮，留不死之旧乡"的诗句。"羽化成仙"后来成为道教的主要信仰之一，在道教仙话中也是反复出现的基本题材。

天星观2号墓出土的木雕羽人，表现仙人乘凤鸟飞天成仙，是反映楚人神仙思想的经典宗教艺术作品。木雕羽人的身体上长出了鸟的尾巴和爪子，腿上依稀还有麟状羽毛。羽人立于凤鸟、蟾蜍之上，也与楚人的神仙信仰有关。楚人相信凤鸟是神鸟，能引导人飞天升仙；又认为蟾蜍是长寿之物，食之能使人增寿。《抱朴子·内篇》中介绍了五种不死灵药，其中的"肉芝"，就是"万岁蟾蜍"的角，是可以让人长生不老的仙药。又《玄中记》云："蟾诸头生角者，食之寿千岁。"木雕羽人底座上的蟾蜍头顶长出双角，正是古人所说的"万岁蟾蜍"。在后世道教中，蟾蜍成为长生仙药也源于此。由此可见，木雕羽人是楚人神仙思想的产物，寄托了楚人企望生命永恒的愿望。

木雕羽人是目前所见唯一的一件楚人制作的人体木雕作品，从雕刻艺术的角度来看，它达到了较高的艺术水准。羽人上身裸体，体型壮实，后臀圆浑，将两臂的三角肌、肱二头肌、前臂的掌侧肌群和胸大肌等肌肉雕刻得十分清晰，真实地再现了人体肌肉的质感和力量感。

十三、双头镇墓兽

在楚国高等级的贵族墓葬中，经常会发现一件造型奇特的木雕神兽作品——镇墓兽。镇墓兽有单头和双头之分。单头镇墓兽形制简单，一般为人首或兽首头上插一对鹿角。双头镇墓兽体型较大，有两个兽首，头上插一对大型的鹿角。在古代文献中，并无镇墓兽一说。镇墓兽之名，是当代研究者为这件木雕作品所拟的名字。有研究者相信，将这样一件形状怪异、狰狞可怖的木雕神兽像放入墓中，可以起到驱逐邪魔，镇守墓葬，保护墓主人不受侵扰的作用，故而称之为"镇墓兽"。至于镇墓兽的性质及功能，当今学者们众说纷纭，莫衷一是。目前已有山神说、死神说、龙神说、土伯说，等等，以"土伯"一说附和者较多。

1978年，在江陵（今荆州区）天星观1号楚墓中出土了一件大型的木雕双头镇墓兽。镇墓兽由兽首、兽身、鹿角和底座构成，通高达170厘米。镇墓兽为双头双身，曲颈相连，朝向相背。兽首形似虎首，张口瞠目、口吐长舌。在双头之上，插着两支巨大的鹿角。鹿角向两翼张开，枝丫错出。兽身细长，造型为抽象的方柱形，分体挺胸，腰部浮雕腰带，下肢又连成方形体，束以方形腰带，以方形榫头插入方形底座之上。方座为正方形，上部雕刻成斜面，呈梯形。

镇墓兽是楚国幽都地府之神土伯的造像。在楚国诗人屈原的作品《招魂》中，描写过楚人信仰中的土伯形象："土伯九约，其角觺觺些。敦脄血拇，逐人駓駓些。参目虎首，其身若牛些。"在屈原的笔下，土伯长着"虎头"，头上长着尖锐的角，形体弯曲，这些特征与楚墓出土的镇墓兽都极其吻合。

楚人信仰中的土伯，具有土地神的神格。镇墓兽的造型也与土神的神格有着关联性。镇墓兽大多有"吐舌"这一特征，这是因为地神主司土地，而土地孕育万物，是万物之母。《说文》云："土者，吐也，吐生万物也。"镇墓兽口吐长舌，正像征地神具有"吐生万物"的神力。此外，几乎所有的镇墓兽都有方形底座，而方形座正是大地的象征。古人有"天圆地方"的观念，故而将地神土伯造像的座基一律做成方形，正是"天圆地方"观念的体现。楚人将地神土伯的造像放置在墓葬中，祈望土伯能守护家族的土地，保佑墓主的安宁。

作为一件宗教性质的木雕作品，双头镇墓兽造型诡异，狰狞可怖，充满着神秘的力量，给人以巨大的心理威慑和震撼，达到了威服信众的宗教目的。从艺术的视角来审视，双头镇墓兽也是一件不可多得的艺术品。在镇墓兽雕像上，除了一对鹿角取自于麋鹿之外，木质部分的雕塑全部采用抽象的表现手法，忽略了神兽的细节表现，而以直线和弧线着力表现神兽的力量感和神秘性，这种表现手法已经完全脱离了原始艺术单纯地描摹对象的做法，是木雕艺术表现手法走向成熟的体现。

第三节　天机云锦

春秋中期，齐国和鲁国的丝织技术水平最高，故而有"齐纨鲁缟"之说。鲁国为了取得对齐国的丝织贸易优势，曾一度要求百姓放弃农业从事纺织业，出现了家家纺机响、户户织缟忙的景象，丝织业因此尤为发达。鲁国的丝织技术在阳桥之役后传入楚国，使得楚国的丝织业快速发展起来，以至于后来居上。阳桥之役发生在公元前589年，这一年是楚共王继位的第二年。楚共王命令令尹子重出兵攻打鲁国，兵抵鲁国阳桥（今山东泰安西北）。面对大军压境，鲁国朝野一片慌乱，一面派大臣向楚军求和，一面派人带着财物贿赂楚人，送给楚军木工、缝工、织布工各一百人，请求结盟。在得到鲁国的这批技术工人后，楚军心满意足地班师回国了。受益于这批技术工人带来的鲁国先进的丝织技术，楚国的丝织业快速发展起来。进入战国以后，楚国的丝织技术取得了极大的进步，很快达到了当时的一流水平。到战国中期时，楚国的丝织技术达到了巅峰。

20世纪60年代至80年代，在纪南城周边楚墓中相继出土了多批战国时期的楚国丝织品。1965年在望山楚墓出土了时代为战国早期的文绮、绢底刺绣等丝织品，1975年在雨台山楚墓中出土了时代为战国中期的绢，1981年在九店楚墓中出土了战国时期的丝织品和刺绣品。最令世人震惊的是，1982年在江陵（今荆州区）马山1号楚墓中，出土了大批战国时期的丝织品，计有纱（经纬稀疏而轻薄的织丝物）、绢（质地细薄的平纹丝织物）、绨（厚实平滑的丝织物）、组（窄带状丝织物）、罗（绞经组织丝织物）、绮（平纹地斜纹起花丝织物）、锦（经线提花的丝织物）、绦（纬线起花的彩色窄带丝织物）等八大类，几乎包括了先秦时期丝织品的所有品种，有的丝织物还是首次发现。马山一号楚墓出土的丝织品织造技术精湛，数量多，品种全，因此被誉为是"丝绸宝库"。

楚国的刺绣实物，在望山楚墓、九店楚墓以及马山1号楚墓中都有出土，多用作衣、袍、衾的面料。楚国绣品一般以彩色绣线在质地细薄的平纹织物上采用锁绣的针法刺绣而成，题材以龙、凤、虎等珍禽异兽为主，辅以奇花佳卉和其他自然物象，既有浅浮雕般的立体感，也有色彩缤纷的美感。楚墓中大量丝织品和刺绣品的出土，印证了《楚辞·招魂》中关于楚宫景象的描写："翡翠珠被，烂齐光些。蒻阿拂壁，罗帱张些。纂组绮缟，结琦璜些。……被文服纤，丽而不奇些。"

从楚墓出土的丝织品与刺绣品中，我们了解到，春秋战国时期楚国的纺织生产已形成包括缫丝、纺纱、织造、染色在内的整套工艺技术，手工纺织机械已大量使用。马山1号楚墓出土的丝织物组织除了有平纹外，也有斜纹、变化斜纹、重经组织、重纬组织，以及平纹和斜纹交织的织物。如绮类丝织品的菱形纹大多是平纹、斜纹和变化斜纹组成的联合组织；而罗类织物则是平纹与斜纹的绞纱组织织物。大量复杂组织织物的出现，标志着楚国纺织技术已达到了当时最高的水平。

楚国丝织品所使用的色彩，有深红、朱红、橘红、红棕、深棕、棕、金黄、土黄、灰黄、绿黄、钴蓝、紫红、灰白、深褐、黑等数十种不同色彩的色号，反映出当时的染色技术也达到了相当高的水平。古代染料分为矿物染料与植物染料两大类，矿物染料所使用的原料是矿石，称之为"石染"；植物染料所使用的原料有兰草、茜草等草本植物，称之为"草染"。从出土丝织物来看，楚国已熟练掌握这两种染色工艺，染色技术有了很大的进步，色谱也趋于完备。

一、舞人动物纹锦

我们日常使用的成语中有很多都跟锦有关，如"锦绣河山""繁花似锦""锦上添花"，等等。什么是"锦"呢？锦是用彩色丝线织造的提花织物。由于织锦工艺复杂，锦的价格昂贵，所以"锦"字从"金"，以示其贵重如金。在楚墓中出土的锦多是经线提花织物。所谓"经线提花"，是指在织造的过程中，经线按照要求沉浮，在织物表面形成花纹或图案。根据织造时经线所配用的不同颜色，楚锦可分为二色锦和三色锦两类。马山1号楚墓出土的织锦，根据图案的不同可分为塔形纹锦、凤鸟凫几何纹锦、凤鸟菱形纹锦、条纹锦、小菱形纹锦、十字菱形纹锦、大菱形纹锦、几何纹锦、舞人动物纹锦等9类，其中最令人啧啧称奇的是舞人动物纹锦。

马山1号楚墓出土的舞人动物纹锦为三色锦，经线有深红、深黄、棕色3种颜色，纬线为棕色。舞人动物纹锦的纹样由"W"形的条状纹分隔出7个呈三角形的单元，条状纹内填充龙纹和几何纹。三角形单元内填充成对的人物或动物，辅以几何纹加以装饰。自右向左填充的人物或动物分别是：第一组为对龙纹，双龙相向而立，长颈卷尾。第二组为舞人纹，一对舞女头戴冠饰，身着长袍，腰系深黄色腰带，高抛长袖，作舞蹈状。第三组为对凤纹，双凤相向而立，作展翅状，凤尾卷曲。第四组为龙纹，由两条大龙和两条小龙组成，作爬行状。第五组为麒麟纹，麒麟张嘴吐舌，相向而立。第六组为对凤纹，这一组凤纹与第三组凤纹造型有所不同，凤作仰首状，凤翅展开，凤尾分叉下垂。第七组为对龙纹，双龙反向爬行，龙尾蜿蜒卷曲。

在舞人动物纹样中，一对舞女的形象尤为生动。舞女侧身对舞，冠缨后拂，长袖高抛，翩翩起舞。这是十分珍贵的记录楚舞的资料。在楚国文学作品中，描写楚舞的最大特点是翘袖折腰。在屈原的《九歌》中，诗人用"偃蹇""连蜷"来形容楚舞身姿婉转、舒曲回环的动人舞姿："灵偃蹇兮姣服，芳菲菲兮满堂，五音纷兮繁会，君欣欣兮乐康"，"灵连蜷兮既留，烂昭昭兮未央"，这些诗句再现了楚舞"翘袖、折腰"的特点。屈原《大招》描写楚国宫廷舞女"长袂拂面，善留客只""小腰秀颈，若鲜卑只"的舞姿和舞容，也是对以"翘袖折腰"为特点的楚舞的最生动形象的描写。舞人动物纹锦上的图案直观地记录了楚舞的形象，与屈原作品中描写的楚舞完全吻合。

舞人动物纹样中的动物图案，有向前爬行的龙，有昂首啼鸣的凤，还有身饰羽状花纹的麒麟。龙、凤、麒麟都是吉祥的象征，与歌舞人物共同烘托出太平盛世喜庆祥和的氛围。舞人动物纹都经过了图案化的变形处理，造型庄重古朴，典雅华丽。

舞人动物纹锦是迄今见到的战国时期图案最复杂、花纹单位最大的一件织锦。纹样横贯全幅，织造时使用了143个提花综。组织结构复杂的大幅面提花织锦的出现，说明当时已使用了先进的提花织机，且具备了熟练的织造技术。它的出现，把我国通幅大花纹的提花织锦技术，由东汉提早到了战国时期[①]。

二、凤鸟花卉纹绣浅黄绢面绵袍

马山1号墓共出土有8件绵袍，大都保存较好，结构和形制比较清楚，是研究古代袍服的重要实物依据。袍为衣裳连属制的服装，不分上衣与下裳，可长及脚面。绵袍为双层袍衣，夹层絮有丝绵，是古人冬天必备的御寒

---

① 滕壬生：《江陵发现战国"丝绸宝库"——马山砖瓦厂1号楚墓发掘简记》，《江汉考古》1982年第1期。

衣物。在马山1号墓出土的绵袍中，有一件凤鸟花卉纹绣浅黄绢面绵袍，因绢面刺绣有怪异的三头凤纹样，尤为引人注目。

刺绣，古称针绣，是用多种彩色丝线在丝织品上穿针引线，以绣迹构成花纹图案的一种工艺。继1958年在湖南长沙烈士公园楚墓的棺壁上发现龙纹刺绣的棺饰以后，先后在湖北江陵（今荆州区）的望山楚墓、九店楚墓、马山楚墓以及湖北荆门的包山楚墓中发现多批楚国的刺绣实物。从这些楚墓出土的刺绣实物可以大致看出楚绣的工艺流程包括选料、画图、配线、施绣等工序。楚人刺绣的针法通常为锁绣。锁绣因绣线环圈锁套而成，绣纹效果好似一根锁链，因而得名。绣品纹饰以单列、多列锁绣针法进行套绣，绣工精细。

马山1号墓出土的凤鸟花卉纹绣浅黄绢面绵袍，以浅黄绢为绣地，刺绣纹样由三头凤和花卉组成，花纹通长57厘米，宽49厘米。三头凤造型怪异，不仅为楚文物所独有，在先秦文物中也仅此一件。三头凤正面而立，双目圆睁，颈部挺直，腹部圆滚，两腿略弯，作半蹲状。除了长颈上长出一个凤头外，凤鸟向左右两侧展开的双翅也各长出一个凤头，这两个小凤头为侧面图像，头像朝向正中的凤头，左右对称。三头凤气质高贵，体态庄重，显现出一种居高临下、藐视一切的气势。

说到三头凤，人们自然会联想到《山海经》中的"九凤"。《山海经·大荒北经》云："有神，九首、人面、鸟身，名曰九凤。"在楚人的神话与传说中，九凤是一种生活在大荒之北北极天柜山上的神禽，它长着九个头，有着鸟的身躯，面部则似人脸。其实，马山1号墓出土的三头凤图案正是九凤的形象。在古代，"三"和"九"都是概数，表示"多"的意思。三头凤在楚人的心目中是神圣和美好的象征，所以楚人把她的形象绣在衣物的面料上，象征着美好和吉祥。由于在古代"九"和"鬼"两字可以通用，东晋以后，荆楚民间出现了把九凤和鬼鸟、鬼车鸟混为一团的传说，美好的九凤形象从此异化成为了一种恶鸟——九头鸟。杨义方《题九头鸟》诗云："三百禽中尔最灵，就中恶尔九头名。"民间俗语中将精明强干的人比喻为"九头鸟"，如俗语有言曰："天上九头鸟，地下湖北佬。"

楚绣三头凤为正视图像，使用了在绘画史上较侧视进步的新颖技法。三头凤昂首伫立，微曲的双腿寓动于静，饱满的大腹显现出无穷的生机，给人以活泼而古怪、妖娆而神秘的感觉，体现了楚文化神秘浪漫的风采。

三、对凤对龙纹浅黄绢面绵袍

楚人冬季日常穿的主要服装是绵袍。绵袍的基本样式是上衣下裳连属，交领右衽，直裾，内絮丝绵。现藏于荆州博物馆的对凤对龙纹浅黄绢面绵袍出土于马山1号楚墓，是我国到目前为止保存的最早的一批绵袍实物之一。

对凤对龙纹绣浅黄绢面绵袍身长169厘米，袖展182厘米，两袖平直，宽袖口，短袖筒。这件绵袍由上衣下裳连缀而成。上衣由4片缝制，其中正身2片，两袖各1片。下裳由6片缝制。绵袍的领口、袖口和衣襟都有较宽的边缘，其领部和袖口的缘边使用条纹锦，衣襟和下摆的缘边使用大菱形纹绵，既有较强的装饰性，又增加耐磨性。值得注意的是，在这件绵袍的上衣的腋下部位左右各有一个"嵌片"，这种"嵌片"结构在马山1号楚墓出土的绵袍中是首次发现，在此后发现的古代服装中也未曾见到过。"嵌片"的设计使衣身完成了由二维空间向三维空间转变的立体造型，不仅更加符合人体的基本形体特征，它在腋下形成的褶皱还为手臂的活动提供了足够的空间，是楚人在服装设计上的独到创新。

这件绵袍的面料为浅黄色绢，衣里为灰白绢；在浅黄色绢面上刺绣的对凤对龙纹以锁绣为主，间以平绣，构图简练，线条流畅，体现了楚国绣工精湛的刺绣技艺。刺绣的纹样长181厘米，宽22厘米，由左右对称的8个单独纹样组成。第一个纹样为曲虬纹。虬是古代神话传说中的一种无角的龙。楚国诗人屈原在《离骚》中写道："驷玉虬以乘鹥兮，溘埃风余上征。"汉代王逸注曰："有角曰龙，无角曰虬。"纹样上的双虬身形简省，一只脚站立，另一只脚平伸，龙爪动作夸张，似作舞蹈状。曲虬纹与上一组花纹不相连接，但与下一组单独纹样相连接，是整个纹样的起始。第二个纹样为三角形纹样，这是一个过渡性的纹样，在上下两个纹样之间起到承前启后的作用。第三个纹样是凤鸟纹，两只凤鸟一脚站立，一脚后翘，相向起舞。第四个纹样是龙纹，表现的是一对头上有双角、身体蜷曲的龙，作翻腾状。第五个纹样又是凤鸟纹，这对凤鸟纹不像第三个纹样中的凤鸟那样具有写实性，凤头和风身变形幅度较大，但仍然可以看到是一对屈颈展翅的凤鸟。第六个纹样较为抽象，似为龙纹。第七个纹样是凤鸟纹，表现的是一对相对而立、展翅起舞的凤鸟。第八个纹样还是凤鸟纹，表现的是一对相背而立的凤鸟，其形态与第三个纹样相似。整个纹样构图繁复但又不失灵动，龙、凤形象大都作过变形处理，体现了楚文化的浪漫主义风格。

四、小菱形纹锦面绵袍

《淮南子·齐俗训》云："楚庄王裾衣博袍，令行乎天下，遂霸诸侯。"楚庄王是"春秋五霸"的霸主之一，他称霸天下时所穿着的裾衣博袍究竟是一种什么样形制的服装呢？据汉代学者高诱的解释："裾，褒也。"褒是指衣襟宽大，又称"褒衣"。可见"裾衣博袍"是一种形体非常大的袍服。在荆州博物馆，我们有幸能见到一件"裾衣博袍"的楚服实物。这件绵袍出土于马山1号楚墓，在发掘报告中称之为"小菱形纹锦面绵袍"，编号为N15。这件绵袍的尺码之大超出了人们的想象。绵袍身长200厘米，腰宽68厘米，穿在人的身上，要远远大于正常的人体。马山1号墓的墓主人是一名女性，身长为160厘米。以她的身长，穿上这件绵袍，绵袍有约60厘米在地上拖曳。绵袍袖展345厘米，袖宽64.5厘米，袖展的长度也要远远大于人双臂伸长的长度。与墓主人的身高相比，其袖展为身高的2倍多。在袖口的设计上，小菱形纹锦面绵袍与对凤对龙纹浅黄绢面绵袍有所不同，在靠近袖口1/3处进行收窄处理，这使得双袖的下部呈弧线状。

楚人的袍服与《礼记》所记的深衣是同一类型的服式。深衣为衣裳连属制服式，但在制作时仍然要将上衣与下裳分开裁剪，最后连缀在一起，以体现对上衣、下裳形制的继承。在这一点上，马山1号楚墓出土的袍服与深衣是一致的。但楚人的袍服与礼制对深衣的规定多有不合。如礼制规定"深衣"的长度"短毋见肤，长毋被土"，即不覆于地面，以免受到玷污。楚人的"裾衣博袍"则是长可曳地，这与深衣定制"长及于踝"有所出入。礼制规定深衣的下裳"制十有二幅，以应十有二月"。即用十二幅布，以与一年十二个月相应。马山1号楚墓出土的袍服也是由数量不等的衣片拼合而成，但下裳的衣片数量并不合十二之数。由此可见，楚人的服式虽继承周人，但较少受周人礼制的束缚。

小菱形纹锦面绵袍用锦作为面料，面料的单位纹样为小菱形，外设单线菱形格，为四方连续纹样。纹样主要用土黄、深棕二色经线提花，纬线为深棕色。在土黄色菱形的正中用四根深红色经纬线形成花芯。从裁剪方法上来看，使用的是"正裁"法。马山1号墓出土的服装可分为"正裁"和"斜裁"两种。所谓"正裁"，是指沿着直纱向裁剪，衣片的纱向为"正"；所谓"斜裁"，是指沿着纱斜向裁剪，衣片的纱向为"斜"。正裁法可以不用考虑布边的处理，直接利用面料的幅宽拼接，在简化工艺的同时，也大大地提高了面料的利用率；此外，正裁法还保持了面料花纹的完整性，使其不受破坏。

小菱形纹锦面绵袍采用"多片拼接"的方法制作。上衣正裁8片，其中正身2片，两袖各3片；下裳正裁，共5片。上衣与下裳在中腰部拼缝。马山1号墓出土的其他袍服，也多采用的是这种分片拼接的方法制作。采用分片拼接的主要原因，是因为楚式袍服宽博，需要的面料面积较大，而受当时的手工纺织工艺水平限制，生产出的面料宽幅较窄，因此，分片拼接成为首选的方法。

五、龙凤虎纹绣罗单衣

龙凤虎纹绣罗单衣出土于马山1号楚墓，是一件女式单衣。这件单衣身长192厘米，腰宽67厘米，以灰白色罗为地，在罗地上刺绣龙、凤、虎动物纹样。

罗是绞经组织的网孔状丝织物，属于复杂组织的丝织物，具有质地轻薄、透气性好等特点。罗的织造方式为左右两根经线有规律地向左右绞转，每相邻的四根经线形成近似六边形的网孔，织入四根纬线组成一个完整的组织循环。按照绞经根数可分为二经绞罗、四经绞罗等。马山1号楚墓出土的龙凤虎纹绣罗单衣，其绣地为四经绞罗的素罗，罗地孔眼均匀，质地轻盈，薄如蝉翼，是不可多得的丝织精品。这件罗质地非常的轻薄，如果人离它近一点的话，自然呼吸的气息都会把它吹动起来。

绣罗单衣上刺绣纹样的小单元由一凤二龙一虎组成。整体布局以四个小单元正反倒顺对称拼合组成一个大单元纹样，再利用凤的长冠与虎的长尾交错，把纵向排列的纹样相连成串，构成整体。凤的形象用象征手法表现，凤鸟的身体如花枝状，纤细而卷曲；凤冠连接一组花穗，含苞欲放；凤的双翅只用三五支羽翎来代替；唯有凤头表现得很真实，长喙呈钩状，嘴巴张开，似要啄食。虎的形象较为写实，用红黑色条纹表现虎的斑纹，形成强烈的对比；斑斓猛虎张牙舞爪，引吭怒啸，矫健威武；龙的形象则虚实结合。龙头龙爪龙颈都是写实手法，龙身简洁，扭曲成"S"形，体瘦而强健，只以棕、黄、白三色绣成少许水滴状图形表示龙鳞，有趣的是龙尾全部为羽毛状，同凤的尾羽一模一样。绣罗单衣上的刺绣纹样龙飞凤舞虎跃，布满了舞动的"S"形曲线，乍一看上去令人眼花缭乱，但细细审视又极为规范、严整、对称。

关于绣罗单衣上纹样的主题，有人认为表现的是一凤斗二龙一虎，或者说是凤降龙伏虎，突出凤勇敢无畏的正义形象，而贬低龙与虎的形象，是楚人崇凤的艺术表现，并称之为"凤斗龙虎纹"。这种看法是意识形态斗争哲学的体现。其实，在这一组纹样中，我们看不到龙和虎有丝毫的委琐之象，恰恰相反，看到的是龙腾虎跃的形象。因此，不应将绣罗单衣上的纹样称为"凤斗龙虎纹"，而应称为"飞凤腾龙猛虎纹"。

楚人超群的聪明才智和非凡的创造力在刺绣中得到了淋漓尽致的发挥，他们以匠心巧手，凭借鲜丽的经纬线和绣针，织出了鼎盛时期楚文化的绚丽之花，美化了楚人的生活，极大地激发了楚人的艺术灵感，促进了楚艺术的发展。

六、凤鸟践蛇纹绣红棕绢面秋衣

袍服都是"深衣"形制，属于衣裳连属的长衣。楚人穿着的服饰中，有没有短装呢？在马山1号墓出土的一件秋衣，正属于短装。这件秋衣在出土时，装在一件竹笥里，竹笥外系有一个竹签牌，上面题写着"緅衣"二字。"緅衣"实即"秋衣"，是秋季穿着的衣物。

这件秋衣衣长45.5厘米，袖长52厘米，袖宽10.7厘米，腰宽26厘米。从尺码来看，这件秋衣很小，应该不是一件实用衣物，而是随葬使用的"明器"，是给死者助丧的冥衣。不过，从形制上来看，这件秋衣可视为楚服的模型，对研究楚服仍然有着重要的参考价值。

　　楚人的服式中既有从北方继承而来的袍衣，也有具有自身特色的楚服。"楚服"作为一种服式的专用名词在先秦时期就已经出现。在春秋战国时期，以服式形制闻名并冠以国名的唯有楚国的"楚服"。出于对故国的怀念，对楚服有着强烈的情感偏好的有两位楚人，一是秦国的华阳夫人，一是汉高祖刘邦。

　　华阳夫人是秦国太子安国君最宠爱的嫔妃，因出身于楚国贵族，对楚服情有独钟。异人为安国君与夏姬所生之子，为取悦于华阳夫人，他特地穿着楚服去见她。华阳夫人对异人此举满心欢喜，将其收为义子，并改名为子楚，后又撺掇安国君立子楚为嗣。

　　汉高祖刘邦是楚人，登基皇位后，他对楚服仍一往情深。儒者叔孙通穿着一身儒服去见他，他面带憎恶之色。后来叔孙通改穿楚服再去见他时，他才露出喜悦之情。由此可见，战国后期及至汉代，身着楚服成为干谒楚人权贵的一种手段。

　　据《史记·叔孙通列传》载，叔孙通见汉高祖刘邦时"服短衣楚制"，所谓楚服，其实是一种短衣。短衣也称为"袛裯"或"裯"，是适合于南方炎热天气穿着的短袖上衣。楚国诗人宋玉在《九辩》中提到的"荷裯"应是这类"楚服"："被荷裯之晏晏兮，然潢洋而不可带"，汉王逸注曰："裯，袛裯也。"从诗中的描述来看，这种短衣在穿着时不系衣带，不紧贴身体，让人感觉透气和凉快。

　　楚人在回顾先祖事迹时，多用"筚路蓝缕"一词形容先祖创业的艰辛。春秋时期，楚右尹子革对楚灵王说："昔我先王熊绎，辟在荆山，筚路蓝缕，以处草莽。"[①]旧注多将"筚路"解释为"柴车"，将"蓝缕"解释为"敝衣"[②]，用以形容衣服破旧。其实，"蓝缕"本作"褴褛"[③]。《说文解字·衣部》说："裯，谓之褴褛。"可见，褴褛是楚制短衣"裯"的另一个名称，并非衣服破旧的意思。

―――――――――――

①《左传·昭公十二年》。

②《左传·昭公十二年》杜预注。

③《方言》卷三引《左传·宣公十二年》作"筚路褴褛"。

马山1号楚墓出土的秋衣是用一整块衣料裁剪制作而成的，双袖平直，两襟对中，腰与下摆等宽。这在马山1号楚墓出土的众多衣物中是仅有的对襟新款式。秋衣的衣面以红棕绢为地，刺绣凤鸟践蛇纹绣样，绣线可见红棕、金黄、黄绿、深棕、朱红色等，在菱形四方连续框架中，填充三角形云纹和圆圈纹，主体图案为一只张开双翅的凤鸟，正张嘴啄食一条蛇，双脚亦践踏一条蛇。凤鸟姿态优雅，仿佛正在享用一顿美味佳肴。

七、凤鸟花卉纹绣红棕绢面绵袴

我们今天所说的"裤"，自古以来就有开裆裤和合裆裤之分。古人把开裆裤称为"袴"，《说文·衣部》云："袴，胫衣也。"段玉裁注："今所谓套裤也。左右各一，分衣两胫。"可见，"袴"是只有裤管而没有裤裆的。合裆裤称为"裈"，颜师古注《急就篇》谓："合裆谓之裈，最亲身者也。"

在马山1号楚墓出土的凤鸟花卉纹绣红棕绢面绵袴，是我国目前保存最早的一件裤的实物，被称为"天下第一裤"。该袴下半部分是袴管，左右两只袴管各用2片拼接，其中1片是整幅绢，另一片则只用了半幅绢。袴管下部收窄，拼有一块条纹锦，做成紧口裤脚。袴管以红棕绢为面，素绢为里，面与里之间夹絮有一层薄薄的丝绵。红棕绢面上用土黄、红棕色绣线刺绣凤鸟花卉纹，间以草叶纹；凤鸟头耸高冠，双翅下张，似欲行走。袴管的拼缝处均镶嵌有十字形纹绦作为装饰，颇为讲究。

袴管的上部通过一块长方形绢片与袴腰部分相连。裤腰高45厘米，宽95厘米，用4片灰白色绢拼接而成，在后腰处没有闭合，形成开口，露出腰部和臀部，显然这条绵袴属于开裆裤的结构。马山1号墓的墓主为一名女性，穿着这样一件开裆裤，是如何解决遮羞的问题的呢？这种开裆裤并不适合外穿，而是贴身穿着起御寒作用。在绵袴之外，还会穿裙，裙之外还会穿袍，裙和袍都能起到遮挡作用。马山1号墓墓主人贴身穿着绵袴，在绵袴外还穿有一件单裙，在单裙外穿有宽大的袍服。袍服的左右衣襟是重叠的，能严严实实遮挡住下身，是不会发生春光外泄的情况的。

马山1号墓出土了一件开裆裤的实物，是不是说明先秦时期人们只穿开裆裤，合裆裤还没有发明出来呢？事实上，虽然到目前为止，还没有发现先秦时期的合裆裤实物，但是从考古发掘出土的文物资料中，还是能见到合裆裤的图像资料的。如河南信阳长台关1号墓出土漆瑟上所绘的猎人，上身穿短衣，下身穿着的就应该是合裆裤，否则就无法遮羞了。

八、蟠龙飞凤纹绣浅黄绢面衾

古人睡觉时盖的被子，根据季节的不同，大小厚薄不一，名称各异。冬季盖的大被，称为"衾"，春秋季盖的单被称为"紟"。在马山1号楚墓中出土有3件衾、1件紟。3件衾分别是编号为N2的蟠龙飞凤纹绣浅黄绢面衾、编号为N5的凤鸟凫几何纹锦面衾、编号为N7的对凤对龙纹绣浅黄绢面衾。后两件衾只有衾面，衾里和夹絮的丝绵已被人为剪掉。只有蟠龙飞凤纹绣浅黄绢面衾保存完好，是一件实用的衾。

蟠龙飞凤纹绣浅黄绢面衾呈正方形，长、宽都是190厘米。在被衾一端的中部，开有一个凹形的缺口。被衾上的凹口，用今天的设计理念来说，这完全是基于人体工程学的设计。因为人的头部是高于双肩的，没有凹口的被衾盖在人身上后，要露出人的头部，双肩就得不到有效的覆盖，容易使肩部受寒。而在头部位置开了一个凹形缺口后，就有效地解决了这一问题。

蟠龙飞凤纹绣浅黄绢面衾的衾面由25片绣绢拼接而成，包括正中23片蟠龙飞凤纹绣绢和左右两侧各一片舞凤逐龙纹绣绢。蟠龙飞凤纹绣用棕、深红、土黄、浅黄等色线刺绣而成，针法精细，匀齐工整，绣线颜色搭配协调，给人以富丽堂皇的感觉。除凤冠、凤翅用较为稀疏的单行锁绣填充之外，其他部位都是满绣。纹样长72厘米，宽44厘米，主体为龙、凤图案，龙有大小之分，大龙与小龙呈"S"状相互盘绕，错综难辨。龙体身形矫健，向上升腾。一对凤鸟位于蟠龙之间，凤首相望，顾盼生情；凤尾相接，形态婉转。龙凤穿插交叠，营造出神秘的氛围。在龙、凤之间，填以日、月、星辰、花卉一类的小图案，紧凑充实。纹样构图自由奔放，大气煌煌，体现出生命的力量感和运动的韵律感，充分体现出楚文化神秘、浪漫的美学风格。

蟠龙飞凤纹绣浅黄绢面衾设计巧妙，绣工精湛，色泽华丽，是目前为止我国保存最早的一件被衾，有"天下第一被"的美誉。

九、田猎纹绦

在马山1号楚墓出土的绵袍上，衣领采用绦带进行了精心的装饰。绦是丝带的古称，是一种凭借简单的工具，依靠手工用丝线或纤维制成的窄带，一般用于装饰衣物。按照组织结构来分类，绦分为纬线起花绦和针织绦两类。

在马山1号楚墓出土的凤鸟花卉纹绣浅黄绢面绵袍上，其衣领外侧使用田猎纹绦作装饰，极其讲究。田猎纹绦采用纬线起花工艺编织，组织经纬线为深棕色，花纬有土黄、钴兰、深棕三色。田猎纹绦的纹样经向长17.5厘米，纬向宽6.8厘米，图案由四个大菱形构成基本骨架，菱形内填充田猎纹样。四个菱形排列成上下两行，上面一行的两个菱形内的图案在内容上是相互关联的，表现的是田猎的场面。右侧图案为二人乘车追逐猎物，车上一人拉紧弓弦，引箭欲发；另一人手执缰绳，驾驭马车飞奔向前。车后的旗杆上挂着旌旗，随风飘动。在马车正前方的左侧大菱形中，正中填充象征山丘的变形菱形纹，山坡上有一只仓皇逃命的鹿，有箭矢从鹿的身边掠过。在奔鹿的身后，有一只已被箭矢射中的野兽，倒卧在地。下面一行的两个菱形内，表现的是武士搏兽图。右下方的图案表现的是武士与猛虎搏斗的场面，武士手执盾牌，挡住迎面扑来的猛虎。左下方的图案表现的是武士徒手与犀牛搏斗的场面。这两个菱形内，在人物与猛兽的下方，都以变形的菱形纹象征山丘。

楚国的绦带织造方法独特，图案设计精美，在题材的写实性、线条的节律性以及构图的严谨性方面，表现出极大的创造性，把简单的几何纹的表现力发挥到了极致，不愧是我国古代服饰文化的瑰宝。田猎纹中的人物、车马、旌旗、野兽、山丘等等现实的物象，因为是编织成像的缘故，所有的曲线都变成了直线，甚至圆形的车轮也变成了六边形，装饰趣味浓厚。田猎纹绦纹样的设计和制作独具匠心，再现了田猎的紧张、激烈场景，是丝织图案中出现田猎纹的最早实物，体现了楚国丝织工匠的高超技艺。

第四节　琳琅美玉

玉作为一种温润而富有光泽的美石，凝聚了中华民族一切美好的情感。她汲天地之灵气，凝日月之光华，聚万物之精气，被视为人间之瑰宝。玉文化融物质文化、精神文化、科技文化于一体，是中华文化的重要组成部分，放射出璀璨夺目的光彩，千百年来深深地影响着中国人的精神信仰、民族品性和审美追求。

在纪南城周边发掘的楚墓中，有近20座楚墓出土有玉器，主要有葛陂寺楚墓、望山楚墓、沙冢楚墓、拍马山楚墓、藤店楚墓、雨台山楚墓、张家山楚墓、九店楚墓、天星观楚墓、武昌义地楚墓、马山楚墓、嵝峨山楚墓、秦家山楚墓、院墙湾楚墓、熊家冢墓地等。2006年4月，在荆州马山镇濠林村院墙湾墓地出土了28件制作精美的玉器，其中包括玉环、玉璧、玉佩、玉璜、玉串饰和玉印章等各类玉器，这些玉器工艺精湛，造型独特，具有浓厚的楚文化风格。2006年至2007年，荆州博物馆对熊家冢墓地部分殉葬墓和祭祀坑进行发掘，从中出土了大批楚国玉器，总数多达3000余件。熊家冢墓地出土的玉器在一定程度上反映了楚人的社会生活、民族精神和审美观念，包含着丰富的文化内涵，对研究楚国用玉、佩玉、玉殓葬制度等具有极高的价值，对于研究楚式玉器的造型、纹饰特点以及制作工艺等都具有重要的意义。

楚国玉匠精湛的技艺、匀细的刀法，造就了玉器古朴灵秀的艺术格调。在琢玉成器的漫长探索过程中，古人发明了一系列的治玉工具，治玉工艺不断提高，形成了切割、钻孔、雕镂等系列工艺，创造了辉煌的玉雕文化。纪南城周边出土的东周时期楚国玉器数量丰，器型多，纹饰美，与技术的进步有着密切的关系。

切割是琢玉的基本工艺之一，主要有线切割、片切割和砣切割等工艺。在琢制玉器的过程中，由于玉的硬度比较高，不易分割，要使用比玉的硬度更高的且有一定锐度和耐磨性的天然矿石作为"解玉砂"，用以切割研磨玉石。《诗经》中说："他山之石，可以攻玉。"这里说的"他山之石"即指解玉砂的砂矿。线切割是指通过拉动植物纤维、动物皮毛等制成的线绳类工具往复运动，带动解玉砂与玉料充分研磨，以达到切割目的的治玉工艺。片切割是指通过扁平长条工具的往复运动带动解玉砂与玉料不断研磨，从而达到切割目的的治玉工艺。砣切割是指利用砣具治玉的一种较为先进的切割工艺。砣具呈圆盘状，中间厚，边刃薄，通过一根圆杆与动力装置相连，在圆杆转动的时候，使砣具旋转。砣具是中国古代制玉常用的手工机械，它的发明带来了古代治玉工艺的关键性的技术革命。

钻孔工艺有管钻和桯钻。管钻是通过中空的管状工具往复旋转带动解玉砂与被钻玉器不断研磨从而实施钻孔的工艺。单向管钻时，随着钻孔的加深，管的内外壁因磨损而越来越薄，钻孔的直径也会越来越小。桯钻是通过实心锥状工具的往复旋转带动解玉砂与被钻玉器不断研磨从而实施钻孔的工艺。桯具前端较尖，便于较快钻入玉料。随着钻孔深度增加，孔的上部越来越大，底部却越来越小。因而，桯钻形成的孔，往往上大下小，呈喇叭形。

玉器雕镂工艺包括镂空、浮雕、圆雕等。镂空又称"透雕"，是通过剔除部分玉料使玉雕作品空灵剔透的工艺；浮雕是在玉平面上雕刻出凹凸起伏形象的工艺。圆雕是从多角度对玉进行雕刻，使其具有三维立体感的雕刻工艺。

一、谷纹玉璧

璧是一种扁平状、有穿孔的圆形玉器。古人将玉璧的实体也即璧边称为"肉"，将玉璧中心的圆孔称为"好"。璧是一种古老的玉器，在我国新石器时代就已经出现。商周时期，玉璧成为贵族在祭祀、朝聘、丧葬时使用的重要礼器，也用作佩带的装饰。

在中国玉文化的历史上，最有名的玉璧可能要数楚国的和氏之璧。和氏之璧又被称为荆玉、和璧、和璞，被奉为"天下所共传之宝"。在《韩非子》《新序》等书中记载的"和氏之璧"典故是这样的：春秋时期，楚人卞和在荆山中寻觅到一块璞玉。卞和捧着璞玉献给楚国国君，国君的玉工说它只不过是一块石头。国君大怒，砍下了卞和的左脚。楚武王继位后，卞和再次献玉给楚武王。楚武王的玉工查看后，仍然说它只是一块石头，卞和因此又失去了右脚。楚文王继位后，卞和抱着璞玉在荆山下痛哭了三天三夜。楚文王被感动了，命玉工剖开璞玉，这才发现这块璞玉是稀世之宝，遂命玉工将璞玉制作成一块玉璧，并命名为"和氏璧"。

在熊家冢墓地出土的3000多件玉器中，以玉璧的数量最多。这些玉璧继承了中原玉器的传统纹饰，也创造了不少具有楚式风格的新纹饰。在熊家冢墓地出土的玉璧中，最大的一块玉璧是在1号祭祀坑东北角出土的谷纹玉璧。谷纹玉璧用青玉制作，表面呈青灰色。该璧为扁平状圆形，中央有穿孔，外径21.45厘米，孔径9.45厘米，厚0.7厘米。这块玉璧是墓主人的后人举行完祭祀仪式后深埋在地下的。这种埋璧而祭的做法，古人称为"瘗"。

熊家冢一号祭祀坑出土的谷纹玉璧两面浅浮雕分布着均匀、排列整齐的谷纹。谷纹是一种古老的装饰纹样，它形如一个带小尾巴的圆点，因形似谷种发芽而得名。谷纹起源于原始农耕社会，人们在种植水稻育种发芽时，看到种谷萌生的嫩芽，就联想到了谷物丰收的景象。发芽的谷粒寄托了人们对丰年的渴望和对生活的希望，人们便将谷芽的形状在器物上表现出来，用以寄寓他们祈求五谷丰登的美好愿望。

在周代，玉璧的用途广泛，可用作礼玉、葬玉、佩玉等。礼玉是古代用于朝聘、祭祀等礼仪活动的玉器。玉璧是周代玉礼器中的"六器"之一，在玉礼器中占有重要地位。《周礼·春官·大宗伯》记载："以玉作六器，以礼天地四方：以苍璧礼天，以黄琮礼地，以青圭礼东方，以赤璋礼南方，以白琥礼西方，以玄璜礼北方。"由此可见，礼玉主要有璧、琮、圭、璋、璜、琥6种，其中玉璧是祭天的礼玉，居于首位。古人有"天圆地方"的观念，故而以圆形的玉璧祭祀天神。在《周礼》中，玉璧还被列为"六瑞"之列。所谓"六瑞"，是指周代天子、诸侯在朝聘之时所持的6种玉制信符。按《周礼》的规定，不同爵位和身份等级的人，所执的信符是不一样的，以体现社会等级地位的尊卑和身份的高低，这就是《周礼·春官·大宗伯》所说的："以玉作六瑞，以等邦国：王执镇圭，公执桓圭，侯执信圭，伯执躬圭，子执谷璧，男执蒲璧。"可见，在等级社会中，玉璧是子、男两等爵位的身份象征。

古人相信"金玉在九窍，则死人为之不朽"，赋予玉驱灾辟邪、使人不朽的内涵，因此，玉璧也被作为随葬品使用。一般来说，随葬的玉璧越大，数量越多，死者在生前的社会地位就越高，财富就越多。在熊家冢墓地殉葬墓中出土的玉璧，有不少就属于葬玉。

玉璧还被用来作佩饰玉器使用。在古代，君子比德于玉，玉被赋予了道德的含义。《礼记·玉藻》云："古之君子必佩玉"，又说："君子无故，玉不去身。"在熊家冢墓地殉葬墓中出土的体量较小的"系璧"，就属于随身佩带的玉璧，既有美化人体的作用，也有厌胜辟邪的功用。

圆形的玉器除了玉璧外，还有玉瑗、玉环、玉玦等。这些圆玉如何区别呢？《尔雅·释器》说："肉倍好谓之璧，好倍肉谓之瑗，肉好若一谓之环。"依《尔雅·释器》的解释，器边的宽度是孔径的一倍，称之为"璧"；孔径是璧边的宽度的一倍，称之为"瑗"；器边的宽度正好等于孔径的，称之为"环"。但实际上，人们并没有严格按照《尔雅·释器》的标准来命名圆玉。通常把器边的宽度大于孔径的称为"璧"，而把器边的宽度小于或等于孔径的称为"环"。玉玦也属于圆玉的一种，是指玉环的环体上开有一道缺口的圆玉。玉环与玉玦的区别是：满者为环，缺者为玦。

二、双龙纹出廓玉璧

早期的玉璧，为了体现礼制的严谨和规制，都制作成了正圆形。到春秋晚期，在"礼崩乐坏"时代大背景的影响下，玉璧的形状也悄然发生了变化。从春秋晚期开始，一种在圆形璧的孔内和器形外缘镂雕各种造型的玉璧出现了，这就是"出廓璧"。所谓"廓"是指璧的圆形轮廓，"出廓"即在圆形璧的轮廓之外增加了新的造型。出廓璧的出现，是对玉璧形制的创新，使得囿于圆形束缚的玉璧有了更多艺术拓展的空间。同时，出廓璧的出现，也是对礼制规制的突破，使玉璧的功用从祭祀朝聘的礼制用玉向装饰美化的世俗用玉发生了根本性的转变。

在熊家冢墓地4号殉葬墓中，出土了一件造型精致的镂雕出廓玉璧。这件玉璧在圆形璧的两侧，各镂雕了一条龙攀附在玉璧的外缘。龙身呈"S"形，作躬身回首状，背向而立，遒劲有力，彰显出生命的力量感。双龙与圆璧结合成一个完整的整体，对称布局，动静相宜，稳重之中显灵动，律动之中见平和。

在出廓玉璧的两面，雕刻着相同的纹饰。主体纹饰由蝌蚪纹和谷纹组成，在龙的尾部阴刻线纹。蝌蚪纹是谷纹的变体。谷纹是在谷粒的边缘长出一根细芽，蝌蚪纹则是在谷纹的基础上，将细芽延长，形如一条游动的蝌蚪，故而称之为"蝌蚪纹"。

在熊家冢墓地2号殉葬墓中，还出土了一件与双龙纹出廓玉璧有同工异曲之妙的玉璧——龙凤纹出廓玉璧。龙凤纹出廓玉璧的造型也是在圆形璧的两侧镂雕一对躬身而立的龙。不同的是，龙凤出廓玉璧上的龙，其头部和身躯都雕刻成了龙形，尾部则刻意雕刻成了凤头。这种龙凤合体的造型，在熊家冢墓地出土的玉佩中较为多见，体现了楚人对龙凤呈祥的和谐境界的追求。

从构型上来说，出廓璧是将龙凤玉佩和圆形玉璧复合在一起，形成一种新的玉璧形制，给程式化的圆形玉璧带来了形式上的突破。这种玉璧形制上的变化，是突破与变革的结果，它是新的社会风尚形成的风向标。

三、透雕蟠螭纹玉璧

早期玉璧的装饰手法，通常是在璧体上浮雕谷纹、蒲纹等纹饰。春秋晚期，随着礼制束缚的松懈以及镂雕技术的发展，玉璧的装饰手法更加丰富，从传统的浮雕工艺发展为浮雕与透雕相结合，有的是对出廓部分进行透雕，如双龙纹出廓玉璧上的双龙就是采用了透雕的技法，也有的是直接在璧体上采用透雕进行造型，如透雕蟠螭纹玉璧就是一件璧体透雕的玉璧。

熊家冢墓地殉葬墓中出土的两件蟠螭纹玉璧都是直接在璧体上进行透雕的作品。这两件玉雕作品，都将璧体分为3个环形带，内外两个环形采用传统的浮雕技法装饰，内外两环之间的部分则采用透雕技法造型。4号墓出土的透雕玉璧，直径10.5厘米，孔径2.4厘米，厚约0.3厘米。该璧的实体部分一改传统浮雕纹饰的做法，将璧体镂空雕刻成8条蛇形动物组成的纹饰。8条蛇形动物共分为4组，两两相缠，曲身卷尾，构思精巧，造型别致。68号墓出土的透雕玉璧将璧体分成的3个环形带中，外环较宽，内环则较窄，内外两环之间的部分镂空雕刻成11条蛇形动物组成的纹饰。11条蛇形动物首尾相连，两两盘绕，构成环形的"8"字形纹样，构思极具匠心。

在古代器物上，经常出现以蟠曲的蛇形动物造型的装饰纹样，这种纹样被称为"蟠螭纹"。"螭"是古代传说中的一种无角的小龙，在屈原的诗作《九歌·河伯》中就写到过它："乘水车兮荷盖，驾两龙兮骖螭。"《说文解字·虫部》释"螭"云："若龙而黄""或云无角曰螭。"也有的古书说，螭有着虎的特征，如《汉书·扬雄传》注引韦昭曰："（螭）似虎而鳞"，因而也有"螭虎"之说。从出土文物中的纹样来看，螭一般为龙身、虎首，头上无角，类似于龙、虎的合体。在古人的信仰中，龙是可以上下于天地之间的神物，如《说文》所说："龙，鳞虫之长，能幽能明，能细能巨，能短能长，春分而登天，秋分而潜渊。"虎为百兽之王，是威武与神勇的象征。螭融合龙、虎的形体特征，可见在古人看来，它象征着灵异与神勇，具有不可战胜的力量。螭纹是一种古老的装饰纹样，通常表现为多条螭龙盘曲缠绕在一起，称之为"蟠螭纹"。蟠螭纹最早出现在陶器和青铜器的装饰纹样中，后来被借用到玉器的装饰中来。

四、玉纽丝环

纽丝环，又称为绞丝环，是指在器物表面以阴刻的技法，浮雕出螺旋状线纹的环形玉器。呈螺旋状的线纹如同扭曲的束丝，线与线之间平行旋转，循环重复，仿佛没有尽头。在熊家冢墓地13号殉葬墓中出土的一件纽丝环，器表由38道纽丝纹线组成，如同一束洁白的丝线旋转扭曲，线与线之间的间距大致相等，分布均匀，呈规律性的螺旋状运动。

目前所见此类玉器，最早出现在春秋中晚期楚国的墓葬中。在河南淅川下寺楚墓出土的一件玉纽丝环（标本编号：M1：7），直径2.6厘米，孔径1.2厘米，厚0.25厘米，由10个形状均匀的螺旋状线纹组成，线条细密规整，分布均匀。类似纽丝环一类具有规律性的复杂纹饰的玉器，过去一直被认为是古代玉匠们发挥高水平的手工技艺，通过纯手工方式完成制作的。但哈佛大学学者陆述义在对淅川下寺楚墓及其他各地墓葬中出土的玉纽丝环进行研究后发现，这些玉环上带有的精密雕刻螺旋纹，具有极强的均匀性和极高的精密度。玉环上雕刻的纹线，与用阿基米德曲线公式计算出来的螺旋线相比较，其误差均在200微米以内，与"阿基米德螺旋线"极为相符。要刻出这些"阿基米德螺旋纹"，必须采用精确相连的转动及直线运动，即采用复式运动才能完成。而这种复式运动是很难通过纯手工完成的，应该是由结合了两种运动形式的复式精密机械加工而成。河南下寺楚墓出土的玉纽丝环表明，早在春秋中晚期，楚人已经发明了精密复式机械用于玉器的制作。

在荆州博物馆收藏的玉器中，还有另一件玉纽丝环，其工艺的复杂程度更高于熊家冢楚王陵13号殉葬墓出土的纽丝环。这件在荆州天星观2号墓出土的玉纽丝环，标本编号为M2：63－（1），直径6.8厘米，孔径5厘米，厚0.6厘米，器表共雕刻有63道螺旋纹。根据天星观2号墓出土的文物推断，该墓下葬时间为战国中期。从该墓出土的玉纽丝环的工艺精度来看，到战国中期，楚国用于制作玉器的精密复式机械较之以前有了进一步的发展。

玉纽丝环最早出现和流行于楚地，是一种独具特色的楚式玉器。从现有考古发现的材料来看，玉纽丝环多出现在春秋中晚期至战国时期的楚墓，在受楚文化影响的其他诸侯国的墓葬中也有出土。有学者认为，玉纽丝环的制作技术最早是由楚人发明的，后来逐渐向周边地区扩散。

五、龙凤形玉佩

从春秋晚期开始，随着周朝衰落、礼崩乐坏，带来了社会思想的大解放。在这一大的时代背景之下，玉器从神坛开始走向凡间。一方面，玉器的制作逐渐摆脱宗法礼制的束缚，其形制走向自由化和多样化，呈现出不拘一格、自由奔放之风，佩玉、赠玉渐成社会风尚。另一方面，随着儒家思想的传播，君子"以玉比德"的观念得到强化，贵族阶层纷纷将佩玉视为君子修身养性的一种途径。

周代礼制建立了严格的佩绶等级制度。"佩"是指贵族身上所佩的玉饰，"绶"是指悬挂佩玉的丝织带子。周礼规定不同等级身份的人，佩戴不同品质和成色的玉饰，绶带颜色也不一样，以此区分贵族的等级和身份。

周代形成的"君子比德于玉"的观念，是中国玉文化发展历程的一座里程碑。玉被赋予了道德的内涵，被认为是理想道德范型的自然体现。管子称玉有"九德"，荀子称玉有"五德"，孔子称玉有"十一德"，无不将玉视为人类理想道德的外在的物化形式。在中国传统文化中，玉超越了自然物质的范畴，成为了中华文明的一个独特的文化符号。在"以玉比德"观念的影响下，佩玉成为君子的标准佩饰。贵族以及士人，纷纷盛装隆饰，佩玉载德，形成了"君子无故，玉不去身"的社会风尚。在《诗经》中，留下了众多描写佩玉、赠玉的诗篇，反映了当时人们以佩玉修身、养性、悦人的社会风貌。

佩玉又叫"玉佩",种类多样,形制不一,多有一个用于穿系的孔,以便佩戴在身上。佩玉不仅是贵族高贵身份的标志,也是君子德行修养的象征。楚国诗人屈原在《离骚》中写道:"佩缤纷其繁饰兮,芳菲菲其弥章。"在《九歌·大司命》中又写道:"灵衣兮披披,玉佩兮陆离。"玉佩不仅成为贵族的标配,也成为神的佩饰。

熊家冢墓地出土的大量佩玉,反映了楚人"玉不去身"的佩玉风尚。在熊家冢墓地出土的佩玉中,龙形玉佩和龙凤形玉佩构思巧妙大胆,富于变化,紧张激烈而富有弹性的曲线呈现出强烈的运动气势和生命的韵律感。

在楚玉佩中,龙是当之无愧的主角。龙形玉佩的造型多以三道弯的"弓"形和两道弯的"S"形造型最具欣赏价值。在这类造型的玉佩中,龙被赋予了生命的活力,个个矫健有力,具有生命的律动感,彰显着张扬的个性,体现了昂扬向上的时代精神。

熊家冢墓地4号殉葬墓出土的2件龙形玉佩,系从同一件玉坯上剖开,分别雕琢成型,其形状、大小、纹饰基本相同。龙身细长,龙尾卷曲呈"S"形,表现出游龙的矫健游走之态,具有流线型的美感和生命的律动感。

在熊家冢墓地8号殉葬墓中出土的一对龙形玉佩,其器形、纹饰基本相同。这两件玉佩对龙身和龙尾进行了夸张与变形的处理,突出龙身蜿蜒曲折的形体。在龙尾下附饰透雕卷云纹,表现的应该就是《周易·乾卦》所说的"云从龙,风从虎"的意象。

熊家冢墓地4号殉葬墓出土的双龙玉佩由大小两龙组成。大龙龙身粗壮,呈"几"字形,作拱身回首状。小龙龙身细小,睡卧于大龙拱背之上,作回首状。两龙背部紧连,似母子嬉戏。在6号墓中也出土过同类造型的玉佩。该墓出土的连体双龙玉佩镂雕一大一小两条龙,大龙背上的小龙与大龙合为一体,变成了附加的装饰物。

在楚国玉佩中,经常会见到凤的身影,但玉器上的凤的形象远不如漆器纹饰中的凤纹那样多姿多彩,而成为以龙为主体的玉雕上的附属物。代表性的作品有在安徽长丰县杨公2号墓出土的镂空龙凤纹玉佩。玉佩由两龙两凤构成。两龙屈体,相背而立,呈弓状连为一体。在两龙下方形成的空间,又透雕两只凤，两凤挺胸而立，头部朝向与两龙一致，尾部相连，整体形成左右各一龙一凤的对称结构。玉佩使用了雕、琢、镂、刻等工艺，形成虚实结合的构形。双龙矫健，两凤优雅，龙凤合一，生动表现出龙凤呈祥的主题。龙首坚定向前，凤姿昂扬向上，体现出奋发进取的时代精神。

熊家冢墓地出土的龙凤形玉佩通常是在游龙或蟠龙之上，附加一个或多个凤鸟形雕饰，组成"游龙附凤"的造型。这类玉佩通常龙大而凤小，以龙为主体，凤为附属。

在熊家冢墓地16号殉葬墓中出土的玉佩在蜷曲龙体的尾部上方雕刻一只凤鸟，龙凤相随，像在云端遨游飞翔，寓意好合与吉祥。4号殉葬墓出土的龙凤形玉佩主体部分是龙凤合体形，龙身呈"几"字形，龙首回望，龙尾略呈简化的凤首形。龙身下方附连一只凤鸟，凤首朝下，向上回顾；凤眼、凤冠清晰可辨。

在熊家冢墓地12号殉葬墓中出土的两件龙凤形玉佩选材出自同一块玉料，造型与纹饰大致相同，为成对玉佩。龙身蜿蜒曲折，龙首张口回望。龙足和龙尾附雕凤首作为装饰，龙足雕刻的凤首较其他同类玉佩更为具象，凤首、凤冠较为逼真。

熊家冢墓地7号殉葬墓出土的龙形玉佩造型在同类型玉佩中具有代表性，龙身呈"几"字形，作躬身回首状；龙尾作"丫"字形鱼鳍状，雕刻成简化的凤首形象。在龙尾雕刻凤首的做法，反映了楚人尊龙崇凤的风俗与信仰。熊家冢墓地2号殉葬墓出土的龙形玉佩通体扁平，镂空透雕，龙体造型作盘旋游动状，给人以律动感。龙回首上昂，口微张似吟鸣之态。两面饰减地浅浮雕谷纹，龙足和尾鳍仿凤首纹。

六、对龙对凤玉佩

在技艺精湛的楚国玉匠手中，一件件龙形玉佩仿佛被赋予了生命，起伏舞动，盘旋游走。但他们并不满足于创作表现个体龙、凤的玉佩，而是致力于将多龙、多凤组合在一起，创作出表现群龙共舞，龙飞凤舞的复杂构图的玉佩。楚国的玉匠们尝试创作更为复杂的构型，他们开始创作由2龙、4龙甚至6龙组成的复杂的龙凤纹玉佩。在复杂的龙凤纹玉佩中，龙往往是成对出现，两两对称构图；凤的形象，多是作为龙的附属出现，起到填补空白和变化纹样的作用。此外，构图中也会出现一个或多个圆形的玉环，起到连接作用。

在熊家冢墓地12号殉葬墓中出土的对龙对凤玉佩是一件造型与纹饰极为繁复细密的精美之作。双龙曲折回环，相对而立，夹一小环。双龙头部各与一简化的凤首雕饰相连，龙身与龙尾多处雕饰凤首形龙鳍，巧妙地将龙凤融合为一个整体。

在对龙对凤玉佩的基础上，楚人又创作出了四龙双凤三环玉佩。熊家冢墓地1号殉葬墓出土的四龙双凤三环玉佩用青白玉料透雕而成，玉佩的主体为一对相背而立的回首龙，玉佩底部有三环夹双龙，双龙头部向下，龙身曲折卷尾，与主体回首龙相连。在回首龙的背部，左右各有一只抽象的凤鸟。整件玉佩构形奇特，线条繁复。

另一件更为复杂的玉佩也出土于熊家冢墓地1号殉葬墓。这件玉佩以青白玉料透雕而成，共有六龙三环组成一个繁复的纹样。中间上部透雕有一对回首龙相背而立，中间下部透雕有一对回首龙相向倒立，龙首与龙身拱卫一个大环。在左右两侧，各有一头部向下的回首龙倒立在小环之上。整件玉佩通过六龙三环的巧妙结合，构成一幅严谨对称的图案。

在熊家冢墓地1号殉葬墓中出土的两件造型复杂的龙凤纹玉佩为素面，正反两面都没有雕刻纹饰，使得这两件玉佩虽然构型上达到了新的高度，但整体的观赏性大打折扣。这两件玉佩之所以没有雕刻花纹，可能与这两件玉佩作为葬玉制作有关，由于下葬时间紧迫，来不及精雕细刻就埋入地下了。

七、人乘龙玉佩

在楚人的宗教信仰中，巫师是介于人与神之间的媒介，具有超乎常人的本领，他们能借助神异的动物比如龙、凤等升入天国，与诸神相会。楚人相信，人死后，人的灵魂是不死的，灵魂可以乘龙或乘凤升入天国。这些宗教信仰在楚国的造型艺术中经常有所反映，如在楚国漆画、帛画上都发现过乘龙升天图或乘凤升天图，表现的内容正是巫师升天或灵魂升天。在现存的楚国玉器中，表现乘龙升天主题的玉佩有两件，一件出土于荆州熊家冢墓地，一件出土于荆州院墙湾楚墓。

在荆州熊家冢墓地4号殉葬墓中出土的人乘龙升天玉佩，佩玉用青灰色半透玉制作，主体形象为一条巨龙，龙体弯曲成"弓"字状，龙爪卷曲如凤首，表现向上升腾的态势。在龙尾上站立一人，形象与巨龙相比显得渺小。人的头部刻画五官，身穿方格曲衽袍衣，双手捧于腹部。在荆州院墙湾楚墓也出土过一件乘龙升天玉佩，该玉佩以左右对称的两龙为主体，两龙口衔玉璧，龙身上各栖一只小鸟。在两龙中间，一人双臂张开，扶持龙体，脚踏龙足之上，作飞升状。这两件作品，虽然表现形式上有所差异，但表现的都是乘龙升天这一宗教性主题。

八、玉覆面

在先秦时期的丧葬礼上，死者在入殓时，要在其面部盖上一件特制的面罩，称之为"幎目"。《仪礼·士丧礼》记载："幎目用缁，方尺二寸。"汉代郑玄注曰："幎目，覆面者也。"后人据郑玄注，又将"幎目"称为"覆面"。按《仪礼·士丧礼》的记载，覆面通常是用黑色的方绢做成的，里子用红绢，中间夹层填充丝絮，通过四角的带子将覆面系在死者头部。在马山1号楚墓中出土过一件覆面的实物。这件覆面为梯形，上宽下窄，由两层绢缝制而成，表层绢为深棕色，里层绢为深黄色；眼部位置开了一条窄缝，口部位置开有一个三角形的孔，以便露出死者的双眼和嘴。从其形制与颜色来看，与《仪礼·士丧礼》所记的"幎目"略有差异。

春秋战国时期，覆面的形制和材质有了新的变化，出现在绢质的覆面之上缝缀一件或多件玉器组成的玉覆面，有的玉覆面使用的玉器多达数十种之多。在周代贵族墓葬中出土的玉覆面，多用璜、珩和其他各种形状的玉制品缝缀在丝麻等织物之上，并有意用玉器拼出人的五官部位。

在为数众多的出土玉覆面中，唯有江陵（今荆州区）马山镇秦家山出土的玉覆面与众不同。这件玉覆面是用一整块玉料制作而成，长20厘米，宽13.9厘米，厚0.23厘米，通过镂雕、浮雕和线刻等技法表现人的面部特征。玉覆面近似椭圆形，刻意模仿人脸的形状。头发、眉毛、胡须为阴刻线纹，并用阴刻线纹清晰勾勒出轮廓线。用流畅的线条勾勒出双耳和鼻子的外形，用透雕橄榄形和圆形的孔表现人的双眼、嘴部和鼻孔。在玉覆面四周还留有8个小孔，用以将其缝缀在丝麻等织物之上。玉覆面出土时，覆盖在墓主人面部的位置，正面向上。玉覆面上的五官比例协调，面部神态安然恬静；雕刻的手法十分娴熟，线条流畅，刀法细腻。

目前所见先秦时期的出土玉覆面，一般都是由若干块薄片玉器连缀而成。像秦家山楚墓出土的用一块整玉雕刻而成的玉覆面，独此一件。秦家山楚墓出土的玉覆面，为研究先秦时期玉殓葬习俗提供了珍贵的实物资料。